Der eigene Webshop mit Shopify

Die verständliche Anleitung

von

Jens Jacobsen

Aus dem Lektorat

Liebe Leserin, lieber Leser,

es ist kein Geheimnis, dass der Onlinehandel immer bedeutsamer wird. Jahr für Jahr steigen die Anteile im Vergleich zum stationären Handel stark an. Immer mehr Produkte werden im Internet bestellt und bequem per Versanddienstleister nach Hause geliefert. Wenn auch Sie Ihre Produkte oder Dienstleistungen erfolgreich im Web anbieten möchten, haben Sie mit diesem Buch den ersten Schritt bereits getan. Egal, ob Sie selbst produzierte Artikel anbieten möchten oder bereits über ein Ladenlokal verfügen – hier erfahren Sie alles, was Sie für Ihren eigenen Webshop wissen müssen.

Mit einer bloßen Einrichtung des Shops und ein paar Klicks ist es jedoch nicht getan. Jens Jacobsen zeigt Ihnen in dieser verständlichen Anleitung alles, was Sie beachten müssen: von der richtigen Geschäftsidee, dem besseren Verständnis für Ihre Kunden, den unausweichlichen Kosten und der Gestaltung der Start-, Produktdetail- und Kategorieseite bis zu wichtigen Themen wie Versand, Marketing und rechtlichen Grundlagen. Wenn Sie die im Buch vorgestellten Schritte möglichst genau befolgen, steht der erhofften Sichtbarkeit Ihres Shops nichts mehr im Wege.

In der Fülle an Verkaufsplattformen setzt dieses Buch auf die Lösung von *Shopify*. Jens Jacobsen führt Sie anhand eines Beispielshops durch die vielfältigen Möglichkeiten und Einstellungen. Damit Sie alles besser nachvollziehen können, sollten Sie sich auf *bnfr.de/ws0101* den Webshop anschauen. Natürlich stehen Ihnen die Materialien zum Buch auch auf unserer Website zum Download zur Verfügung: *www.rheinwerk-verlag.de/5254/*

Dieses Buch wurde mit größter Sorgfalt geschrieben und hergestellt. Sollten Sie dennoch Fragen, Kritik oder inhaltliche Anregungen haben, freue ich mich, wenn Sie mit mir in Kontakt treten.

Nun wünsche ich Ihnen aber viele Freude und Erfolg mit diesem Buch und Ihrem Webshop!

Ihr Erik Lipperts
Lektorat Vierfarben
erik.lipperts@rheinwerk-verlag.de

Auf einen Blick

1	Onlineshopping – Trends und Möglichkeiten	17
2	Für Ungeduldige – in nur einem Tag zum eigenen Shop	35
3	Ihre Geschäftsidee – Grundlage Ihres Erfolgs	69
4	Der erste Eindruck entscheidet – die Startseite als Schaufenster	91
5	Produktdetailseite – Umkleide, Showroom und Verkaufsgespräch	123
6	Kategorieseiten, Suche, Navigation – vom Stöbern und Finden	159
7	Warenkorb und Checkout – jetzt rollt der Rubel	181
8	Die Ware verschicken – das müssen Sie beim Versand beachten	201
9	Kontakt und Service – Ihr Kunde ist König	229
10	AGB, Datenschutzhinweis, Impressum – lästig, aber notwendig	245
11	Ihre Kundendatenbank – ein ungehobener Schatz	265
12	Die Warenwirtschaft richtig nutzen	285
13	Marketing und Werbung – gut fürs Geschäft	299
14	Suchmaschinen-Optimierung – entspannt zu noch mehr Kunden	333

Impressum

Wir hoffen, dass Sie Freude an diesem Buch haben und sich Ihre Erwartungen erfüllen. Ihre Anregungen und Kommentare sind uns jederzeit willkommen. Bitte bewerten Sie doch das Buch auf unserer Website unter **www.rheinwerk-verlag.de/feedback**.

An diesem Buch haben viele mitgewirkt, insbesondere:

Lektorat Erik Lipperts
Korrektorat Isolde Kommer, Großerlach
Herstellung Norbert Englert
Typografie und Layout Vera Brauner
Einbandgestaltung Bastian Illerhaus
Coverbild Shutterstock: 367780238 © mavo, 1678291234 © Viktoriia Hnatiuk, 1130212925 © DONOT6_STUDIO, 737917168 © V O R T E X; iStock: 1242555605 © kazuma seki, 471069168 © Pinkypills
Satz III-Satz, Husby
Druck mediaprint solutions, Paderborn

Dieses Buch wurde gesetzt aus der TheSans (10 pt/14,5 pt) in FrameMaker.
Gedruckt wurde es auf chlorfrei gebleichtem Offsetpapier (90 g/m²).
Hergestellt in Deutschland.

Das vorliegende Werk ist in all seinen Teilen urheberrechtlich geschützt. Alle Rechte vorbehalten, insbesondere das Recht der Übersetzung, des Vortrags, der Reproduktion, der Vervielfältigung auf fotomechanischen oder anderen Wegen und der Speicherung in elektronischen Medien.

Ungeachtet der Sorgfalt, die auf die Erstellung von Text, Abbildungen und Programmen verwendet wurde, können weder Verlag noch Autor, Herausgeber oder Übersetzer für mögliche Fehler und deren Folgen eine juristische Verantwortung oder irgendeine Haftung übernehmen.

Die in diesem Werk wiedergegebenen Gebrauchsnamen, Handelsnamen, Warenbezeichnungen usw. können auch ohne besondere Kennzeichnung Marken sein und als solche den gesetzlichen Bestimmungen unterliegen.

Bibliografische Information der Deutschen Nationalbibliothek:
Die Deutsche Nationalbibliothek verzeichnet diese Publikation in der Deutschen Nationalbibliografie; detaillierte bibliografische Daten sind im Internet über *http://dnb.dnb.de* abrufbar.

ISBN 978-3-8421-0795-3

1. Auflage 2021
© Rheinwerk Verlag, Bonn 2021

Vierfarben ist eine Marke des Rheinwerk Verlags. Der Name Vierfarben spielt an auf den Vierfarbdruck, eine Technik zur Erstellung farbiger Bücher. Der Name steht für die Kunst, die Dinge einfach zu machen, um aus dem Einfachen das Ganze lebendig zur Anschauung zu bringen.

Informationen zu unserem Verlag und Kontaktmöglichkeiten finden Sie auf unserer Verlagswebsite **www.rheinwerk-verlag.de**. Dort können Sie sich auch umfassend über unser aktuelles Programm informieren und unsere Bücher und E-Books bestellen.

Inhalt

Vorwort 13

**Kapitel 1 – Onlineshopping –
Trends und Möglichkeiten** 17

1.1	Der Handel geht online – die Vorteile	18
1.2	Was möchten/können Sie erreichen?	20
1.3	Chancen für neue Anbieter	21
1.4	Möglichkeiten für etablierte Geschäfte	22
1.5	Warum Shopify?	23
	1.5.1 Shop-Baukästen	24
	1.5.2 WooCommerce	25
	1.5.3 Magento	26
1.6	Weshalb ein Online-Marktplatz nicht reicht	28
1.7	Fazit	30
1.8	Interview mit Nina Danelon und Ingrid Hottner – Ina Bonheur	30

**Kapitel 2 – Für Ungeduldige –
in nur einem Tag zum eigenen Shop** 35

2.1	Anmelden bei Shopify	35
2.2	Das erste Produkt einstellen	38
2.3	Den Shop kundenfertig machen	43
	2.3.1 Zum Bearbeitungsmodus des Theme wechseln	43
	2.3.2 Die Startseite anpassen	47
	2.3.3 Beschreibung hinzufügen	50
	2.3.4 Drei Spalten bearbeiten	51
	2.3.5 Nicht benötigte Abschnitte entfernen	52
	2.3.6 Fußzeile anpassen	53

2.4	Geld entgegennehmen	55
	2.4.1 Plan auswählen	55
	2.4.2 Zahlungen einrichten	58
	2.4.3 Shop für die Öffentlichkeit freigeben	59
	2.4.4 Einen Testkauf durchführen	61
2.5	Interview mit Stefan Matte, Geschäftsführer Paper & Tea GmbH	65

Kapitel 3 – Ihre Geschäftsidee – Grundlage Ihres Erfolgs … 69

3.1	Was wollen Sie verkaufen?	69
3.2	Von der Konkurrenz lernen	71
3.3	Das können nur Sie – Ihre USP	71
3.4	Ihre Kunden kennenlernen	74
	3.4.1 So ticken Käufer – Verkaufspsychologie	74
	3.4.2 Ihre Zielgruppe	77
	3.4.3 Typische Käuferschichten	77
	3.4.4 Eigene Kundengespräche	80
3.5	Kunden greifbar machen mit Personas	80
3.6	Kalkulation – jetzt wird Geld verdient	83
	3.6.1 Kleingewerbe, Kleinunternehmer oder größer?	83
	3.6.2 Gründungskosten	86
	3.6.3 Investitionen	87
	3.6.4 Finanzplan	87
	3.6.5 Umsätze im Blick behalten mit Shopify	88

Kapitel 4 – Der erste Eindruck entscheidet – die Startseite als Schaufenster … 91

4.1	Besucher mit der richtigen Domain locken	91
	4.1.1 Vorteile einer eigenen Domain	92
	4.1.2 Der richtige Name für Ihren Shop	93

	4.1.3	Domains mit Umlauten und Sonderzeichen	93
	4.1.4	Die Domain bestellen	94
4.2		Was erwartet der Besucher auf der Startseite?	96
4.3		Die Startseite für Käufe(r) optimieren	100
	4.3.1	Scribble für die Startseite erstellen	101
	4.3.2	Das passende Theme auswählen	103
	4.3.3	Startseite anpassen	105
	4.3.4	Farbe und Schriften ändern	113
4.4		Gut aussehen auf Smartphone und Tablet	116
4.5		Interview mit Izar Carazo, Unai Rollan, Sergio Errandonea, Iñigo Echeverria – Indigraph	120

Kapitel 5 – Produktdetailseite – Umkleide, Showroom und Verkaufsgespräch 123

5.1		Die vielen Aufgaben der Produktdetailseite (PDS)	123
5.2		Produkte vorbereiten	124
	5.2.1	Der Editor im Überblick	124
	5.2.2	Gute Produkte haben gute Namen	125
	5.2.3	Gute Produktbilder, schlechte Produktbilder	127
	5.2.4	Produktbeschreibungen, die verkaufen	129
	5.2.5	Vorsicht mit PDF-Dateien	131
5.3		Produkte einstellen	132
	5.3.1	Produktliste zum Import vorbereiten	139
	5.3.2	Das erste Produkt eintragen	141
	5.3.3	Varianten eintragen	145
	5.3.4	Produktliste importieren	146
	5.3.5	Produkte online schalten	149
5.4		Bewertungen und Rezensionen	150
	5.4.1	Wie bekomme ich neue Funktionen in Shopify?	152
	5.4.2	Die App installieren	153
	5.4.3	Das Theme anpassen	155

Kapitel 6 – Kategorieseiten, Suche, Navigation – vom Stöbern und Finden ... 159

6.1	Fundament jedes Shops: Informationsarchitektur	159
6.2	Kategorieseiten einstellen	162
6.3	Kategorien anlegen	164
6.4	Menüs organisieren	168
	6.4.1 Die Sprache der Kunden sprechen	168
	6.4.2 Wie viele Menüeinträge darf ich haben?	170
	6.4.3 Das Potenzial des Fußteils nutzen	172
6.5	Besuchern beim Suchen helfen	174
6.6	Suchfunktion und Suchergebnisseite – finden und inspirieren	176

Kapitel 7 – Warenkorb und Checkout – jetzt rollt der Rubel ... 181

7.1	Die meisten Bestellungen werden abgebrochen	182
7.2	Zahlungsmethoden auswählen	183
	7.2.1 Shopify Payments hinzufügen	184
	7.2.2 PayPal hinzufügen	187
	7.2.3 PayPal-Button auf der Produktdetailseite verstecken	188
7.3	Zahlung testen	190
7.4	Stolpersteine auf dem Weg zur Kasse ausräumen	193
7.5	Umsatzsteuer korrekt erheben	196
	7.5.1 Ausnahmen von der Umsatzsteuer	196
	7.5.2 Sonderfall digitale Produkte	197
	7.5.3 Steuersatz in Shopify einstellen	197

Kapitel 8 – Die Ware verschicken – das müssen Sie beim Versand beachten ... 201

8.1	Versandkostenfrei verschicken?	202
8.2	Den richtigen Versanddienstleister aussuchen	202

8.3	Versandkosten korrekt angeben		204
	8.3.1	Versanddienstleister manuell eintragen	204
	8.3.2	Versand automatisieren	208
	8.3.3	Besondere Produkte	209
8.4	Versandkosten im Shop richtig angeben		210
8.5	Rechnungen stellen		214
8.6	Das Paket packen		219
8.7	Und ab die Post		223
8.8	Lokale Zustellung und Abholung vor Ort		224

Kapitel 9 – Kontakt und Service – Ihr Kunde ist König … 229

9.1	Das erwarten Ihre Kunden		229
	9.1.1	Fragen vor dem Kauf beantworten	230
	9.1.2	Fragen nach dem Kauf beantworten	230
9.2	Kontakt via E-Mail		231
9.3	Kontakt via Telefon und Messenger		233
9.4	Kontakt per Chat und sozialen Medien		234
9.5	Arbeitserleichterung mit der Shopify-App		236
9.6	Professionelle Support-Systeme		237
9.7	Anfragen reduzieren mit Selbstbedienung		237
	9.7.1	FAQ-Seiten	237
	9.7.2	Chatbots	239
	9.7.3	Kontaktseite	240
	9.7.4	Alternative: Kontaktseite mit Formular	242

Kapitel 10 – AGB, Datenschutzhinweis, Impressum – lästig, aber notwendig … 245

10.1	Was ist überhaupt eine Abmahnung?		246
	10.1.1	Was tun, wenn Sie eine Abmahnung bekommen?	246
	10.1.2	Wie teuer ist eine Abmahnung?	247

10.2	Brauche ich AGB?	247
10.3	Wer hilft beim Erstellen der AGB?	248
10.4	Welche Rechtstexte Sie unbedingt brauchen	249
10.5	Die Rechtstexte bei Shopify einbauen	250
10.6	Keine Angst vor der DSGVO	251
10.7	Cookie-Banner hinzufügen	254
10.8	Weitere Abmahngründe	256
	10.8.1 Unvollständiges Impressum	256
	10.8.2 Verpackungsgesetz und LUCID-Registrierung	256
	10.8.3 Urheber- und Nutzungsrechte	257
	10.8.4 Jugendschutz	258
	10.8.5 Datenschutz bei Newslettern	258
10.9	Auch Rechtstexte sind für Menschen	259
10.10	Buttons richtig beschriften	261
10.11	Interview mit Michael Rohrlich, Rechtsanwalt	261

Kapitel 11 – Ihre Kundendatenbank – ein ungehobener Schatz … 265

11.1	Kundendaten pflegen	265
11.2	E-Mails an Kundengruppen schicken	267
11.3	Rabattcodes erstellen	268
	11.3.1 Rabattcodes für abgebrochene Bestellungen	270
	11.3.2 Automatische Rabatte	271
11.4	Geschenkgutscheine	272
11.5	Abgebrochene Bestellungen ansehen	274
	11.5.1 Kunden zum Kauf überreden	275
	11.5.2 Zusätzlich Rabatt anbieten	279
	11.5.3 Mails automatisch verschicken	281
11.6	Aus abgebrochenen Bestellungen lernen	282
	11.6.1 Bericht über E-Mails zu abgebrochenen Warenkörben	282
11.7	Conversion Tracking/Analytics	283

Kapitel 12 – Die Warenwirtschaft richtig nutzen ... 285

12.1	Inventarverwaltung mit Shopify	286
	12.1.1 Inventarverwaltung einrichten und Bestand aktualisieren	286
	12.1.2 Wareneingang erfassen	289
12.2	Mehr Ordnung mit SKUs	293
12.3	Bestellungen vor Ort und per Telefon aufnehmen	295
	12.3.1 Bestellung manuell erfassen	296
12.4	Warenwirtschaft professionalisieren	297

Kapitel 13 – Marketing und Werbung – gut fürs Geschäft ... 299

13.1	Pflicht: Über-uns-Seite	300
13.2	Das eigene Blog	304
13.3	Wenn's denn sein muss: Logo und Briefpapier	309
13.4	Der eigene Newsletter	310
	13.4.1 Wem darf ich E-Mails schicken?	311
	13.4.2 Den Newsletter einrichten	311
	13.4.3 Den ersten Newsletter verschicken	314
13.5	Social-Media-Marketing	316
13.6	Links zu Social Media einbauen	321
	13.6.1 Vorschaubild und Beschreibung anlegen	323
13.7	Werbung bei Google, Facebook, Instagram und Co.	325
	13.7.1 Die Anzeige vom Kunden her denken	326
	13.7.2 Entscheidend: die Landing Page	327
	13.7.3 Google Ads	328
	13.7.4 Anzeigen auf Facebook und Instagram	329
13.8	Altmodisch, aber wirkungsvoll: Werbung offline	331

Kapitel 14 – Suchmaschinen-Optimierung – entspannt zu noch mehr Kunden ... 333

- 14.1 Die gelassene Suchmaschinen-Strategie ... 334
  - 14.1.1 Wie Google tickt ... 334
  - 14.1.2 Seiten vom Suchenden her denken ... 336
  - 14.1.3 Vielversprechende Begriffe wählen – Keywords, Carewords und Schlüsselwörter ... 337
  - 14.1.4 Keywords richtig auf den Seiten platzieren ... 340
  - 14.1.5 Startseite anpassen ... 341
  - 14.1.6 Kategorieseiten anpassen ... 342
  - 14.1.7 Inhaltsseiten anpassen ... 345
  - 14.1.8 Bilder anpassen ... 345
  - 14.1.9 Vorsicht vor Verdopplungen ... 349
- 14.2 Linkaufbau – Off-Page-Optimierung ... 350
- 14.3 Performance – wichtig für SEO und Kunden ... 350
  - 14.3.1 Startseite optimieren ... 351
  - 14.3.2 Allgemeine Einstellungen ... 352
  - 14.3.3 Geschwindigkeitstest ... 352

Stichwortverzeichnis ... 355

Vorwort

Sie haben dieses Buch zur Hand genommen, daher weiß ich als Autor schon mal eins von Ihnen: Sie wollen im Internet etwas verkaufen. Damit geht es Ihnen so wie hunderttausend anderen – vom kleinen Einpersonen-Betrieb, der selbst produzierte Dinge anbietet, bis zur international arbeitenden AG, die unzählige Waren aus unterschiedlichsten Produktkategorien verkauft. Doch von der großen Konkurrenz sollten Sie sich keinesfalls entmutigen lassen. Denn Sie haben etwas, das nur Sie allein auszeichnet. Das hat jeder Mensch. Alles, was Sie tun müssen, ist, dieses Besondere zu nutzen, um einen ganz besonderen Webshop zu schaffen. Dann haben Sie eine echte Chance gegen die ungezählten kleinen Webshops und sogar gegen die E-Commerce-Giganten. Die technische Seite bekommen Sie dank Shopify leicht in den Griff. Das System macht Ihnen vieles sehr einfach. Und wenn es manchmal doch etwas komplizierter wird, zeige ich es Ihnen im Detail. Vor allem aber werde ich Ihnen helfen, den Shop so aufzubauen, dass er Ihre Kunden begeistert – und damit auch Sie selbst.

Für Sie ist dieses Buch

Ganz gleich, ob Sie Erfahrung im Verkaufen haben oder nicht – Sie können mithilfe dieses Buchs sofort Ihren eigenen Webshop starten. Haben Sie ein Ladengeschäft, und wollen Sie es um einen Online-Store erweitern? Oder stellen Sie etwas her, das Sie direkt vertreiben wollen? Oder suchen Sie gern bestimmte Waren aus verschiedenen Quellen zusammen, und wollen Sie diese weiterverkaufen? In jedem Fall können Sie in kurzer Zeit beginnen, diese Dinge über Shopify zu verkaufen. Dabei spielt es keine Rolle, ob Sie das zunächst alleine und in Ihrer Freizeit machen oder ob Sie ein mehrköpfiges Team sind, das mit Businessplan und Startkapital einsteigt, um innerhalb weniger Monate richtig viel Umsatz zu machen.

Was Sie lernen

In diesem Buch sehen Sie, wie Sie einen Webshop mit Shopify von Grund auf anlegen. Wir beginnen ganz am Anfang – bei der Anmeldung – und gehen alles Schritt für Schritt durch. Je weiter wir vorankommen, desto mehr kennen Sie das System und können dann viele Schritte alleine durchführen, daher werden die Erklärungen immer kürzer. Haben Sie selbst schon erste Schritte mit Shopify unternommen? Dann überspringen Sie Kapitel 2, »Für Ungeduldige – in nur einem Tag zum eigenen Shop«. Generell spricht nichts dagegen, wenn Sie die Kapitel in der Reihenfolge durchgehen, die Ihnen gerade passt. Doch wenn Sie sich ein Kapitel nach dem anderen vornehmen, kommen Sie strukturiert und effizient zu einem richtig guten Shop.

Wie das Ergebnis aussieht, sehen Sie im Beispielshop, den wir Kapitel für Kapitel aufbauen. Sie können auch jetzt schon unter dieser Internetadresse einen Blick darauf werfen: *bnfr.de/ws0101*.

Was Sie brauchen

Als Voraussetzung brauchen Sie Begeisterung für die Waren, die Sie verkaufen wollen – und den Wunsch zu verkaufen sowie die Bereitschaft, sich in Ihre Kunden hineinzuversetzen. Das ist fast schon alles. Sie sollten nur noch wissen, wie man mit dem Browser und E-Mail-Programmen umgeht. Wenn Sie dann noch etwas Erfahrung mit einem Textprogramm mitbringen, sind Sie bestens aufgestellt. Na ja, und etwas Geduld kann auch nicht schaden. Denn manchmal müssen Sie ein bisschen mit Shopify herumprobieren, bis alles so aussieht, wie Sie es gerne hätten.

Um Ihren Shop einzurichten, brauchen Sie ein Konto bei Shopify. Sie können alles auch mit der kostenlosen Testversion ausprobieren, die 14 Tage lang läuft. Ansonsten reicht für alles, was im Buch gezeigt wird, das günstigste Shopify-Abo.

Shopify können Sie mit jedem beliebigen Browser bedienen. Dabei spielt es keine Rolle, ob Sie z. B. unter Windows mit Edge arbeiten, am Mac mit Safari oder unter Linux mit Firefox. Sie können sogar Ihr Tablet verwenden (Surface, Android oder iPad). Hier im Buch zeige ich Ihnen alles mit der Web-Version von Shopify. Denn je größer der Bildschirm ist, desto leichter tun Sie sich. Wenn Sie wollen, können Sie aber praktisch alles auch mit der Shopify-App für iOS, iPadOS oder Android umsetzen. Ich persönlich mag die App auf dem Smartphone gern, um den Shop zu verwalten, Bestellungen zu bearbeiten und das Lager zu überwachen. Aber um den Shop anzulegen, Seiten zu erstellen, Blogbeiträge zu schreiben etc., empfehle ich Ihnen die Web-Version auf dem großen Bildschirm.

Hier spricht Ihr Autor

Ich selbst habe Shopify zunächst nicht ganz ernst genommen. Was kann eine Software schon bieten, die ich nicht einmal auf dem eigenen Server installieren kann? So dachte ich. Aber genau das ist auch ein großer Vorteil: Ich *muss* nichts installieren. Alles läuft auf dem Server des Anbieters, der sich darum kümmert, dass der Server aktuell ist, gesichert, schnell läuft und immer verfügbar ist. Anfangs denkt man, man habe Shopify schnell durchschaut. Aber bald habe ich festgestellt, dass das System unglaublich viel bietet – es ist nur alles sehr geschickt sortiert, sodass man erst mal ganz einfach starten und sich dann nach und nach mit den Profifunktionen vertraut machen kann.

Ich selbst habe mit der Webentwicklung ganz bei den Grundlagen angefangen und in den 1990er-Jahren mit HTML erste Websites gebaut. Dann bin ich mehr und mehr zur Konzeption gewechselt und habe Websites von den Inhalten, Funktionen und der Planung her betreut. Und seit 2001 helfe ich Betreibern von Websites, Apps und Webshops, ihre Anwendung durch Nutzerforschung zu verbessern – also wie sie ihre Nutzer und Kunden begeistern. Und genau dabei werde ich Ihnen in diesem Buch auch helfen.

Danke schön

An einem Buch sind immer mehr Menschen beteiligt, als man denkt. Bei diesen möchte ich mich hier bedanken, vor allem bei meinem engagierten und stets hilfsbereiten Lektor Erik Lipperts und seinen Kolleginnen und Kollegen bei Vierfarben. Außerdem bei allen Shopbetreibern, die mir Interviews gegeben haben, und bei Michael Rohrlich, der als Anwalt einige wertvolle Tipps beigesteuert hat.

Bei Ihnen als Leserin oder Leser möchte ich mich bedanken, dass Sie zu diesem Titel greifen. So wie Sie nicht ohne Ihre Kunden können, kann ich nicht ohne Sie. Daher bin ich auch für Sie da, wenn Sie Fragen oder Anregungen haben. Besuchen Sie mich jederzeit gern in meinem Blog *www.benutzerfreun.de* oder auf Twitter *@benutzerfreund*. Ich freue mich auf den Austausch!

Nun aber wünsche ich Ihnen viel Spaß beim Lesen und vor allem viel Erfolg mit Ihrem Webshop!

Jens Jacobsen

Kapitel 1
Onlineshopping – Trends und Möglichkeiten

Auch wenn man immer wieder anderes liest: Das Kaufverhalten von uns Menschen hat sich in den letzten Jahrzehnten kaum verändert. Einkaufen ist für viele noch immer ein großes Vergnügen. Es erfüllt uns mit Freude, Dinge zu erwerben, die wir schön finden. Dabei wollen wir nicht das Gefühl haben, zu viel zu bezahlen, und freuen uns, wenn wir etwas günstiger bekommen als erwartet. Und manchmal kaufen wir mit Absicht gerade etwas, das richtig teuer ist.

So funktionieren wir Menschen, daran hat sich wenig geändert. Was sich aber sehr stark geändert hat, ist die Art und Weise, *wie* wir kaufen. Der Tante-Emma-Laden hat ausgedient, unzählige Fachgeschäfte haben geschlossen, Kaufhäuser kämpfen mit Kundenschwund.

Abbildung 1.1 *Ein Einkaufszentrum in den 1940er-Jahren. Die Gebäudeform findet man heute immer noch, und vor allem die Psychologie der Käufer ist heute noch die gleiche. (Quelle: Flickr, U.S. Government Works)*

Abbildung 1.2 *Heutige Konsumtempel sehen eher so aus – und doch funktioniert Einkaufen noch immer wie vor Jahrzehnten. (Quelle: Unsplash, Bhawin Jagad)*

1.1 Der Handel geht online – die Vorteile

70 Milliarden Euro werden in Deutschland jährlich im Onlinehandel mit Endkunden umgesetzt, je nach Studie sogar noch deutlich mehr. Jedes Jahr wächst der Betrag um fast 10 Prozent. Der stationäre Handel dagegen stagniert.

Noch immer werden 90 Prozent des Umsatzes in den Läden vor Ort gemacht – bei Lebensmitteln sogar 98 Prozent. Bei Elektronikartikel sind es dagegen nur noch 70 Prozent. Und der Trend ist klar: Mehr und mehr kaufen wir im Web.

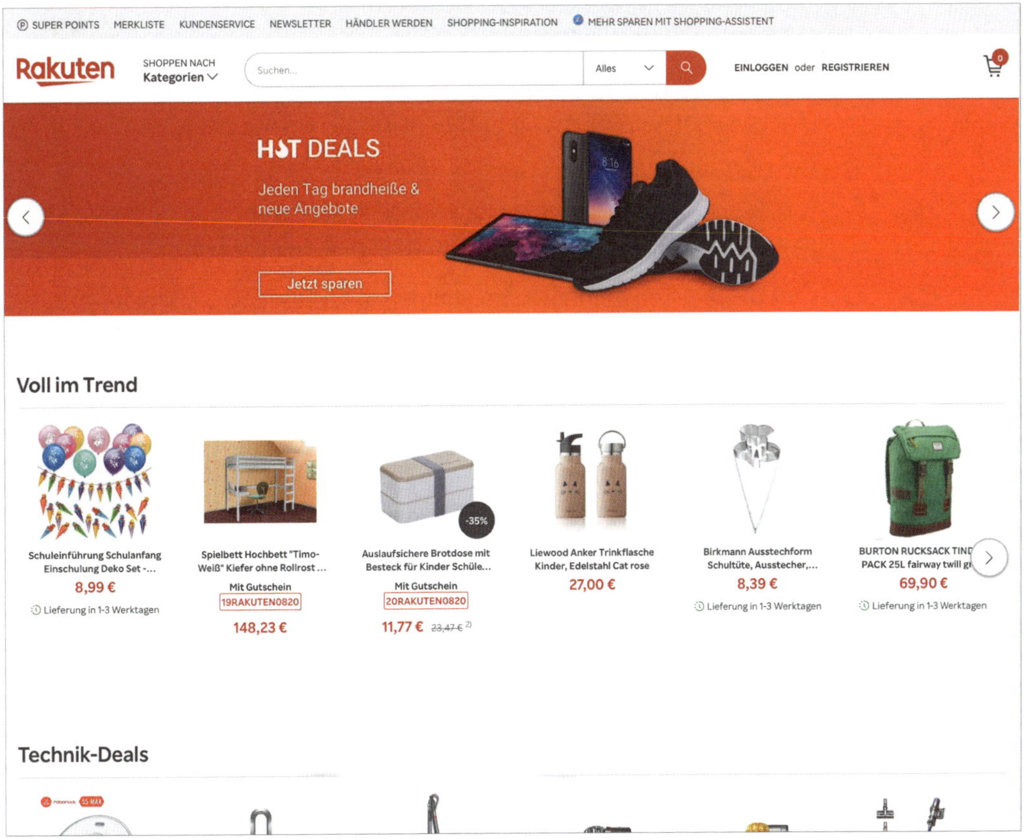

1.1 Der Handel geht online – die Vorteile

Abbildung 1.3 *Auf Online-Marktplätzen wie Rakuten gibt es mehr Produkte, als man jemals überblicken kann.*

Wissensquiz: Onlinehandel

Zum Onlinehandel gibt es jede Menge Fehleinschätzungen. Testen Sie Ihr Wissen, und überlegen Sie, was Sie meinen – sehen Sie erst dann die Antworten an:

1. Wer gibt online mehr Geld aus – Frauen oder Männer?
2. In welchem Land wird online am meisten Geld umgesetzt?
3. Welche Produkte werden am häufigsten online gekauft?
4. Wie treu sind Käufer einem Webshop?
5. Wie viele Besucher einer Shopping-Site werden zu Kunden?

Die Antworten auf die Fragen:

1. Männer geben online mehr Geld aus. Sie kaufen online mehr Elektronik und Luxusartikel, Frauen mehr Lebensmittel und Make-up.
2. Die USA waren lange das Land, in dem online am meisten gekauft wurde. Inzwischen hat China längst überholt und setzt online mehr als doppelt so viel Geld um. Deutschland folgt auf dem 7. Platz.
3. Was die meisten Menschen im Onlinehandel kaufen, sind Kleidung, Bücher/DVDs/Games/Software und Parfüms/Kosmetik-/Pflegeartikel.
4. Online-Kunden sind keineswegs immer nur auf der Suche nach dem besten Preis. Ein Drittel der Käufer besucht am liebsten Shops, in denen sie schon gekauft haben.
5. Nur um die 3 Prozent der Website-Besucher werden schließlich zu Kunden. Das unterscheidet sich etwas je nach Branche – aber mehr als 5 Prozent schafft praktisch keiner der großen Anbieter.

1.2 Was möchten/können Sie erreichen?

Hat Sie die letzte Zahl ernüchtert? Nur 3 Prozent aller Besucher kaufen schließlich auf der Website? Das klingt natürlich erst mal nach wenig. Aber trotzdem gibt es gute Nachrichten:

- Für bestehende Kunden sind diese Werte viel, viel besser.
- Wenn Sie es schaffen, viele Besucher auf die Site zu bringen, sind 3 Prozent nicht schlecht. Schließlich kosten Sie die anderen 97 Prozent praktisch nichts – anders als im Laden brauchen Sie kein Personal, das sich um alle Besucher kümmert.
- Mit gezielter Werbung können Sie den Anteil der Käufer deutlich steigern.
- Mit einem guten Produktangebot und einem guten Shop erreichen Sie leicht doppelt oder sogar zehnmal so gute Werte wie die großen Konkurrenten. Je spezieller, desto besser!

1.3 Chancen für neue Anbieter

Das explosive Wachstum von den Großen wie Amazon ist vorbei. Inzwischen wächst Amazon praktisch nur noch, weil immer mehr Anbieter über die Website von Amazon verkaufen (*Amazon Marketplace*). Der Umsatz, den Amazon mit Produkten macht, die es selbst verkauft, stagniert.

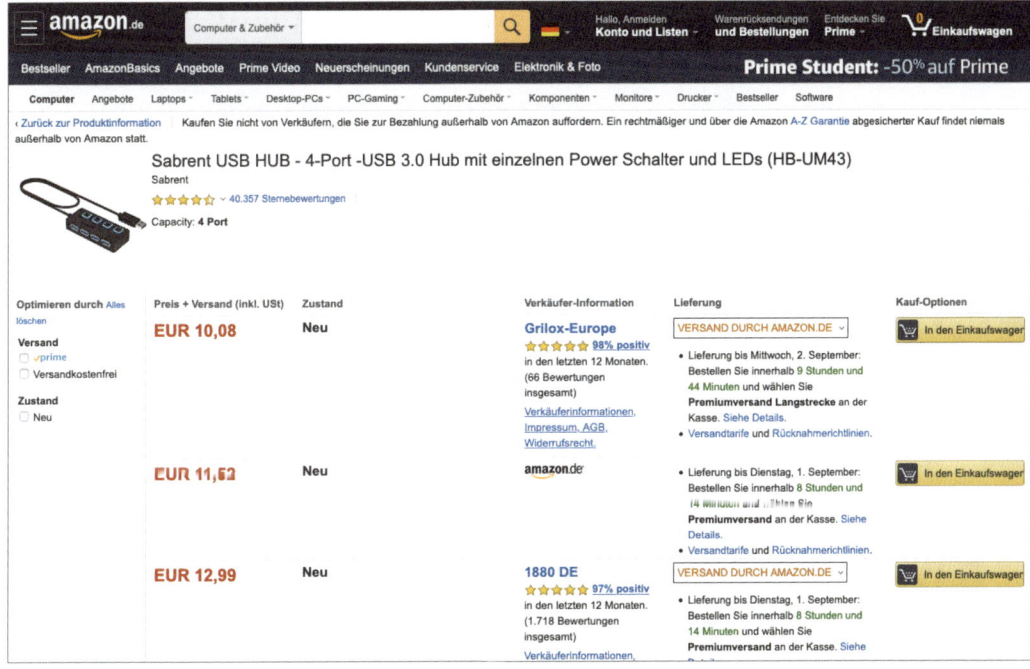

Abbildung 1.4 *Viele Produkte verkauft Amazon gar nicht selbst, sondern nur für andere.*

Wenn Sie Amazon und anderen Shopping-Riesen Konkurrenz machen wollen, dann müssen Sie sich warm anziehen. Das wäre genauso, wenn Sie eine Supermarktkette aufziehen wollten: Es ist denkbar, aber hoch riskant. Sie würden sehr viel Geld und viel Zeit brauchen, um damit erfolgreich zu sein. Als kleinerer Anbieter haben Sie aber durchaus eine Chance, ein gutes Geschäft zu machen mit Ihrem Onlineshop. Das ist nicht anders, als wenn Sie ein Spezialgeschäft in der Fußgängerzone in der Innenstadt eröffnen: Wenn Sie gute Produkte haben und die Kunden gut beraten, dann können Sie den großen Läden Kunden abluchsen. Je klarer Ihr Profil, desto einfacher. Im Web gilt das ganz genauso. Hier haben Sie den großen Vorteil, dass Sie viel weniger Geld und Zeit investieren müssen. In diesem Bereich hat das Internet in der Tat eine Demokratisierung gebracht: Ihr neuer Shop ist im Prinzip genauso erreichbar wie der von der ganz großen Konkurrenz. Sie können klein anfangen und dann ziemlich einfach Schritt für Schritt größer werden.

1.4 Möglichkeiten für etablierte Geschäfte

Die größten Onlineshops sind in Deutschland Amazon, Otto und Zalando. Aber auch bekannte Marken mit stationären Läden sind ganz vorn mit dabei, z. B. Lidl, Saturn, Tchibo oder H&M. Es sind also nicht nur die reinen Onlinehändler, die große Gewinne im Internet machen. Wenn Sie bereits ein Ladengeschäft haben, dann kann ein Webshop die ideale Ergänzung sein.

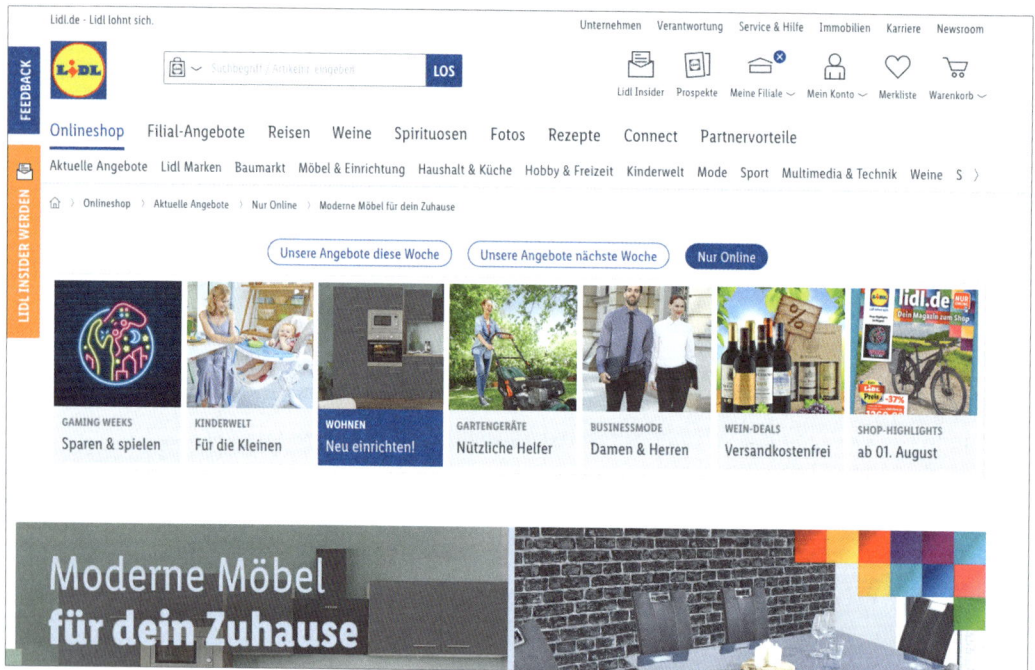

Abbildung 1.5 *Große Supermärkte verkaufen inzwischen auch sehr viel online. Lidl z. B. gehört zu den größten Onlinehändlern Deutschlands.*

Zum einen suchen mehr und mehr Menschen im Internet, wenn sie irgendeine Information zu einem Geschäft brauchen – seien es die genaue Adresse, die Öffnungszeiten oder ob ein bestimmtes Produkt auf Lager ist. Das heißt, diese

Informationen müssen Sie sowieso bereitstellen. Und wenn Sie schon eine Website haben, können Sie diese mit etwas Aufwand auch dazu nutzen, Ihr Angebot nicht nur zu präsentieren, sondern es auch gleich kaufbar zu machen.

Damit haben Sie die zusätzliche Chance, überregional, ja sogar länderübergreifend, Kunden zu gewinnen.

Ebenfalls wichtig: 40 Prozent der deutschen Kunden sehen sich Anschaffungen vor dem Kauf im Web im Laden an – z. B. in Spanien sind es sogar noch mehr, hier tun das 60 Prozent. Für viele Produkte ist es von Vorteil, wenn Sie den Kunden die Möglichkeit bieten, Ihr Angebot vor Ort anzusehen.

Als Ladengeschäft-Betreiber haben Sie den Vorteil, dass Sie Ihren Onlineshop zunächst als zusätzliches Standbein aufbauen können. Sie haben ja bereits ein Lager und die Erfahrung als Verkäufer. Das kommt Ihnen natürlich zugute. Doch mit Shopify haben Sie Ihren eigenen Shop auch dann in kürzester Zeit online, wenn Sie gerade erst in die Welt des Verkaufens einsteigen.

1.5 Warum Shopify?

In diesem Buch lernen Sie, wie Sie mit dem Online-Dienst Shopify Ihren eigenen Webshop erstellen, betreiben und optimieren. Natürlich ist das nicht die einzige Möglichkeit, online etwas zu verkaufen. Sehen wir uns kurz an, welche Konkurrenz es gibt. Und ich erkläre Ihnen, warum Shopify nach meiner Erfahrung für viele die beste Lösung ist. Über eine Million Kunden von Shopify sind der gleichen Meinung.

Die Diskussion um »das« richtige Shop-System ist oft ähnlich fruchtlos wie die, welche Sportschuh-Marke die beste ist, wer die besten Smartphones baut oder welche Hautpflege die sanfteste ist. Es kommt immer ein Stück weit auf den persönlichen Geschmack an. Aber auch die Ansprüche sind entscheidend, und daher gilt diese Einschätzung vor allem dann für Sie, wenn Sie

- einen kleinen bis mittelgroßen Shop anlegen möchten (2 bis ca. 2.000 Artikel),
- keine Web-Agentur beauftragen möchten oder können,
- selbst nur wenig Spaß daran (oder Zeit) haben, selbst zu programmieren und HTML-Seiten zu erstellen.

Auf Shopify setzen inzwischen mehr als eine Million Shops in 175 Ländern der Welt. Mit dabei sind bekannte Marken wie Lindt, Red Bull, die New Yorker Börse, Volkswagen und Tesla. Die Börse und Tesla nutzen Shopify nicht, um Aktien oder Autos zu verkaufen – dazu sind dann doch sehr spezielle Lösungen nötig. Aber Zubehör und Fanartikel wie T-Shirts und Tassen verkaufen sie über ihre Shopify-Auftritte, weil sie hier schnell und unkompliziert einen Shop erstellen können, ohne sich mit der Technik befassen zu müssen. Das haben sie mit Hunderttausenden von kleinen Unternehmen gemeinsam, die praktisch alles über Shopify verkaufen – von Apfelmus bis Zinnteller. So müssen sie sich nicht sorgen, dass ihre Server bei großem Erfolg zusammenbrechen. Das Münchner Food-Start-up *3Bears* z. B. bekam nach seinem Auftritt in der Fernsehshow *Die Höhle der Löwen* 15.000 Bestellungen für seinen Porridge (Haferbrei). Dank Shopify konnten die glücklichen Gründer sich dem Aufstocken der Haferkapazitäten widmen, ohne dass sie sich um das Aufstocken der Serverkapazitäten kümmern mussten.

1.5.1 Shop-Baukästen

Viele große Hoster wie 1&1, Jimdo, Strato oder Wix bieten sogenannte Mietshops an. Bei allen diesen müssen Sie auch nichts selbst installieren, sondern nutzen den Server der Anbieter. Man spricht von *SaaS-Lösung* (Software-as-a-Service). Sie zahlen einen monatlichen Beitrag und müssen sich um nichts weiter kümmern. Die meisten dieser Mietshops sind recht einfach einzurichten und mehr oder weniger komfortabel in der der Verwaltung. Bei den Kosten unterscheiden sie sich in Details, aber nicht wesentlich.

Ein Nachteil: Sie sind darauf angewiesen, dass der Anbieter die von Ihnen benötigten Funktionen bietet bzw. umsetzt. Ihre Ansprüche können sich im Lauf der Zeit ändern – das heißt, was vielleicht heute noch völlig ausreicht, kann morgen zu wenig für Sie sein.

Das ist bei Shopify genauso. Allerdings ist Shopify ein reiner Shop-Anbieter. Die mehr als 5.000 Mitarbeiter des Unternehmens haben nichts anderes zu tun, als einen Shop anzubieten, der Verkäufern wie Ihnen so viel bringt, dass sie Kunden werden und bleiben. Die Wahrscheinlichkeit, dass Sie hier daher alles finden, um auch langfristig glücklich zu sein, ist daher aus meiner Sicht hoch. Wenn sich für einen Hoster sein Shopsystem nicht mehr rechnet, kann er es einfach schließen. Dass dies beim etablierten Anbieter Shopify passiert, ist unwahrscheinlich. Selbst wenn er einmal verkauft werden sollte, ist die Wahrscheinlichkeit extrem groß, dass sich für Sie nichts ändert.

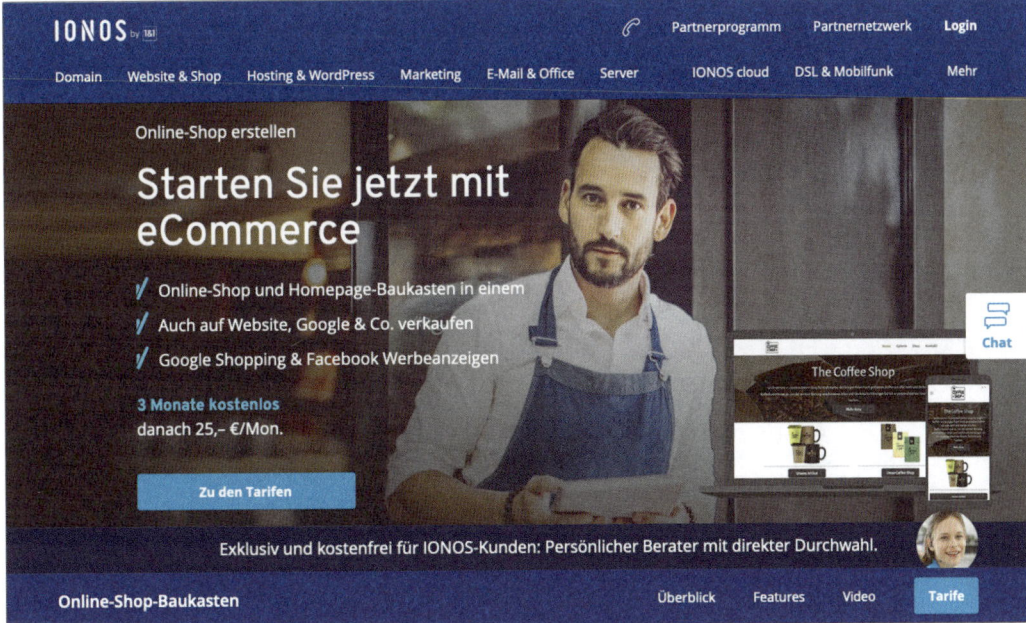

Abbildung 1.6 *Bei Hostern wie 1&1 bekommen Sie Mietshops, mit denen Sie schnell ins Online-Business starten können.*

1.5.2 WooCommerce

Eine sehr beliebte Lösung für Onlineshops ist *WooCommerce*. Das ist Open-Source, also quelloffene Software, die zunächst kostenlos nutzbar ist. Spezialfunktionen kosten dann aber eine kleine Gebühr. Über 3 Millionen Shops weltweit nutzen WooCommerce. Dabei ist wichtig: Es ist an sich gar kein Shop, sondern nur eine Erweiterung (Plug-in) für das ebenfalls kostenlose Contentmanagement-System WordPress. Die Installation von beidem ist nicht schwer und auch von Menschen zu schaffen, die nicht programmieren können. Sobald es aber mal technische Probleme gibt oder spezielle Anpassungen gewünscht sind, geht es ohne etwas Wissen über HTML, CSS und PHP nicht. Dieses Wissen haben viele, und es gibt unzählige Agenturen, die Ihnen hier helfen können.

Wenn Sie WordPress bereits für Ihre Website nutzen, dann scheint WooCommerce die erste Wahl zu sein. Und doch gibt es etliche, die raten, auch in dem

Fall auf Shopify zu setzen. Denn auch für Shopify gibt es Plug-ins, mit denen Sie Ihren Shop in ein WordPress-Blog einbinden können. Somit ist das die einsteigerfreundlichere Variante, bei der Sie die Bequemlichkeit von Shopify in Ihrem bestehenden WordPress-Blog bekommen.

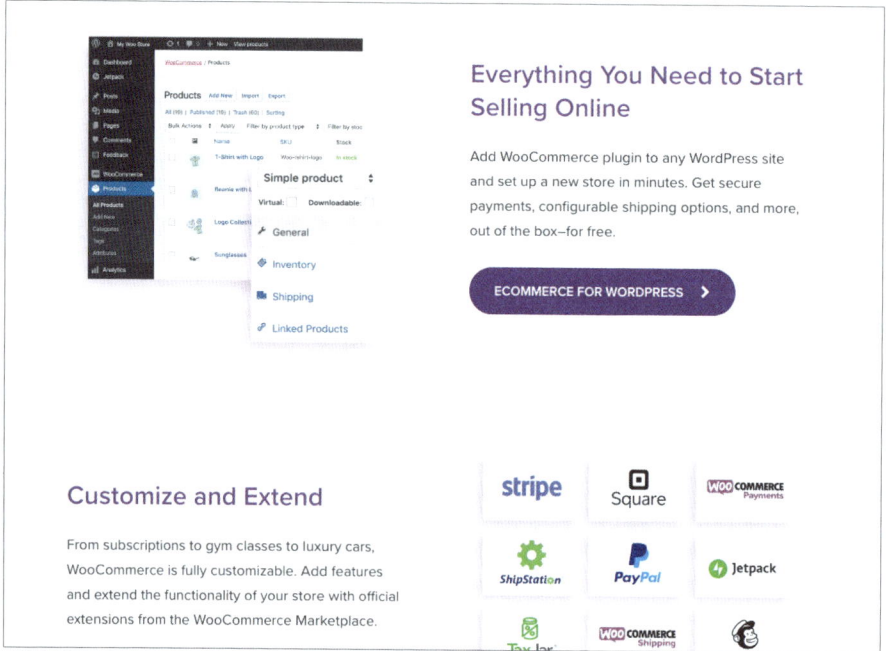

Abbildung 1.7 *WooCommerce integriert einen professionellen Shop in WordPress-Blogs.*

1.5.3 Magento

Magento ist im Kern ebenfalls Open-Source-Software. Das heißt, jeder kann den Programmcode herunterladen, ansehen und anpassen, und das kostenlos. Damit Sie das tun können, müssen Sie entweder selbst programmieren können, oder Sie beauftragen jemanden, der das kann, etwa eine Agentur. Der Vorteil solcher Systeme ist: Die Software läuft auf Ihrem eigenen Server, Sie sind also jederzeit Herr Ihrer Daten und Ihres Systems. Sollte Ihre Agentur pleite gehen, gehen in Ihrem Shop die Lichter nicht aus, sondern er läuft erst mal weiter, und Sie können sich eine neue Agentur suchen.

Der Haken ist aber: Sie sind immer auf jemanden angewiesen, der sich um die Technik kümmert, die Updates einspielt und bei Problemen den Shop am Laufen hält. Dafür haben Sie hier praktisch unbegrenzte Möglichkeiten, alles perfekt an Ihre Bedürfnisse anzupassen. Für alle, die ganz große Pläne haben, ist das oft die richtige Wahl. Und doch meine ich: Auch wenn es in der Theorie möglich ist, einen kleinen Shop mit Magento anzulegen und mit dem gleichen System richtig groß zu werden, so ist es in der Praxis so komplex, dass es auch nicht viel mehr Arbeit macht, wenn man irgendwann wechseln möchte. Es spricht also nichts dagegen, seine erste Million mit Shopify zu verdienen und dann zu Magento zu wechseln, wenn man noch höher hinaus will.

Die Preise, die Agenturen für die Einrichtung eines Magento-Shops verlangen, variieren sehr stark, je nachdem, wie viele Anpassungen nötig sind. Unter ein paar Tausend Euro bekommen Sie hier nichts, selbst wenn Sie mit Dienstleistern in Osteuropa oder Indien zusammenarbeiten. Für mittelgroße Lösungen kommen schnell mehrere zehntausend Euro zusammen.

Abbildung 1.8 *Magento gibt es als Open-Source-Lösung. Der Besitzer Adobe versucht aber stets, seine kommerzielle Version zu verkaufen.*

Neben der Open-Source-Version gibt es auch eine kostenpflichtige Version von Magento. Die Firma Adobe bietet diese zur Installation auf Ihrem eigenen Server oder als SaaS-Lösung auf den Adobe-Servern an. Die Kosten für diese Lösungen sind nicht öffentlich, Sie müssen die Verkäufer von Adobe kontaktieren, um ein spezielles Angebot zu erhalten. Schon allein wegen fehlender Transparenz würde ich persönlich als kleiner Shop-Betreiber diese Lösung nicht in Betracht ziehen. Die Zielgruppe sind klar sehr große Unternehmen.

1.6 Weshalb ein Online-Marktplatz nicht reicht

Nun zur letzten Variante für Ihren Shop: den Online-Marktplätzen. Sie können Ihre Produkte einfach direkt auf Amazon, bei eBay, Rakuten, Real oder vielen anderen Websites verkaufen. Dann müssen Sie keinen eigenen Internetauftritt erstellen, sondern pflegen lediglich Ihre Produkte bei dem Anbieter ein und überlassen diesem alles andere.

Klingt erst mal bequem und vorteilhaft. Der größte Haken daran ist aber: Damit sind Sie voll und ganz abhängig vom jeweiligen Anbieter. Dieser stellt nicht nur Ihren direkten Konkurrenten die Plattform genauso wie Ihnen zur Verfügung. Er macht Ihnen auch selbst direkte Konkurrenz. Es ist von Fällen zu lesen, in denen ein Marktplatz-Betreiber erst mal kleine Händler ausprobieren lässt, welche Produkte gut laufen, und dann genau die selbst ins Programm nimmt – besser beworben, bevorzugt präsentiert und zu einem niedrigeren Preis.

Außerdem müssen Sie nach den Spielregeln des Anbieters spielen: Gibt dieser Antwortzeiten, Rücknahmekonditionen und Zahlungsweisen vor, dann müssen Sie sich daran halten. Und auch die Gepflogenheiten spielen eine Rolle: Arbeiten Sie anders, als es die Kunden auf dieser Plattform gewöhnt sind, gibt es schnell schlechte Bewertungen.

Zudem müssen Sie einen ordentlichen Teil Ihrer Marge an den Marktplatzbetreiber abgeben. Zwischen 7 und 20 Prozent vom Umsatz, zusätzlich oft noch einen Pauschalpreis pro verkauftem Produkt (um 1 €) und möglicherweise monatliche Kosten für ein Profi-Verkäuferkonto (meist ein zweistelliger Betrag pro Monat).

Die Reichweite ist natürlich unübertroffen – auf Amazon z. B. gehen so viele Kunden wie auf keine andere Plattform. Sind Sie hier vertreten, können sehr viele Menschen Sie finden. Das Problem dabei: Ihre Konkurrenz finden sie hier genauso. Es geht also praktisch ausschließlich über den Preis. Wenn das Ihr stärkstes Kaufargument für die Kunden ist, dann können Sie auf den Marktplätzen gute Geschäfte machen. Wenn Sie aber auf das Besondere setzen, auf spezielle Produkte, auf Zusatzangebote, eine persönliche Auswahl oder auf Service, dann kommen Sie um einen eigenen Shop nicht herum. Hier können Sie Kundenbindung aufbauen – kauft ein Kunde etwa über den Marktplatz von Amazon bei Ihnen, wird er praktisch immer das Gefühl haben, er kauft bei Amazon.

Das ist den Betreibern auch ganz recht – die meisten haben strenge Richtlinien, wie stark Sie sich selbst in den Vordergrund spielen dürfen. Bei einigen dürfen Sie nicht einmal einen Link zu Ihrer Website auf der Rechnung haben oder eine Visitenkarte ins Paket mit der Lieferung legen. Ihren Namen wird der Kunde in den meisten Fällen nicht einmal wahrnehmen, geschweige denn ihn sich merken.

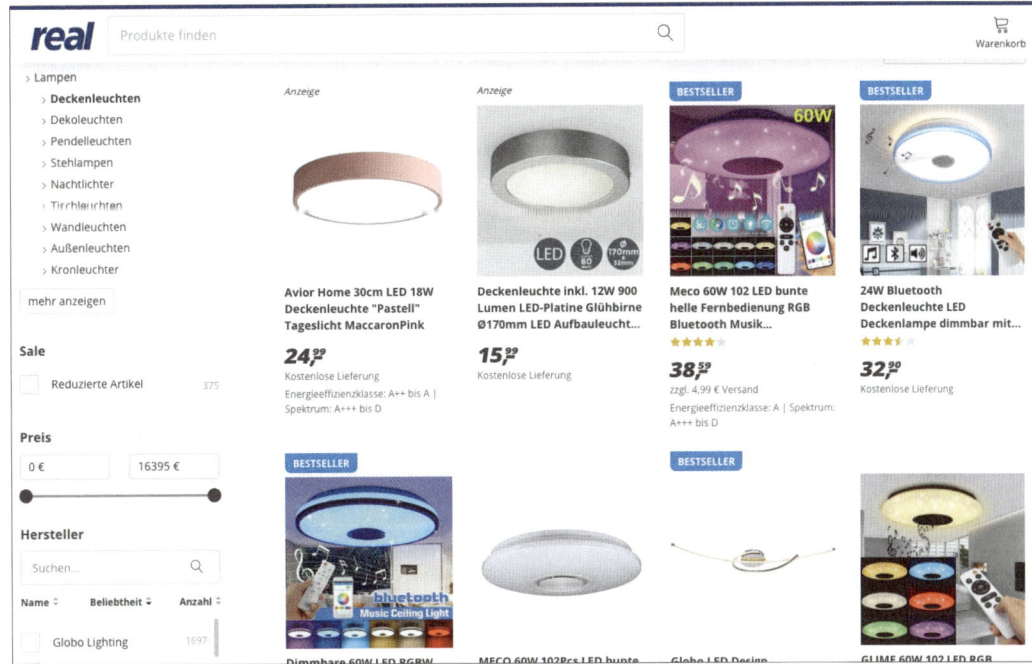

Abbildung 1.9 *Auch auf real.de gibt es einen Marktplatz, auf dem Sie Ihre Produkte verkaufen können. Doch wer der jeweilige Verkäufer ist, erfährt der Kunde nur auf der Produktdetailseite.*

1.7 Fazit

Die Gründer von Shopify haben 2004 das System programmiert, weil sie keines gefunden haben, mit dem sie zufrieden waren. Zum Glück haben sie es nicht dabei belassen, ihren eigenen Snowboarding-Shop damit zu betreiben – sondern sie haben Shopify schon zwei Jahre später für andere Shops geöffnet.

Sie können heute von der Erfahrung des Anbieters, den laufenden Weiterentwicklungen und der Arbeit seiner Tausenden Mitarbeiter profitieren und innerhalb kurzer Zeit ganz ohne technisches Hintergrundwissen einen erfolgreichen Webshop online bringen. Legen wir also los!

1.8 Interview mit Nina Danelon und Ingrid Hottner – Ina Bonheur

Ina Bonheur ist ein Concept Store in München und sieht sich als »moderner Welt-Laden«. Hier gibt es nur Produkte aus kleinen Betrieben, bei denen die Produktionsmethoden nachvollziehbar sind und die Fairtrade-zertifiziert sind – das alles mit hoher Design-Qualität.

Website: *www.inabonheur.com*

Ingrid Hottner

Nina Danelon

Jens Jacobsen: Wie lange hat die Umsetzung eures Shops gedauert?

Nina Danelon: Den Laden eröffnet haben wir vor knapp eineinhalb Jahren, der Webshop hat dann noch mal mehr als ein Jahr gedauert.

Ingrid Hottner: Eigentlich hat das nur eine Person gemacht, nämlich Nina. Ich habe davon überhaupt keine Ahnung. Technisch umgesetzt hat das dann ein Freund von uns, mit WooCommerce.

Jens: Warum habt Ihr euch für diese Lösung entschieden und nicht für Shopify?

Nina: Weil wir uns nur um Texte und Fotos gekümmert haben und alles andere abgeben wollten. Unser Entwickler hat uns zu WooCommerce geraten. So haben wir die zukünftige Entwicklung völlig in der Hand, egal wie viele Sprachen, Kategorien oder Funktionen wir in der Zukunft haben.

Jens: Und seid ihr zufrieden?

Ingrid: Also, die Umsetzung war schon extrem aufwendig. Und das Tool ist ein Dschungel, WooCommerce ist sehr komplex. Aber in der täglichen Arbeit klappt das gut, das läuft alles weitgehend automatisch. Wir müssen nur noch die Pakete zur Post bringen und die Versandnummer eintragen.

Nina: Die meiste Arbeit waren die Fotos. Da hast du als Webshop-Betreiber die Möglichkeit, einfach die Herstellerfotos zu nehmen. Die sind auch gut, technisch perfekt. Aber die sind halt total uneinheitlich. Der eine Hersteller macht die ganz clean, der nächste künstlerisch, der übernächste noch mal anders. Deshalb haben wir uns ordentliche Fotolampen gekauft, eine Leinwand für den Hintergrund für die Aufnahmen mit den Models und einen Aufnahmetisch für die kleineren Produkte.

Jens: Was ist wichtiger für euch: Webshop oder Laden?

Ingrid: Beide. Es war für uns von Anfang an klar, dass beide unabhängig voneinander funktionieren müssen. Der Webshop ist nicht einfach nur ein Anhang an den Laden oder eine Notlösung für die, die nicht in den Laden kommen können. Wäre natürlich super, wenn man so wie früher sagen könnte, wir machen einen Laden auf, und der finanziert uns. Das ist das Geradlinigste: Der Kunde kommt rein, und ich verkaufe dem was. Aber uns war von Anfang an klar, wir wollen einen Webshop haben.

Nina: Und der Shop sollte auch neue Kunden reinbringen. Man kann ja alle Bestellungen bei uns im Laden abholen. Die Kunden, die im Internet etwas bei uns entdeckt haben, sollen dann vielleicht auch im Laden etwas entdecken. Und viele sind es gewohnt, erst mal im Internet zu gucken: Was hat denn der alles, ah, die haben diese Produkte, da finde ich, was ich brauche. Die meisten Leute wollen ja etwas Bestimmtes. Die suchen zum Beispiel ein schwarzes Sweatshirt. Wenn sie sehen, die haben das, dann gehen sie in den Laden rein.

Jens: Würde da nicht einfach eine einfache Website ohne Shop reichen?

Nina: Unter Umständen. Aber was dann ja fehlt, sind die Preise. Und die Leute denken dann vielleicht, das ist zu teuer. Im Webshop sehen sie, dass das nicht so ist.

Ingrid: Und die Leute sehen im Internet Erklärungen zu dem Produkt. Das hast du im Schaufenster nicht. Im Internet kannst du eben nachlesen, wo kommt das Sweatshirt her, aus welchen Werkstätten stammt es, was sind die Rohstoffe. Und du kannst lesen, warum uns genau das zusagt, warum wir es im Laden haben. So lange Texte liest du im Schaufenster nicht.

Nina: Viele Leute trauen sich auch im Laden nicht, zu fragen. Gerade die Jüngeren unter 35 wollen das Gespräch nicht, die suchen sich was aus und kaufen oder eben nicht. Für solche Leute ist es besser, wenn sie vorab schon im Internet nachlesen können.

Jens: Wie findet man einen guten Partner für die technische Umsetzung?

Ingrid: Vor allem, indem man sich genau ansieht, was der vorher schon gemacht hat. Oder man findet heraus, wer die Umsetzung von Shops gemacht hat, die man gut findet.

Jens: Wie lief bei euch die Kommunikation mit dem Dienstleister?

Ingrid: Wir hatten ein Beispiel eines Shops, der uns sehr gut gefallen hat, und haben ein paar Sachen aufgeschrieben. Dabei gab es aber auch ein paar Missverständnisse.

Nina: Für die Startseite habe ich einen Entwurf in Photoshop gebaut. Aber noch immer ist es so, dass sowohl grafisch als auch von den Funktionen her nicht alles so ist, wie wir es uns vorgestellt haben. Unser Shop ist sehr minimalistisch. Da kommt es auf die Details an. Die Buttons, das müssen dann die perfekten Buttons sein.

Jens: Was würdet ihr anderen empfehlen, worauf sollen sie achten, wenn sie ihren ersten Shop umsetzen?

Ingrid: Man sollte sich unbedingt viel Zeit nehmen, sich die verschiedenen Themes anzusehen. Da setzt man sich vielleicht sogar fünf Tage hin und sieht sich alles an, und probiert wirklich jedes Theme aus, das infrage kommt. Da kann man schon die Design-Einstellungen vornehmen und einfach sehen, ob das passt.

Nina: Es ist nicht so einfach, ein Theme anzupassen, daher ist es ganz wichtig, dass das Theme schon so gut wie möglich den eigenen Vorstellungen entspricht. Ein Theme kostet 59 Dollar. Das ist genau der Preis, den du zahlst, wenn du einen einzigen Button änderst, da braucht der Dienstleister vielleicht eine Stunde. Je besser das Theme also passt, desto weniger Ärger hast du am Ende.

Abbildung 1.10 *Der Webshop von Ina Bonheur*

Kapitel 2
Für Ungeduldige – in nur einem Tag zum eigenen Shop

Wenn Sie dieses Buch zur Hand genommen haben, wollen Sie Ihren eigenen Shop. Liegen die Waren schon bei Ihnen? Dann wollen Sie vermutlich so schnell wie möglich mit dem Verkauf starten. Daher zeige ich Ihnen in diesem Kapitel, wie Sie in nur einem Tag schon die ersten Kunden empfangen können. Zu viel will ich aber nicht versprechen: Nur weil ein Shop online ist, heißt das nicht, dass auch jemand dort einkauft. Dazu gehört noch einiges mehr, und darum geht es dann in den nächsten Kapiteln. Kümmern wir uns aber nun zunächst darum, dass die Grundlagen geschaffen und wir so schnell wie möglich verkaufsbereit sind. Außerdem bekommen Sie damit einen ersten kurzen Rundgang durch Shopify – und sehen am praktischen Beispiel, was alles möglich ist.

2.1 Anmelden bei Shopify

Also los: Wir eröffnen ein Konto bei Shopify und stellen die ersten Produkte ein.

> **Unser Beispielshop**
> Damit Sie sehen, wie das alles in der Praxis aussieht, spielen wir es am Beispiel eines kleinen Ladens durch. Die Besitzer sind Imke und Jakob. Auf einer USA-Reise haben sie den klassischen Cowboyhut als praktischen Schutz vor Sonne und leichtem Regen kennen und lieben gelernt. Sie haben eine moderne Version entwickelt, die für alle Outdoor-Aktivitäten ideal ist. Den *Trekkinghut* stellen sie aus Funktionstextil her, sodass er noch luftiger ist und gleichzeitig wasserdicht. Sie haben schon einige Hüte in dem Ladengeschäft einer Freundin verkauft, die sie in Kommission genommen hat. Jetzt wollen Imke und Jakob ihre Hüte auch online anbieten.

1. Zunächst rufen Sie die Website von Shopify auf. Gehen Sie dazu auf *www.shopify.de*.

Kapitel 2 Für Ungeduldige – in nur einem Tag zum eigenen Shop

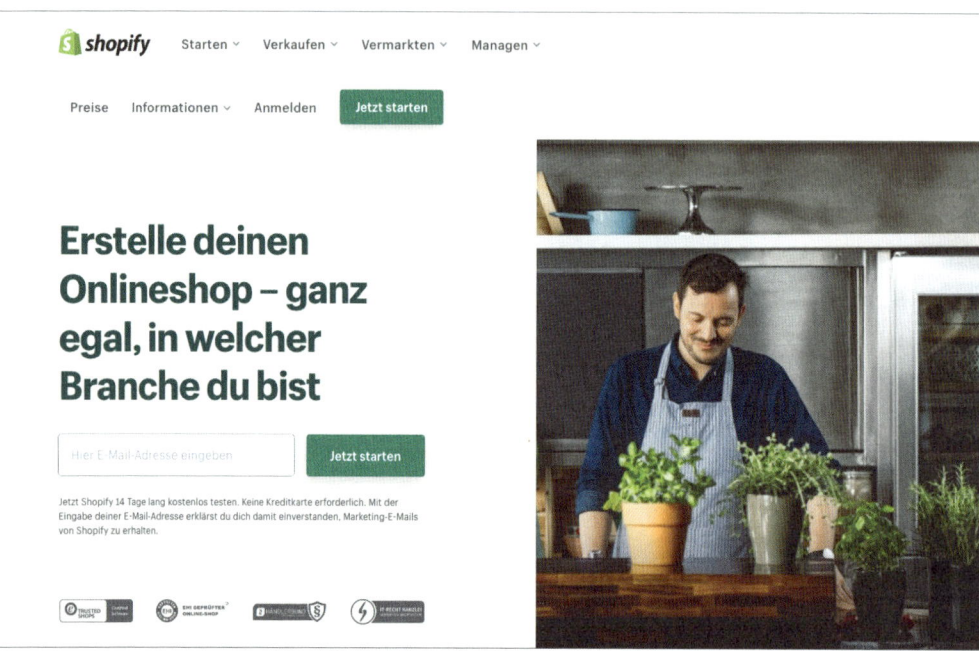

2. Tragen Sie Ihre E-Mail-Adresse in das vorgesehene Feld ein, und klicken Sie auf **Jetzt starten**.

Das Aussehen von Shopify ändert sich gelegentlich

An manchen Stellen werden Sie merken, dass die Seiten auf Shopify nicht ganz so aussehen wie hier im Buch. Das liegt daran, dass sie immer wieder verbessert werden, manchmal im Abstand von wenigen Wochen. Davon sollten Sie sich aber nicht irritieren lassen. Die Grundfunktionen bleiben praktisch immer gleich, und große Änderungen gibt es nur alle paar Jahre. Auch wenn es mal anders aussieht: Die Funktionen von Shopify sind so gut durchdacht, dass Sie nach kurzer Umgewöhnung damit klarkommen. Sollte es doch einmal nicht klappen, finden Sie schnell Hilfe unter *www.shopify.de/kontakt*.

3. Denken Sie sich ein sicheres Passwort aus. Nehmen Sie keines, das Sie für andere Dienste nutzen, und folgen Sie den Regeln für nicht zu erratende Passwörter. Sie wollen ja nicht, dass jemand anderes Ihren Shop übernimmt.

4. Tragen Sie nun einen Namen für Ihren Shop ein.

2.1 Anmelden bei Shopify

Den Shopnamen sorgfältig wählen

Beim Namen für Ihren Shop müssen Sie aufpassen: Diesen können Sie zwar jederzeit ändern, aber das macht sich schlecht für Ihre Kunden. Diese wären verwirrt, wenn der Laden plötzlich anders hieße. Und noch schlimmer: Sie würden Ihren Shop im Internet vielleicht gar nicht mehr finden.

Auch um dieses Problem zu vermeiden, können Sie die *URL* Ihres Shops, also seine Internetadresse, bei Shopify später nicht mehr ohne Weiteres ändern. Überlegen Sie sich also gut, wie Sie Ihren Shop nennen.

5. Klicken Sie auf **Eigenen Shop erstellen**, und Sie haben den ersten Schritt getan.

6. Auf der folgenden Seite machen Sie ein paar Angaben, die die Einrichtung Ihres Shops erleichtern. Sie können alles später noch ändern, daher müssen Sie sich nicht den Kopf zerbrechen, wenn Sie eine Frage noch gar nicht so genau beantworten können. Für unser Beispiel des Cowboyhut-Shops geben wir also an, dass wir bereits verkaufen und dass wir nun nur noch online verkaufen möchten. Wir sagen, dass wir noch keine Umsätze haben und in der Branche **Bekleidung** tätig sind.

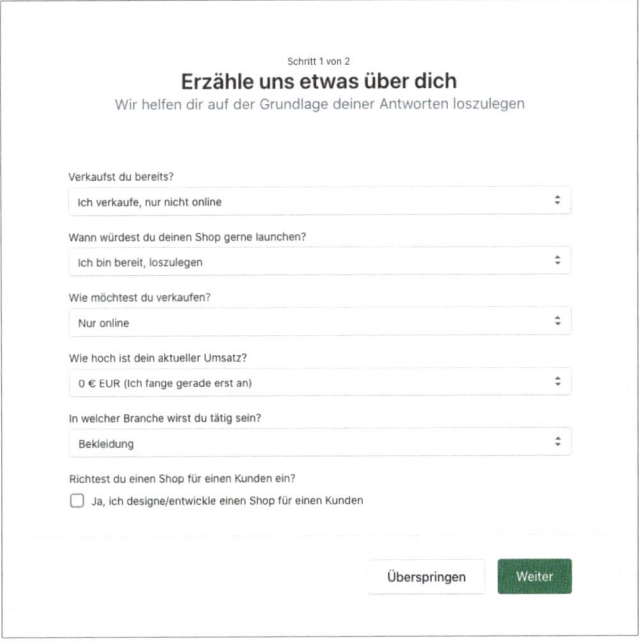

7. Jetzt geben Sie noch Ihren Namen und Ihre Adresse an. Das ist die Geschäftsadresse, das heißt, wenn Sie z. B. eine GmbH haben, dann tragen Sie hier deren Sitz ein. In diesem Fall setzen Sie auch den Haken bei **Dieser Shop wird von einem eingetragenen Unternehmen betrieben**.

Verkaufen Sie von zu Hause aus und haben Sie kein Unternehmen, dann nehmen Sie Ihre Privatadresse. Auch hier gilt: Diese Angaben können Sie jederzeit ändern.

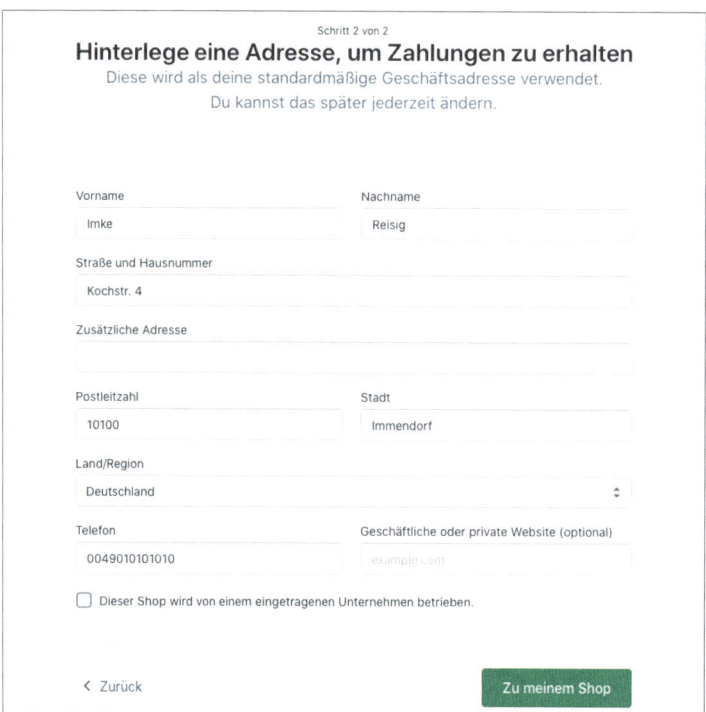

2.2 Das erste Produkt einstellen

Sie landen automatisch auf der Seite, auf der Sie nun viel Zeit verbringen werden – dem Admin-Bereich von Shopify. Damit sind die wichtigsten Vorarbeiten erledigt. Jetzt können Sie das erste Produkt einstellen:

1. Klicken Sie in der Mitte der Seite auf den Button **Produkt hinzufügen**.

Sollten Sie den Bereich gewechselt haben oder den Button nicht sehen, dann wählen Sie zunächst links in der Seitenleiste **Produkte**.

2.2 Das erste Produkt einstellen

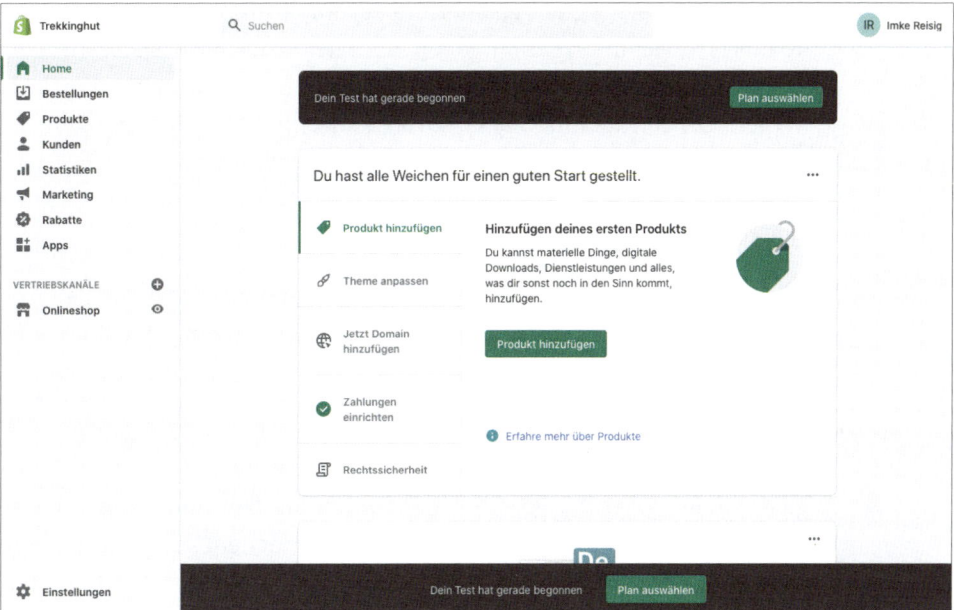

2. Vergeben Sie einen Namen für Ihr erstes Produkt. Dieser sollte so kurz wie möglich sein, aber aussagekräftig. Im Normalfall ist etwas wie »Regenjacke Schöffel« oder »Laufschuhe Adidas« am besten. Wir nehmen »Trekkinghut Classic« für unser Beispiel.

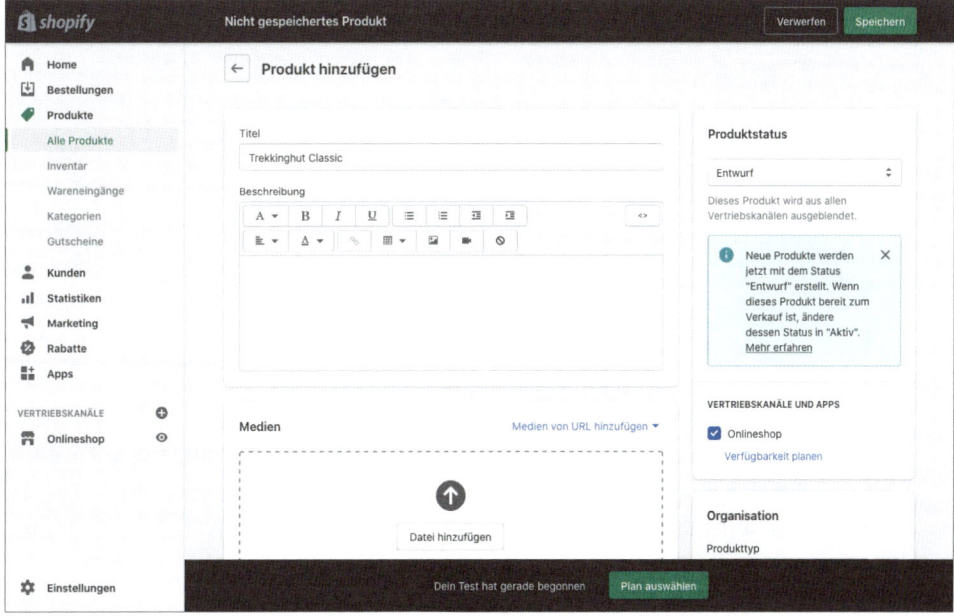

Bei der Beschreibung gilt genauso: je kürzer, desto besser. Sie müssen aber dennoch so viel Information geben, dass der Besucher weiß, warum er das Produkt kaufen soll. Sie können im Beschreibungsfeld nach Herzenslust formatieren – ich rate Ihnen aber davon ab. Denn die Formatierungen lenken meist mehr ab, als sie nützen. Details zu guten Produktbeschreibungen finden Sie in Kapitel 5, »Produktdetailseite – Umkleide, Showroom und Verkaufsgespräch«.

3. Jetzt ergänzen Sie mindestens eine Abbildung für Ihr Produkt. Am einfachsten ziehen Sie die Datei aus dem Explorer (Windows) oder aus dem Finder (Mac) auf das dafür vorgesehene Feld mit gestrichelter Umrandung in Shopify.

4. Weiter unten auf der Seite bei **Preis** tragen Sie den Endpreis inklusive Umsatzsteuer ein, den der Kunde für das Produkt zahlen soll. Das Feld **Vergleichspreis** lassen Sie leer – hier könnten Sie den alten Preis eintragen, wenn Sie das Produkt später einmal billiger machen. Vorsicht: Sie müssen das Produkt tatsächlich einmal zu diesem Preis verkauft haben und dürfen hier nicht einfach einen Mondpreis einsetzen, um den Anschein zu erwecken, das Produkt sei reduziert.

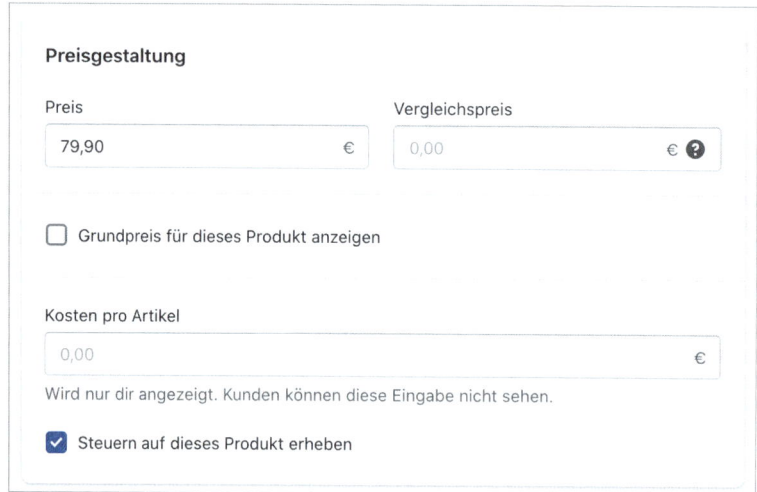

Grundpreis für dieses Produkt anzeigen brauchen Sie normalerweise nicht. Nur wenn Sie etwas verkaufen, das gewogen oder abgemessen wird, ist diese Option nötig – also wenn Sie z. B. Schokolade verkaufen, Tee, Farbe oder Kosmetika. Dann müssen Sie einen Grundpreis angeben, damit der

Kunde leichter vergleichen kann, wie viel das Produkt pro 100 Gramm bzw. 100 Milliliter kostet.

Kosten pro Artikel können Sie wieder leer lassen, das ist nur für Ihre interne Kalkulation nötig, um die wir uns in späteren Kapiteln kümmern.

Schließlich setzen Sie noch das Häkchen bei **Steuern auf dieses Produkt erheben**. Im Normalfall müssen Sie alles versteuern, was Sie verkaufen – Ausnahmen besprechen wir im nächsten Kapitel.

5. **Artikelnummer** und **Barcode** können Sie zunächst mal leer lassen, beides brauchen Sie erst, wenn Sie auch Produkte haben.

Anzahl verfolgen bedeutet, Sie nutzen Shopify, um Ihr Inventar zu pflegen. Darum kümmern wir uns in einem späteren Kapitel.

Verkauf fortsetzen, auch wenn Produkte nicht auf Lager sind erscheint nur, wenn Sie **Anzahl verfolgen** aktivieren. Diese Option bewirkt, dass dieses Produkt immer gekauft werden kann – auch dann, wenn mehr davon verkauft wurde, als Sie im nächsten Feld als **Verfügbar** angegeben haben. In der Praxis bedeutet das, dass Sie dem Kunden schreiben müssen, dass seine Ware später kommen wird, weil Sie erst nachbestellen oder nachproduzieren müssen.

6. Nun setzen Sie einen Haken bei **Dieses Produkt erfordert den Versand**. Nur wenn Sie digitale Produkte verkaufen, die der Kunde direkt herunterladen

kann, brauchen Sie diesen Haken nicht, oder wenn der Kunde das Produkt direkt bei Ihnen abholen soll.

Tragen Sie bei **Gewicht** ein, wie schwer das Produkt ist.

Die nächsten Punkte bei **Zollinformationen** sind nur relevant, wenn Sie Ihre Produkte außerhalb der Europäischen Union verschicken wollen (oder Sie selbst Ihr Geschäft von außerhalb der EU betreiben). Denn dann müssen die Waren verzollt werden. Tabak, Alkohol und Kaffee sind Sonderfälle, zu denen Sie sich noch mal detailliert informieren sollten.

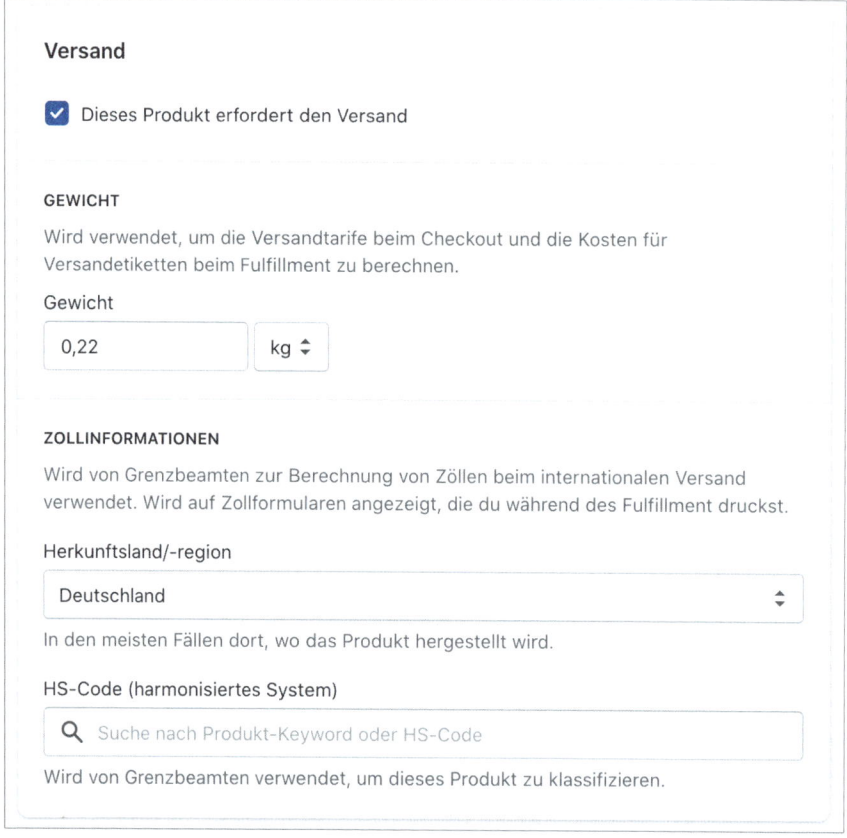

7. Für unser Beispiel setzen wir keinen Haken bei **Dieses Produkt hat mehrere Optionen, wie verschiedene Größen oder Farben**. Mit dieser Funktion beschäftigen wir uns in Kapitel 5, »Produktdetailseite – Umkleide, Showroom

und Verkaufsgespräch«. Den letzten Punkt mit der Suchmaschinenvorschau können wir auch erst mal ignorieren.

8. Klicken Sie oben rechts bei **Produktstatus** auf **Entwurf**, und setzen Sie die Einstellung auf **Aktiv**. Damit ist das Produkt auch tatsächlich für die Kunden im Store sichtbar.

9. Geschafft! Herzlichen Glückwunsch! Klicken Sie nun noch auf einen der beiden Buttons **Speichern** jeweils oben oder unten rechts.

Damit ist Ihr erstes Produkt im Shop. Jetzt müssen wir dafür sorgen, dass es auch online aufrufbar ist. Kümmern wir uns also um die Einstellungen für den neuen Webshop.

2.3 Den Shop kundenfertig machen

Die Grundeinstellungen für Ihren Shop erreichen Sie immer über den Button **Home** in der Navigationsleiste links. Alternativ können Sie direkt auf den Link **Fahre mit der Einrichtung deines Shops fort** klicken. Wir machen uns nun daran, das sogenannte *Theme* anzupassen. Das ist die Gestaltungsvorlage für unseren Shop.

2.3.1 Zum Bearbeitungsmodus des Theme wechseln

1. Zunächst steuern Sie die **Home**-Seite von Shopify an. Dazu klicken Sie eine der beiden genannten Möglichkeiten an.

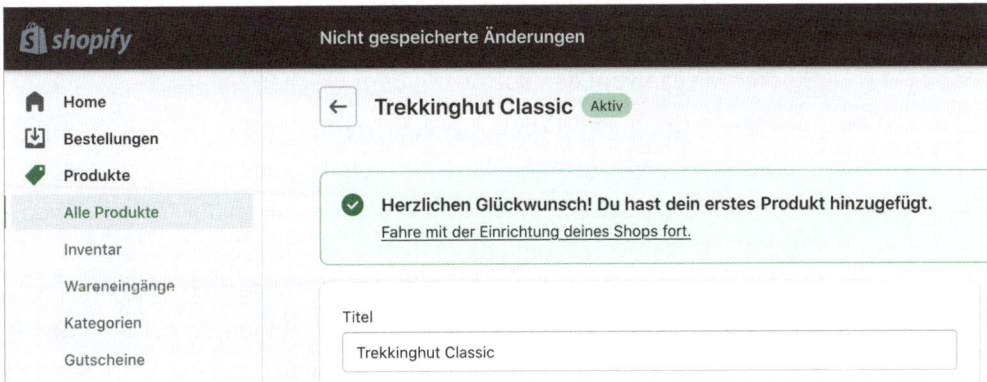

Nun sind Sie im Einrichtungsassistenten. Sie sehen dort: Zwei Abschnitte haben schon einen grünen Haken. Ein Produkt haben wir schon hinzugefügt, und Zahlungen sind bereits automatisch mit den Infos eingerichtet, die wir beim Anmelden bei Shopify eingetragen haben.

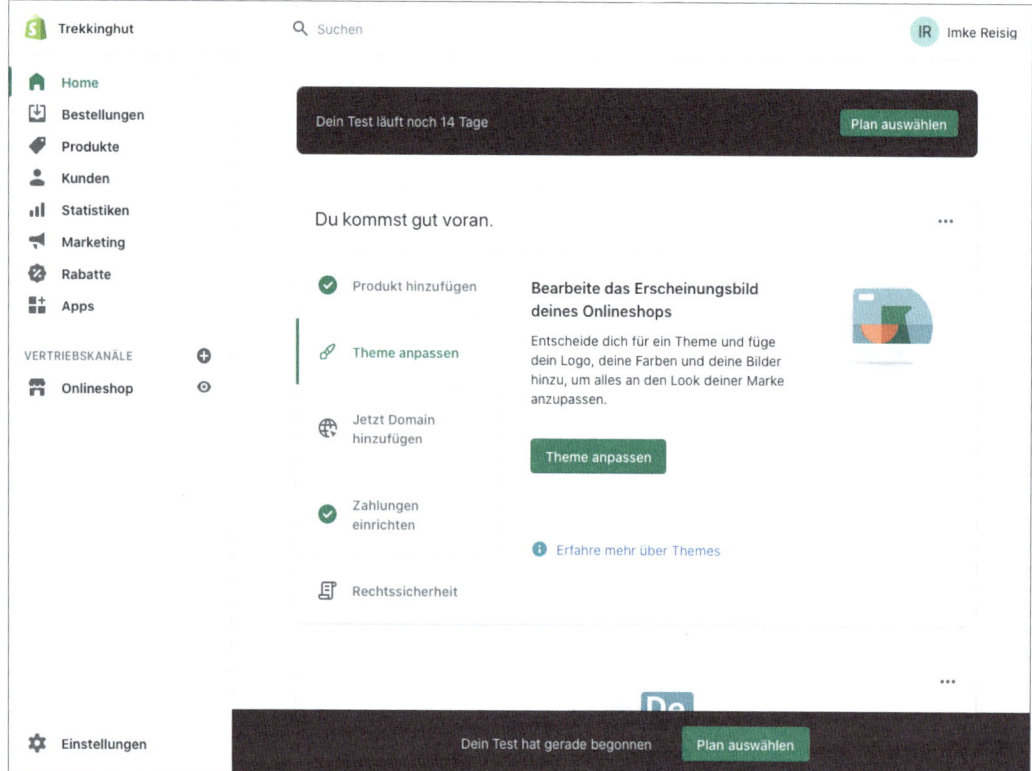

2. Wenn Sie nun das Theme wechseln möchten, wählen Sie links in der Liste der Reiter den Punkt **Theme anpassen**, wenn dieser nicht aktiv sein sollte. Klicken Sie dann auf den Button mit dem gleichen Namen.

Ein *Theme* ist eine Gestaltungsvorlage. Das heißt, das Theme bestimmt, wie Ihr Shop im Web aussehen wird. Ihr Produktkatalog ist unabhängig davon, ebenso die Inhalte wie Fotos und Texte, die Sie später in Ihren Shop einbauen. Sie können alle Inhalte getrennt von der visuellen Darstellung verwalten. Das hat den großen Vorteil, dass Sie jederzeit relativ einfach das Aussehen Ihres Shops ändern können. Dazu müssen Sie nur das Theme ändern, alles andere wird automatisch aktualisiert.

2.3 Den Shop kundenfertig machen

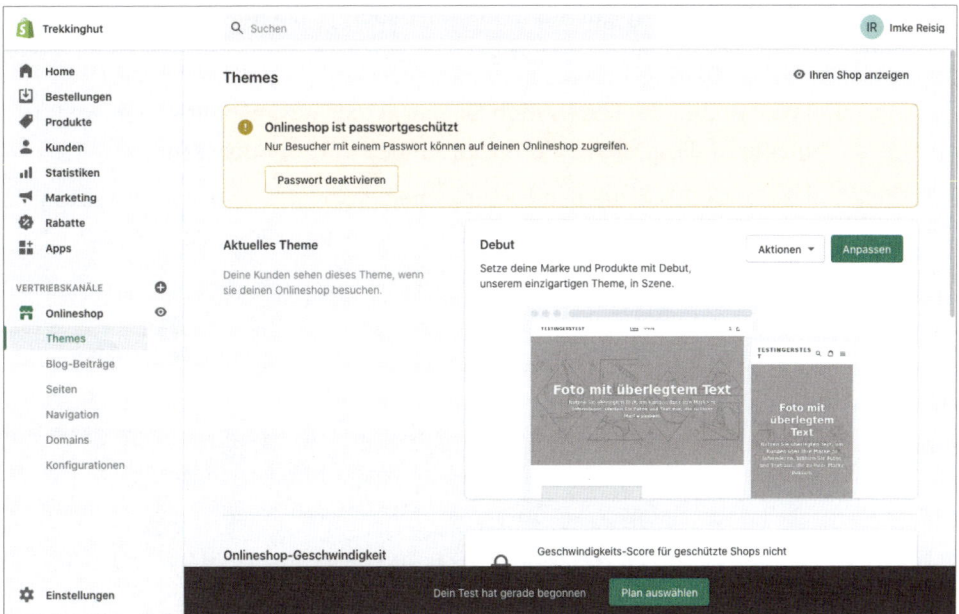

Damit gelangen Sie in den Bereich **Themes**, wie in der linken Seitenleiste zu sehen. Was Sie außerdem sehen, ist der Hinweis, dass Ihr Shop derzeit nur mit einem Passwort zu erreichen ist. Rufen Sie oder jemand anderes den Shop im Internet auf, sehen Sie etwa Folgendes:

Das ist zunächst gut so, denn wir haben ja noch nicht alles richtig eingestellt. Das machen wir jetzt:

3. Im Hauptteil der Seite sehen Sie das aktuell ausgewählte Theme. Standardmäßig ist dies *Debut*. Klicken Sie auf den Button **Anpassen**.

Damit sind Sie im Bearbeitungsmodus für die visuelle Gestaltung Ihres Shops. Sie können hier im Detail festlegen, wie alles aussehen soll.

Abbildung 2.1 *Der Bearbeitungsmodus für das Theme, in dem Sie das Aussehen Ihres Shops anpassen*

In diesem Bereich werden Sie beim Einrichten und später beim Verbessern Ihres Shops viel Zeit verbringen. Daher lohnt es sich, einen Blick auf die wichtigsten Bedienelemente zu werfen. ❶ ist der Name des Theme, also der Vorlage, die Sie ausgewählt haben. Wenn Sie zurück zum Admin-Bereich wollen, klicken Sie auf das Icon links daneben. Mit ❷ wählen Sie die Seite aus, die Sie bearbeiten wollen. Das Icon bei ❸ zeigen Ihnen, welche Ansicht Sie gerade sehen – per Klick können Sie umstellen auf Smartphone-Ansicht sowie auf die Ansicht ohne Seitenleiste (damit Sie prüfen können, wie Ihr Shop in voller Breite aussieht).

Das Symbol bei ❹ zeigt, dass Ihr Shop online ist. Das bedeutet nicht, dass er ohne Passwort zugänglich ist. Es sagt nur, dass der Server aktiv und Ihr Shop somit technisch verfügbar ist. Mit dem Button daneben speichern Sie Ihre Änderungen an der Gestaltung des Shops.

Bei ❺ sehen Sie die sogenannten **Abschnitte**, also die Elemente der Seite. Damit ändern Sie, was im Bereich ❻ angezeigt wird. Dieser ganze Rest der Seite ist der interaktive Vorschaubereich. Hier sehen Sie, wie Ihre Seiten aussehen werden. Sie können sogar zwischen ihnen hin und her wechseln, wenn Sie Links in diesem Bereich anklicken. Das hat den großen Vorteil, dass Sie sicher sein können, dass Sie auch ganz genau das angezeigt bekommen, was Ihre Kunden später sehen werden.

Machen wir uns jetzt also daran, die Startseite für Ihren Shop zu erstellen.

2.3.2 Die Startseite anpassen

Ändern wir also nun die Seite so, dass sie Besucher zu Käufern macht:

1. Als Erstes bearbeiten Sie den obersten Abschnitt der Startseite. Klicken Sie auf **Foto mit überlegtem Text** in der linken Seitenspalte.

> **Achten Sie auf gute Übersetzung**
>
> Shopify ist ein kanadischer Anbieter. Es gibt zwar schon länger eine deutsche Version, aber noch immer finden Sie teilweise etwas merkwürdige Übersetzungen im System. Der »überlegte Text« z. B. soll ein Text sein, der auf einem Bild steht, es also überlagert.
>
> Prüfen Sie also immer zweimal, bevor Sie die Standardtexte von Shopify übernehmen – manchmal sind sie etwas komisch oder sogar missverständlich. Aber generell sollten Sie sowieso versuchen, alle Texte, die Ihre Kunden sehen, individuell anzupassen.

2. Klicken Sie auf **Bild auswählen**, wenn Sie ein gutes Hintergrundfoto haben, das Sie auf der Einstiegsseite Ihres Shops zeigen können. Als Nächstes wählen Sie **Hochladen**, oder Sie ziehen die Bilddatei einfach aus dem Explorer (Windows) oder Finder (Mac) in diesen Bereich. Mehr zur Auswahl eines guten Bildes im Kapitel 4, »Der erste Eindruck entscheidet – die Startseite als Schaufenster«.

Sie wollen aber so schnell wie möglich online mit Ihrem Shop, daher halten Sie sich jetzt nicht mit der Bildauswahl auf. Glücklicherweise gibt es in Shopify einige Fotos, die Sie kostenlos verwenden können. Um eines auszuwählen, klicken Sie auf **Kostenlose Bilder entdecken**.

Sie können dann in den Kategorien stöbern. Oder, was viel schneller geht: Tippen Sie bei **Suche** einen Begriff ein, der zu Ihrem Shop passt. In unserem Beispiel mit den Cowboyhüten finden wir mit »USA« oder eben »Cowboy« gleich ein paar gute Treffer. **Achtung:** Die Bilder sind mit englischen Schlagworten versehen. Wenn Sie also z. B. ein Bild für einen »Hut« suchen, müssen Sie das englische »hat« eingeben.

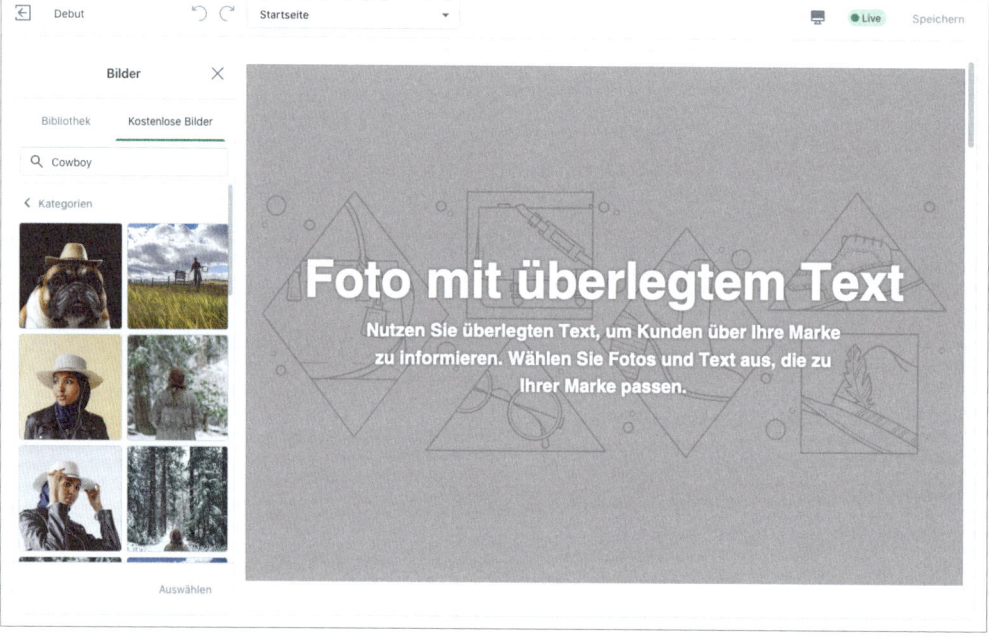

3. Um zu sehen, wie sich das Foto im Hintergrund auf Ihrer Startseite macht, klicken Sie es links in der Liste an. Nach einem Moment wird es geladen.

Achten Sie auf den unauffälligen Button am Ende der Liste: Mit **Weitere laden** können Sie mehr Treffer für Ihr Suchwort anzeigen lassen. Der Button erscheint aber nur, wenn es mehr als eine Handvoll Bilder zu dem Begriff gibt. Um Ihre Bildauswahl schließlich festzulegen, klicken Sie am Ende der Liste den Button **Auswählen**. Die meisten Einstellungen, die Sie jetzt links sehen, müssen Sie normalerweise nicht ändern – hier können Sie die Größe und Darstellung auf der Seite anpassen. Wir konzentrieren uns auf die Texte:

2.3 Den Shop kundenfertig machen

4. Schreiben Sie bei **Titel** die Hauptüberschrift für Ihre Startseite. Ergänzen Sie bei **Text** zwei bis drei Zeilen erklärenden Text.

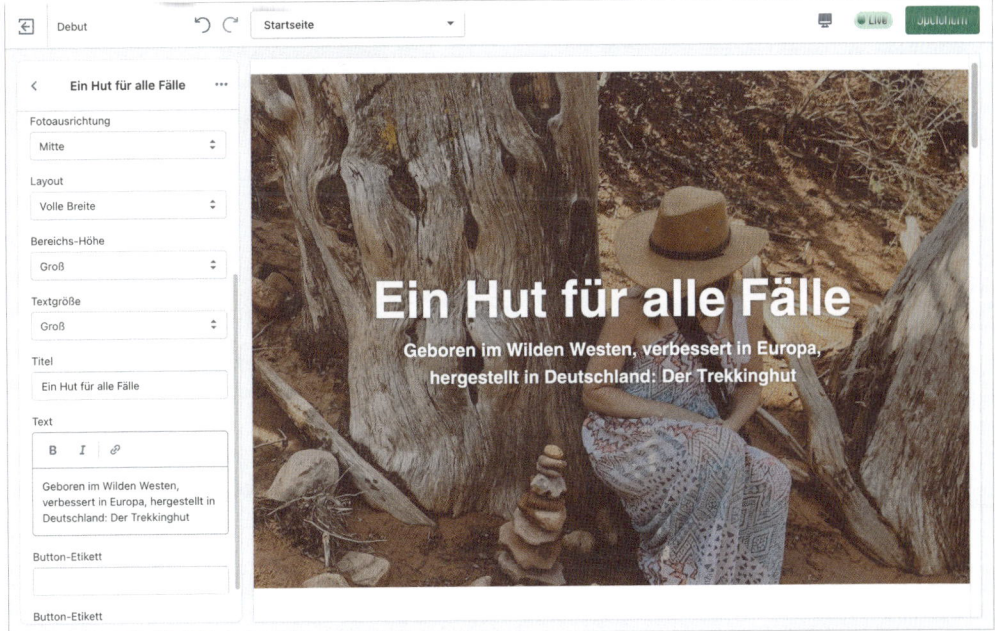

5. Wollen Sie direkt unter dem Text einen Button anzeigen, dann geben Sie im oberen Feld **Button-Etikett** die Beschriftung dafür ein.

   Im unteren Feld **Button-Etikett** (es hat den gleichen Namen) wählen Sie aus, wohin der Button bei Klick führen soll. Verlinken Sie am besten die Produktseite des ersten Produkts, das Sie eben eingegeben haben, indem Sie im Menü auf **Products** und dann auf dessen Namen klicken.

6. Um die weiteren Abschnitte auf der Startseite zu bearbeiten, klicken Sie auf den Zurück-Pfeil, der ganz oben links im Fenster zu sehen ist.

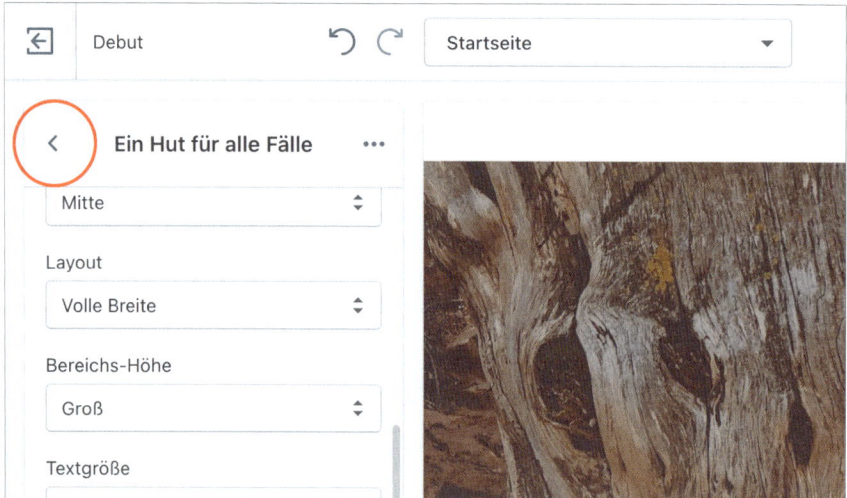

2.3.3 Beschreibung hinzufügen

Ergänzen wir einen Textblock:

1. Klicken Sie auf den nächsten Abschnitt, **Foto mit Text**.

2. Wie zuvor wählen Sie wieder ein Foto aus der kostenlosen Bibliothek von Shopify oder laden Sie ein eigenes hoch.

3. Passen Sie nun die Überschrift und den kurzen Text an. Hier erzählen Sie ein bisschen von sich.

   Die Button-Etiketten lassen Sie leer, hier wollen wir nirgends verlinken.

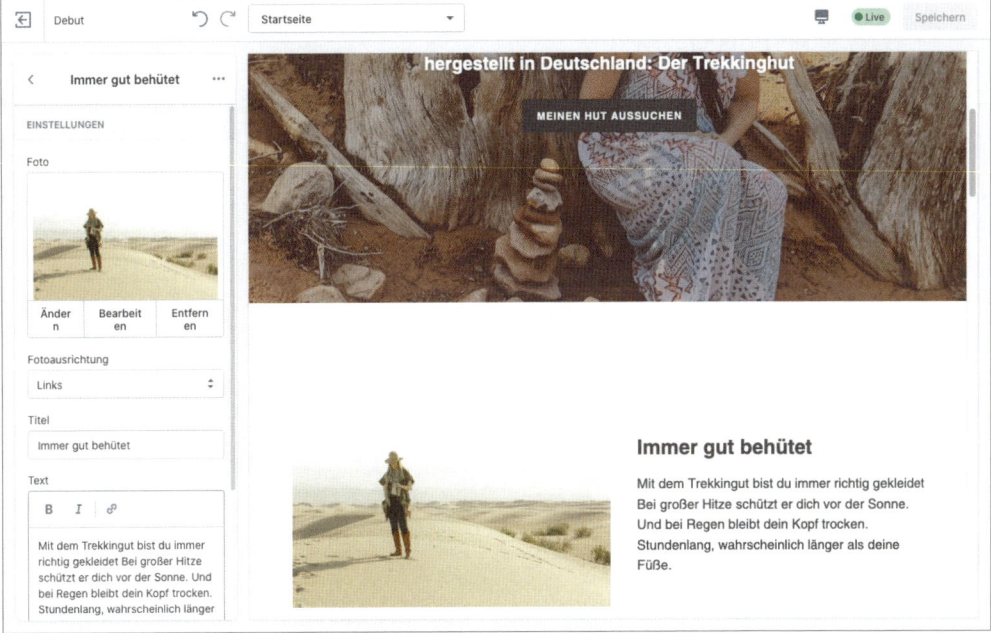

4. Sicherheitshalber klicken Sie während Ihrer Arbeit gelegentlich auf den Button **Speichern** rechts oben. Damit stellen Sie sicher, dass Ihre Änderungen auch dann erhalten bleiben, wenn Sie den Browser aus Versehen schließen. Es kommt zwar eine Warnung, dass ungespeicherte Änderungen verloren gehen, aber es kann schon mal vorkommen, dass man aus Versehen auf **OK** klickt. Und ein Absturz des Browsers ist zwar unwahrscheinlich, aber nicht ausgeschlossen.

5. Gehen Sie wieder zurück, indem Sie auf den Pfeil links ganz oben klicken.

2.3.4 Drei Spalten bearbeiten

Kürzere Textelemente setzen Sie am besten nebeneinander, wenn sie thematisch zusammengehören. Nutzen Sie dieses vorgegebene Element:

1. Klicken Sie auf **Textspalten mit Fotos**.

2. Wollen Sie eine Überschrift oberhalb des Bereichs mit den drei Spalten, können Sie diese bei **Titel** ergänzen – verwirrenderweise steht der aber in der Seitenspalte ganz unten.

3. Klicken Sie nun oben bei **Inhalt** auf eines der drei Elemente **Titel oder Text hinzufügen**.

4. Ergänzen Sie Foto, Titel und Text für alle drei Spalten – genau so, wie Sie es eben bei den anderen Elementen gemacht haben.

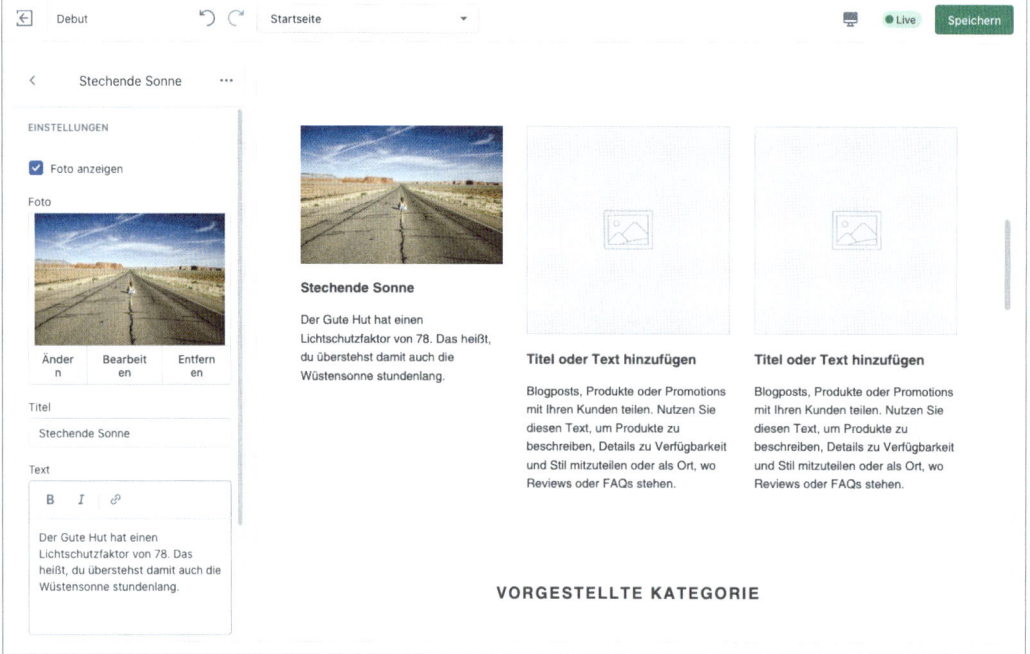

5. Gehen Sie mit dem Pfeil nach links am oberen Bildschirmrand mehrfach zurück, bis Sie wieder auf der Vorlage der Startseite sind.

2.3.5 Nicht benötigte Abschnitte entfernen

Sie haben noch einige Elemente, die Sie gar nicht brauchen. Die werden Sie so los:

1. Klicken Sie auf die kleinen Augen-Symbole rechts. Diese werden dadurch zu durchgestrichenen Augen, und die jeweiligen Abschnitte sind im Vorschaubereich rechts nicht mehr zu sehen.

2.3 Den Shop kundenfertig machen

Alternativ können Sie auch den jeweiligen Abschnitt in der Seitenleiste anklicken, dann auf den Button mit den drei Punkten klicken und **Abschnitt entfernen** wählen. Damit wird der Abschnitt allerdings dauerhaft gelöscht.

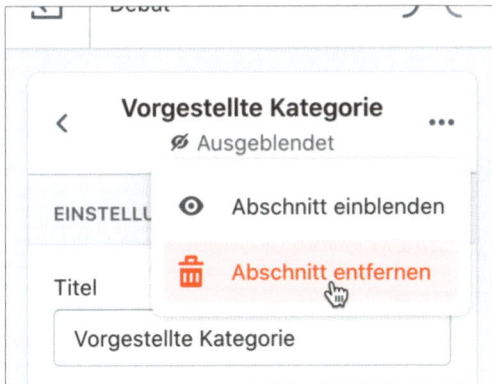

2. Für die übrigen Abschnitte wiederholen Sie das Ausblenden oder Löschen. Wir brauchen sie derzeit nicht auf der Startseite des Shops.

Noch ein Tipp: Wenn Sie die Reihenfolge der Abschnitte auf der Seite ändern wollen, dann verschieben Sie die Abschnitte in der linken Seitenleiste. Sie klicken dazu auf die sechs kleinen Punkte am rechten Rand des jeweiligen Abschnitts, halten die Maustaste gedrückt und schieben den Abschnitt weiter nach oben oder unten.

2.3.6 Fußzeile anpassen

Jetzt ändern wir noch, was ganz unten auf jeder Seite zu sehen ist:

1. Klicken Sie auf den letzten Punkt in der Seitenleiste, **Fußzeile**.

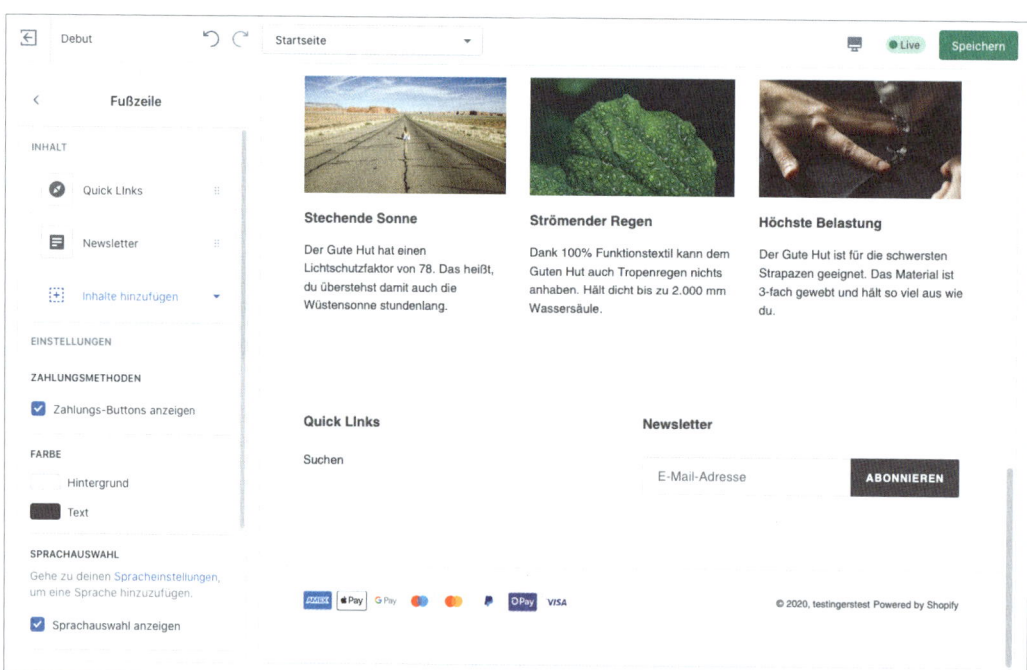

2. Gehen Sie in der Seitenleiste bei **Inhalt** auf **Quick Links**.

3. Ändern Sie die Überschrift. In diesem Bereich werden wir später Links anbieten, die dem Besucher ein schnelles Springen zu verschiedenen Bereichen Ihres Shops erlauben. So muss er nicht erst nach oben zum Menü der Seite zurückscrollen. Der Begriff **Quick Links** ist unglücklich, weil er zum einen auf Englisch und daher nicht jedem verständlich ist. Vor allem aber erweckt er den Eindruck, als wären die anderen Links auf der Seite langsam.

4. Gehen Sie wieder auf den Zurück-Pfeil, und klicken Sie jetzt auf **Newsletter**. Das ist das Schöne an Shopify: Viele Funktionen sind schon vorhanden, auch ohne dass Sie etwas tun mussten. Dazu gehört der Newsletter. Der ist schon vorbereitet, und Sie können sofort beginnen, Interessenten dafür auf Ihrer Website einzusammeln. Sie müssen jetzt nur noch die Überschrift etwas verbessern, um den Besucher noch ein wenig stärker zu motivieren, seine Adresse einzugeben.

5. So, damit steht Ihre Startseite fürs Erste, und Sie können die Bearbeitung abschließen, indem Sie oben rechts auf **Speichern** gehen.

2.4 Geld entgegennehmen

Damit Sie tatsächlich etwas verkaufen können, müssen Sie festlegen, welche Funktionen Sie bei Shopify buchen wollen. Denn ohne Zahlung an Shopify können Sie auch nichts verdienen. Und Sie müssen natürlich angeben, wo das Geld hingehen soll. Diese angenehme Aufgabe erledigen wir sofort.

2.4.1 Plan auswählen

Plan heißt das Abo, welches Sie bei Shopify abschließen.

1. Wenn Sie einen Button **Plan auswählen** sehen, dann klicken Sie darauf.

Falls nicht, klicken Sie so lange auf den Zurück-Pfeil, bis Sie links in der Seitenleiste wieder den Button **Home** sehen. Dann gehen Sie über den Button **Einstellungen** ganz unten links und wählen **Plan und Berechtigungen**. Suchen Sie dort den blauen Link **Pläne vergleichen** unter der Überschrift **Details zum Plan**.

Kapitel 2   Für Ungeduldige – in nur einem Tag zum eigenen Shop

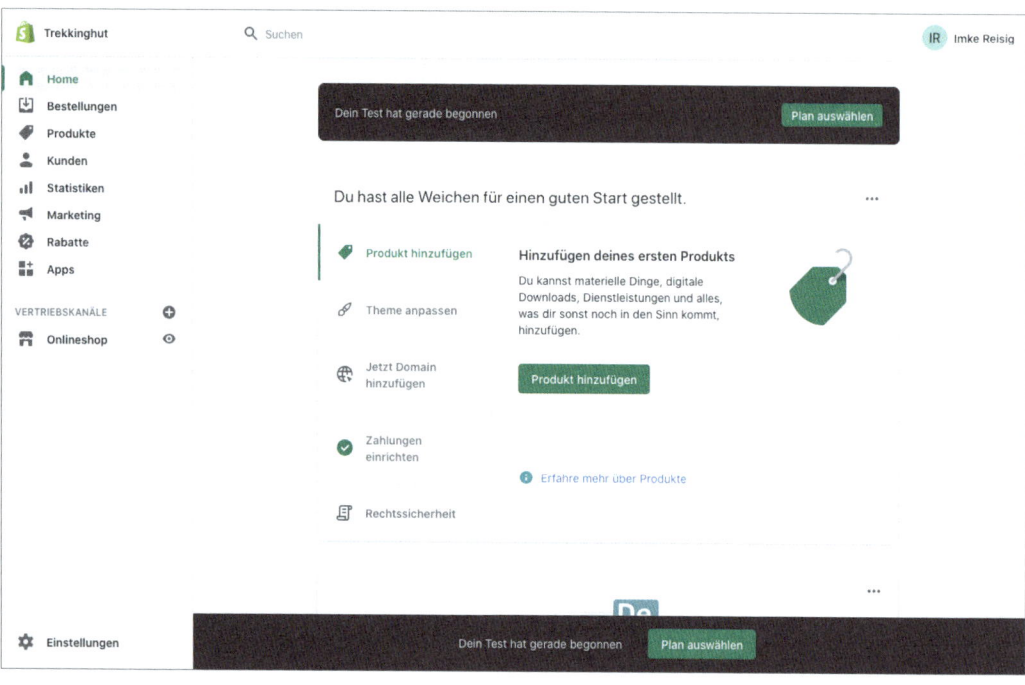

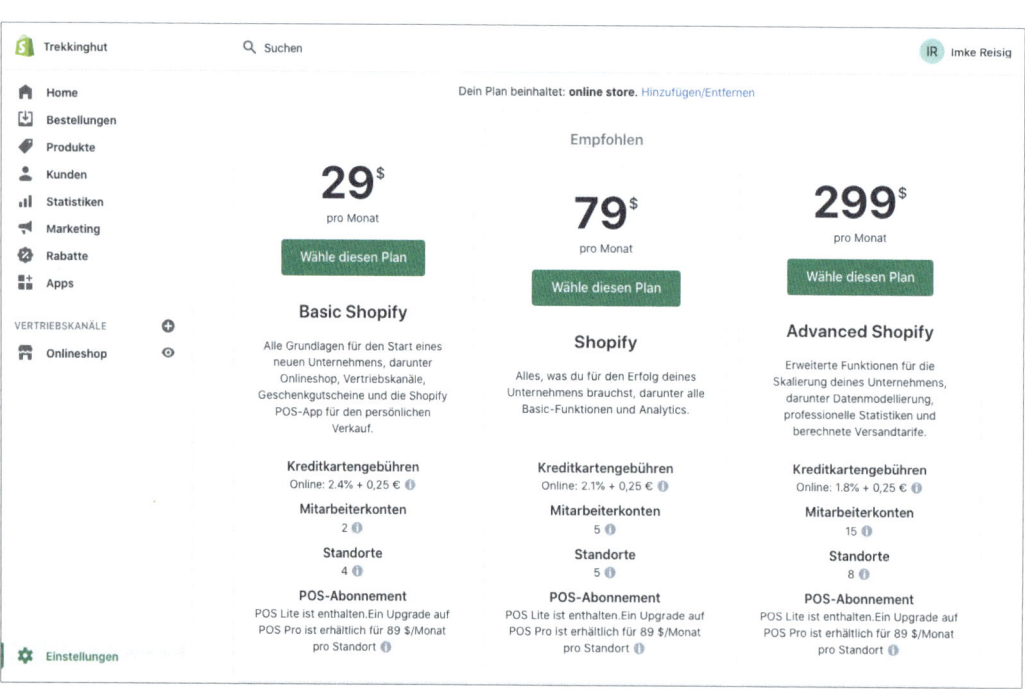

Jetzt sehen Sie die Optionen, die Shopify Ihnen anbietet. Für die ersten 14 Tage ist es immer umsonst – wenn Sie also nur herumspielen wollen, können Sie jeden Plan nehmen und ihn einfach vor dem Ablaufdatum der Testphase kündigen. In den meisten Fällen kommen Sie am Anfang mit dem günstigsten Tarif aus. Hochstufen können Sie immer noch, wenn Sie merken sollten, dass Sie eine Option brauchen, die nur in einem teureren Tarif enthalten ist. Der wesentliche Unterschied sind zunächst die *Kreditkartengebühren*. Diese sind prozentual umso niedriger, je teurer Ihr Tarif ist. Das heißt, wenn Sie sehr viel verkaufen, lohnt sich schon allein deshalb der höhere Tarif. Mit *Mitarbeiterkonten* sind Zugänge zum Shop gemeint. Damit können Ihre Mitarbeiter oder Partner ebenfalls Produkte einstellen, das Lager verwalten oder Bestellungen bearbeiten. Diese Konten kommen zu Ihrem Inhaberkonto dazu – beim kleinsten Tarif können also 3 Personen auf den Shop zugreifen.

Das *POS-Abonnement* steht für *Point of Sale*, also Verkaufspunkt. Ein POS ist ein Ladengeschäft, und diese Funktionen sind nötig, wenn Sie Ihre Ware nicht nur online, sondern auch vor Ort verkaufen. Auch hier gilt: Probieren Sie erst mal, ob Sie mit den Grundfunktionen klarkommen, die reichen normalerweise völlig aus.

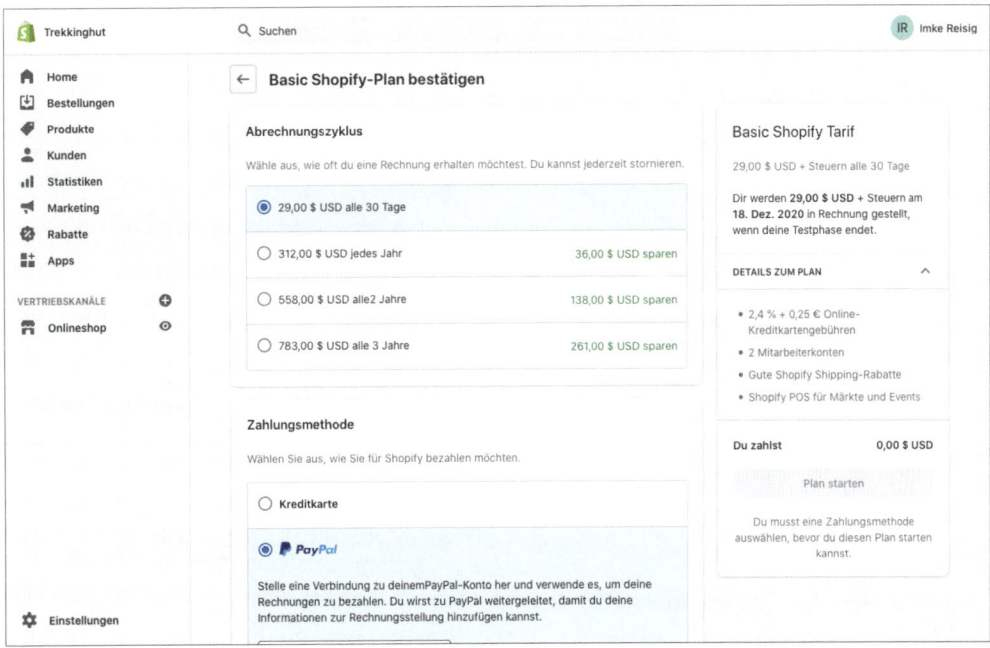

2. Klicken Sie jetzt auf den Button **Wähle diesen Plan** bei der Option, für die Sie sich entschieden haben.

3. Nun wählen Sie bei **Abrechnungszyklus** aus, in welchem Rhythmus Sie bezahlen wollen – je länger der Zeitraum, für den Sie zahlen, desto billiger wird es.

   Dann geben Sie bei **Zahlungsmethode** ein, ob Sie mit Kreditkarte oder PayPal zahlen wollen. Keine Sorge: Wenn Sie vor Ablauf des Testzeitraums kündigen, wird nichts abgebucht. Trotzdem müssen Sie Ihre Zahlungsdaten eingeben, um fortfahren zu können.

4. Wichtig: Klicken Sie jetzt auf **Plan starten** in der Seitenleiste rechts, sonst ändert sich nichts, und Sie können den Passwortschutz für Ihren Shop nicht aufheben.

2.4.2 Zahlungen einrichten

Nun geben Sie noch das Ziel für Ihre Einnahmen an:

1. Klicken Sie in der Seitenleiste links ganz unten auf **Einstellungen**, und gehen Sie auf den Bereich **Zahlungen**.

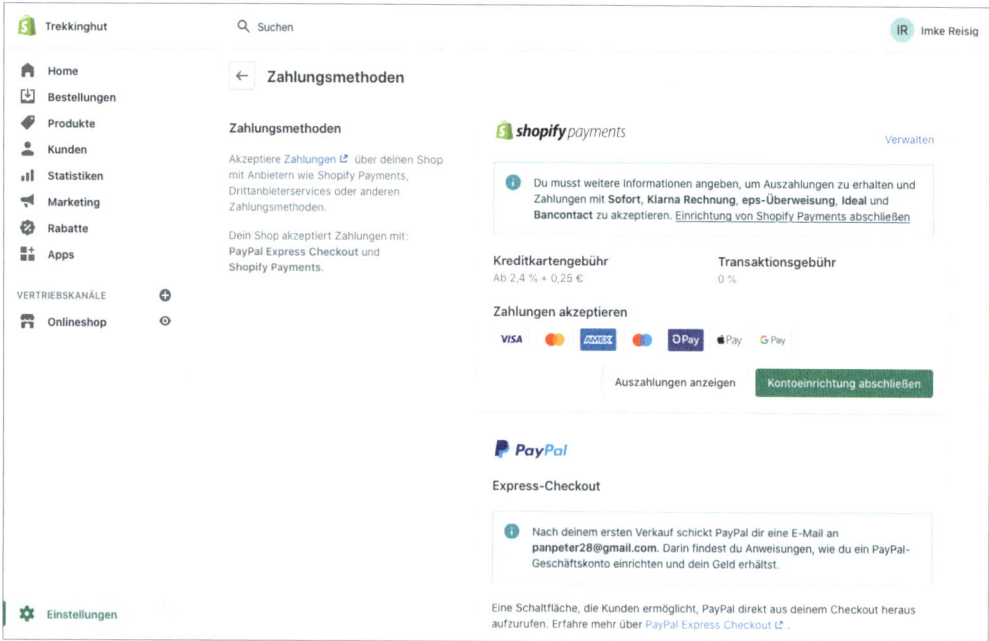

2. Gehen Sie im Abschnitt **Shopify Payments** rechts oben auf den Link **Verwalten**. (Um die anderen Optionen kümmern wir uns in einem späteren Kapitel.)

3. Wenn Sie der Anleitung bis hierher gefolgt sind, fehlt noch Ihre Telefonnummer, die auf der Abrechnung für Ihre Kunden angegeben wird. Ergänzen Sie diese im Abschnitt **Kundenabrechnung**. Diese Telefonnummer ist verpflichtend, ohne sie können Sie nicht weitermachen.

4. Setzen Sie im Bereich **Testmodus** ganz am Ende der Seite den Haken vor **Testmodus aktivieren**. Damit kann niemand bei Ihnen einkaufen, dafür können Sie in Ruhe ausprobieren, ob der Bezahlvorgang reibungslos klappt.

5. Gehen Sie auf den Button **Speichern** ganz unten oder ganz oben rechts.

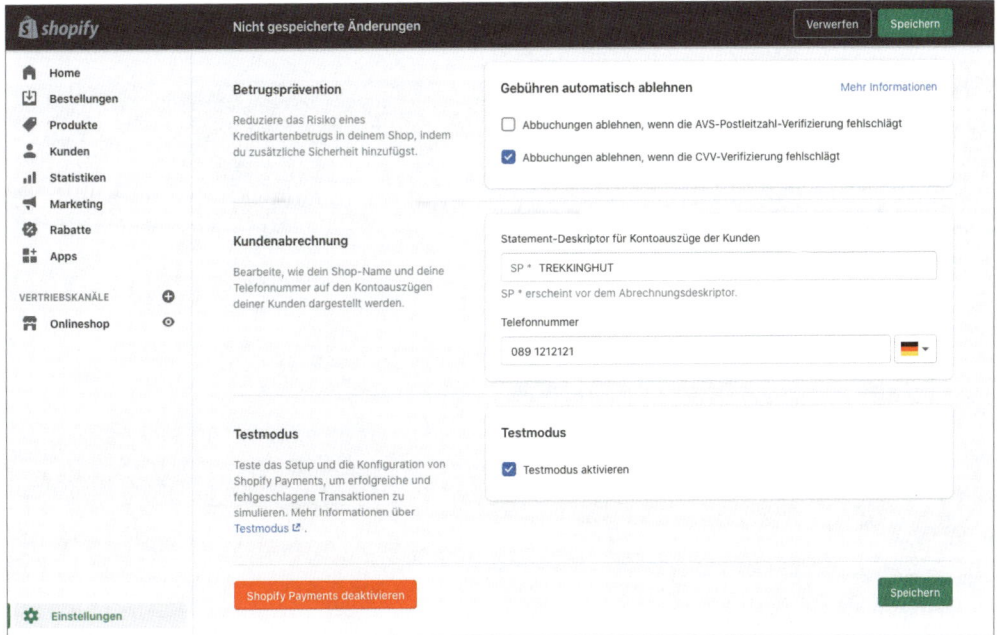

2.4.3 Shop für die Öffentlichkeit freigeben

Jetzt können die Kunden kommen:

1. Gehen Sie in der Seitenleiste unter **Vertriebskanäle** auf **Onlineshop**.

2. Dort sehen Sie oben einen Kasten **Onlineshop ist passwortgeschützt**. Klicken Sie auf den Button **Passwort deaktivieren**.

3. Entfernen Sie das Häkchen vor **Passwort aktivieren**. **Speichern** Sie.

Damit ist Ihr Shop online, und Sie können ihn testen. Gratulation!

Sehen wir uns also an, wie er für Ihre Kunden aussieht: Klicken Sie auf **Shop anzeigen**, wenn Sie den Button sehen. Alternativ können Sie auch einfach im Browser die URL eingeben. Die URL sehen Sie oben in der Adressleiste. Bei Shopify bekommt jeder Shop erst einmal eine Domain, die seinen Namen enthält. In unserem Beispiel ist das *https://trekkinghut.myshopify.com*. Wenn Sie diese URL (also ohne die folgenden Zeichen wie */admin/online_store...* usw.) eingeben, sehen Sie, wie Ihr Shop für die Kunden aussieht.

Abbildung 2.2 *Unser Beispielshop in der ersten Version*

Nachdem wir eingestellt haben, dass Verkäufe nur simuliert werden, können wir ausprobieren, wie ein Kauf funktioniert:

2.4.4 Einen Testkauf durchführen

Prüfen wir nun, ob auch alles klappt:

1. Legen Sie das Produkt, das Sie in Ihren Shop eingestellt haben, in den Warenkorb, und gehen Sie zur Kasse. Oder klicken Sie direkt auf **Jetzt kaufen**.

2. Geben Sie eine Mailadresse und eine Lieferadresse ein, und klicken Sie auf **Weiter zum Versand**.

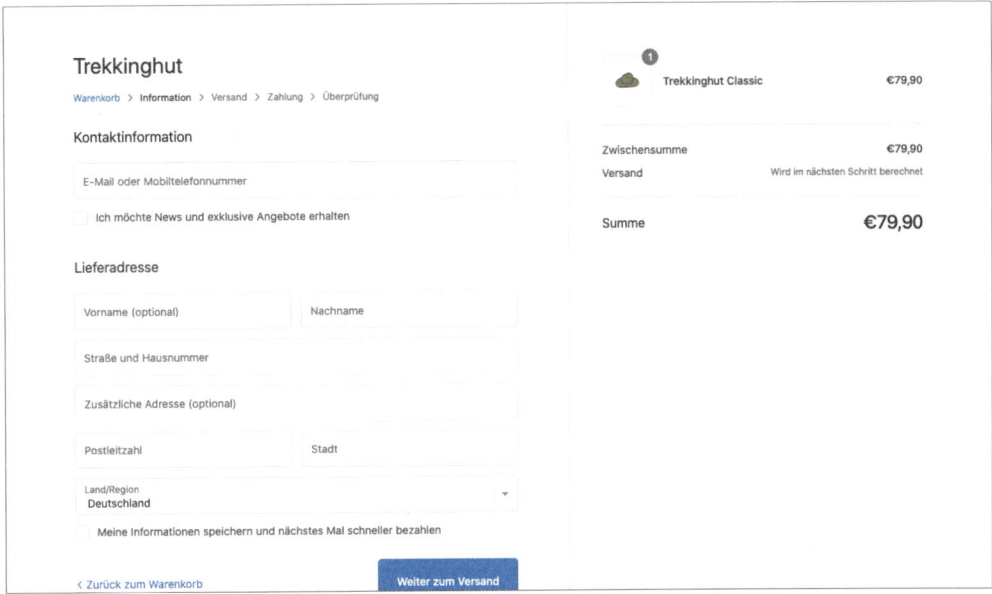

3. Wenn Sie, wie oben beschrieben, den Testmodus für Ihren Shop aktiviert haben, können Sie jetzt mit diesen Daten einen Kauf simulieren:

   Kreditkarte: Visa

   Kartennummer: 4242424242424242

   Name: zwei beliebige Wörter

   Gültig bis: beliebiger Monat in der Zukunft

   Sicherheitscode: drei beliebige Ziffern

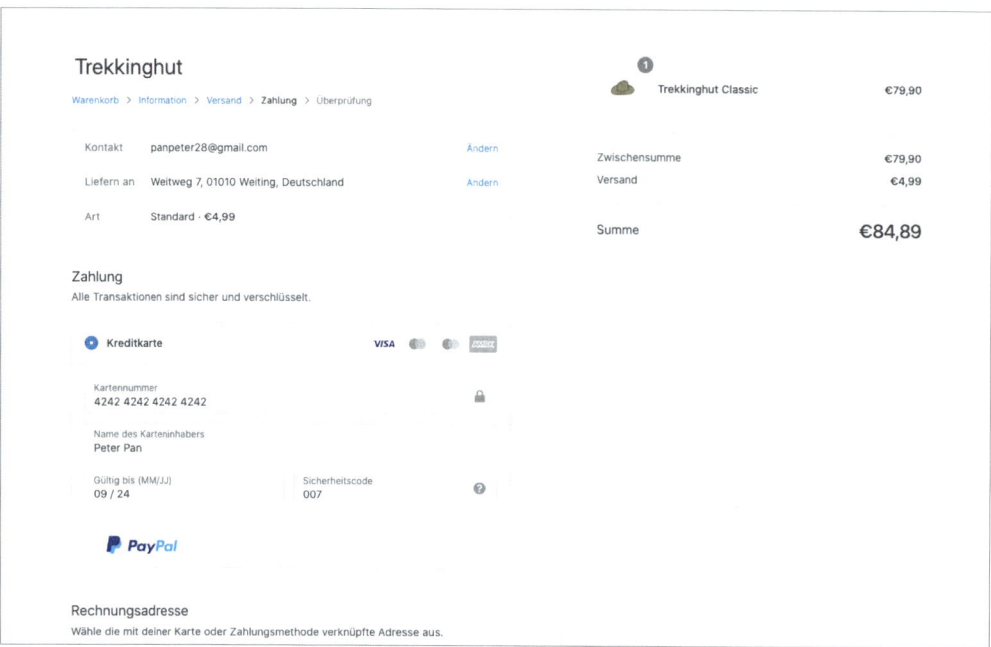

4. Klicken Sie auf **Bestellung überprüfen** und dann auf **Jetzt bezahlen**.

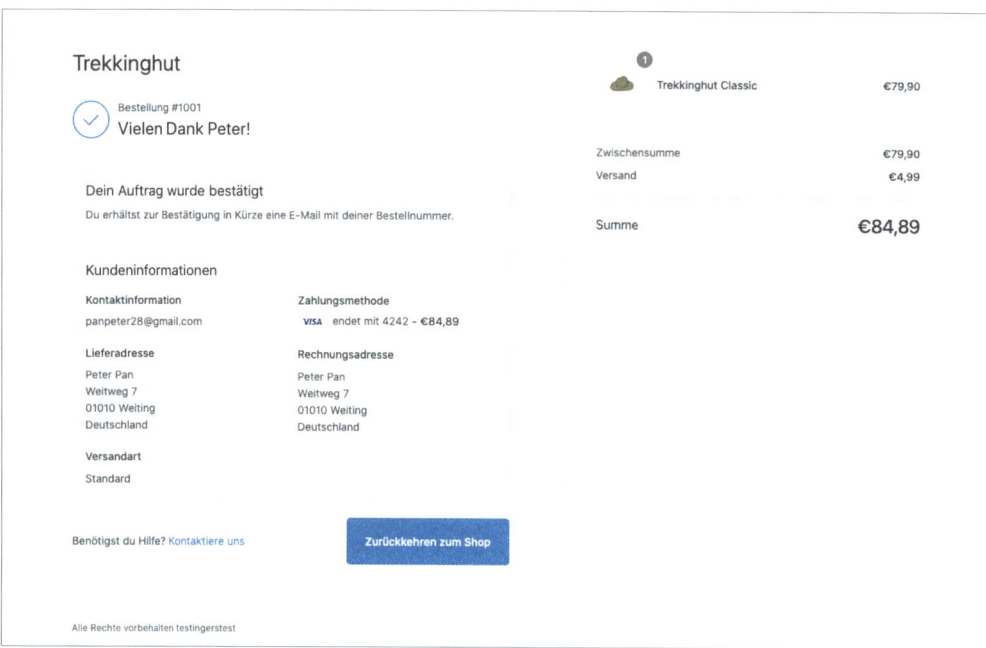

Jetzt sollte der erste (Test-)Kauf in Ihrem neuen Shop abgeschlossen sein.

5. Gehen Sie in den Admin-Bereich Ihres Shops. Am besten legen Sie sich dafür ein Lesezeichen in Ihrem Browser an. Die URL ist die URL Ihres Shops, ergänzt um */admin/*. In unserem Beispiel *https://trekkinghut.myshopify.com/admin/*.

Klicken Sie dann in der Seitenleiste links auf **Bestellungen**.

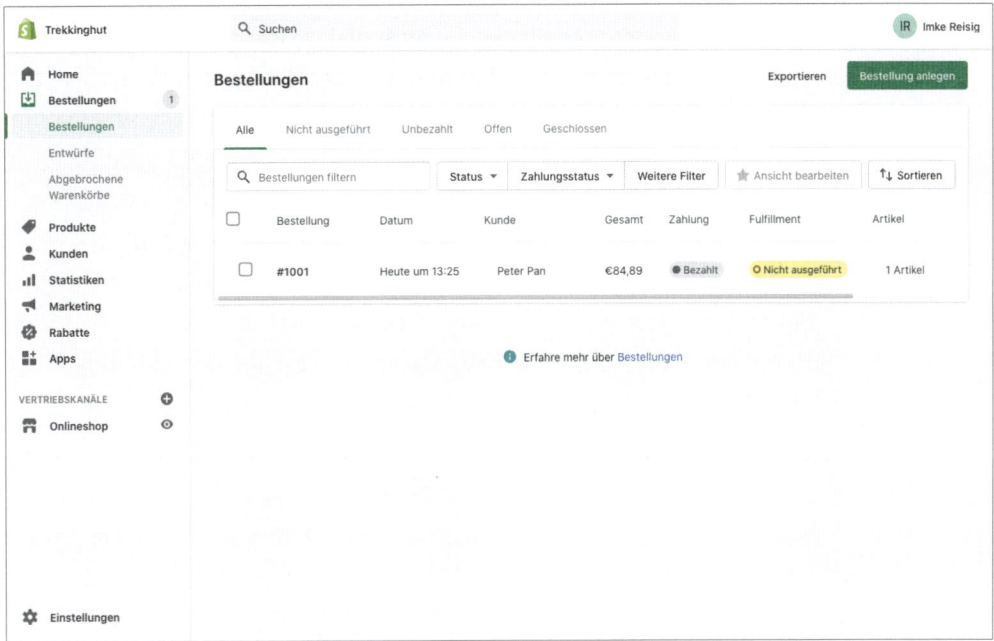

Hier sehen Sie Ihre Testbestellung. Diese könnten Sie nun ausliefern, wenn es eine echte Bestellung von einem Kunden wäre.

Damit sind Sie startklar!

Sind Sie zufrieden mit allem, dann können Sie zu den Einstellungen Ihres Shops gehen und den Testmodus für Verkäufe deaktivieren. Sie könnten also sofort loslegen und an echte Kunden verkaufen. Mein Tipp ist aber: Bleiben Sie dran, und lesen Sie zuerst die nächsten Kapitel in diesem Buch. So stellen Sie sicher, dass auch alle Zahlungen durchkommen, dass Ihre Kunden wirklich zufrieden sind und dass Sie vor allem steuerlich wie auch rechtlich auf der sicheren Seite sind.

Ihren Shop vorübergehend schließen

Wenn Sie Ihren Webshop bereits mehr als 60 Tage betrieben haben, nachdem der Testzeitraum abgelaufen ist, dann können Sie ihn vorübergehend schließen. Dazu bietet Shopify zwei Möglichkeiten. Bei der einen können Sie weiterhin an der Einrichtung des Shops arbeiten, bei der anderen können Sie während der Schließung nichts daran ändern. Die eben genannte Möglichkeit ist kostenlos, dafür können Sie sie nur drei Monate in Anspruch nehmen. Die andere Möglichkeit, während der Sie weiter Änderungen vornehmen können, ist nicht kostenlos – aber deutlich günstiger als die Standardtarife. Diese Möglichkeit können Sie zeitlich unbegrenzt nutzen.

Wenn Sie dagegen **Shop schließen** wählen, wird Ihr Shop dauerhaft geschlossen. Sie haben dann 30 Tage Zeit, es sich anders zu überlegen. So lange können Sie wieder einen kostenpflichtigen Plan auswählen, erst dann werden alle Ihre Daten gelöscht. Diese Option sollten Sie daher nur wählen, wenn Sie ganz sicher sind, dass Sie nicht mehr weitermachen wollen. All das können Sie unter **Einstellungen • Plan und Berechtigungen** auswählen.

Mehr zu den Möglichkeiten, den Shop vorübergehend oder dauerhaft zu schließen, finden Sie unter *https://help.shopify.com/de/manual/your-account/pause-close-store*.

2.5 Interview mit Stefan Matte, Geschäftsführer Paper & Tea GmbH

Paper & Tea verkauft ausgesuchten Tee. Außerdem gibt es in Berlin, Köln und Hamburg Läden, in denen man den Tee nicht nur kaufen, sondern auch probieren kann.

Website: *www.paperandtea.de*

Stefan Matte

Jens Jacobsen: Was war zuerst: Der Laden oder der Webshop?

Stefan Matte: Angefangen haben wir 2012 mit beidem gleichzeitig. Allerdings hatten wir damals zunächst einen Magento-Shop.

Jens: Warum habt ihr gewechselt?

Stefan: Weil Magento sehr komplex ist, sehr pflegeintensiv, da brauchst du einfach viel mehr Ressourcen, um den am Laufen zu halten. Du bist da nicht so agil wie mit dem App-Universum von Shopify. Bei Shopify ist es dir viel leichter möglich, neue Funktionen zu testen und in deinen Shop zu integrieren.

Jens: Macht ihr das alles selbst oder habt ihr eine Agentur?

Stefan: Wir haben die Migration von Magento zu Shopify mit einer Agentur gemacht, aber in der Retrospektive würde ich sagen, das kann man auch ohne machen. Und ohne IT studiert zu haben.

Jens: Wie findet man eine gute Agentur?

Stefan: Man sollte zertifizierte Experten für Shopify nehmen. Und dann sieht man sich am besten die Projekte an, die die bisher gemacht haben. Wenn die von Größe und Anspruch zu einem passen, dann ist das ein gutes Zeichen.

Manche Experten engagieren sich auch sehr in der Community und helfen anderen weiter, machen Podcasts und so weiter.

Jens: Geht einen Webshop aufmachen so nebenher, wenn man z. B. schon einen Laden hat?

Stefan: Absolut. Das ist ja eine der großen Stärken von Shopify. Du kannst in deinem Laden mit dem Handy Produktfotos machen, erstellst eine Beschreibung, hinterlegst einen Preis, suchst dir ein Theme aus, und dann steht das Ding. Du brauchst null Coding, du brauchst auch keine großen Kenntnisse in Warenwirtschaft oder Content Management. Das ist super zu schaffen, wenn man nur ein bisschen smart ist.

Jens: Und was nervt dich?

Stefan: Was nervt, ist, dass es für alles, was du willst, eine 80-, 90-Prozent-Lösung gibt. Du hast für alles 'ne App, aber die letzten 10 Prozent, die du möchtest für eine Individualisierung, die bekommst du halt nicht. Oder nur wenn du dir einen Entwickler suchst. Das liegt aber an der Natur der Sache. Ansonsten gibt es sonst nicht viel, was nervt.

Jens: Was hat dich begeistert in den letzten Wochen?

Stefan: Ich muss mir generell keine Sorgen machen hinsichtlich Black Friday, Weihnachtsgeschäft oder sonstigen Sonderfällen. Ich weiß, der Server von Shopify schafft das locker, der hat mehr Performance, als ich jemals brauchen werde.

Jens: Hast du noch einen Tipp für Anfänger? Was man unbedingt vermeiden sollte?

Stefan: Nimm dir genug Zeit am Anfang, das richtige Theme zu finden. Nimm nicht einfach eins, das dir ganz gut gefällt, sondern schau ganz genau, ob es alles kann, was du brauchst. Sonst hast du am Ende viel Ärger, die ganzen Anpassungen vorzunehmen, die dafür nötig sind. Das frisst Performance, und wenn du irgendwann auf ein anderes Theme wechseln willst, dann hast du wieder viel Arbeit. Lass dein Theme am besten so, wie es ist. Wir z. B. wollten jetzt Videos auf den Seiten haben, und das kann unser Theme nicht. Das im Nachhinein zu implementieren, da brauchst du wieder einen Entwickler, und da weißt du nicht, welche Konsequenzen hat das für den Rest des Codes.

Es ist generell so, dass Shopify-Entwickler nicht ganz so professionell sind wie andere Entwickler. Weil das System halt ein sehr einfaches System ist. Deshalb wird oft schnell mal was implementiert, was dann irgendwas anderes beeinträchtigt. Daher: Suche dir ein gutes Theme aus!

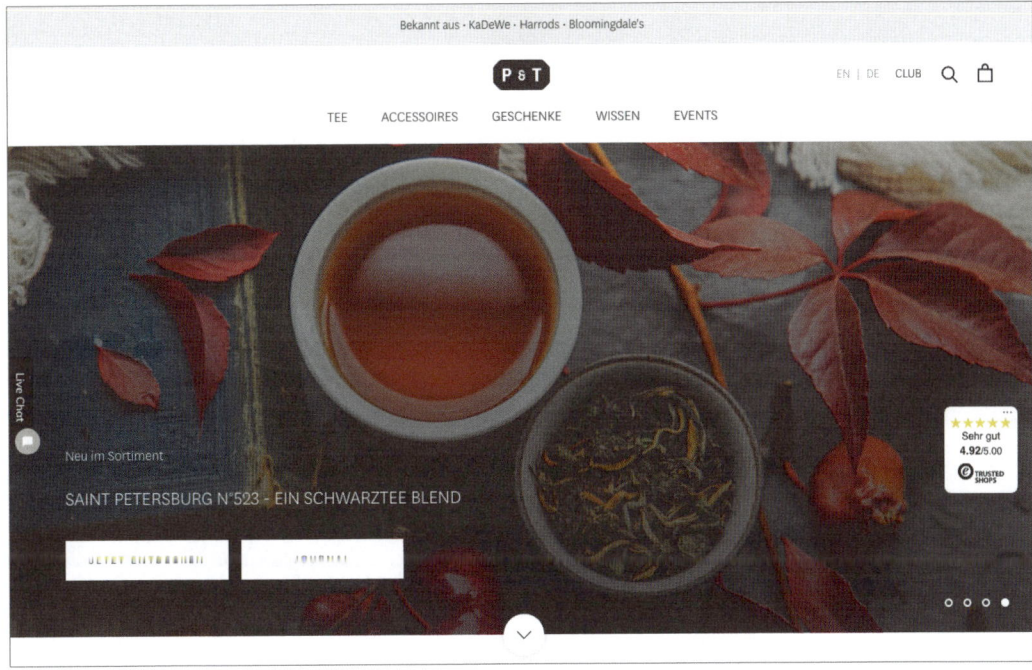

Abbildung 2.3 *Bei Paper & Tea dreht sich alles um den Teegenuss.*

Kapitel 3
Ihre Geschäftsidee – Grundlage Ihres Erfolgs

Wenn Sie dieses Buch zur Hand genommen haben, wollen Sie etwas verkaufen – klar. Wenn Sie das *mit Erfolg* tun möchten, dann machen Sie sich aber am besten noch ein paar Gedanken mehr zu Ihrer Geschäftsidee. Jedes Jahr haben in Deutschland »zwischen 60.000 und 75.000 junge Unternehmen (nicht älter als 5 Jahre) den Markt verlassen bzw. verlassen müssen«. So formuliert es eine Studie des *Zentrums für Europäische Wirtschaftsforschung*. 75.000 geschlossene Unternehmen jedes Jahr – das sind ganz schön viele. Dabei haben nur 15 % von diesen Unternehmen Insolvenz angemeldet, die anderen haben einfach dichtgemacht. Damit Sie nicht auch zu diesen 75.000 gehören, nehmen Sie sich die Zeit, die wichtigsten Eckpunkte Ihrer Geschäftsidee zu planen. Das dauert nicht lang, sichert aber Ihren langfristigen Erfolg. Denn selbst wenn Ihr Webshop nur ein kleines Nebenprojekt ist – es wäre schade, wenn Sie alle Ihre Mühe umsonst hineinstecken.

3.1 Was wollen Sie verkaufen?

Wer überlegt, einen Webshop zu eröffnen, hat meist ein Produkt: Er hat etwas, das er verkaufen will. Ist das bei Ihnen auch so? Wunderbar, dann sind Sie überzeugt, und Sie kennen Ihr Produkt sicher gut. Aber: Sehen Sie es sich noch mal genau an. Sie kennen es aus Ihrer eigenen Sicht. Vielleicht haben Sie es selbst hergestellt – etwa wenn Sie selbst genähte Designermode verkaufen. Oder handgefertigte Pralinen. Oder Sie importieren die Produkte persönlich von Lieferanten, die Sie selbst besucht und von deren Qualität Sie sich überzeugt haben – sei es Wein, Olivenöl oder Seidenschals. *Sie* sind also schon überzeugt. Oder Sie haben eine Quelle aufgetan, aus der Sie sehr günstig Produkte beziehen, die Sie mit attraktivem Aufschlag verkaufen können.

Jetzt versetzen Sie sich aber einmal in eine Person, die alle diese Informationen noch nicht hat. Wie sieht *die* Ihr Produkt? Was denkt sie, wenn sie nur ein kleines Foto von Ihren schönen Produkten sieht, möglicherweise auf einem kleinen

Smartphone-Bildschirm? Erkennt sie, was das Besondere ist? Gefällt ihr das Produkt? Was könnte ihr eventuell nicht gefallen? Welche Fragen hat sie? Kurz: Wie können Sie die Person überzeugen, dass Ihre Produkte *wirklich* so gut sind?

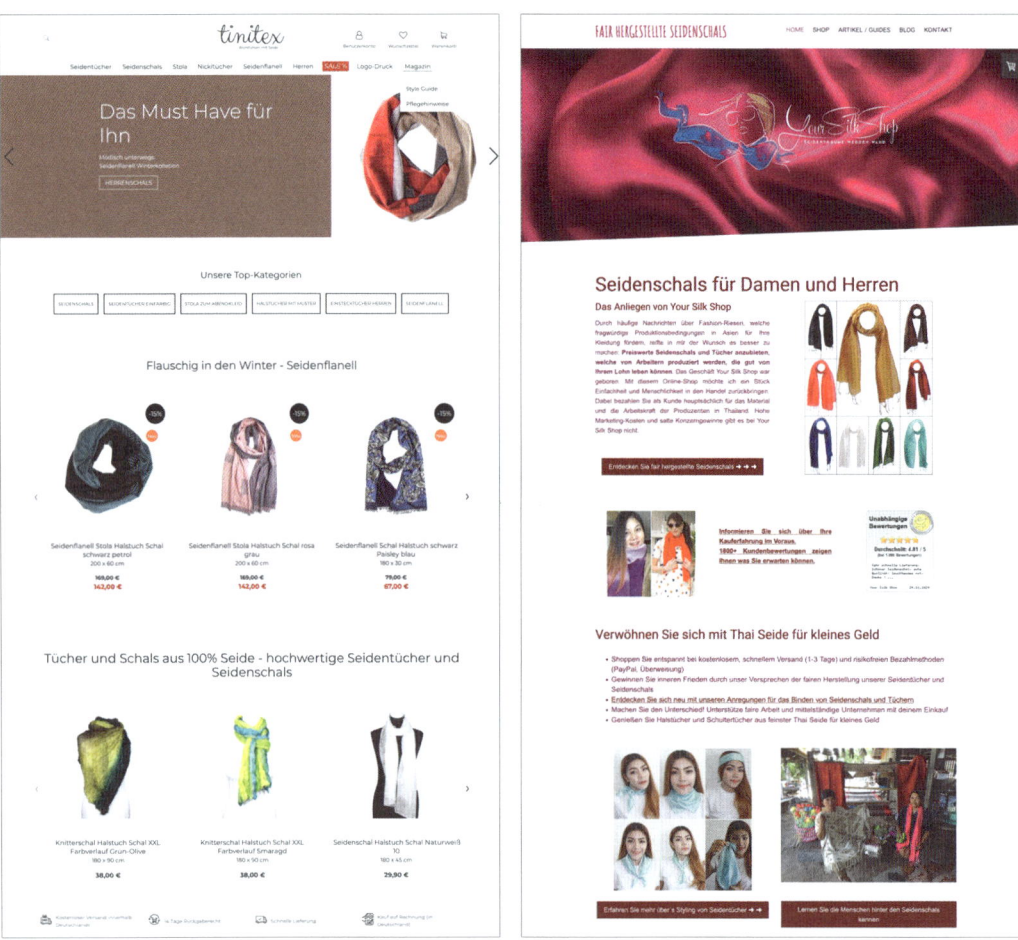

Abbildung 3.1 *Zwei Shops, zwei ganz unterschiedliche Ansätze. Sie verkaufen die gleichen Produkte, sprechen aber unterschiedliche Zielgruppen an.*

Alle diese Fragen können Sie leichter beantworten, wenn Sie sich überlegen, wer genau Ihre Produkte überhaupt kaufen soll. Das ist ganz entscheidend für Ihren Erfolg. Sie können nämlich das gleiche Produkt an ganz unterschiedliche Kunden verkaufen. Je nachdem, wen Sie ansprechen wollen, müssen Sie dann ganz anders arbeiten. Nehmen wir als Beispiel Seidenschals. Sie können diese ganz klassisch als Mode-Artikel verkaufen. Diesen Weg geht Tinitex (*www.sei-*

dentuch-seidenschal.de). Ganz anders *www.yoursilkshop.com*: Dieser Shop hat sich auf fair gehandelte Schals spezialisiert, die von kleinen Unternehmen in Thailand hergestellt werden. Die Startseite stellt ihre Mission in den Mittelpunkt und sieht deutlich weniger professionell aus. Das ist in diesem Fall aber ein Pluspunkt, denn dadurch wirkt die Site auf die Kunden authentischer. Die Produkte sind ähnlich, die *Zielgruppe* der beiden Shops aber ist jeweils ganz anders.

3.2 Von der Konkurrenz lernen

Wollen Sie wirtschaftlich erfolgreich sein, müssen Sie Ihre Konkurrenz kennen. Konkurrenz sind dabei nicht nur die Shops, die die gleichen Produkte verkaufen wie Sie. Verkaufen Sie Pralinen, stehen Sie auch in Konkurrenz mit Buch-Shops oder solchen für Kerzen oder Wein. Denn das sind wie Pralinen beliebte Geschenke. Außerdem sollten Sie wissen, wie andere Webshops aussehen, die Ihre Wunschkunden ebenfalls besuchen, die aber vielleicht etwas ganz anderes verkaufen. Denn diese Sites beeinflussen das, was Ihre Kunden von Ihnen erwarten. Der Berater Jakob Nielsen sagt:

Die meiste Zeit verbringen Ihre Besucher auf anderen Sites.

Das heißt: Jeder Kunde kommt mit bestimmten Erwartungen zu Ihnen. Und welche das sind, bestimmt ein Stück weit seine Persönlichkeit. Aber zum ganz großen Teil bestimmen es die Websites, die er kennt und nutzt. Machen Sie daher am besten jetzt sofort Folgendes:

1. Erstellen Sie eine Liste mit Websites, die Ihre Wunschkunden regelmäßig besuchen.

2. Besuchen Sie diese Sites, und schreiben Sie sich zu jeder auf, was diese gut macht, was sie nicht so gut macht und wo Sie etwas besser – oder zumindest anders – machen können.

3.3 Das können nur Sie – Ihre USP

Der nächste Schritt ist: Überlegen Sie sich zu jedem Konkurrenz-Shop, warum jemand nicht dort, sondern gerade bei *Ihnen* kaufen sollte. Mit den Antworten haben Sie Ihre *USP* gefunden, die *Unique Selling Proposition*. Auf Deutsch heißt das *Alleinstellungsmerkmal*. Sie beschreibt, was Sie anders machen als alle anderen. Seien Sie dabei so konkret wie möglich und ehrlich gegenüber sich selbst. Antworten wie diese helfen Ihnen nicht: *Die Leute kaufen bei uns, weil wir die besten Waren haben.* Das ist nicht konkret, denn was heißt »die besten«? Und sie ist nicht ehrlich, weil »die Leute« oft nicht die besten Waren kaufen, sondern die billigsten. Oder die, die am stärksten beworben werden. Oder die, welche all ihre Freunde kaufen.

Eine USP ist übrigens nicht das Gleiche wie ein *Slogan*. Ein Slogan ist ein Werbespruch, und den können Sie haben, Sie brauchen ihn aber nicht. Eine USP müssen Sie dagegen haben, um wirklich erfolgreich zu sein. Sie müssen sie nicht elegant ausformulieren und auch nicht kommunizieren. Sie dient nur dazu, sich selbst das Ziel klarzumachen. Damit Sie wissen, wo Sie hinwollen und worauf Sie Ihre Schwerpunkte beim Umsetzen des Shops legen müssen. Ist eine riesige Auswahl Teil Ihrer USP, dann liegt Ihr Schwerpunkt auf der Warenbeschaffung und der Präsentation der Auswahl. Ist es dagegen Teil Ihrer USP, dem Kunden als guter Berater bei der Auswahl zur Seite zu stehen, liegt Ihr Schwerpunkt eher auf Filterfunktionen, Vergleichsmöglichkeiten, Hintergrundinfos zu den Produkten und persönlicher Beratung.

Wie sieht nun eine gute USP aus? Sie

- ist einzigartig und unverwechselbar – kein anderes Unternehmen sollte dieselbe USP haben,
- trifft ein Bedürfnis der Zielgruppe – auch wenn sie dieses Bedürfnis vielleicht noch gar nicht kennt,
- ist von Ihnen einlösbar – Sie müssen in der Lage sein, das Versprechen der USP auch tatsächlich dauerhaft einzulösen.

Unser Beispielshop mit den Trekking-Hüten aus dem vorigen Kapitel bietet ein einzigartiges Produkt – Cowboyhüte aus Funktionstextil. Genau diese stellt sonst niemand her, aber es gibt natürlich unzählige andere Produkte, die das gleiche Problem lösen sollen – den Kopf vor Regen, Sonne und Kälte schützen. Die USP könnte nun sein: *Wir schützen dich vor dem Wetter mit einem fair produzierten, unverwüstlichen Hut, der auch noch stylish ist.* Das ist nicht elegant und eingängig, aber konkret und ehrlich.

Beim Übernachtungsdienstleister AirBnB lautet die USP *Book unique places to stay and things to do*. Damit betont das Unternehmen die Einzigartigkeit – jedes gebuchte Zimmer ist anders, im Gegensatz zu Hotels. Und außerdem gibt es hier auch noch Dinge zu tun, man kann nicht nur übernachten.

Abbildung 3.2 *Klare USP bei Death Wish Coffee: der stärkste Kaffee der Welt*

Der Outdoor-Ausrüster *Northface* verspricht, dass seine Produkte ein Leben lang halten – ist das nicht so, bekommen die Kunden ihr Geld zurück.

Amazons USP ist so weit gefasst wie Angebot und Kundengruppe: Amazon bietet eine umfassende Auswahl sowohl an Produktarten/Branchen (Breite) als auch an Produkten (Tiefe) im jeweiligen Bereich. Dabei sind die Preise niedrig, und die Lieferung ist schnell. Das alles möglichst bequem für den Kunden. Amazon sagt von sich selbst, dass es weltweit das Unternehmen sein will, das am stärksten auf seine Kunden ausgerichtet ist.

Generell ist es auch für ganz kleine Anbieter eine gute Idee, sich zumindest bei diesem letzten Aspekt an Amazon zu orientieren: Je mehr Sie sich nach dem richten, was Ihre Kunden brauchen, desto erfolgreicher werden Sie sein.

3.4 Ihre Kunden kennenlernen

Versuchen Sie jetzt, so viel wie möglich über Ihre Kundschaft herauszufinden. Am besten tauchen Sie richtig ein in die Welt der Kunden. Vergessen Sie für einen Tag alles, was Sie über Ihre Produkte und über Ihren Shop wissen. Beschäftigen Sie sich konzentriert nur mit Ihren zukünftigen Käufern. Das ist der Schlüssel zum Erfolg. Die großen Versandhändler wie Otto oder Amazon tun genau das immer wieder. Sie denken ihr Geschäft nicht von den Produkten her, sondern von den Kunden. Denn so schön Ihre Produkte auch sein mögen: Gefallen diese den Kunden nicht oder erkennen sie deren Vorteile nicht, werden sie nicht kaufen.

Wir gehen jetzt in zwei Schritten vor, um Ihren Kunden näherzukommen:

1. Wir sehen uns an, was *alle* Menschen als Käufer auszeichnet.
2. Wir sehen uns an, was *Ihre* Käufer besonders macht.

3.4.1 So ticken Käufer – Verkaufspsychologie

Wollen Sie einen guten Shop, müssen Sie ein guter Verkäufer sein. Und was macht einen guten Verkäufer aus? Er kann gut reden. Er kann überzeugen. Aber das Wichtigste: Er hat eine gute Menschenkenntnis, er weiß, wie Käufer ticken. Er weiß nicht nur, was der Interessent hören will, er weiß vor allem, was dieser braucht. Wie viele Informationen er möchte, welche Fragen er hat. Und so ein Verkäufer weiß auch, wann der Interessent genug weiß und er ihn einfach in Ruhe lassen muss. Es gibt Verkäufer, die können das einfach. Für alle anderen gibt es Verkaufsschulungen, und die machen aus fast jedem einen ziemlich guten Verkäufer. Das Tolle ist: Im Internet müssen Sie eine solche Verkaufsschulung nicht selbst besuchen. Dank der Erkenntnisse der Verkaufspsychologie verpassen Sie Ihrem eigenen Shop so eine Verkaufsschulung, und in Zukunft verkauft er viel besser als alle direkten Konkurrenten. Marketing-Experten und Psychologen befassen sich seit Jahrzehnten mit solchen Fragen. Eine der wichtigsten Persönlichkeiten auf diesem Gebiet ist der amerikanische Professor *Robert Cialdini*. Er hat 1984 seine Erkenntnisse erstmals in Buchform veröffentlicht: *Die Psychologie des Überzeugens: Wie Sie sich selbst und Ihren Mitmenschen auf die Schliche kommen*. Darin hat er sechs Prinzipien ausgemacht, wie wir andere Menschen überzeugen. Diese sind:

- Sympathie
- Autorität
- soziale Bewährtheit
- Gegenseitigkeit
- Konsistenz und Commitment
- Knappheit

Alle diese helfen uns, unsere Kunden besser zu verstehen – und mehr zu verkaufen. *Sympathie* heißt, dass wir lieber von jemandem kaufen, der uns sympathisch ist. Wir sollten uns in unserem Shop also im besten Licht darstellen. Vor allem sollten wir persönlich werden. Fotos von uns und unserem Team z. B. helfen, Sympathie aufzubauen. Das ist eine unserer großen Möglichkeiten im Konkurrenzkampf gegen die E-Commerce-Riesen. *Autorität* heißt, dass wir als Käufer auf Experten vertrauen. Zitate von Forschern oder bekannten Persönlichkeiten, die Ihre Produkte nutzen, helfen daher immer. Ebenso schaffen Prüfsiegel oder Plaketten Autorität. Unter *sozialer Bewährtheit* versteht man, dass wir uns eher von etwas überzeugen lassen, das auch andere kaufen. Schon über 3 Millionen Kunden haben hier bestellt? Kann kein schlechter Shop sein. Das Prinzip der *Gegenseitigkeit* heißt, dass wir uns verpflichtet fühlen, etwas zurückzugeben, wenn wir etwas bekommen. Schenken wir einem Kunden eine Kleinigkeit, und sei es auch nur ein Bonbon in seinem Paket, fühlt er sich uns gegenüber zwar nicht zum nächsten Kauf verpflichtet – aber er fühlt sich uns zumindest verbunden. Manchmal wird dies Prinzip auch *Reziprozität* genannt, was das Gleiche bedeutet. *Konsistenz und Commitment* heißt, dass wir Menschen uns ein Stück weit an das gebunden fühlen, was wir einmal gesagt haben. Daher sind Wunschlisten im Shop nicht nur bequem für unsere Besucher. Sie fördern auch tatsächlich den Wunsch zu kaufen. Die *Knappheit* schließlich beschreibt das Gefühl, dass wir schnell zuschlagen sollten, wenn ein Produkt bald nicht mehr zu haben sein wird. Die ganzen Sonderaktionen (»nur noch kurze Zeit!«) bauen auf dieses Prinzip.

Wichtig ist bei alledem: Versuchen Sie nie, Ihre Kunden hinters Licht zu führen. Diese Prinzipien zu kennen heißt, Menschen besser zu verstehen. Dabei müssen Sie aber immer ehrlich bleiben. Denn erstens gibt es eine Kaufmannsehre, außerdem gesetzliche Grenzen, und schließlich sind Kunden trotz allem nicht dumm und fühlen sich manipuliert, wenn Sie zu offensichtlich versuchen, sie zu beeinflussen.

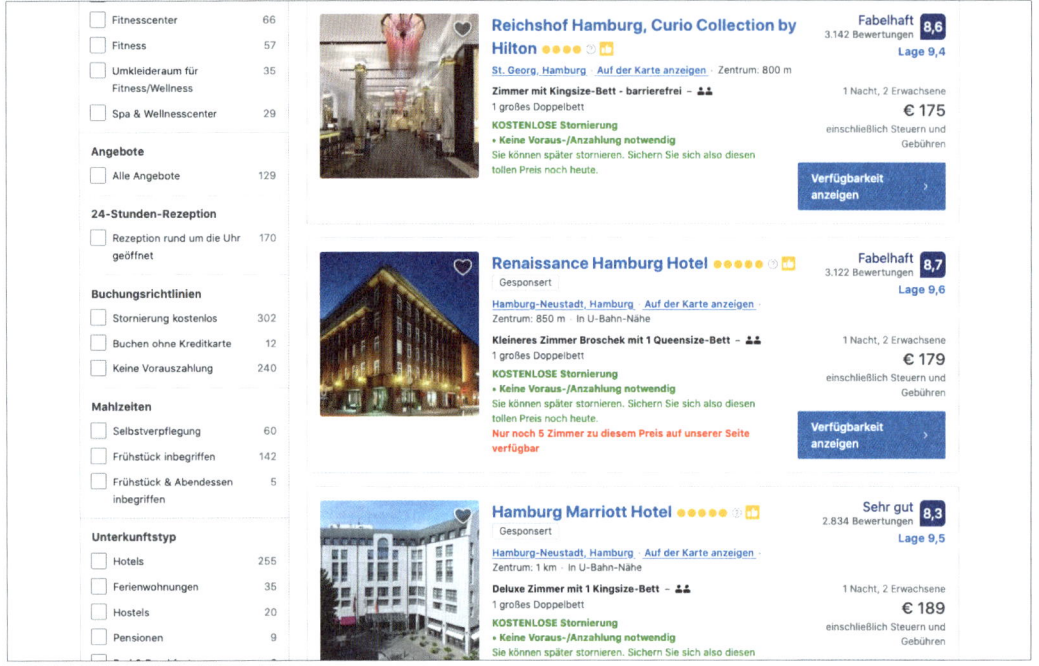

Abbildung 3.3 *Booking.com nutzt viele Cialdini-Prinzipien: »Nur noch 5 Zimmer« – Knappheit, »3.122 Bewertungen« – »Social Proof«, 5 gelbe Punkte und Daumen hoch – »Autorität«, Herzchen/Speichern – »Konsistenz und Commitment«.*

Zu viel Auswahl überfordert

Jahrelang dachte man, je mehr Auswahl, desto besser. Aber der US-Psychologe Barry Schwartz hat die Erkenntnis bekannt gemacht, dass das nicht stimmt. Zu viel Auswahl kann uns überfordern. Schwarz spricht vom *Paradox of Choice*. Und dann kaufen wir nicht mehr, sondern gar nichts. Schwarz führt das berühmte Experiment mit Marmeladen an, die an einem Verkostungsstand im Supermarkt aufgebaut wurden: Hatten die Kunden 24 verschiedene Marmeladensorten vor sich, wussten sie nicht, für welche sie sich entscheiden sollen. Viele Kunden, die an den Stand kamen und die Marmeladen lecker fanden, haben am Ende dennoch keine gekauft. Waren dagegen nur sechs Marmeladen am Stand, dann fiel die Entscheidung leichter: Der Anteil der Kunden, die Marmeladen mitgenommen haben, war deutlich höher. Wir wollen bei unserer Kaufentscheidung keinen Fehler machen. Wir wollen die *beste* Marmelade – und bei zu großem Angebot

> können wir die nicht herausfinden. Daher müssen wir bei unseren Webshops immer im Hinterkopf behalten, dass wir unsere Kunden unterstützen müssen, das richtige Produkt für sich zu finden.

3.4.2 Ihre Zielgruppe

Überlegen Sie sich: Aus welchen gesellschaftlichen Gruppen kommen Ihre Kunden? Welche Interessen verbinden sie, welche Gemeinsamkeiten haben sie? Je breitere Gruppen Sie ansprechen, desto schwieriger ist es, Ihren Shop für alle attraktiv zu machen. Daher überlegen Sie sich, ob Sie wirklich »an alle« verkaufen wollen. Verkaufen Sie z. B. Outdoor-Ausrüstung, finden Sie natürlich in allen Altersgruppen und allen Schichten Kunden. Die wenigsten Menschen unter 20 Jahren werden aber viel Geld für solche Dinge ausgeben – dasselbe gilt für viele über 70. Familien mit kleinen Kindern kaufen vielleicht Camping-Ausrüstung, aber eher selten Trekkingausrüstung für Mehrtageswanderungen. Und Mode-Fans interessieren sich oft weniger für Outdoor-Artikel.

Aus solchen Einschränkungen können Sie aber gerade auch ein Geschäft machen. Sie können etwa einen Shop aufbauen, der sich speziell an modebewusste Outdoor-Fans richtet. Das ist eine Nische, die wenig bedient wird und mehr Erfolg verspricht als die Eröffnung des tausendsten Shops für klassische Outdoor-Ausrüstung – auch wenn Sie vielleicht zunächst mehr Lust dazu haben. Suchen Sie sich Ihre Nische.

3.4.3 Typische Käuferschichten

Große Unternehmen scheuen weder Geld noch Mühe, die Konsumenten zu erforschen. Die Marktforschung macht Studie um Studie, Befragungen, Beobachtungen, Test-Käufe, Interviews und vieles mehr. Davon können Sie profitieren, denn viele Ergebnisse finden Sie kostenlos im Internet. Dabei können Sie richtig tief einsteigen und sich mit Dingen wie den *Sinus-Milieus* befassen. Das ist ein Modell, um die gesamte Bevölkerung in sogenannte Milieus einzuteilen. Namensgebend ist der Entwickler, das Sinus-Institut. Die Milieus heißen z. B. »Konservativ-Etablierte«, »Performer« oder »Hedonisten«. Aus meiner Sicht ist das für einen einzelnen Shop-Betreiber gar nicht so nützlich, auch wenn es ganz spannend ist, sich diese Einteilungen anzusehen. Dazu reicht aber der Wikipedia-Eintrag – die hohen Preise für die Dokumente mit den Details lohnen sich nur für Marketing-Profis. Für Betreiber kleinerer Shops reicht es völlig aus, sich Gedanken darüber zu machen, was die eigenen Kunden zum Kaufen motiviert. Und dabei können Informationen zu diesen Einteilungen der Menschen helfen.

Zeitbudget für die Recherche setzen

Mein Tipp: Setzen Sie sich ein Zeitbudget, um sich mit dem Stand der Marktforschung zu befassen. Denn allzu leicht verliert man sich darin – vieles ist interessant, und man kann Tage damit verbringen, Berichte, White Papers und Blogartikel zu lesen. Doch Ihr Ziel soll ja zunächst nur sein, etwas über die Sichtweise Ihrer Kunden zu lernen. Stellen Sie sich also einen Timer, und gönnen Sie sich drei oder vier Stunden Recherche zu diesen Themen. Brechen Sie dann ab, und gehen Sie zum nächsten Schritt – weiter recherchieren können Sie immer noch, wenn Sie Ihre eigenen Kunden etwas besser kennen und Ihr Shop die ersten Hürden genommen hat.

Sie werden auch immer wieder auf die Einteilung in Generationen stoßen. Am häufigsten sind diese Gruppen:

Baby Boomers: Das sind diejenigen, die nach dem Zweiten Weltkrieg zur Zeit des Wirtschaftswachstums und der geburtenstarken Jahrgänge geboren sind, also zwischen 1946 und 1965.

Generation X: die folgende, zwischen 1966 und 1981 geborene Generation, benannt nach einem Roman, der junge Menschen beschreibt, die wegen der Wirtschaftskrise keine vernünftige Arbeit finden, herumhängen und sich durchschlagen. Die Werte der vorigen Generation zählen für sie nicht.

Generation Y oder *Millennials*: diejenigen, die kurz vor der Wende zum neuen Jahrtausend (Millennium) geboren sind. Das wird meist großzügig auf die Jahrgänge zwischen 1982 und 2001 ausgedehnt. Sie haben den Siegeszug der digitalen Medien, von MP3-Playern, Mobiltelefonen und Internet in frühen Jahren mitbekommen.

Generation Z: die Nachfolger der Generation Y, also die nach 2001 Geborenen. Sie sind in einer Zeit aufgewachsen, in der Internet und Smartphones selbstverständlich sind. Diversität, Internationales und Multikulturelles sind für sie wichtig. Nutzung sozialer Medien, Streaming sind für sie selbstverständlich, soziale Themen liegen ihnen am Herzen.

So interessant solche Einteilungen und Charakterisierungen sind: Ein bisschen aufpassen müssen Sie, dass Sie nicht zu sehr in Schubladen denken. Einen Menschen nur durch sein Alter zu charakterisieren und mit allen Gleichaltrigen in einen Topf zu werfen, wird ihm als Individuum nicht gerecht. Aber als Orientierung bei der Ausrichtung Ihrer Geschäftsidee kann das helfen. Wollen Sie noch mehr wissen, empfehle ich wieder die Wikipedia-Einträge für die Generationen, diese sind nicht ganz so reißerisch wie viele Marketing-Websites zum Thema und dennoch ausführlich genug.

Abbildung 3.4 *Millennials interessieren sich für ideelle Werte – auch beim Einkaufen. (Quelle: Unsplash, Markus Spiske)*

Empfehlenswerte Sites mit Infos zu Zielgruppen

- *www.destatis.de*
  Auf den Seiten des Statistischen Bundesamtes finden Sie viele Hintergründe zur Wirtschaft und offizielle Statistiken.

- *https://de.statista.com*
  Statista ist ein Unternehmen, das Statistiken unterschiedlicher Quellen sammelt und aufbereitet. Einige Daten sind kostenlos und oft ein guter Anhaltspunkt.

- *www.gfk.com/de/insights*
  Die Gesellschaft für Konsumforschung ist eines der größten der unzähligen Marktforschungsunternehmen. Auf ihren Sites finden Sie Auszüge aus ihren Veröffentlichungen zu aktuellen Entwicklungen im Kaufverhalten und Kundenerwartungen.

- *https://blog.hubspot.de*
  Hubspot bietet Software für Vertrieb und Marketing an. Auf dem Blog finden sich viele kostenlose, wertvolle Informationen rund um diese beiden Themen.

3.4.4 Eigene Kundengespräche

Vor lauter Begeisterung über die vielen Informationen zu Käufern, die Sie online und in der Literatur finden, sollten Sie eins nicht vergessen: Stellen Sie Ihre eigenen Untersuchungen an. Das heißt vor allem: Sprechen Sie mit Ihren Kunden. Denn keine Lektüre ersetzt diesen persönlichen Eindruck, den Sie im direkten Kontakt bekommen. Wenn Sie sonst keine andere Möglichkeit sehen, mit Vertretern Ihrer Zielgruppe in Kontakt zu kommen: Gehen Sie in ein Ladengeschäft, das Ihre Wunschkunden besuchen könnten. Hören Sie dort den Verkaufsgesprächen zu, und sprechen Sie, wenn möglich, mit den Menschen.

Ganz wichtig bei solchen Gesprächen: Sparen Sie sich die Frage, ob die Person Ihr Produkt kaufen oder ob sie ihre Website besuchen würde. Alle diese Fragen im Konjunktiv lassen sich allzu leicht mit »ja« beantworten – ohne dass man es dann tatsächlich tun würde. Fragen Sie stattdessen lieber nach dem, was die Menschen tatsächlich *getan* haben. Was sie gerade gekauft haben. Warum sie sich für dieses Produkt entschieden haben. Wen sie vorher gefragt haben oder was sie gelesen haben, um die Entscheidung zu treffen. Welche anderen Produkte infrage kamen. Was gegen diese gesprochen hat. Das sind alles konkrete Fragen, die Ihnen helfen, Ihren eigenen Shop besser zu machen.

3.5 Kunden greifbar machen mit Personas

Haben Sie alle Tipps befolgt, die Sie in diesem Kapitel bisher gefunden haben, dann wissen Sie jetzt schon ziemlich genau, wer Ihre Kunden sind. Insbesondere wenn Sie den Shop nicht allein betreiben, lohnt es sich, Ihre Erkenntnisse als so genannte *Personas* festzuhalten.

Personas (manchmal *Buyer Personas* genannt) sind fiktive Käuferprofile. Sie helfen Ihnen, Ihre Gedanken festzuhalten und weiterzugeben. Und allen, die an Ihrem Shop beteiligt sind, immer wieder vor Augen zu halten, für wen Sie arbeiten. Denn der Shop muss nicht Ihnen gefallen, sondern den Kunden. Dazu gibt es einen alten Werber-Spruch: »Der Wurm muss dem Fisch schmecken, nicht dem Angler.«

Abbildung 3.5 *So kann eine Persona aussehen. Sie können sie aber auch von Hand zeichnen oder im Textverarbeitungsprogramm erstellen – es kommt nur darauf an, dass sie Sie an Ihre Kunden erinnert.*

Auf einer einzigen Seite beschreiben Sie, was Sie von einem prototypischen Kunden wissen. Es geht nur darum, ein Gefühl dafür zu bekommen, wem Sie etwas verkaufen wollen. Denn in der täglichen Arbeit vergisst man das leicht. Große Shop-Anbieter hängen sich Plakate mit den Personas ins Büro oder machen sogar lebensgroße Aufsteller aus den Personas. So sind die immer da, wenn das Team am Shop für diese Menschen, die Kunden, arbeitet.

Die große Frage, die sich alle stellen, die Personas entwickeln: Wie viele Personas brauche ich? Muss ich für alle meine Kunden Personas machen? Nein, müssen Sie nicht. Selbst große Webshops, die wirklich breite Käuferschichten ansprechen, kommen mit drei oder vier Personas aus. Wichtig ist, dass Sie daran denken: Die Personas sind nur eine Gedächtnisstütze. Sie sollen Sie an die Käufer erinnern. Und da reichen ein paar, die für alle stehen. Es sind sozusagen die Vertreter Ihrer Kunden, die immer bei ihnen sind und dafür sorgen, dass Sie an die Interessen der Kunden denken.

Eine gute Persona enthält:

- Name, Alter, Familienstand
- Wohnort, Beruf
- Foto
- Interessen, Hobbys, genutzte Medien, Bücher, TV, Serien
- Umgang mit technischen Geräten, besuchte Websites, soziale Medien
- Kaufverhalten, Einkommen

Ergänzen Sie alles, was für Ihren speziellen Fall nötig ist – aber übertreiben Sie es nicht. Die Informationen sollten auf eine DIN-A4-Seite passen, am besten nutzen Sie Stichpunkte, Listen und einfache Diagramme. Fotos lockern auf, so sieht man die Persona auch gern an. Und ansehen sollten Sie die Personas regelmäßig, solange Sie am Shop arbeiten. Hängen Sie sie daher am besten in Ihrem Büro an die Wand.

Keine lustigen Namen und keine echten Personen
Widerstehen Sie der Versuchung, Ihren Personas witzige Namen wie Petra Pingel oder Bertrand Behäbig zu geben. Das wertet die Personas ab. Sie wollen sich ja nicht über Ihre Kunden lustig machen, sondern mit ihnen gut zusammenarbeiten. Außerdem soll eine Persona so realistisch sein wie

> möglich. Nehmen Sie aber nicht einfach einen bestehenden Kunden und bilden diesen als Persona ab. Eine Persona soll die typischen Eigenschaften von vielen Menschen verbinden, daher ist sie sozusagen immer eine Zusammenfassung von mehreren Kunden. Außerdem schließen Sie damit von vornherein die peinliche Situation aus, dass ein Kunde bei Ihnen ins Büro kommt und sich selbst in der Persona an der Wand wiedererkennt.

Eine Vorlage für einfache Personas in Word finden Sie hier zum Download: *bnfr.de/ws0401*.

3.6 Kalkulation – jetzt wird Geld verdient

Einen Grundkurs für Kaufleute bekommen Sie nicht in diesem Buch. Aber im Folgenden ein paar Tipps, worauf Sie im kaufmännischen Bereich achten sollten, wenn Sie mit Ihrem Webshop starten – damit Sie wissen, was finanziell auf Sie zukommt. Denn anders als man denkt und anders als manche Werbung glauben machen will: Im Internet gibt es nichts umsonst, auch nicht Ihren Shop.

Die erste wichtige Frage: Arbeiten *Sie selbst* umsonst? Sprich, wollen Sie für Ihre Arbeit, die Sie in den Shop stecken, Geld berechnen oder nicht? Selbst wenn Sie den Shop nur für sich alleine als Nebenprojekt machen: Ihr Ziel ist ja praktisch immer, etwas damit zu verdienen. Und vielleicht könnten Sie mit etwas anderem mehr Geld verdienen. Wenn Sie den Shop als Existenzgründung sehen, dann sollten Sie Ihre Stunden erfassen und sich überlegen, welchen Stundensatz Sie haben. Wie viel würden Sie anderen in Rechnung stellen, wenn die Sie mit dem Einrichten eines Webshops beauftragen? Machen Sie einen Freundschaftspreis, aber keinen Dumping-Preis. Nur wenn Sie den Shop als reine Liebhaberei sehen, verzichten Sie darauf, Ihren eigenen Einsatz zu kalkulieren. Eine kostenlose Vorlage für die Kalkulation in Excel finden Sie hier zum Download: *bnfr.de/ws0402*.

3.6.1 Kleingewerbe, Kleinunternehmer oder größer?

Um Ihren Aufwand möglichst gering zu halten, können Sie Ihren Webshop als *Kleingewerbe* führen. Das bedeutet vor allem, dass Sie sich nicht ins Handelsregister eintragen müssen und für Sie einfachere Regeln für die Buchführung gelten. Sie erfassen dann lediglich die Einnahmen und Ausgaben, um den Gewinn zu ermitteln und eine Einnahmen-Überschuss-Rechnung (EÜR) zu erstellen. Damit das infrage kommt, dürfen Sie nicht mehr als 60.000 € Gewinn und nicht mehr als 600.000 € Umsatz pro Jahr erwirtschaften. Kommen Sie über eine dieser beiden Grenzen, werden Sie als Einzelunternehmer automatisch *eingetragener Kaufmann (e. K.)*. Damit müssen Sie sich ins Handelsregister eintragen. Ein Kleingewerbe können Sie nur als Einzelunternehmer oder als *GbR (Gesellschaft bürgerlichen Rechts)* führen.

Rechtsform	Gründungs-formalitäten (Einlage)	Eintrag Handels-register	Persönliche Haftung	Offizieller Firmen-name	Personen
Kleingewerbe (Einzelunternehmer oder GbR)	Minimal (keine Einlage)	–	Mit gesamtem Firmen- und Privatvermögen	–	ab 1
Einzelunternehmer/ eingetragener Kaufmann	Gering (keine Einlage)	Ja		Ja	1
GbR	Gering (keine Einlage)	–		–	ab 2
UG (Unternehmergesellschaft)	Mittel (1 € Einlage)	Ja	–	Ja	ab 1
GmbH	Hoch (12.500 € Einlage)	Ja	–	Ja	ab 1
Ltd.	Gering (1 £ Einlage)	Ja	–	Ja	ab 1

Tabelle 3.1 *Vergleich der Vor- und Nachteile unterschiedlicher Rechtsformen*

In jedem Fall brauchen Sie in Deutschland einen sogenannten *kleinen Gewerbeschein* (*GewA 1*). Den bekommen Sie bei Ihrem Ordnungs- oder Gewerbeamt für 10–60 € (je nach Gemeinde unterschiedlich).

Webshop als Freiberufler?

Neben anderen Rechtsformen können Sie theoretisch Ihren Shop auch als *Freiberufler* betreiben. Das geht aber nur, wenn Sie keine Waren verkaufen, sondern Ihre Dienstleistung z. B. als Arzt, Psychologe, Anwalt, Ingenieur oder Journalist. Daher kommt diese Rechtsform für kaum einen Shop infrage.

Verwirrend ist, dass es neben dem Kleingewerbe noch etwas ähnlich Klingendes gibt: den *Kleinunternehmer*. Das ist zunächst unabhängig von der Frage, ob Sie ein Klein*gewerbe* haben. Wenn Sie nur sehr wenig verkaufen oder erst mal ausprobieren möchten, wie es läuft, können Sie die Kleinunternehmer-Regelung in Anspruch nehmen. Dazu darf Ihr Umsatz im Vorjahr nicht größer als 22.000 € gewesen sein. Und der geplante Umsatz im aktuellen Geschäftsjahr darf die 50.000 € nicht überschreiten. Beginnen Sie gerade mit Ihrer Tätigkeit, dann dürfen Sie im *laufenden Jahr* die 22.000 € nicht überschreiten – dabei rechnen Sie den Betrag auf die verbleibenden Monate herunter. Gründen Sie also im Juli, halbieren Sie die 22.000 €, denn das halbe Jahr ist ja schon vorbei. Sie dürfen in dem Fall also nicht mehr als 11.000 € umsetzen, das wären pro verbleibendem Monat nur 1.833 €. Entscheiden Sie sich für die Kleinunternehmer-Regelung, geben Sie beim Finanzamt an, dass Sie Kleinunternehmer sind, und müssen keine Umsatzsteuer abführen. Das heißt aber auch, Sie dürfen keine Umsatzsteuer von Ihren Kunden verlangen. Klingt logisch, darauf müssen Sie aber streng achten. Und meist wird davon ausgegangen, dass Umsatzsteuer anfällt, daher müssen Sie an vielen Stellen sorgfältig prüfen, dass alles stimmt. Zum Beispiel:

- Bei Shopify müssen Sie einstellen, dass die Preise ohne Umsatzsteuer gezeigt werden sollen. Gehen Sie dazu in den **Einstellungen** auf **Steuern**. Entfernen Sie den Haken bei **Alle Preise inklusive Steuern anzeigen**.

- Auf die Rechnungen schreiben Sie »Gemäß § 19 UStG ist in dem ausgewiesenen Betrag keine Umsatzsteuer enthalten.«.

- Diesen Hinweis müssen Sie auch im Webshop prominent platzieren. Es bietet sich an, das in der Fußzeile zu tun, sodass der Hinweis auf jeder Seite zu lesen ist. Die Fußzeile bearbeiten Sie unter **Vertriebskanäle • Shop • Themes**. Klicken Sie auf **Anpassen**, und wählen Sie **Fußzeile** aus. Ergänzen Sie einen Abschnitt **Text**.

Kleinunternehmer ist nichts für jeden

Überlegen Sie es sich gut, ob Sie wirklich Kleinunternehmer sein wollen. Das erscheint am Anfang attraktiv, aber wenn Sie es mit Ihrem Webshop ernst meinen, kommen Sie schnell über die Umsatzgrenzen. Dann müssen Sie sich noch mal neu mit den Rechts- und Steuerthemen auseinandersetzen. Das können Sie auch gleich bei der Gründung tun, dann erledigen Sie alles in einem Aufwasch. Die Grenzen sind eine Kann-Regelung. Das heißt, auch wenn Sie zunächst unter den Umsatzgrenzen liegen, können Sie sich trotzdem von Anfang an dagegen entscheiden, als Kleinunternehmer behandelt zu werden.

3.6.2 Gründungskosten

Eine Position, an die man anfangs oft zunächst nicht denkt, sind die Gründungskosten. Diese sind je nach gewählter Rechtsform unterschiedlich. Für Einzelunternehmer (Kleingewerbe oder auch eingetragener Kaufmann) und GbR sind diese recht gering, für andere wie die GmbH kommt einiges zusammen, z. B. für Notar, Erstellung des Gesellschaftervertrags etc. Die Beträge liegen zwischen 100 € für ein Einzelunternehmen und 1.500 € für eine GmbH. Auch das Stammkapital sollte man nicht vergessen, also die Einlage, die Sie z. B. bei der Gründung einer GmbH vorweisen müssen. Noch hinzu kommen Kosten, um einen Businessplan zu erstellen. Den brauchen Sie nicht zwingend, aber es empfiehlt sich, einen zu machen. Und wenn Sie Kredite oder Investoren benötigen, dann kommen Sie darum sowieso nicht herum.

Abbildung 3.6 *Auch das sollten Sie nicht vergessen: die Kosten für Ihr Lager. (Quelle: Pixabay, Free-Photos)*

3.6.3 Investitionen

Die Investitionskosten werden Sie vermutlich gut im Blick haben. Sie selbst wissen am besten, welche Räumlichkeiten, Geräte und Materialien Sie am Anfang brauchen, um Ihre Waren zu beschaffen, zu produzieren oder weiterzuverarbeiten und zu lagern. Nicht vergessen sollten Sie neben den Kosten, um Ihr Lager mit einem Grundstock von Waren zu füllen, die Ausgaben für Geschäftsausstattung wie Logo sowie Briefpapier, Visitenkarten, Flyer usw. Die Vorlage, um die Kosten für Ihre Anfangsinvestitionen und die laufenden Kosten Ihres Shops abzuschätzen, finden Sie zum kostenlosen Download unter *bnfr.de/ws0402*.

3.6.4 Finanzplan

Es lohnt sich, zumindest einen groben Finanzplan aufzustellen. Darin schreiben Sie alles zusammen, was an Kosten in den ersten Jahren auf Sie zukommen wird – und mit welchen Einnahmen Sie rechnen. So merken Sie auch schnell, wenn etwas nicht läuft wie geplant, und Sie sehen frühzeitig, wenn Sie noch mal Geld brauchen. In den Finanzplan gehören:

- Gründungskosten
- laufende Kosten/Betriebskosten
- Personalkosten
- direkte Kosten (Wareneinkauf, Rohmaterialien usw.)
- Marketingkosten
- Investitionsplan/Abschreibungen
- Liquiditätsplan/Finanzierung/Kapitalbedarf
- Umsatzplanung
- Rentabilitätsvorschau

Machen Sie sich schlau

Die Tipps in diesem Kapitel sind nur ein erster Überblick, der Ihnen helfen soll, mit Ihrem Shop schnell starten zu können. Dabei gibt es zu allen Bereichen noch viel mehr zu sagen. Je besser Sie die rechtliche und steuerliche Seite planen und je mehr Sie beim Start über die kaufmännische Seite nachdenken, desto erfolgreicher werden Sie sein. Viele gute weitere Informationen finden Sie bei Ihrer zuständigen IHK. Auch die Website *www.fuer-gruender.de* bietet eine Fülle von kostenlosen Informationen, Vorlagen, Checklisten und Excel-Tools.

3.6.5 Umsätze im Blick behalten mit Shopify

Wenn Sie mit Ihrem Shop starten, wissen Sie wahrscheinlich recht genau, mit welchen Produkten Sie wie viel Gewinn machen und was am besten läuft. Je länger Sie Ihren Shop betreiben, je mehr Produkte Sie anbieten und je mehr Bestellungen Sie abwickeln, desto wertvoller werden die Statistiken, die Shopify Ihnen anbietet. Denn es wird es immer schwieriger, alles im Kopf zu behalten. Vor allem aber sammelt Shopify automatisch jede Menge wertvolle Informationen über Ihre Produkte, Ihre Kosten und Ihre Verkäufe, die Ihnen besseres Wirtschaften erlauben. An vordefinierten Berichten gibt es eine ganze Menge, und die meisten sind für Sie vermutlich wenig interessant. Hinweisen möchte ich Sie für den Anfang nur auf zwei: *Gewinn nach Produkt* und *Finanzübersicht*. Beide finden Sie unter **Statistiken • Berichte**.

3.6 Kalkulation – jetzt wird Geld verdient

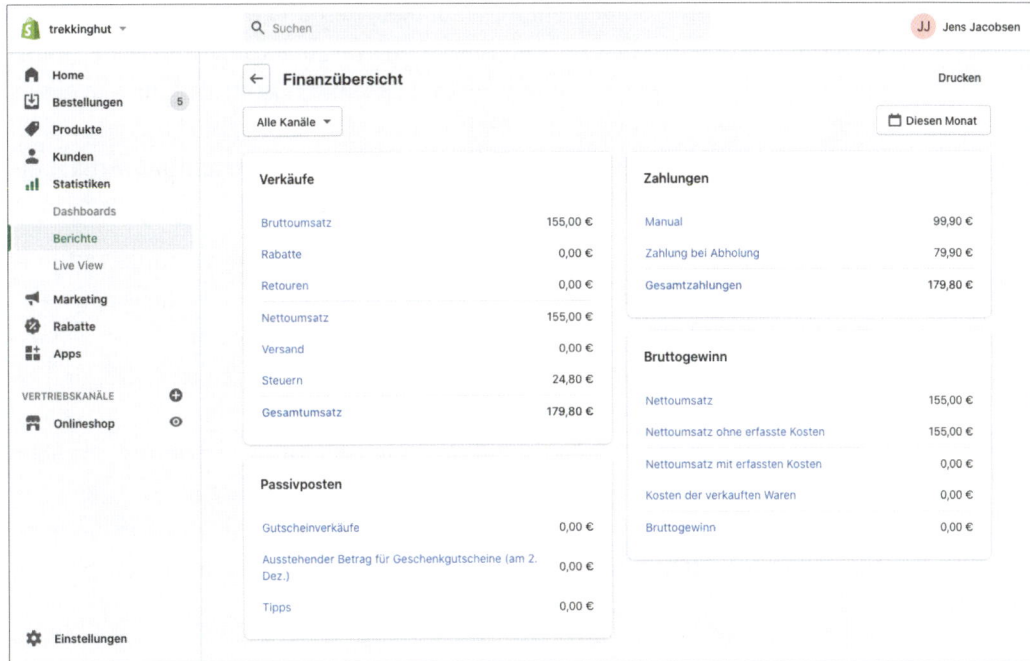

Abbildung 3.7 *Die Finanzübersicht. Legen Sie Ihren Shop gerade erst an, sieht es mager aus wie hier. Aber bald sehen Sie an dieser Stelle erfreuliche Zahlen.*

Damit diese beiden Berichte sinnvolle Auswertungen liefern, müssen Sie etwas Vorarbeit leisten:

1. Gehen Sie auf einen Ihrer Artikel, indem Sie ihn bei **Produkte** auswählen und, wenn vorhanden, eine der **Varianten** bearbeiten.

2. Tragen Sie im Abschnitt **Preisgestaltung** bei **Kosten pro Artikel** einen Wert ein.

3. **Speichern** Sie.

4. Wiederholen Sie das für alle Produkte, die Sie erfassen wollen. In Zukunft geben Sie diese Informationen am besten gleich beim Anlegen der Produkte in Shopify an.

Dieser Wert dient nur für Sie selbst, ihn sehen weder Ihre Kunden, noch interessiert sich das Finanzamt dafür. Sie tragen also die Kosten ein, die Sie für die-

89

ses Produkt haben – ohne Steuern, Versandkosten und andere Kosten. Stellen Sie das Produkt selbst her, errechnen Sie den Wert aus Lohn- und Materialkosten. Ist es nur Ihre eigene Arbeitsleistung, rechnen Sie trotzdem mit einem Stundensatz, der in Ihrer Branche üblich ist. Es tauchen nur die Produkte im Bericht auf, für die zum Zeitpunkt ihres Verkaufs im Feld **Kosten pro Artikel** ein Wert eingetragen war.

All das ist nur ein erster Ausgangspunkt für Ihre Arbeit mit den Berichten in Shopify. Sie werden bald sehen, dass sie nützlich sind, um z. B. die Produkte zu identifizieren, mit denen Sie gut verdienen. Kaufleute sprechen von *Renner-Penner-Listen*. Also Listen mit den Produkten, die gut laufen (rennen), und jenen, die in den Regalen pennen. Die Letzteren sollten Sie möglicherweise auslisten, die Renner noch weiter mit Marketing und guter Platzierung im Shop voranbringen. Hier kommen Sie sicher schnell auf viele gute Ideen. Und wenn Sie noch tiefer in die Analyse einsteigen wollen, können Sie immer im Shopify-App-Store vorbeisehen, um noch mächtigere Werkzeuge nachzurüsten.

Kapitel 4
Der erste Eindruck entscheidet – die Startseite als Schaufenster

Niemand betritt gern ein Geschäft, vor dem Abfall liegt und dessen Schaufenster so dreckig sind, dass man nicht hineinsehen kann. Genauso kommen Besucher nicht gern in einen Webshop, der nicht einladend wirkt. Dabei ist es viel einfacher, eine gut aussehende Startseite zu erstellen, als ein tolles Angebot zusammenzustellen. Machen Sie sich also die Mühe, das Beste aus Ihrer ersten Seite herauszuholen und einen guten ersten Eindruck zu machen. Die Besucher werden es Ihnen danken und gut gelaunt und zuversichtlich in Ihren Webshop kommen.

> **Website ≠ Webseite ≠ Homepage**
>
> Eine *Website* besteht aus mehreren einzelnen *(Web-)Seiten*. Eine Seite ist das, was zu einem Augenblick im Browser zu sehen ist – also der ganze Teil, der durch Scrollen sichtbar gemacht werden kann. Eine neue Seite wird durch Klick auf einen Link geladen. Die Gesamtheit *aller* Seiten, die unter einer Domain (Webadresse wie *www.ihrshop.de*) zu finden ist, das ist die Site.
>
> Deutsch kann man statt Website auch *Webauftritt* oder *Internetpräsenz* sagen. Web*seite* sollte man nur sagen, wenn man tatsächlich eine einzelne *Seite* einer *Site* meint.
>
> Und die *erste Seite* einer Site (und *nur* die erste!) ist die *Startseite* oder *Homepage*.

4.1 Besucher mit der richtigen Domain locken

Was für ein Ladengeschäft der Name über dem Eingang ist, ist bei Ihrem Webshop die Domain, also Ihre Internetadresse. Wenn Sie einen Shop in Shopify anlegen, bekommen Sie eine Domain wie *trekkinghut.myshopify.com*. Der erste

Teil ist der Name, den Sie selbst festlegen. Der letzte Teil, *.myshopify.com*, ist für alle Shops gleich. Im Nachhinein können Sie den Namen Ihres Shops nicht ändern. Was Sie aber ändern können, ist Ihre Domain als Ganzes. Dazu müssen Sie sich eine solche mieten, das kostet meist zwischen 12 € und 20 € im Jahr. Dafür haben Sie dann die Freiheit, fast beliebige Namen und Domainendungen zu nutzen – von .de über .com, .net, .shop, .io oder viele andere. Einzige Einschränkung: Ihr Wunschname muss natürlich noch frei sein, und das ist bei gängigen Begriffen leider selten der Fall.

> **Domain, Webadresse, URL**
>
> Eine *Domain* ist der erste Teil einer *(Web-)Adresse* bis zum ersten Schrägstrich, z. B. *www.ihrshop.de* oder *trekkinghut.myshopify.com*.
>
> Die Webadresse, auch *URL* genannt (Uniform Resource Locator), ist die eindeutige Adresse eines einzelnen Elements im Internet. Das kann eine Seite sein wie *trekkinghut.myshopify.com/products/der-gute-hut*. Es kann aber auch ein Bild sein wie *cdn.shopify.com/s/files/1/0472/9159/6951/products/Felthat_1024x1024@2x.png*.

4.1.1 Vorteile einer eigenen Domain

Wenn Sie Ihren Shop nur als Hobby betreiben, dann reicht die Shopify-Domain. Selbst wenn Sie vorhaben, erst in ein paar Jahren mit Ihrem Shop ernsthaft Geld zu verdienen, besorgen Sie sich von Anfang an eine eigene Domain. Denn damit demonstrieren Sie Professionalität für Ihre Besucher. Sie haben außerdem einen Vorteil bei den Suchmaschinen, weil diese in der Domain enthaltene Begriffe stark bewerten: Sucht ein Interessent nach »Tee«, haben die Sites einen leichten Vorteil, bei denen dieses Wort im Domainnamen vorkommt. Und schließlich der wichtigste Punkt: Für Ihre Kunden ist die Domain nicht nur Ihre Adresse, sie *ist* Ihr Shop. Ihre Domain ist das, was sie eingeben, wenn sie Sie besuchen. Sie ist das, wonach sie googeln, wenn ein Freund ihnen Ihren Shop empfiehlt. Ihre Kunden kennen die Domain, und auch die Suchmaschinen kennen sie. Die Domain eines bestehenden Shops zu ändern, gehört zu den Dingen, die Sie unbedingt vermeiden sollten.

4.1.2 Der richtige Name für Ihren Shop

Wollen Sie sich das Geld für eine eigene Domain sparen, dann machen Sie sich vor dem Anlegen Ihres Shops bei Shopify einige Gedanken zu Ihrem Namen, weil Sie diesen nicht mehr ändern können. Genauso sorgfältig sollten Sie sein, wenn Sie eine Domain mieten. Was macht nun einen guten Namen bzw. eine gute Domain aus?

- Sie sollte leicht zu merken sein.
- Die Menschen sollten nicht rätseln müssen, wie man sie schreibt. (Das kann auch bei scheinbar einfachen Wörtern passieren: Foto? Photo? Nougat? Nugat?)
- Sie sollte kurz sein – so ist sie leichter zu merken und vor allem leichter zu tippen. Die Wahrscheinlichkeit, dass man sich vertippt, ist so auch geringer.
- Wenn irgendwie möglich, sollte sie das wichtigste Suchwort enthalten, unter dem Sie im Web gefunden werden wollen (wie bei »der-gute-hut«, »wellness-im-schloss«, »tee-zum-meditieren« etc.).
- Im Idealfall beschreibt sie Ihren Shop.
- Letzter, wirklich allerletzter Punkt: Sie wirkt sympathisch oder originell. (Das schaffen die wenigsten Shops und wird oft überbewertet – solange der Name nicht abschreckend ist, geht fast alles.)

Groß- und Kleinschreibung wird bei Domains ignoriert. Sie können also *www.MeineSuperSite.de* schreiben, das wird trotzdem als *www.meinesupersite.de* interpretiert. Deshalb bietet es sich bei langen Domainnamen an, eher Bindestriche zur Worttrennung zu nutzen, also z. B. *www.meine-super-site.de*. So ist der Name leichter für Menschen lesbar und leichter zu merken. Die maximale Länge von Domains sind 63 Zeichen ohne die Domainendung wie .de – nur bei wenigen Endungen gibt es andere Regeln.

4.1.3 Domains mit Umlauten und Sonderzeichen

Umlaute und ß im Domainnamen sollten Sie möglichst vermeiden. Wenn Sie Müller-Lüdenscheid heißen, fahren Sie mit *mueller-luedenscheid.de* besser als mit *müller-lüdenscheid.de*. Zwar ist es möglich, eine Domain mit Umlauten zu buchen (zumindest bei den üblichen Endungen wie .de, .com etc.). Trotzdem rate ich davon ab. Denn damit die Umlaut-Domains funktionieren, sind einige technische Tricks nötig. Und die müssen Browser und E-Mail-Programme des jeweiligen Nutzers beherrschen, was nicht immer der Fall ist. Und wenn z. B. jemand aus dem Ausland bei Ihnen bestellen will, hat er vermutlich keine Umlaute auf seiner Tastatur. Außerdem wird beim Kopieren und Weitergeben der URL Ihres Shops mitunter aus *müller-lüdenscheid.de* das merkwürdige *xn--mller-ldenscheid-jzbg.de.de*. Haben Sie einen Laden, der Umlaute im Namen hat, oder wollen Sie auf Ihren realen Namen mit Umlauten in der Domain nicht verzichten, dann buchen Sie sich beide Domains: einmal die mit Umlauten als Umschrift (ae, oe, ue, ss) und einmal mit Umlauten (ä, ö, ü). Letztere leiten Sie dann auf die Domain mit Umschrift um. Wenn Sie ganz sicher gehen wollen, dann nehmen Sie auch noch die Domain mit Umschrift von ä zu a usw. dazu, also z. B. *muller-ludenscheid.de*. Kunden, die kein Deutsch sprechen, werden meist versuchen, Ihren Namen so einzugeben.

Auch Buchstaben mit Akzent, Cedille, Tilde (é, ç, ñ) etc. sind in Domainnamen möglich. Für diese gilt das Gleiche wie für Umlaute: Nutzen Sie sie nur mit Vorsicht.

4.1.4 Die Domain bestellen

Haben Sie sich für einen Domainnamen entschieden, dann mieten Sie Ihre Domain am einfachsten über Shopify. Es gibt zwar die Möglichkeit, die Domain bei einem anderen Anbieter anzumieten und dann auf Shopify eine Verknüpfung anzulegen. Das ist aber aus meiner Sicht die wenigen Euro im Jahr, die Sie sich sparen, nicht wert, weil die Einstellung recht umständlich ist, wenn Sie sich damit nicht auskennen. Wenn Sie aber mit den Begriffen *CNAME* und *DNS* etwas anfangen können, dann spricht nichts dagegen. Wenn Sie sich für den bequemen Weg entscheiden, tun Sie Folgendes, um eine eigene Domain bei Shopify zu buchen:

1. Loggen Sie sich bei Shopify ein.

2. Gehen Sie in der Seitenleiste links auf **Onlineshop**, und wählen Sie darunter **Domains**.

3. Klicken Sie oben rechts auf **Neue Domain kaufen**.

4. Geben Sie den Namen ein, den Sie verwenden wollen.

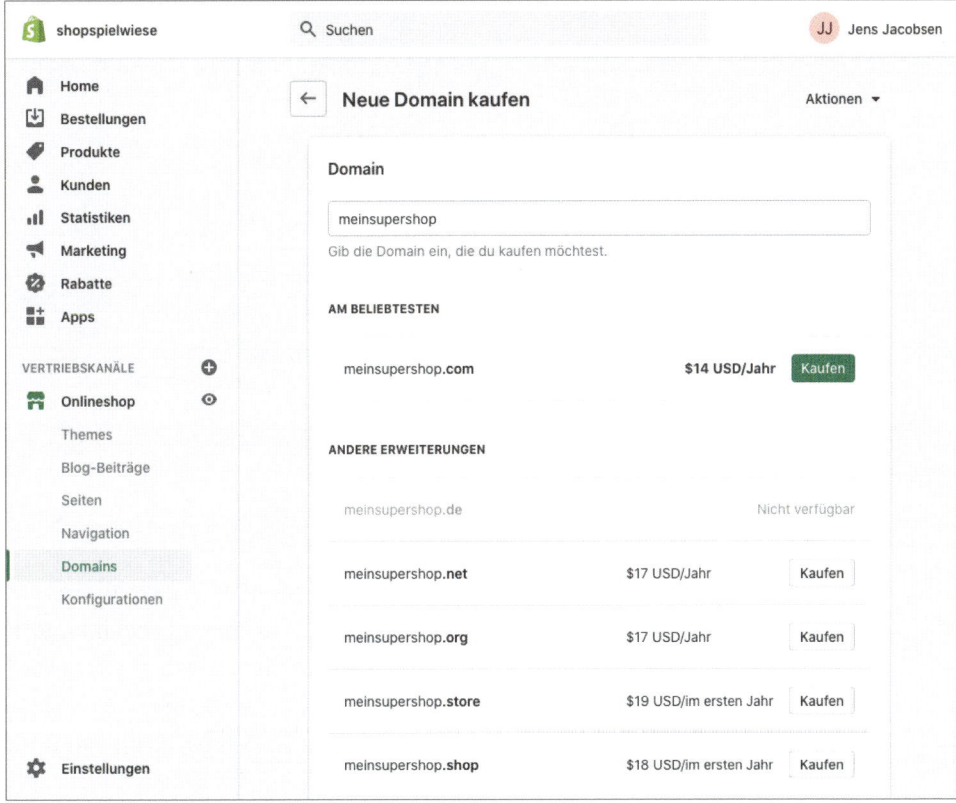

Sie sehen nun, welche Namen noch frei sind und wie viel Sie für diese jedes Jahr zahlen müssen, um sie zu mieten.

5. Vermutlich werden die ersten Namen, die Sie ausprobieren, belegt sein. Geben Sie so lange neue Varianten ein, bis Sie einen gefunden haben, der Ihnen gefällt und der noch zu haben ist.

6. Klicken Sie auf **Kaufen**, und schließen Sie die Bestellung ab. (Auch wenn es eigentlich kein Kauf ist, sondern eine Miete – wenn Sie nicht mehr bezahlen, wird die Domain wieder frei, und jemand anderes kann sie nutzen.)

Wenn Sie die Domain schon haben oder diese bei einem anderen Dienstleister gemietet haben, dann gehen Sie bei Shopify ebenfalls zu **Domains • Neue Domain kaufen**. Wählen Sie dann oben rechts bei **Aktionen** den Punkt **Bestehende Domain verbinden**, und folgen Sie den Dialogen. Das ist aber, wie gesagt, nur für Profis.

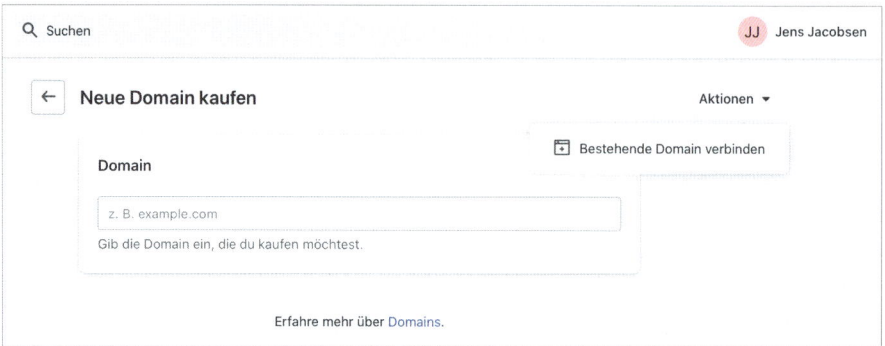

Abbildung 4.1 *Hier oben rechts finden Sie die gut versteckte Option, bestehende Domains einzubinden.*

4.2 Was erwartet der Besucher auf der Startseite?

Haben Sie Ihre Domain bzw. Ihren Shopnamen, können Sie sich an die Gestaltung der Startseite machen. Natürlich soll diese Ihre Persönlichkeit widerspiegeln. Und doch gestalten Sie Ihren Shop nicht für sich selbst, sondern für Ihre Kunden. Diesen muss der Shop in erster Linie gefallen. Mit Ihren Kunden müssen Sie sich also nun intensiv auseinandersetzen. Haben Sie das noch nicht getan, betreiben Sie ein bisschen Nutzerforschung, und erstellen Sie zumindest Personas (siehe voriges Kapitel). Und sehen Sie sich an, was die Konkurrenz so treibt, wenn Sie das nicht schon getan haben. So lernen Sie die Erwartungen der Besucher kennen, die von anderen Sites geprägt werden. Deshalb sehen Sie sich nicht nur Ihre direkte Konkurrenz an. Sie sollten einen Blick auf folgende Sites werfen:

- große, viel besuchte Shops wie Amazon, eBay, Otto, Zalando oder Mediamarkt
- kleine, innovative Shops, die Preise bekommen haben; eine gute Anlaufstelle ist der Shopify-Blog *www.shopify.de/blog*
- Shops aus Ihrer Branche
- Shops, die aus einer ganz anderen Branche sind, die aber Ihre Zielgruppe ebenfalls besucht. Haben Sie z. B. einen Online-Weinladen, dann sehen Sie sich auch Whiskey-Shops an oder Shops, die Delikatessen, Tee oder hochwertige Möbel verkaufen.

4.2 Was erwartet der Besucher auf der Startseite?

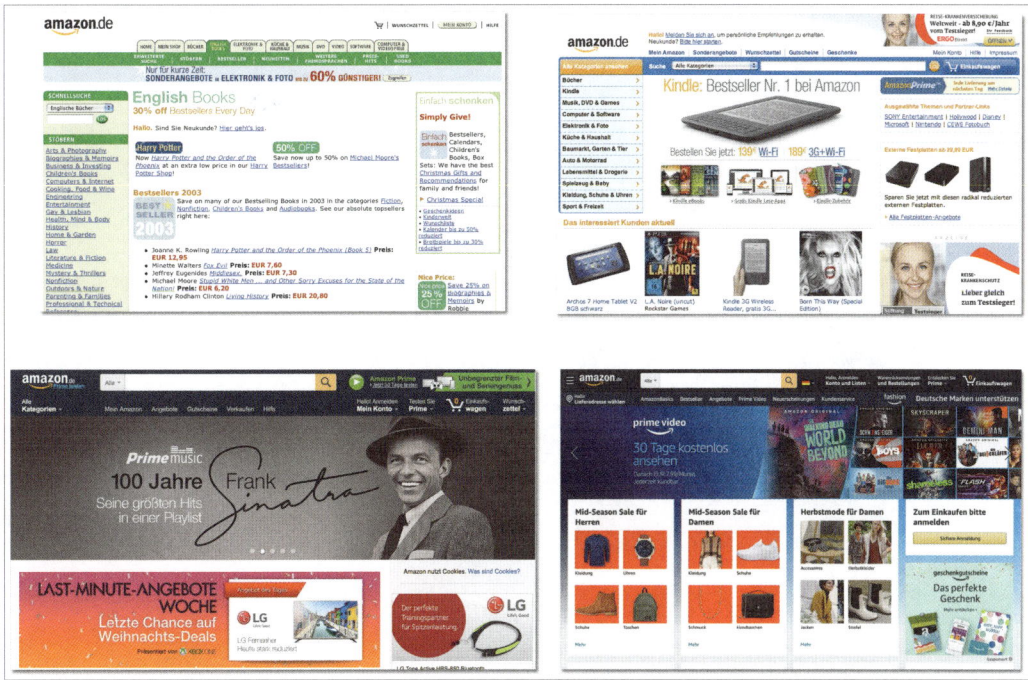

Abbildung 4.2 *Die Website von Amazon 2003, 2011, 2015 und 2020. Lange hat diese Site bestimmt, wie Shopping-Sites auszusehen haben. Erst seit ein paar Jahren gibt es auch etliche erfolgreiche Sites, die von diesem Muster abweichen.*

Dieser virtuelle Schaufensterbummel hilft Ihnen, die Erwartungen Ihrer Besucher hinsichtlich Gestaltung und Funktionalität kennenzulernen. Diese Erwartungen ändern sich im Lauf der Jahre. Was sich aber praktisch kaum ändert, sind folgende Anforderungen an jede Startseite:

- **Bestätigung geben:** Der Besucher will wissen, ob er hier richtig ist. Ob er hier das findet, was er sucht. Ob er auf der Site des Shops ist, den er besuchen möchte.

- **Orientierung verschaffen:** Wie kommt der Besucher weiter? Wie findet er die Produkte, wo kann er sich weiter über das Unternehmen informieren, wo in Kontakt treten?

- **Besonderheit ausstrahlen:** Was zeichnet diesen Shop aus? Warum soll ich hier einkaufen, nicht woanders? Was ist die »Marke«, die spezielle Eigenschaft dieses Shops?

Abbildung 4.3 *Klar, reduziert, leicht zu erfassen: die Startseite des dänischen Möbelherstellers Vipp*

Diese drei elementaren Anforderungen erfüllen Sie am einfachsten, indem Sie *so wenig wie möglich* auf Ihrer Startseite platzieren. Die meisten machen den Fehler, viel zu viel auf die Seite zu packen. Je mehr Sie Ihren Besuchern präsentieren, desto weniger Aufmerksamkeit bekommt jedes einzelne Element. Und um so schwerer ist es zu erfassen, was Sie wirklich vermitteln wollen. Das ist wie bei einem Verkaufsgespräch: Wenn ein Verkäufer dauernd auf Sie einredet, dann kommen Sie nicht zum Nachdenken und wissen am Ende nicht mehr, was er am Anfang erzählt hat. Ein guter Verkäufer gibt dem Kunden die Infos, die er wirklich braucht – und lässt ihn dann nachdenken. Erst einige Zeit später kommt er wieder und fragt, ob er noch weiterhelfen kann. So ähnlich sollten Sie es auch auf Ihrer Startseite machen. Und das geht so:

Überlegen Sie sich, was die unverzichtbaren Elemente für Ihre erste Seite sind. Das sind meist nur

- Logo und Name Ihres Shops,
- eine Abbildung eines Produkts oder einiger weniger Produkte,
- der Name des Produkts bzw. der Produkte als Text,
- eine superkurze Beschreibung dieser gezeigten Produkte,

- ein superkurzer Text, der das Besondere Ihres Shops erklärt,
- Links zu Produkten oder zur Produktübersichtsseite,
- Menü/Navigation.

Das ist auch schon alles. Bei jedem Element, das drüber hinaus geht, überlegen Sie sich: Schwächt es nicht die anderen Elemente? Brauchen Sie es wirklich? Braucht es ein Besucher Ihrer Site?

Was definitiv nicht auf die Startseite gehört:

- Fotos von irgendwelchen glücklichen Menschen
- Fotos von geschüttelten Händen oder geklopften Schultern
- Fotos von Wäldern, Wiesen, Städten, die nichts mit dem Shop zu tun haben

Das sind Dinge, die auf unprofessionellen Websites sehr, sehr häufig zu finden sind. Sie lenken aber nur vom eigentlichen Inhalt ab, schwächen Ihre Botschaft und werden von den Besuchern bestenfalls ignoriert. In Tests von Webshops zeigt sich immer wieder: Viele Besucher finden solche Elemente sogar abschreckend. Sie helfen ihnen nicht, das zu tun, was sie möchten: einkaufen. Welche Fotos funktionieren, darum geht es etwas später in diesem Kapitel.

Basis für den Erfolg: Nutzerforschung und Verkaufspsychologie

Alle Tipps, die Sie hier lesen, beruhen auf den Erkenntnissen der Nutzerforschung, die seit Jahrzehnten betrieben wird. Mit hinein fließen Untersuchungen der Verkaufspsychologie, die es formal seit über 100 Jahren gibt – wobei viele Methoden schon Jahrtausende alt sind. In jedem Fall ist die Basis nicht ein Bauchgefühl, sondern Wissenschaft. Wer Englisch versteht, findet sehr lohnende Quellen hier:

baymard.com – Forschungen des *Baymard Institute*, das sich ausschließlich um E-Commerce kümmert

www.nngroup.com – Veröffentlichungen der *Nielsen Norman Group*, die alle Aspekte der Nutzerforschung abdecken

www.benutzerfreun.de – mein eigenes Blog, in dem ich immer wieder wichtige Arbeiten auf Deutsch zusammenfasse und von meinen eigenen Ergebnissen berichte

4.3 Die Startseite für Käufe(r) optimieren

Gehen wir also daran, die Startseite unseres Shops nach den Erkenntnissen der Wissenschaft anzupassen und unwiderstehlich für Ihre Besucher zu machen. Sehen wir uns an, was wir bisher bei unserem schnellen ersten Start gemacht haben – das Beispiel sehen Sie in Abbildung 4.4.

Abbildung 4.4 *Die bisherige Startseite unseres Shops. Was fällt Ihnen auf, wenn Sie diese mit den Augen eines Besuchers ansehen?*

Sehen Sie sich die Seite jetzt mit den Augen eines Besuchers an, der einen Hut kaufen will. Was sieht er, wenn er auf die Seite kommt? Eine Frau mit Hut. Das ist ein schönes Foto, aber es ist weder individuell, noch ist es Ihr Produkt. Der Besucher scrollt also weiter. Er sieht eine weitere Frau mit Hut. Doch wie der Hut genau aussieht, ist nicht zu erkennen. Der Besucher scrollt also noch weiter. Er sieht drei schöne, abstrakte Fotos. Und immer noch keinen Hut. Und schließlich sieht er, dass er einen Newsletter abonnieren soll.

Überzeugend ist das nicht. Sie wollen ja etwas verkaufen, nicht lediglich eine schöne Atmosphäre mit netten Fotos schaffen. Passen wir die Website also entsprechend den Erkenntnissen von Nutzerforschung und Verkaufspsychologie an, und sorgen wir dafür, dass die Besucher schon auf der ersten Seite das finden, was sie erwarten und brauchen – und somit zu Käufern werden.

4.3.1 Scribble für die Startseite erstellen

Dazu erstellen wir ein sogenanntes *Scribble*. Das bedeutet Gekritzel und ist nichts weiter als eine einfache Seitenskizze. Solche Scribbles helfen Ihnen, die Struktur Ihrer einzelnen Seiten in wenigen Minuten festzuhalten. Mit ihnen sparen Sie sich stundenlange Arbeit, weil man sonst oft erst am Ende der Umsetzung feststellt, dass etwas Wesentliches fehlt oder anders realisiert werden muss. Und vor allem vermeiden Sie damit das, was wir bei unserem ersten Anlauf getan haben: Einfach mal loslegen mit der Umsetzung und sich von dem leiten lassen, was das Werkzeug vorgibt. Das führt fast immer nur zu mittelmäßigen Ergebnissen. Wir können das besser:

1. Nehmen Sie ein DIN-A4-Blatt und einen Stift zur Hand. Normales Kopierpapier und ein Kugelschreiber reichen völlig.

2. Setzen Sie links oben in die Ecke einen Kreis oder ein Ei. Das steht für Ihr Logo. Schreiben Sie den Namen Ihres Shops darunter.

3. Schreiben Sie jeweils einen Begriff für alle Kategorien Ihres Shops darunter – dies ist Ihr Menü.

   In unserem Beispiel sind das *Home* und *Katalog*.

   Damit haben wir einen Teil der ersten zwei Aufgaben der Startseite schon erledigt: Wir haben dem Nutzer die Bestätigung gegeben, dass er auf der richtigen Website gelandet ist. Und wir haben ihm Orientierung über die

Navigationsmöglichkeiten verschafft. Jetzt also an das Wichtigste: Wir zeigen ihm, was er kaufen will.

4. Überlegen Sie sich, wie viele verschiedene Produkte Sie auf der Startseite zeigen wollen. Generell gilt: Es sollten nicht mehr als eine Handvoll sein – gerade so viele, dass der Besucher ein Gefühl dafür bekommt, was er bei Ihnen kaufen kann. Bewährt hat es sich, nur drei oder vier Produkte zu nehmen. Sie können auch verschiedene Varianten ausprobieren – Scribbles haben den weiteren Vorteil, dass Sie mit ihnen sehr schnell und unkompliziert etwas testen können. Oft sehen Sie schon den ersten Blick, ob eine Variante funktioniert oder nicht.

5. Zeichnen Sie für jedes Produkt einen Kasten, und setzen Sie in die Mitte ein diagonales Kreuz, das die Ecken verbindet. Das ist das übliche Symbol für eine Abbildung.

6. Ziehen Sie darunter zwei bis vier Linien. Diese stehen für die Produktbeschreibung.

7. Setzen Sie einen weiteren Kasten darunter. Dieser steht für ein Foto aus Ihrer Produktion, aus Ihrem Laden oder von mehreren Produkten. Daneben ziehen Sie wieder ein paar Linien, diese stehen für den Text. In dem beschreiben Sie, was das Besondere Ihres Shops oder Ihrer Produkte ist.

8. Überlegen Sie sich, ob die Seite damit schon fertig ist. In vielen Fällen reicht das völlig aus. Nur wenn Sie unbedingt noch etwas vermitteln wollen, können Sie noch ein Element darunter setzen. Sind Sie sicher, dass der Besucher jetzt noch nicht ganz überzeugt ist, mehr Infos braucht, bevor er wirklich kauft? Dann sehen Sie nun noch einen Abschnitt mit Hintergrundinfos vor:

9. Zeichnen Sie drei oder vier Kästchen, und setzen Sie jeweils wieder Striche darunter. Hier können Sie wieder mit Fotos arbeiten oder zur Not auch mit Symbolen, wenn Sie etwas Abstraktes erklären wollen. Denken Sie nur daran, dass Abstraktes meist abschreckt. Nutzen Sie Symbole also nur, wenn Sie etwas sonst nur mit allgemeinen, nicht für Ihre Website spezifischen Fotos illustrieren könnten.

10. Fügen Sie jetzt noch einen Link zu Ihrem Produktkatalog ein. Den haben Sie zwar oben schon, aber hier platzieren Sie ihn noch mal, um den Besucher möglichst geschmeidig durch Ihre Seiten zu geleiten und ihm den Weg zu den Produkten so leicht wie möglich zu machen.

11. Als Letztes zeichnen Sie zwei waagrechte Linien. Diese stehen für den Fußteil der Seite mit den Links zu Datenschutzerklärung, Kontakt und Impressum.

Abbildung 4.5 *Scribble unserer Startseite*

4.3.2 Das passende Theme auswählen

Damit steht die Struktur unserer Startseite, und wir gehen daran, diese in Shopify anzupassen. Dazu wählen wir uns als Erstes ein passendes Theme, also eine Vorlage, aus:

1. Öffnen Sie Ihren Shop in der Admin-Oberfläche von Shopify.

2. Wechseln Sie zum Bereich **Onlineshop** • **Themes**.

3. Gehen Sie im mittleren Seitenbereich unten auf **Zum Theme Store**.

   Themes bestimmen, wie die Struktur der Seiten aussieht, wo das Menü sitzt, welche Schriften verwendet werden und welche Bildgrößen möglich sind. Außerdem bestimmt das Theme, welche technischen Möglichkeiten Ihr Shop hat. Die Grundfunktionen sind überall gleich, aber manche Shops bieten Erweiterungen, mit denen Sie z. B. Videos zu Ihren Produkten einbinden können, 3-D-Ansichten oder mehr.

   Die Standardansicht ist wenig hilfreich, am besten wechseln Sie gleich zum Produktkatalog:

4. Klicken Sie auf **Explore Themes**.

   Damit haben Sie die Möglichkeit, die große Menge an vorhandenen Themes zu filtern.

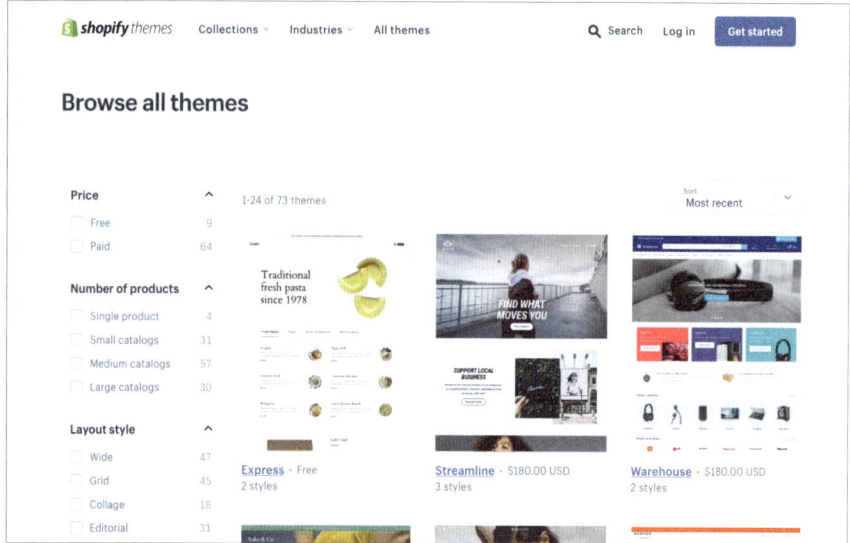

5. Filtern Sie die Liste nach den Kriterien, die Ihnen wichtig sind.

   Mein Tipp: Sehen Sie sich unbedingt auch die kostenpflichtigen Themes an. Fast alle kosten zwischen 100 US-$ und 200 US-$ (einmalig, nicht etwa pro Monat!). Diesen Betrag haben Sie schnell wieder erwirtschaftet, wenn das Theme etwas bietet, was ein kostenloses nicht enthält. Denn prinzipiell können Sie in jedem Theme alles nachrüsten – aber dann müssen Sie sich mitunter recht aufwendig einarbeiten oder jemanden bezahlen, der das für Sie macht. Wenn es ein Profi ist, verlangt er für zwei, drei Stunden so viel, wie ein Theme kostet.

6. Haben Sie sich für ein Theme entschieden, klicken Sie auf **Add Theme**.

   Dieses wird damit automatisch zu Ihrem Shop hinzugefügt, und Sie landen wieder auf der Theme-Seite Ihres Shops.

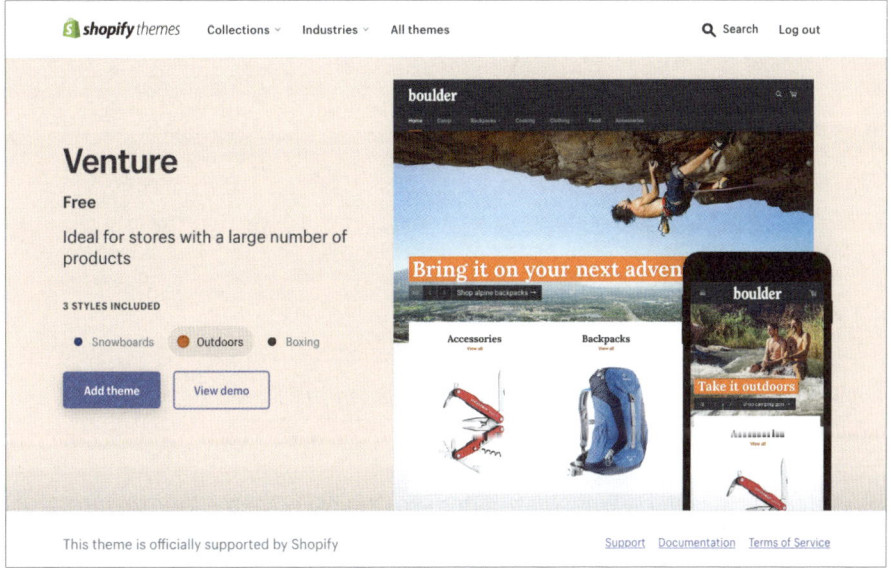

Abbildung 4.6 *Die Detailseite für ein Theme. »Styles« sind sozusagen Varianten, die sich in der grafischen Darstellung unterscheiden. Per Klick können Sie diese hier ansehen.*

4.3.3 Startseite anpassen

Jetzt legen Sie Ihr Scribble neben die Tastatur und setzen die Struktur Ihrer Startseite um. Sie werden sehen: Das Theme schränkt Sie deutlich ein. Nicht jedes Theme bietet die Elemente, die Sie sich vorgestellt haben. Sie machen also Kompromisse – aber lassen Sie sich nicht vom Theme vorgeben, was Sie umsetzen wollen, sondern finden Sie immer den Kompromiss, von dem Sie glauben, dass er am besten für die Besucher Ihres Shops ist.

Kapitel 4   Der erste Eindruck entscheidet – die Startseite als Schaufenster

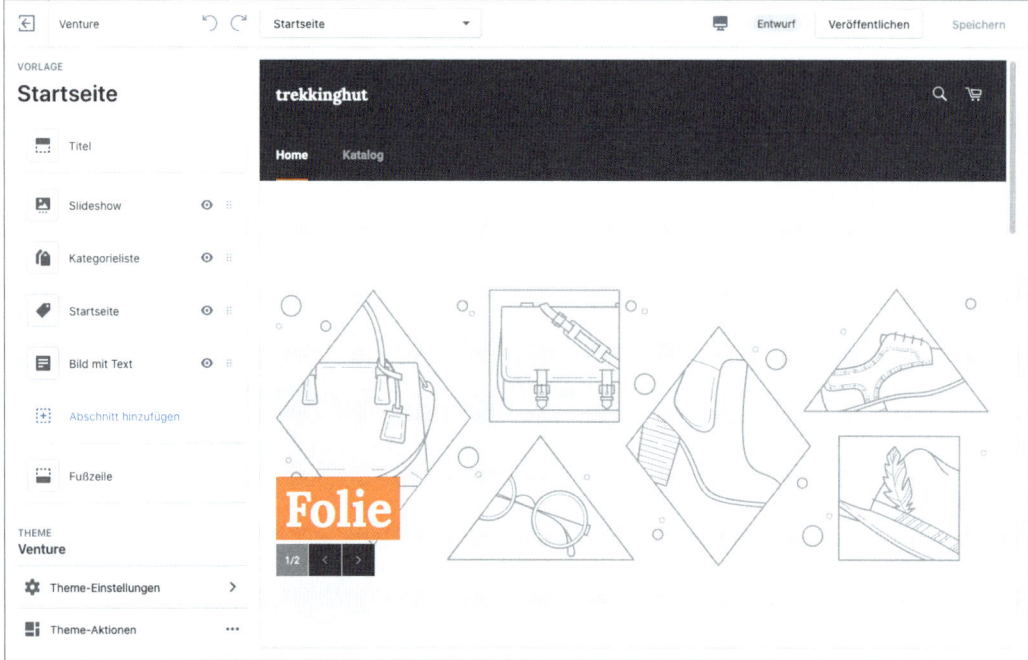

Abbildung 4.7 *Die Theme-Seite besteht aus Platzhaltern, die Sie mit Ihren eigenen Inhalten ersetzen.*

Das folgende Beispiel setzen wir mit dem kostenlosen Theme *Venture* um. Nutzen Sie aber dasjenige Theme, das Ihren Vorstellungen für den Shop am nächsten kommt. Andere Themes bieten meist andere Abschnitte, diese bearbeiten Sie aber nach genau dem gleichen Prinzip wie die hier gezeigten.

1. Klicken Sie auf **Theme anpassen** (entweder im grünen Kasten, der direkt nach dem Hinzufügen angezeigt wird, oder unten im Bereich **Theme-Bibliothek**).

   Damit landen Sie im Editor, den Sie aus Kapitel 2 schon kennen.

2. Klicken Sie in der Seitenleiste auf den ersten Abschnitt, **Titel**.

   Abschnitte nennen sich in Shopify die Elemente, die Sie auf den Seiten platzieren. In der Seitenleiste sehen Sie zunächst die Abschnitte, welche das Theme für diesen Seitentyp vorsieht. Sie können aber jederzeit beliebige weitere hinzufügen.

3. Klicken Sie auf **Bild auswählen**, und laden Sie ein Logo für Ihren Shop hoch.

Wenn Ihr Logo den Shopnamen nicht enthält, müssen Sie für die meisten Themes eine Bilddatei erstellen, in der der Name auch eingefügt ist. Denn ansonsten sieht der Besucher den Namen nicht, wenn er auf Ihre Site kommt.

4. Passen Sie bei **Benutzerdefinierte Logobreite (Pixel)** die Breite an, in der Ihr Logo angezeigt wird.

5. Klicken Sie auf den grauen Pfeil nach links in der Seitenleiste oben neben **Titel**.

Damit gehen Sie zurück zur Übersicht der Abschnitte der Seite. Ihre Änderungen werden automatisch übernommen.

6. Klicken Sie auf das Augen-Icon neben **Slideshow**.

Damit blenden Sie diesen Abschnitt aus. Wir wollen ihn nicht verwenden, weil wir den Nutzern sofort unsere Produkte präsentieren wollen – derentwegen sind sie schließlich auf unsere Site gekommen.

7. Klicken Sie auf **Abschnitt hinzufügen**, um ein weiteres Element anzulegen.

8. Wählen Sie aus der Liste **Textspalten mit Fotos**. Klicken Sie dann unten links auf **Auswählen**.

   Gibt es in Ihrem Theme diesen Abschnitt nicht, dann nehmen Sie einen anderen, der ähnlich aussieht. Nach unserem Beispiel-Scribble wollen wir hier drei Kästen nebeneinander, in denen je ein Produkt vorgestellt wird.

9. Geben Sie in der Seitenspalte unten bei **Titel** eine Überschrift für diesen Abschnitt ein. Üblich sind »Beliebte Produkte«, »Unsere Top-Seller« oder Ähnliches.

10. Klicken Sie auf das oberste Element **Titel oder Text hinzufügen**. Schreiben Sie den Produktnamen und eine superkurze Beschreibung des Produktes.

11. Laden Sie ein Produktfoto hoch. Klicken Sie dann wieder auf den kleinen grauen Pfeil nach links, er steht neben dem Titel, den Sie dem Produkt gegeben haben.

12. Wiederholen Sie das für zwei weitere Produkte.

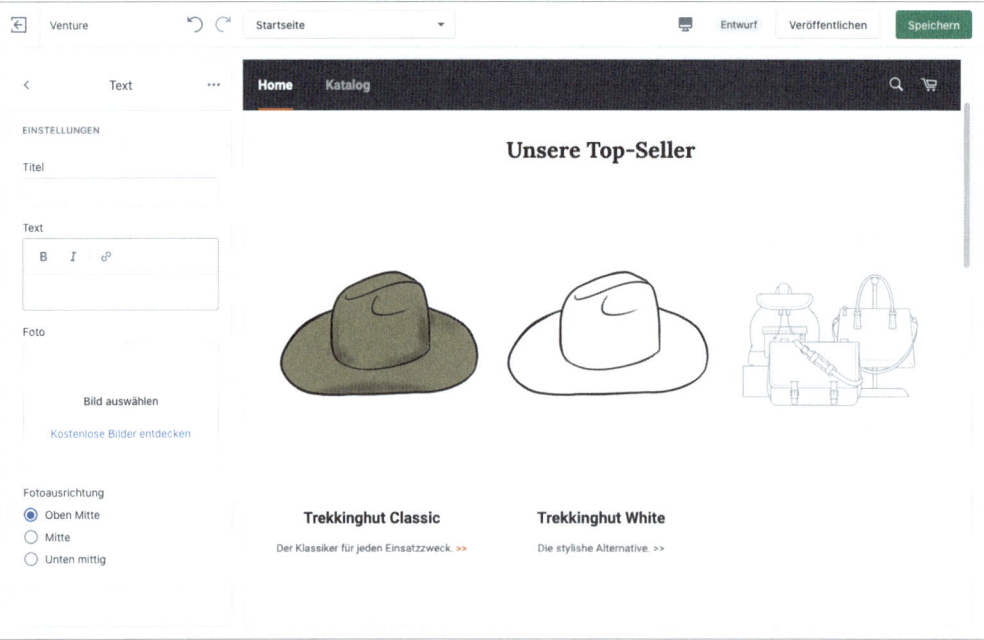

Damit haben wir den ersten Teil der Startseite umgesetzt. Wir sehen im Bereich rechts immer, wie das Ergebnis aussieht. Um sicherzugehen, klicken Sie gelegentlich oben rechts auf **Speichern** – wobei eigentlich nie etwas verloren geht. Verlassen Sie den Editor, ohne gespeichert zu haben, fragt Shopify nach, ob Sie die Änderungen wirklich nicht speichern wollen.

Setzen wir nun also den Rest unsers Scribbles für die Startseite um:

1. Klicken Sie auf das Auge neben **Kategorieliste** und **Startseite**, diese brauchen wir auch nicht.

2. Wählen Sie **Bild mit Text**. Laden Sie ein Foto für diesen Bereich hoch, und schreiben Sie einen kurzen Text.

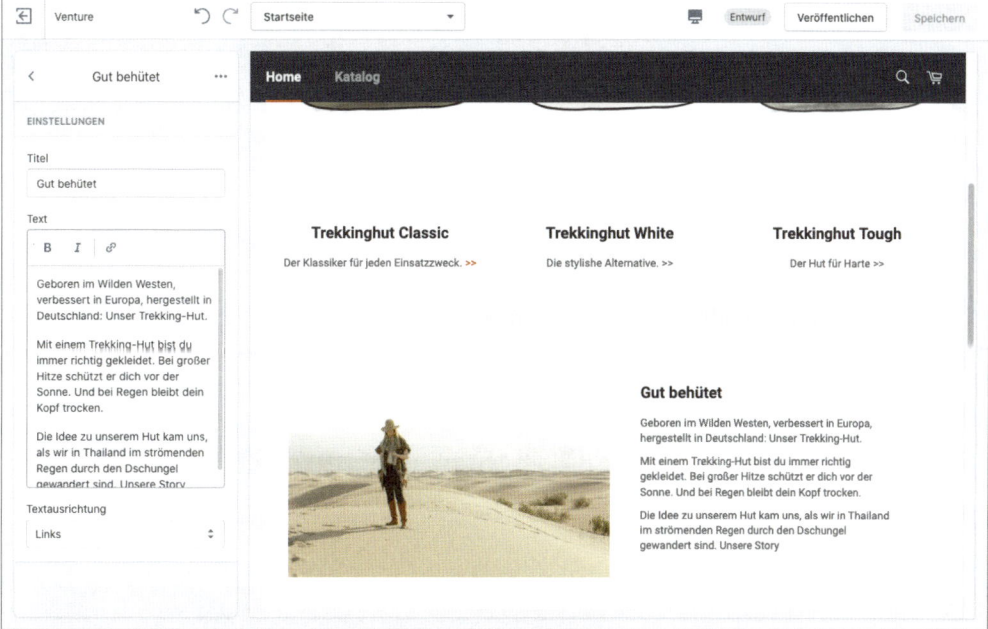

3. Erstellen Sie mit **Abschnitt hinzufügen • Mehrere Linkblöcke** einen Kasten.

4. Was jetzt noch fehlt, ist eine Überschrift für diesen Bereich. Gehen Sie also wieder auf **Abschnitt hinzufügen**.

5. Wählen Sie unter **Text** den Punkt **Rich Text**.

    Damit bekommen Sie einen Block mit Überschrift und Text. Löschen Sie den Text, wir brauchen nur die Überschrift. Ergänzen Sie diese. Gehen Sie dann mit dem grauen Pfeil links oben zurück zur Liste der Abschnitte.

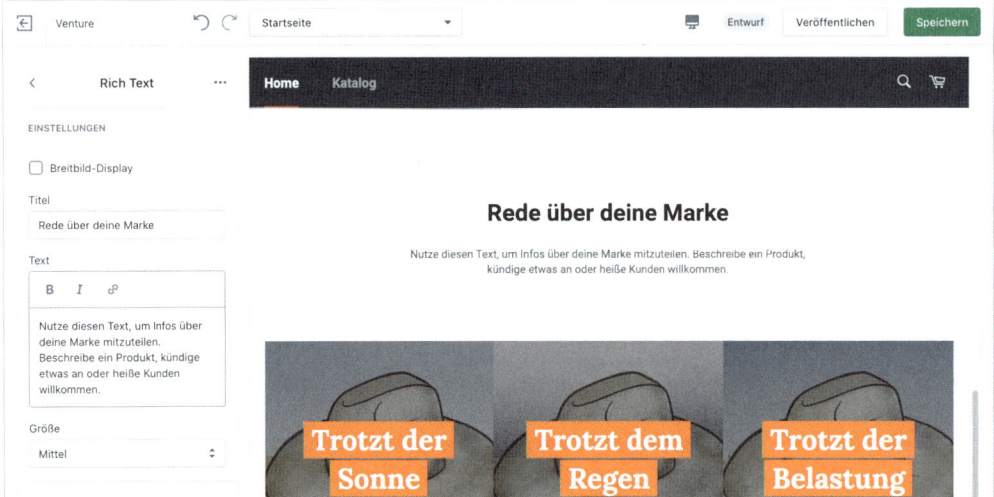

Eigenes HTML verwenden

Kennen Sie sich mit HTML, der Formatierungssprache für Webseiten, aus? Wenn ja, dann können Sie in Shopify auch damit arbeiten. Nutzen Sie dazu den Abschnitt **Benutzerdefiniertes HTML**. Damit haben Sie noch mehr Formatierungsmöglichkeiten für Text als mit Rich Text.

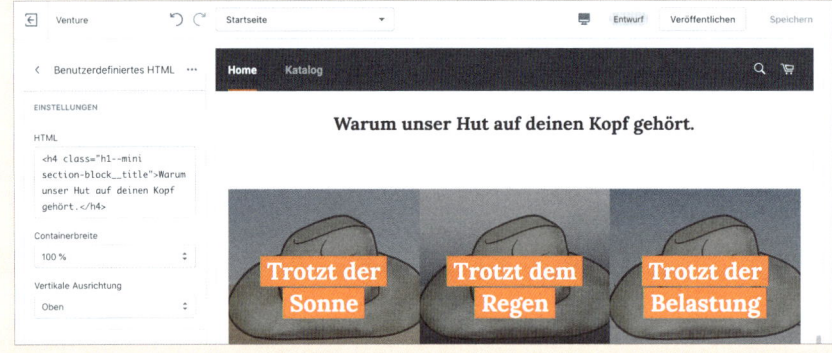

Abbildung 4.8 Hier formatieren wir die Überschrift als H4, damit sie so aussieht wie die anderen Überschriften auf der Seite.

6. Bewegen Sie den Mauszeiger über die sechs kleinen Punkte am rechten Rand des Elements, neben dem Augen-Symbol. Klicken Sie darauf, und ziehen Sie das Element mit gedrückter Maustaste in der Liste vor **Mehrere Linkblöcke**.

4.3 Die Startseite für Käufe(r) optimieren

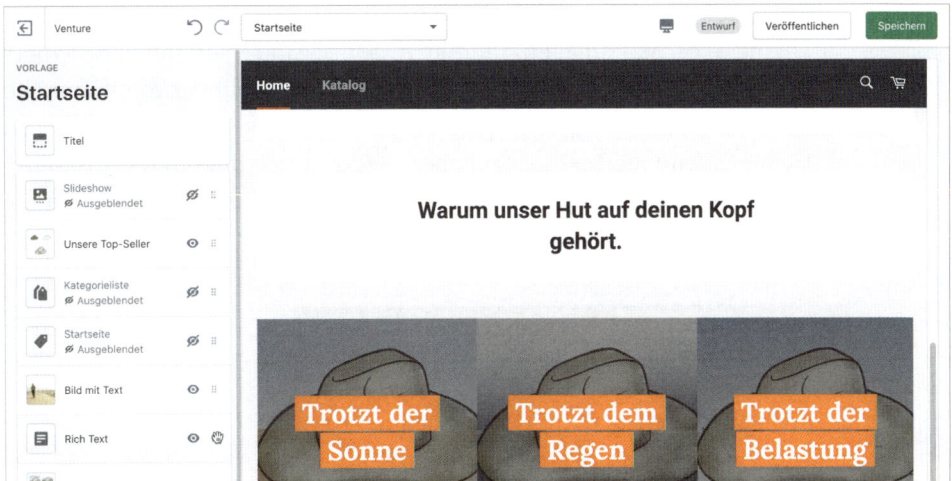

7. Jetzt legen wir noch einen letzten Abschnitt an: **Bild mit Textlink**. Wählen Sie ein Hintergrundbild aus, und schreiben Sie einen Text, der den Besucher auffordert, sich einen Hut auszusuchen. Als Link geben wir die Seite **Alle Produkte** an. Diese erstellt Shopify automatisch, unsere Produkte fügen wir später hinzu.

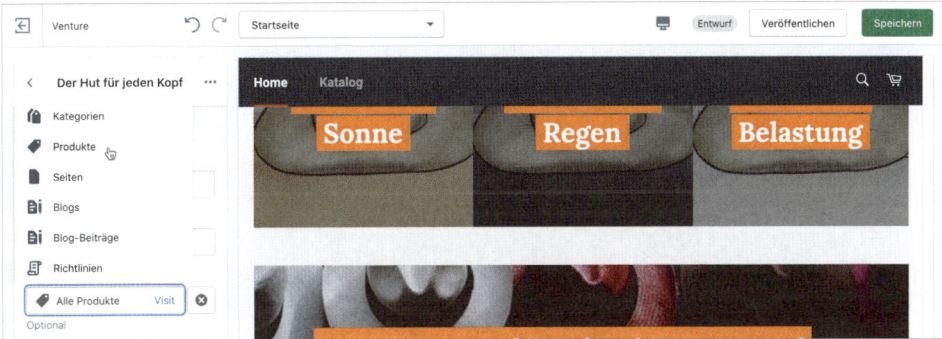

8. Damit haben wir unsere Startseite fertig. Klicken Sie rechts oben auf **Veröffentlichen**.

Es erscheint ein Hinweis, dass Ihre Seite passwortgeschützt ist. Das verhindert, dass Besucher auf den Shop kommen, wenn er noch gar nicht fertig eingerichtet ist. Außerdem sehen Sie die Warnung, dass Ihr derzeitiges Theme ersetzt wird. Dabei geht nichts verloren, anders als die Meldung vermuten lässt. Sowohl das Theme als auch die Anpassungen, die Bilder und Texte, die Sie ergänzt haben, werden gespeichert. Allerdings verschwinden diese, sobald Sie das Theme wechseln. Sie müssen also mit dem neuen Theme alles neu anlegen. (Immer zu sehen sind allerdings Ihre Produkte, Blogbeiträge und Zusatzseiten. Dies alles ist unabhängig von Ihrem Theme – aber zu diesen Dingen kommen wir später.) Hier müssen Sie also vorsichtig sein, wenn Sie Texte eingegeben, Bilder zugeordnet und die Anordnung optimiert haben. Wir haben ja bisher noch gar nichts eingestellt, daher können wir auf **Speichern und veröffentlichen** klicken.

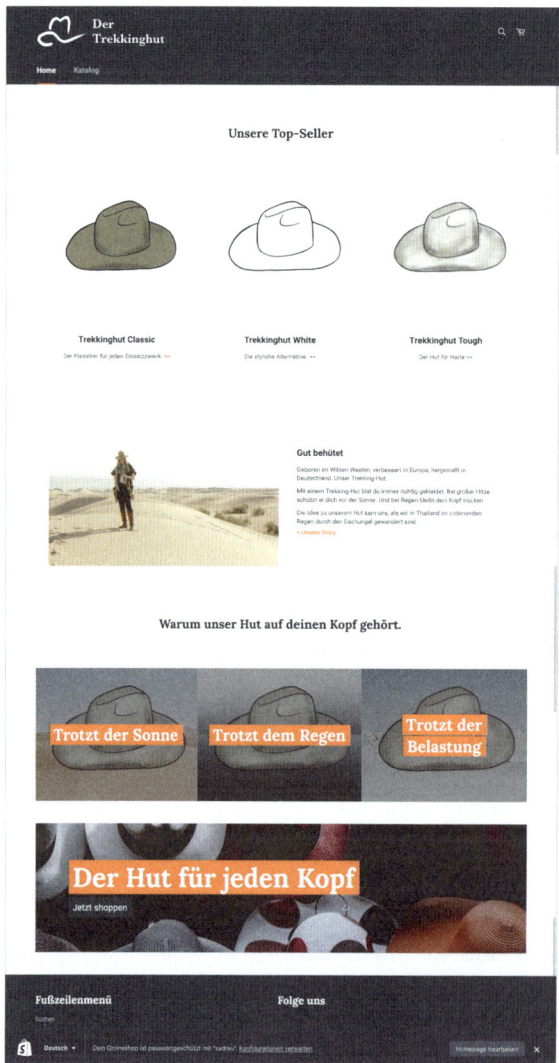

Abbildung 4.9 *Die Startseite mit allen Anpassungen*

Damit haben wir alle unseren inhaltlichen Änderungen erledigt. Die Seite hat jetzt die Struktur unseres Scribbles. Sind Sie auf **Vertriebskanäle • Onlineshop • Themes**, dann können Sie oben rechts **Ihren Shop** anklicken, um zu sehen, wie dieser ohne den Editor wirkt.

4.3.4 Farbe und Schriften ändern

Gefällt Ihnen die Schriftart nicht, die das Theme verwendet? Oder hätten Sie gern eine andere Farbe? Dies und weitere Formatierungen können Sie bei praktisch allen Themes ändern:

1. Klicken Sie auf **Anpassen** im Bereich **Aktuelles Theme**.

2. Scrollen Sie in der Seitenleiste ganz nach unten, und wählen Sie **Theme-Einstellungen**.

   Damit sind Sie im Bereich des Editors, in dem Sie die grafischen Eigenschaften Ihres Themes ändern können.

3. Gehen Sie auf **Farben**.

   Klicken Sie auf die kleinen Farb-Rechtecke, und es erscheint das Farb-Popup. Sie können hier durch einen Klick auf der quadratischen Farbkarte die Helligkeit und die Sättigung der Farbe einstellen.

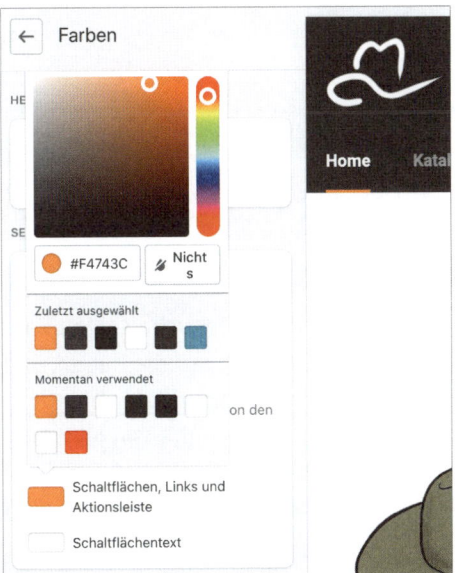

Je weiter links Sie klicken, desto intensiver ist die Farbe, je weiter unten, desto dunkler. In der Leiste daneben stellen Sie den Farbton ein. Wichtig ist noch das Feld darunter mit dem Doppelkreuz davor (#). Das ist der sogenannte Hex-Wert. Den finden Sie öfter, wenn Sie mit Webgrafikern zusammenarbeiten, weil er häufig verwendet wird, um die Farbwerte auf HTML-Seiten anzugeben. Sie erkennen ihn am Doppelkreuz und daran, dass er aus den Zahlen 0 bis 9 und den Buchstaben A bis F besteht. Details sind für uns nicht relevant, wir müssen nur wissen, dass wir diesen Wert in dieses Feld eintragen können.

Stellen Sie jetzt die Farben so ein, dass Sie zur Gestaltung Ihres Shops passen.

4. Klicken Sie auf den grauen Pfeil zurück, und gehen Sie dann auf **Typografie**.

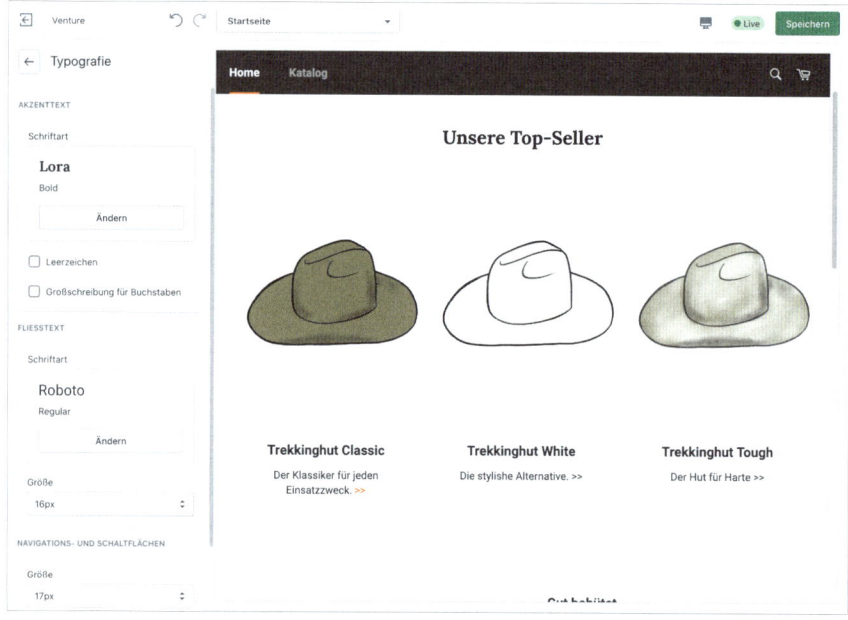

Stellen Sie nun die Schriften für die verschiedenen Bereiche so ein, dass sie Ihnen gefallen. Wenn Sie nicht viel Erfahrung mit Typografie haben, ändern Sie hier besser nichts. Denn fast immer wirkt die Schriftkombination der Themes harmonisch, weil deren Gestalter sich dazu Gedanken gemacht haben. Was ich persönlich aber immer kontrollieren würde, sind die Schriftgrößen. Denn diese sind oft zu klein. Das sieht zwar elegant aus, ist aber schlecht leserlich. Untersuchungen haben gezeigt, dass Texte in zu kleiner Schrift weniger gelesen werden und dass man sich auch weniger von den

Inhalten merkt. Faustregel ist: Der Fließtext (also der für den Hauptinhalt) sollte nicht kleiner als 16 Pixel sein. Für die Navigation empfehle ich einen noch größeren Wert – beim Theme Venture sind 17 Pixel das Maximum. Geht bei Ihrem Theme mehr, dann nehmen Sie z. B. 24 Pixel.

Damit haben wir alle grafischen Einstellungen für unseren Shop vorgenommen. Wir haben uns das bisher nur auf dem großen Monitor angesehen, also kümmern wir uns nun um die Mobilgeräte.

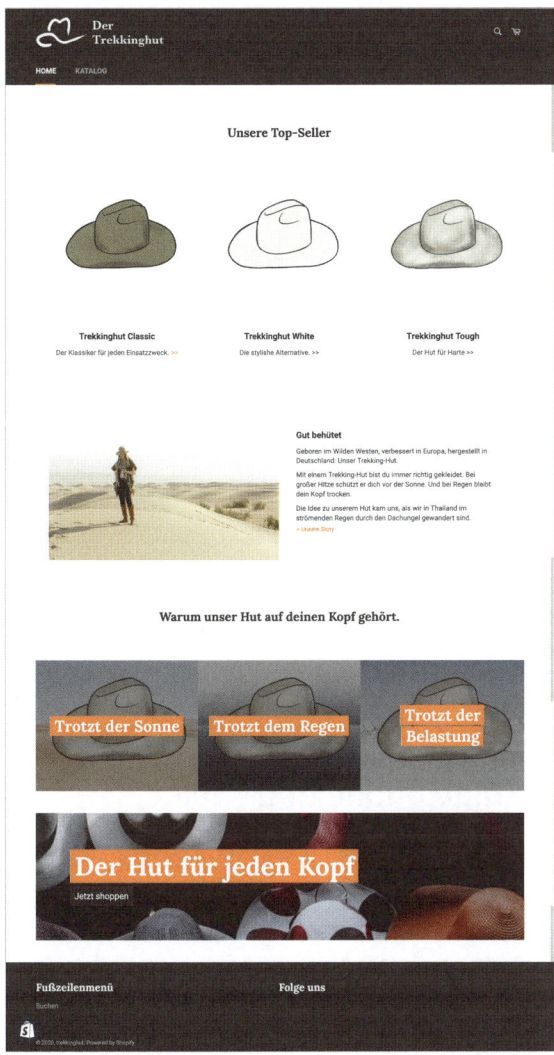

Abbildung 4.10 *Unser Beispielshop mit angepasstem Farbschema*

Dateien löschen

Mit der Zeit sammeln sich mehr und mehr Bilder an, die Sie vielleicht teilweise gar nicht mehr brauchen. Sorgen machen müssen Sie sich deshalb nicht – Shopify speichert so viele Dateien, wie Sie möchten. Wenn Sie aber die Übersicht behalten wollen, sollten Sie sich angewöhnen, Bilder, die Sie nicht mehr brauchen, zu löschen. Sonst passiert es, dass Sie lange suchen müssen, bis Sie die Version einer Abbildung finden, die jetzt tatsächlich im Shop verwendet wird.

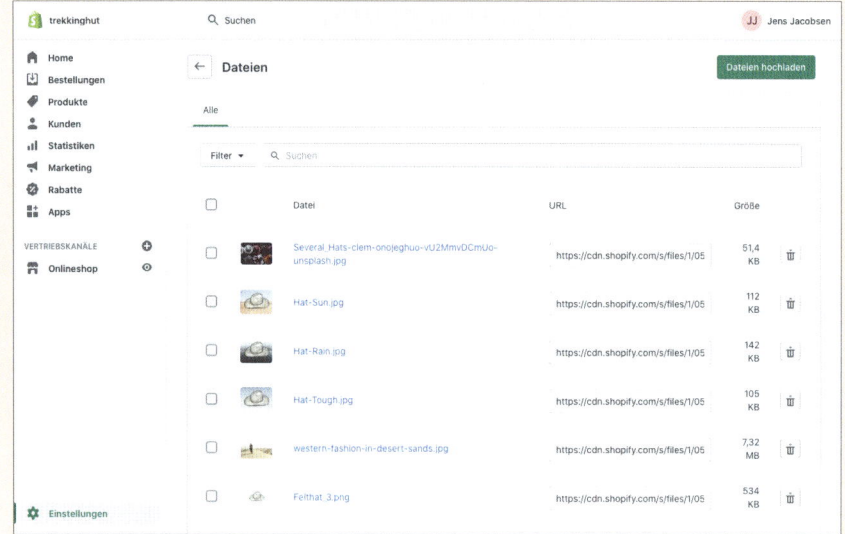

Abbildung 4.11 *Gehen Sie auf »Einstellungen« ganz links unten, und wählen Sie dort »Dateien«, um nicht mehr benötigte Dateien zu löschen.*

4.4 Gut aussehen auf Smartphone und Tablet

Der Bereich, der im Internet-Shopping am stärksten wächst, sind die Verkäufe über Smartphones. Inzwischen hat die Hälfte der Deutschen schon einmal über ihr Handy eingekauft. Der Anteil des Umsatzes liegt im Schnitt zwar noch unter 20 Prozent, doch er wächst laufend. Außerdem informieren sich viele Kunden zunächst über ihr Smartphone und kaufen dann später über Desktop-Computer oder Laptop.

4.4 Gut aussehen auf Smartphone und Tablet

Wir müssen also dafür sorgen, dass auch diejenigen Besucher unseres Shops bestens bedient werden, die mit Smartphone oder Tablet zu uns kommen.

1. Klicken Sie im Bereich **Aktuelles Theme** auf **Anpassen**.

2. Klicken Sie rechts oben auf das Monitor-Icon. Es erscheint ein Menü, in dem Sie **Mobile** auswählen.

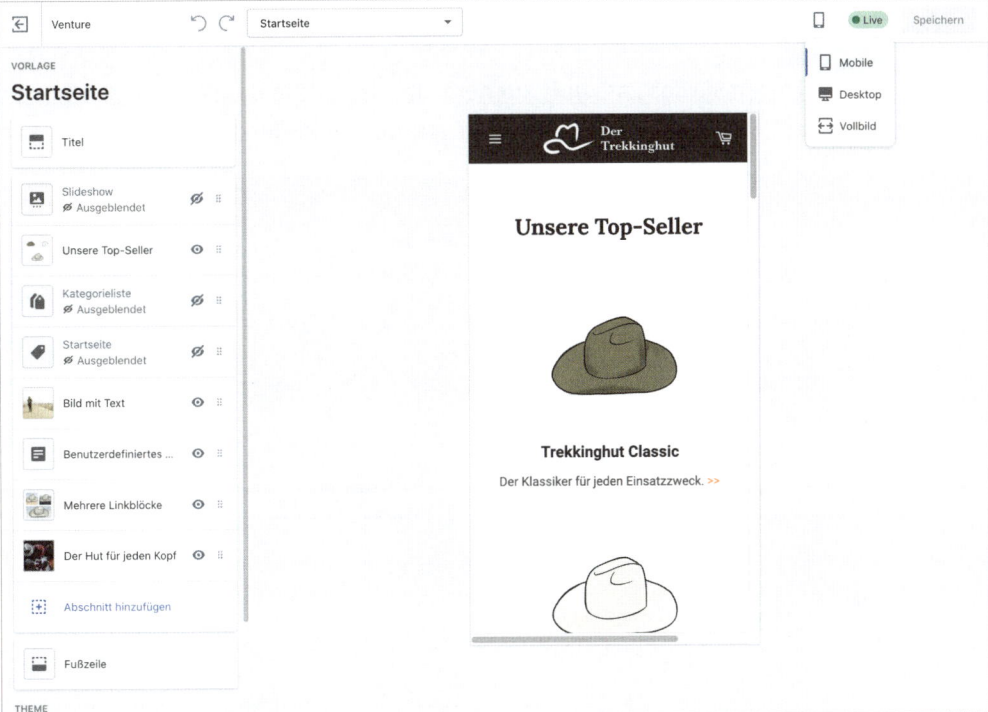

3. Scrollen Sie die Startseite durch, und sehen Sie sich das Menü an. Sieht alles so aus, dass sich Ihre Besucher zurechtfinden? Wenn nicht, passen Sie es direkt im Editor an. Im Normalfall müssen Sie hier nichts mehr tun, weil die Themes das alles schon sehr gut umgesetzt haben. Sollte das bei Ihnen nicht so sein und kommen Sie auch mit den Anpassungsmöglichkeiten des Editors nicht weiter, haben Sie ein Problem. Sie müssten dann den Code des Theme selbst anpassen oder auf ein anderes Theme wechseln, dass auch in der mobilen Ansicht gut funktioniert. Das kommt extrem selten vor, unterstreicht aber noch mal, wie wichtig es ist, sich von Anfang an ein gutes Theme auszusuchen.

Die Vorschau im Editor ist nie ganz perfekt. Deshalb sehen Sie sich sicherheitshalber Ihren Shop auf dem eigenen Smartphone an:

4. Tippen Sie die URL Ihres Shops in den Browser Ihres Handys, in unserem Beispiel *trekkinghut.myshopify.com*.

5. Gehen Sie auf Ihrem PC auf **Vertriebskanäle • Onlineshop • Themes**. Dort sehen Sie oben in einem beigefarbenen Kasten **Shop-Passwort anzeigen**. Klicken Sie darauf.

6. Tragen Sie das Passwort auf dem Smartphone in das Feld ein, und tippen Sie auf **Eingeben**. (Gehen Sie nicht auf den Link **Hier anmelden**, damit kämen Sie zum Editor.)

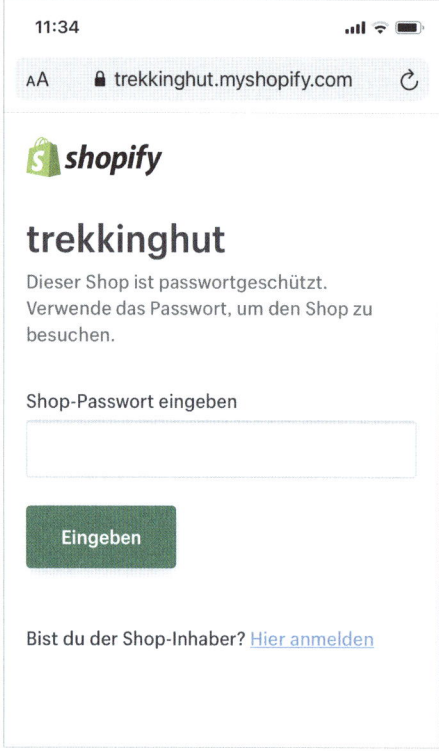

Jetzt sehen Sie den Shop genau so, wie ihn später Ihre Kunden sehen werden. Prüfen Sie noch mal alles auf Herz und Nieren.

Abbildung 4.12 *Unser Shop auf dem Smartphone*

Damit haben Sie die Startseite Ihres neuen Shops fertig, Gratulation! Oft fühlt es sich an, als könne man noch einiges verbessern – aber lassen Sie sich nicht von den vielen Möglichkeiten verunsichern. Perfekter machen kann man immer, aber am besten lassen Sie die Startseite zunächst ruhen und gehen gleich weiter zum nächsten Schritt: den Produkten.

4.5 Interview mit Izar Carazo, Unai Rollan, Sergio Errandonea, Iñigo Echeverria – Indigraph

Indigraph verkauft Füller. Das Besondere: Diese lassen sich nicht nur mit Tinte füllen, sondern auch mit Tusche. Normale Füller mögen das gar nicht, sie verstopfen in kürzester Zeit. Tusche hat viele Vorteile – vor allem ist sie wasserfest und bleicht nicht aus. Besonders Künstler, die mit Aquarell arbeiten, schätzen Tusche daher sehr.

Website: *indigraph.myshopify.com*

Sergio Errandonea, Iñigo Echeverria, Izar Carazo, Unai Rollan

Jens Jacobsen: Wer sind die Menschen hinter Indigraph, und was sind ihre Berufe?

Sergio Errandonea: Die Idee kam von Iñigo, der seit Jahren *Urban Sketching* macht mit Aquarellfarben und der eine Leidenschaft für Füller hat. Es hat ihn geärgert, dass er seine Füller nicht mit Tusche verwenden konnte. Die trocknet ein und ruiniert den Füller. Also beschloss er, Forschung zu starten. Er testete Lösungsmittel und Gele, bis er schließlich den ersten funktionierenden Prototyp eines Füllfederhalters für Tusche entwickelt hatte. Den haben wir patentiert und haben ihn in unserem Atelier weiterentwickelt, bis wir schließlich Indigraph auf den Markt bringen konnten.

Iñigo: Unser Hauptjob ist das Produktdesign, und wir wollten unser eigenes Produkt entwickeln. Das Team besteht aus vier Designern aus San Sebastian von *Dinamo Estudio:* Izar Carazo (Produktentwickler), Unai Rollan (technischer

Ingenieur, Industriedesigner und Produktentwickler) und Sergio Errandonea (Produkt- und Grafikdesigner) und mir, Iñigo Echeverria (Manager und Industriedesigner).

Jens: Wie habt ihr den Webshop realisiert? Habt ihr es selbst gemacht oder habt ihr eine Agentur oder einen Freelancer dafür gefunden?

Izar: Wir haben den Shop selbst gemacht, haben aber eine Agentur mit der Erstellung der Multimedia-Inhalte (Fotos und Videos) beauftragt. Wir hielten es für eine gute Idee, da Shopify eine so flexible Plattform ist, die es uns erlaubt, die Website für jede Phase, die wir durchliefen, beliebig anzupassen. Ohne zusätzliche Kosten.

Jens: Warum habt ihr euch für Shopify entschieden? Habt ihr andere Lösungen in Betracht gezogen – wenn ja, welche?

Unai: Wir haben Freunde mit einem Onlineshop, die uns die Plattform empfohlen haben, weil sie sehr einfach zu bedienen ist. Uns hat auch das Zahlungs-Gateway überzeugt. Es funktioniert in vielen Ländern, und Shopify erledigt die ganze Arbeit für uns.

Izar: Auch ein Freund von uns, ein Web-Programmierer, empfahl uns Shopify wegen seiner Benutzerfreundlichkeit und der Möglichkeit, alles später ändern zu können.

Sergio: Wir haben auch über Squarespace oder WordPress nachgedacht, aber schließlich haben wir uns für Shopify entschieden.

Jens: Ist es möglich, einen Shop in Teilzeit zu gründen und zu betreiben, während man woanders einen Vollzeitjob hat?

Iñigo: Ja, das geht. Als wir angefangen haben, haben wir bei *Dinamo* in Vollzeit gearbeitet und gleichzeitig am Webshop. Am Anfang, bis man eine Routine hat, ist es mühsam, aber dann wird es leichter. Jetzt, wo wir wachsen, muss einer von uns Vollzeit für den Shop arbeiten.

Jens: Wo habt ihr eure Waren her? Wo werden sie produziert, wie läuft der Versand, wo werden sie gelagert?

Unai: Wir sind die Hersteller der Füller, die wir verkaufen. Unsere Lieferanten kommen aus Spanien und Europa, wir stellen die Füllfederhalter in unserem Lager in San Sebastian zusammen und verschicken sie in die ganze Welt.

Jens: Gibt es etwas, das euch bei Shopify, euren Kunden oder eurem Unternehmen ermüdet?

Izar: Es ist ein bisschen mühsam, Bestellungen nachzuverfolgen, E-Mails und Fragen beantworten zu müssen.

Unai: Auch die ständige Werbung für die Website und die Unsicherheit, wie viel man nun wirklich verkauft jeden Monat.

Jens: Was hat euch in den letzten Wochen arbeitsmäßig glücklich gemacht?

Sergio: Wir haben die Website kürzlich in mehrere Sprachen übersetzt und sind damit sehr zufrieden.

Unai: Außerdem entwickeln wir weiter neue Konzepte und lösen technische Probleme, die uns am Herzen liegen.

Izar: Was uns bei Weitem am glücklichsten macht, ist der Sound »ka-ching!«, den die Shopify-App bei einem Verkauf macht *(alle lachen)*.

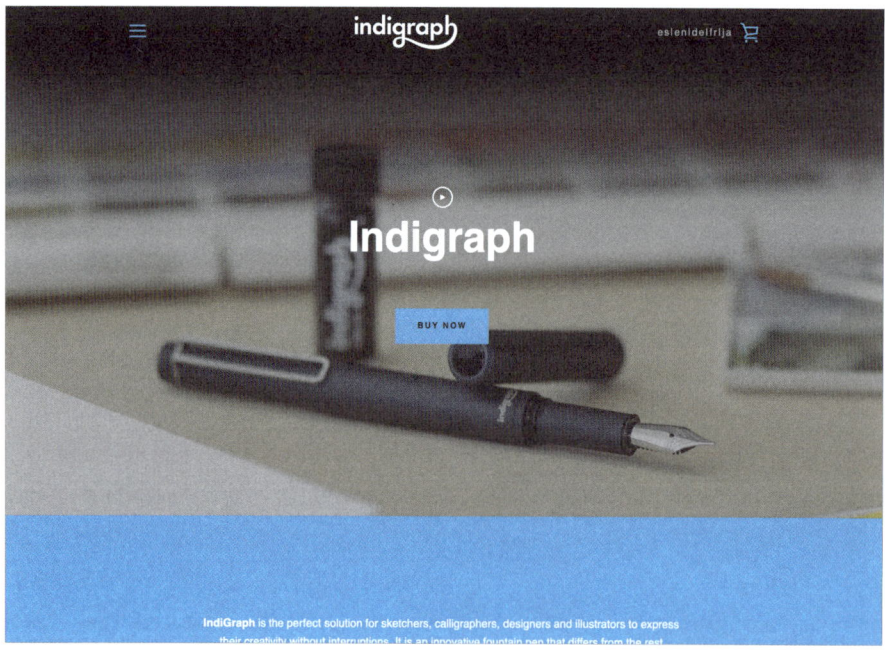

Abbildung 4.13 *Indigraph ist ein Füller für Künstler und Designer, der auch mit Tusche schreibt.*

Kapitel 5
Produktdetailseite – Umkleide, Showroom und Verkaufsgespräch

Ein Geschäft ohne Produkte ist nur ein leerer Laden. Genauso sind die Produkte das einzig Wesentliche für Ihren Webshop. Ob Ihre Besucher zu Kunden werden, entscheidet sich damit, wie Sie diese Produkte darstellen.

5.1 Die vielen Aufgaben der Produktdetailseite (PDS)

Die Produktdetailseite ist so wichtig, dass eine Abkürzung für sie gibt: *PDS*. Diese werden Sie häufig finden, wenn Sie über die Gestaltung von Webshops lesen. Auf der PDS machen Sie den Verkauf – oder eben nicht. Diese Seite hat viele Aufgaben:

- Aussehen und Material des Produkts zeigen
- Vorteile kommunizieren
- Hintergrundinfo zum Produkt vermitteln
- erhältliche Varianten darstellen (Farben, Größen, Mengen ...)
- Preis zeigen und rechtfertigen

Damit Sie die Besucher zu Kunden machen, sehen Sie die Produktdetailseite mit deren Augen an. Stellen Sie sich die Fragen:

Was wollen *Ihre Kunden* wissen? Welche Informationen brauchen sie? Welche Abbildungen wollen sie wirklich sehen? Wie können Sie sie bei der Entscheidung für das Produkt unterstützen? Was brauchen sie, um sich für eine Variante zu entscheiden?

In den meisten Fällen werden Sie selbst von Ihren Produkten überzeugt sein, vielleicht sogar begeistert. So soll es sein – vergessen Sie aber vor lauter Begeisterung nicht, dass die Besucher Ihres Shops noch nichts über Ihre Produkte wissen. Und dass sie auf der anderen Seite keine Lust haben, viel zu lesen. Die Sätze müssen sitzen, die Fotos überzeugen.

5.2 Produkte vorbereiten

Die Produktdetailseite erstellt Shopify automatisch aus den Produkten, die Sie eingeben. Machen wir uns also daran, die ersten Produkte in unseren Shop einzustellen.

5.2.1 Der Editor im Überblick

1. Gehen Sie in der Seitenleiste von Shopify auf **Produkte • Alle Produkte**. Klicken Sie dort auf **Produkt hinzufügen**. (**Finde Produkte** ist übrigens wenig hilfreich, da gibt es lediglich ein paar Infos, wie Sie Produkte beschaffen, wenn Sie selbst keine haben.)

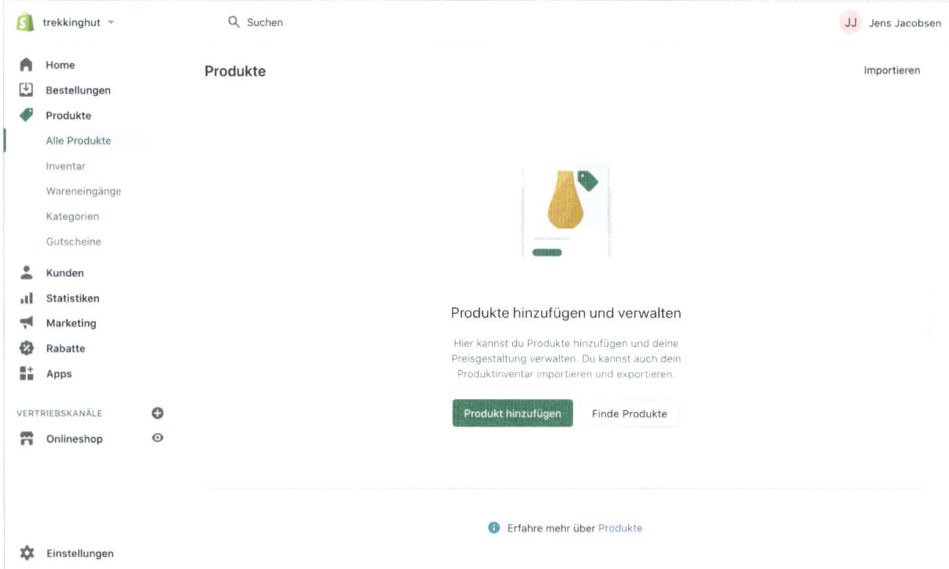

2. Für den **Titel** brauchen Sie einen kurzen, eindeutigen Namen für das Produkt.

3. Ins Feld **Beschreibung** kommt ein kurzer Text, in dem Sie so knapp wie möglich das Besondere des Produkts erklären.

4. Bei **Medien** laden Sie ein Foto des Produkts hoch.

Damit kennen Sie alle Elemente, die eine perfekte Produktdetailseite ausmachen. Wenn Sie diese drei Elemente meistern, erstellen Sie PDS, die verkaufen. Lernen Sie daher jetzt, worauf sie bei den dreien achten müssen:

5.2.2 Gute Produkte haben gute Namen

Es beginnt mit einem guten Namen. Selbst wenn Sie Markenprodukte verkaufen, sollten Sie sich darüber Gedanken machen. Denn auch hier haben Sie einigen Gestaltungsspielraum. Stellen Sie sich vor, Sie verkaufen Schuhe, und ein Produkt heißt *Lowa INNOX PRO GTX LO WS Frauen-Freizeitschuh*. Sie müssen jetzt entscheiden, ob Sie diese vollständige Bezeichnung als Produktnamen in Ihrem Shop nutzen wollen. Und ob die Reihenfolge, die der Hersteller verwendet, die richtige für Sie ist. Diese Frage lässt sich nicht allgemeingültig beantworten. Es kommt ganz auf Ihre Kunden an. Legen Sie in Ihrem Shop z. B. den Schwerpunkt auf Marken, dann stellen Sie den Markennamen an den Anfang. Haben Sie aber sowieso nur zwei, drei Marken für Sportschuhe, dann sieht die Liste schnell seltsam aus – es stehen an erster Stelle der Produktbezeichnungen immer dieselben Namen. Das ist schwer zu überblicken.

Faustregel: Die für den Kunden wichtigste Information gehört an den Anfang. Kennen sich die Kunden gut aus, ist es vielleicht der Modellname, im Beispiel *INNOX PRO GTX LO WS*. Das kann aber Menschen abschrecken, die eher Beratung suchen und sich Hilfe bei der Auswahl erhoffen. Für sie funktioniert es besser, wenn Sie *Freizeitschuh Lowa INNOX PRO GTX LO WS* nehmen. Oder sogar nur *Freizeitschuh Lowa INNOX PRO GTX*. Die vollständige Bezeichnung bringen Sie dann in der Produktbeschreibung.

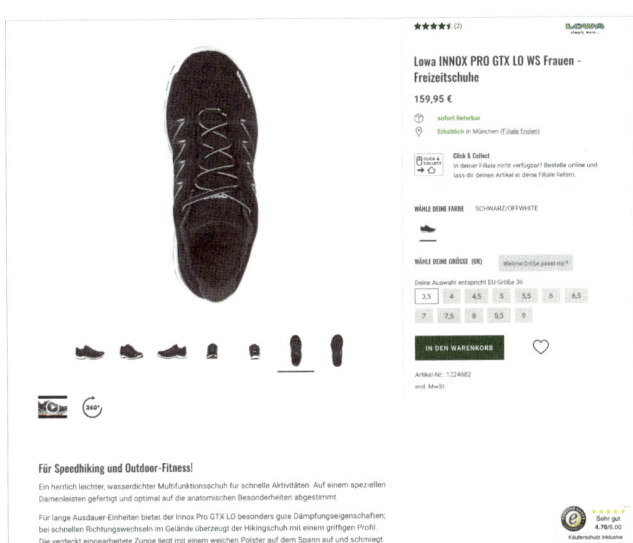

Abbildung 5.1 *Produktdetailseite auf globetrotter.de. Es gibt sieben Fotos, ein Video und eine 360°-Ansicht sowie eine ausführliche Beschreibung.*

Kapitel 5 Produktdetailseite – Umkleide, Showroom und Verkaufsgespräch

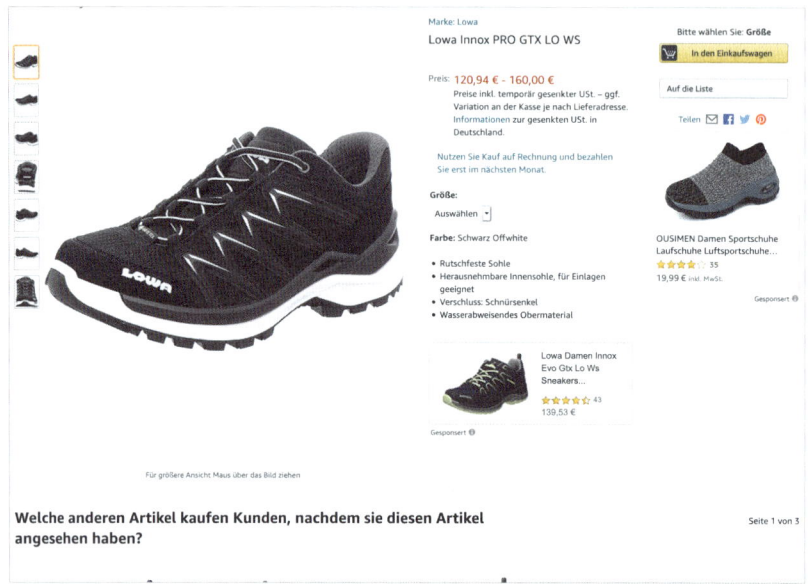

Abbildung 5.2 *Produktdetailseite für das gleiche Produkt bei Amazon. Hier fehlen detaillierte Informationen, offenbar geht man hier davon aus, dass vor allem über den Preis verkauft wird und der Kunde schon weiß, was er will.*

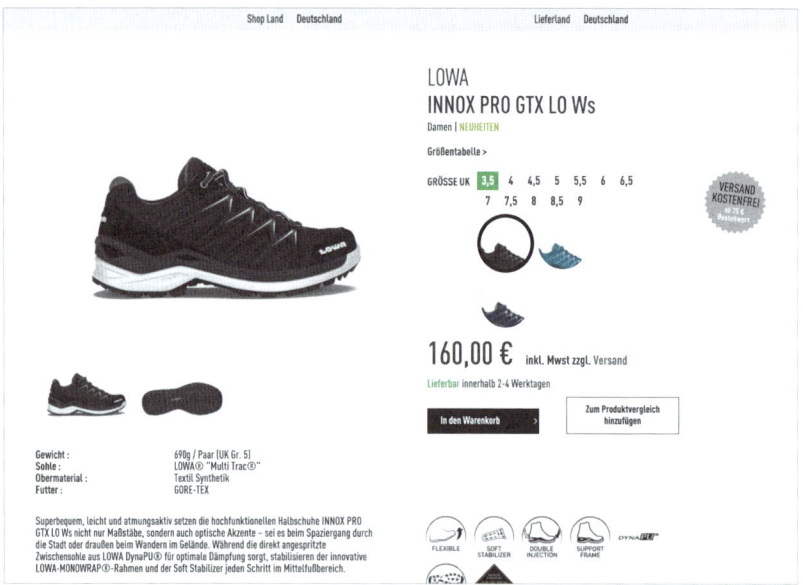

Abbildung 5.3 *Der gleiche Schuh im Shop des Herstellers. Der Markenname steht hier zwar auch vorn, ist aber unauffälliger formatiert.*

Sie sehen: In einem guten Webshop sind selbst solche scheinbar einfachen Fragen nicht dem Zufall überlassen. Noch mehr Spielraum bei den Namen haben Sie, wenn Sie einzigartige Produkte anbieten. Wenn Sie diese z. B. selbst herstellen. Dann achten Sie darauf, dass die Besucher sofort wissen, worum es geht. Witzige oder besondere Namen sind gut, aber noch wichtiger ist, dass der Besucher nicht überlegen muss, worum es sich handelt. Bei unserem Beispielshop mit den Trekkinghüten haben wir den selbsterklärenden Begriff *Trekkinghut* verwendet. Der muss vorne stehen. Die Variante für den besonders widerstandsfähigen Hut haben wir *Tough* genannt. Dass dies *widerstandsfähig* auf Englisch heißt, weiß nicht jeder. Und dass das ein Hut sein soll, weiß erst mal niemand. Daher wären wir mit *Tough* als alleinigem Produktnamen nicht gut bedient. Besser ist *Trekkinghut Tough* oder *Trekkinghut Tough – Cowboy Style*. Damit weiß auch jemand, der von unseren Produkten noch gar keine Ahnung hat, was ihn erwartet.

5.2.3 Gute Produktbilder, schlechte Produktbilder

Ohne Fotos geht gar nichts. Sie brauchen für jedes Produkt eine Abbildung, selbst wenn es sich um etwas Abstraktes handelt oder um ein Produkt, das eigentlich gar keine visuelle Komponente hat – wie etwa eine MP3 Datei. Die können Sie nur anhören, und doch brauchen Sie im Shop ein Bild dafür. Denn Websites sind nun einmal in erster Linie visuell: Text und Bild vermitteln den Großteil der Inhalte, Audio spielt eine untergeordnete Rolle. Selbst ein Produktvideo mit Sprechertext starten Ihre Besucher nur, wenn dessen Beschreibung auf der Seite und das Vorschaubild sie überzeugen.

Was heißt das nun für Ihre Produktbilder? Wenn immer möglich, sollten diese die Ware so konkret wie möglich abbilden. Das heißt, wenn Sie Ihre Produkte fotografieren können, tun sie das. Andernfalls vermuten Ihre Besucher, Sie wollten etwas beschönigen. Und wie sieht ein gutes Produktfoto aus? Es ist

- kontrastreich,
- scharf,
- wenig detailliert, auf den 1. Blick erkennbar,
- auf das Produkt konzentriert.

Künstlerische Fotos haben ihren Platz, nur nicht auf der Produktdetailseite. Wer ein Produkt kaufen will, der will es genau unter die Lupe nehmen, der will jedes

Detail sehen. Doch zunächst braucht er einen Überblick. Das erste Foto sollte also immer ein Überblicksbild sein, auf dem das gesamte Objekt zu sehen ist. Denn eine Detailaufnahme ist schön und wichtig – aber als erstes Bild und als Bild, das in der Produktübersicht auftaucht, nicht zu gebrauchen. Genauso sollte das erste Bild nur das Produkt zeigen. Fotos von Menschen, die z. B. einen Fotoapparat oder ein Fahrrad benutzen, sind als erstes Bild ungünstig. Einzige Ausnahme sind Kleidungsstücke. Diese sehen ohne Mensch (oder zumindest ohne Schaufensterpuppe) oft weder gut aus, noch kann man sich genau vorstellen, wie sie fallen.

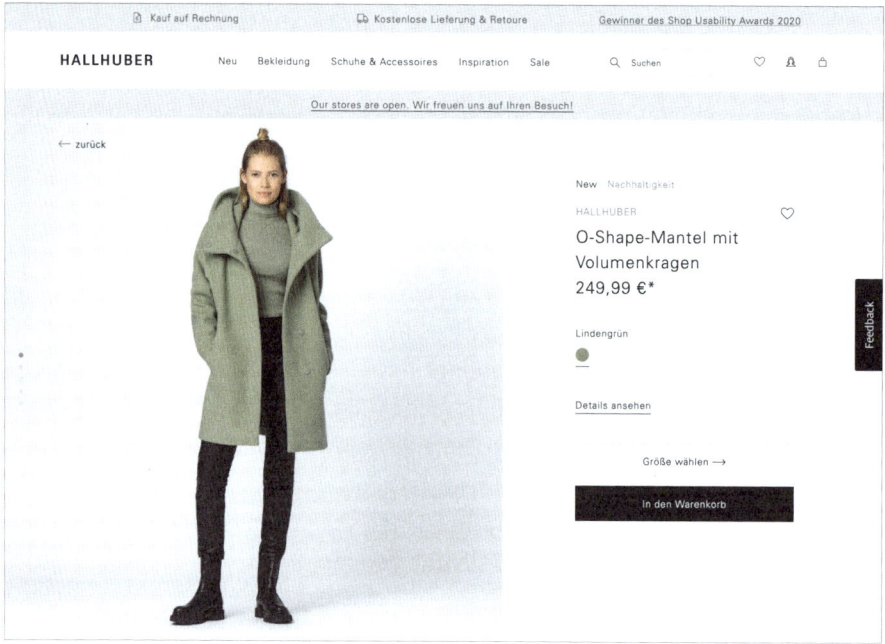

Abbildung 5.4 *Bei Kleidung gilt die Ausnahme von der Regel: Zeigen Sie sie am besten mit Menschen. Dabei muss das Produkt aber klar im Vordergrund stehen.*

Es hat sich in unzähligen Untersuchungen bestätigt: Mehr Fotos verkaufen mehr. *Ein* Bild ist Pflicht, aber wenn irgend möglich zeigen sie mindestens drei Bilder, besser um die sieben. Selbst wenn Ihr Produkt ganz einfach ist und die zwei zusätzlichen Bilder eigentlich keine weitere Info vermitteln: Die Besucher haben das Gefühl, das Produkt besser kennenzulernen, wenn sie mehrere Fotos ansehen können. Selbst wenn Sie z. B. eine einfache Kaffeetasse verkaufen, können Sie folgende Bilder zeigen:

- Überblicksfoto mit der Tasse ganz klassisch gerade von vorn
- Detailfoto vom Henkel
- Detailfoto von Aufdruck oder Muster
- Foto von oben
- Foto schräg von oben (so, wie man sie normalerweise auf dem Tisch stehend sieht)
- Foto von der Tasse auf dem gedeckten Tisch oder wie jemand sie in der Hand hält

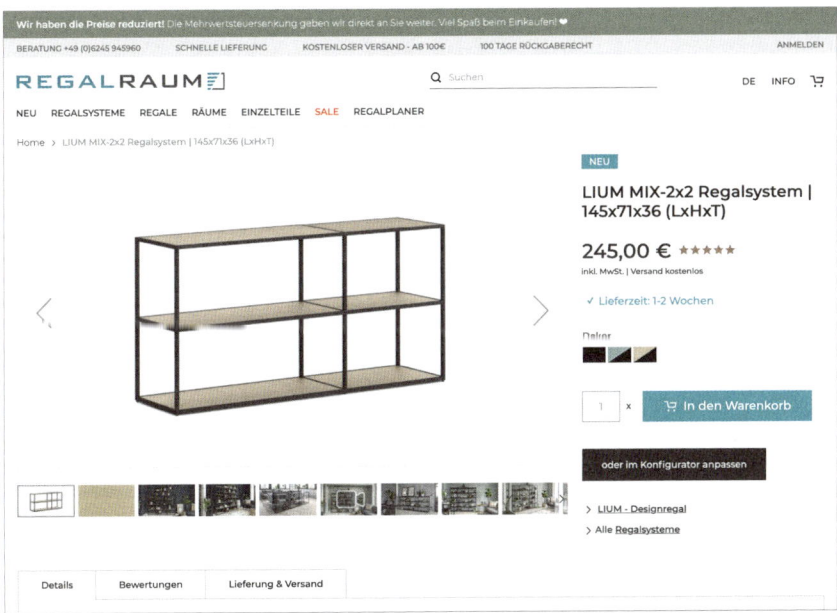

Abbildung 5.5 *Das erste Bild zeigt das Produkt allein. Selbst bei Möbelstücken sollten Sie das immer so machen.*

5.2.4 Produktbeschreibungen, die verkaufen

Erst an dritter Stelle kommt der Text. Der Name und das Bild Ihres Produkts müssen überzeugen. Nur wenn das geschafft ist, liest ein Besucher Ihrer Site überhaupt die Produktbeschreibung. Und die macht den Verkauf. Wenn die Beschreibung dem Besucher die Informationen gibt, die er braucht, wenn sie ihm vermittelt, dass dieses Produkt das richtige ist, dann wird er zum Käufer. Eine gute Produktbeschreibung ist also wie jeder gute Text auf Webseiten:

- so kurz wie möglich
- klar gegliedert mit Absätzen
- durch Zwischenüberschriften leicht zu überfliegen
- mit Aufzählungen und Listen übersichtlich gestaltet
- so lang wie nötig, aber nicht länger

Der Text ist im Idealfall gut geschrieben, liest sich also angenehm. Doch dabei müssen Sie unbedingt darauf achten, dass es kein blumiger Werbetext ist. Stellen Sie die positiven Seiten heraus, aber übertreiben Sie nicht. Verzichten Sie auf Superlative (»der beste...«) und abgedroschene Formulierungen (»das vielleicht schönste...«).

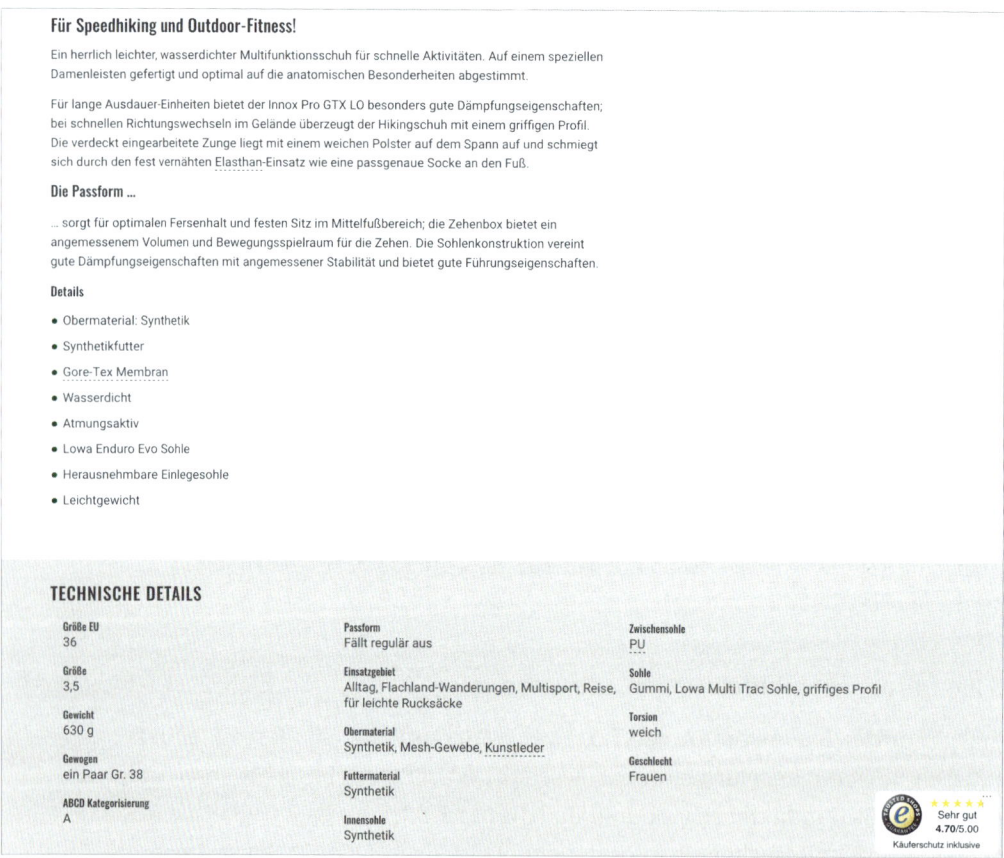

Abbildung 5.6 *Die Produktbeschreibung auf globetrotter.de – gut gegliedert, leicht zu überfliegen, ordentlich formuliert*

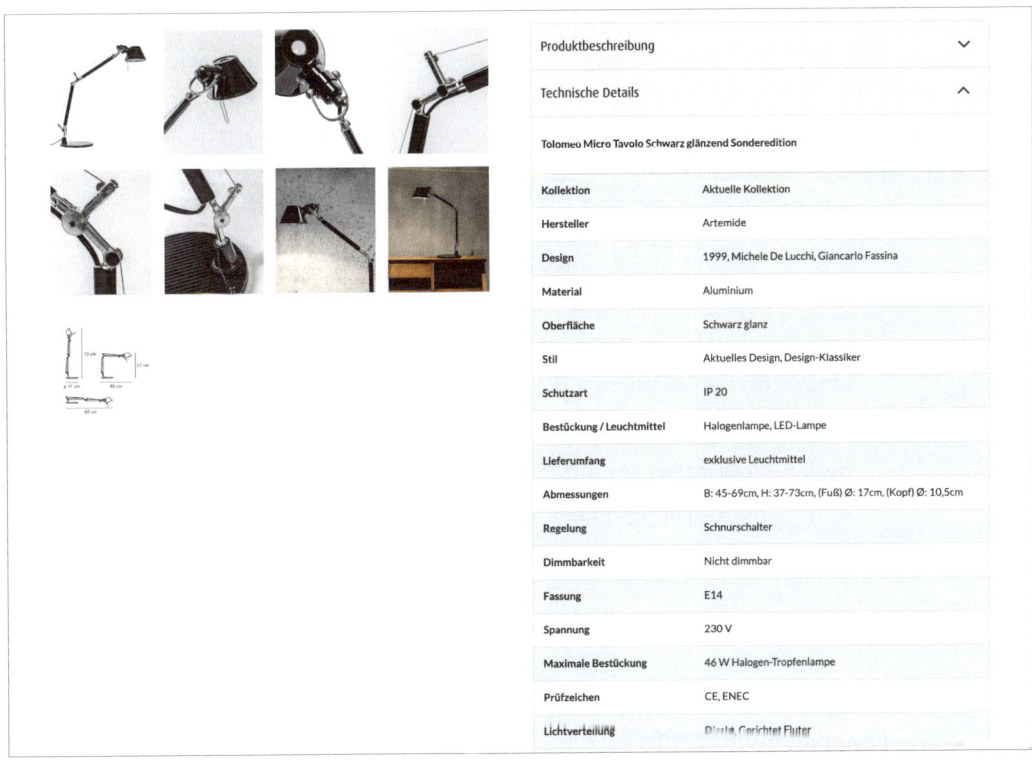

Abbildung 5.7 *Bei technischen Details bietet es sich an, diese in Aufklapp-Elementen (Akkordeons) zu verstecken, wie hier auf prediger.de.*

Denken Sie daran: Die Produktbeschreibung muss alle Fragen des Interessenten beantworten. Je erklärungsbedürftiger ihr Produkt ist, desto mehr Mühe müssen Sie sich hier geben. Überfordern Sie die Kunden aber nicht mit zu langen Texten oder komplizierten Erklärungen, das kann sie letztlich auch verschrecken. Gibt es lange Listen mit technischen Details, lagern sie diese am besten in aufklappbare Elemente aus. Diese heißen auch *Akkordeons*, weil sie sich auseinanderziehen wie das Musikinstrument.

5.2.5 Vorsicht mit PDF-Dateien

Produktdetails, Datenblätter und Broschüren liegen oft als PDF-Dateien vor. Nur weil diese schon da sind, heißt das aber nicht, dass Sie sie unbedingt prominent auf die Produktdetailseite stellen sollten. *PDF* steht für *portable document format* und ist für Druckdateien üblich. Die Inhalte werden auf jedem

Computer gleich angezeigt, Zeilen- und Seitenumbruch sind fix, und auch ungewöhnliche Schriftarten oder Sonderzeichen sind kein Problem. Im Gegensatz zu HTML-Seiten bleiben alle Formatierungen und Schriften genau so wie beim Layout festgelegt. PDF wurde entwickelt, um sicherzustellen, dass Dokumente im Ausdruck perfekt aussehen. Auf dem Bildschirm haben sie aber einige Nachteile:

- Sie können die Inhalte nicht an den jeweiligen Monitor anpassen. Gerade auf Mobilgeräten sind sie oft schlecht lesbar.
- Ihre Dateigröße ist deutlich größer als die von HTML-Seiten. Es dauert also länger, bis sie geladen sind.
- Die Navigation zu und von ihnen ist uneinheitlich. Oft gehen PDFs in einem neuen Browserfenster auf, manchmal werden sie nur heruntergeladen, und manchmal werden sie geladen und dann in einem PDF-Programm geöffnet. Das ist verwirrend für die Nutzer.

Fast immer ist es daher besser, die Inhalte auf Ihren Seiten direkt einzubinden und keine PDFs anzubieten. Für PDFs spricht, dass sich diese leicht archivieren, ausdrucken und weitergeben lassen. Das kann von Vorteil bei recht komplexen Produkten sein, bei denen der Kunde länger braucht, sich zu entscheiden. Oder wenn er sich mit Partnern, Kollegen oder Chefs absprechen möchte. Dann können Sie überlegen, ob Sie PDF *zusätzlich* anbieten. Dennoch sollten die Informationen aber auch auf Ihren Seiten direkt zugänglich sein.

Wenn Sie nicht auf PDF verzichten wollen, beachten Sie folgende Regeln:

- Machen Sie immer deutlich, wenn ein Link ein PDF öffnet.
- Geben Sie an, wie viele Megabyte dieses groß ist.
- Öffnen Sie das PDF in einem eigenen Fenster.

5.3 Produkte einstellen

Wenn Sie nur eine Handvoll Produkte haben, dann können Sie diese direkt in Shopify eingeben. Sind es mehr, dann lohnt es sich, die Informationen vorzubereiten. Damit Sie wissen, wie Sie die dazu vorgehen müssen, stellen Sie in jedem Fall zunächst einmal ein, zwei Produkte manuell ein:

1. Wählen Sie in der Seitenleiste **Produkte • Alle Produkte**. Klicken Sie auf **Produkt hinzufügen**.

2. Vergeben Sie einen guten **Titel**, der dem Besucher eindeutig sagt, was er mit dem Produkt bekommt.

3. Tragen Sie bei **Beschreibung** alle Informationen ein, die der Kunde für seine Entscheidung braucht.

4. Laden Sie schließlich bei **Medien** ein oder besser mehrere Fotos des Produkts hoch.

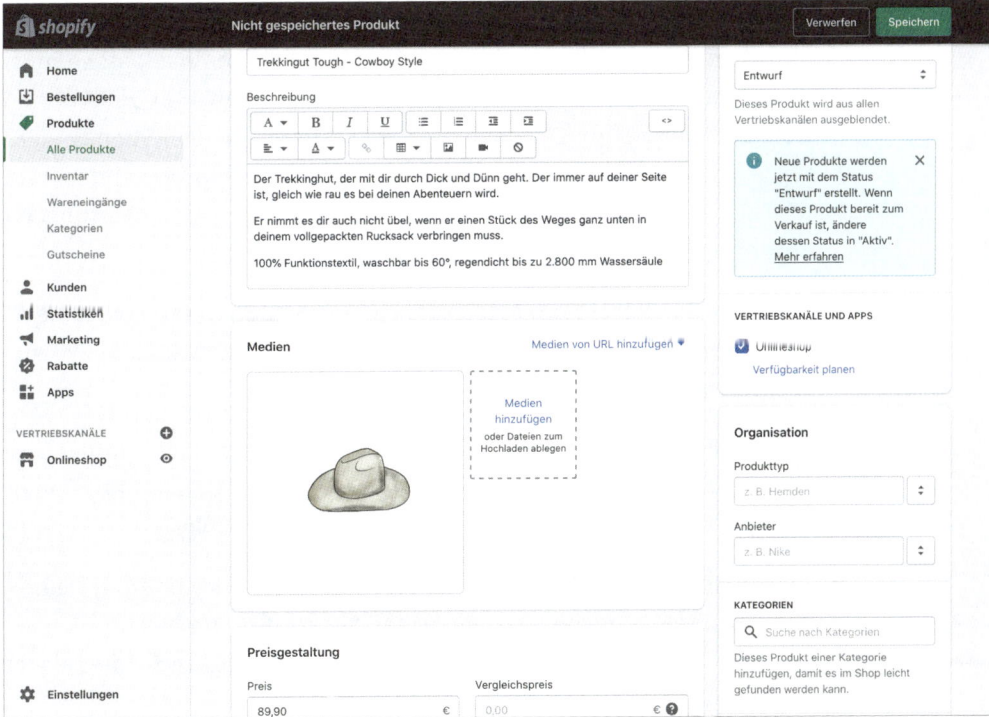

5. Bei **Preisgestaltung** tragen Sie den Endpreis inklusive Steuern ein. **Vergleichspreis** ist der Preis, zu dem Sie den Artikel bisher verkauft haben. Das lassen Sie leer – Sie haben den Artikel ja bisher noch nicht verkauft.

6. Bei **Grundpreis für dieses Produkt anzeigen** müssen Sie einen Haken setzen, wenn Sie Getränke, Nahrungsmittel, Kosmetika oder ähnliche Dinge verkaufen, die in (Milli-)Liter oder (Kilo-)Gramm abgemessen werden können. Das erleichtert es den Kunden, verschiedene Packungsgrößen zu vergleichen.

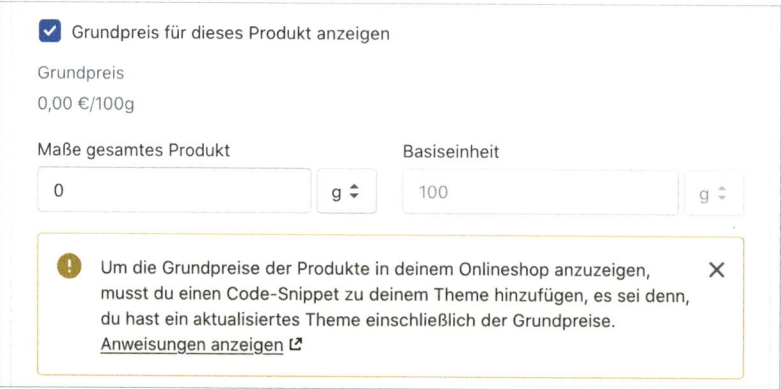

Sie sehen in dem Fall eine Warnung, dass Sie Ihr Theme anpassen müssen. Sie erscheint auch dann, wenn das Theme diese Funktion beherrscht. Das ist glücklicherweise bei *Debut*, dem Standard-Theme von Shopify, der Fall, wie auch bei *Venture*, das wir für unseren Beispielshop verwenden. Wie Sie Ihr Theme anpassen, sehen Sie später im Abschnitt 5.4, »Bewertungen und Rezensionen«.

7. Geben Sie bei **Kosten pro Artikel** an, wie viel Sie für Ihr Produkt zahlen. Das können Sie auch sein lassen, aber es hilft Ihnen, den Gewinn im Blick zu halten, den Sie mit Ihren Verkäufen machen.

8. Der Haken bei **Steuern auf dieses Produkt erheben** sollte immer gesetzt sein. Einzige Ausnahme: Sie sind Kleinunternehmer. Details dazu finden Sie in Kapitel 3, »Ihre Geschäftsidee – Grundlage Ihres Erfolgs«.

9. Im Abschnitt **Inventar** können Sie Ihre Artikelnummer und/oder eine Barcode-Nummer eingeben. Das brauchen Sie nur für Ihre eigene Übersicht – wenn Sie solche Nummern nicht verwenden, dann lassen Sie die Felder einfach leer.

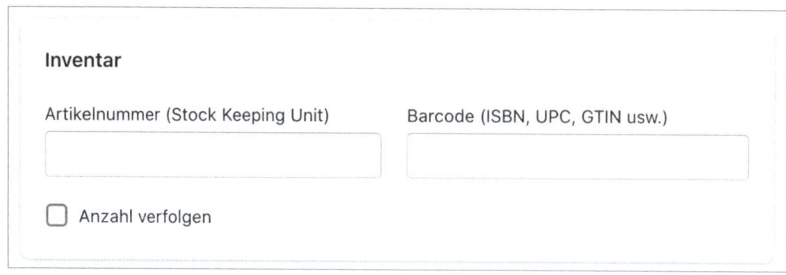

10. Entfernen Sie den Haken bei **Anzahl verfolgen**. Ansonsten kann es passieren, dass Ihre Kunden das Produkt nicht kaufen können, weil es als ausverkauft erscheint.

Wie Sie Shopify nutzen, um zu verfolgen, wie viele Produkte Sie auf Lager haben, das erfahren Sie in Kapitel 12, »Die Warenwirtschaft richtig nutzen«.

11. Den Haken bei **Dieses Produkt erfordert den Versand** müssen Sie immer setzen, wenn das Produkt nicht lediglich per Download verkauft wird. Das Feld **Gewicht** ist klar, bei den Zollinformationen müssen Sie vielleicht etwas recherchieren. Das brauchen Sie aber nur, wenn Sie ins Ausland versenden – sitzen Sie in der EU, dann brauchen Sie es nur, wenn Sie außerhalb der EU verkaufen.

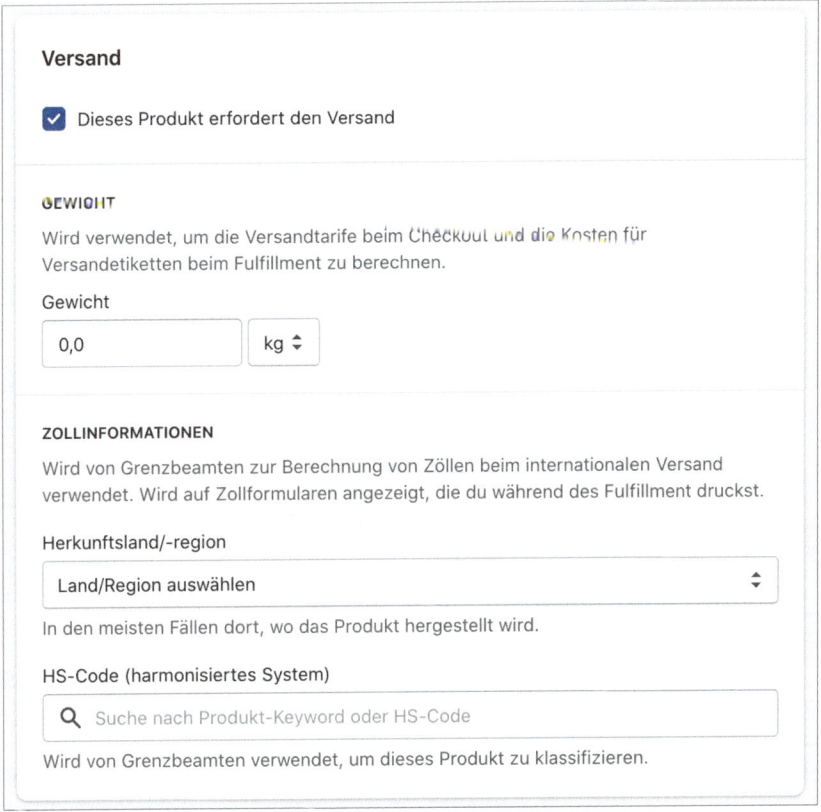

Herkunftsland/-region ist im Normalfall einfach das Land, in dem das jeweilige Produkt hergestellt wird. Schließlich brauchen Sie noch den **HS-Code**.

Das ist eine Nummer, die im internationalen Zoll verwendet wird, um den Inhalt von Warensendungen zu identifizieren. Den Code bekommen Sie, wenn Sie in das Feld **HS-Code** einen Begriff eingeben, es werden dann Vorschläge gezeigt. Allerdings ist die Bedienung hier bei Shopify etwas mühselig. Bequemer finden Sie den richtigen Code unter *www.zolltarifnummern.de*. Tipp: Suchen Sie immer nach dem Begriff in der Mehrzahl, also z. B. nach *Hüten*, nicht nach *Hut*.

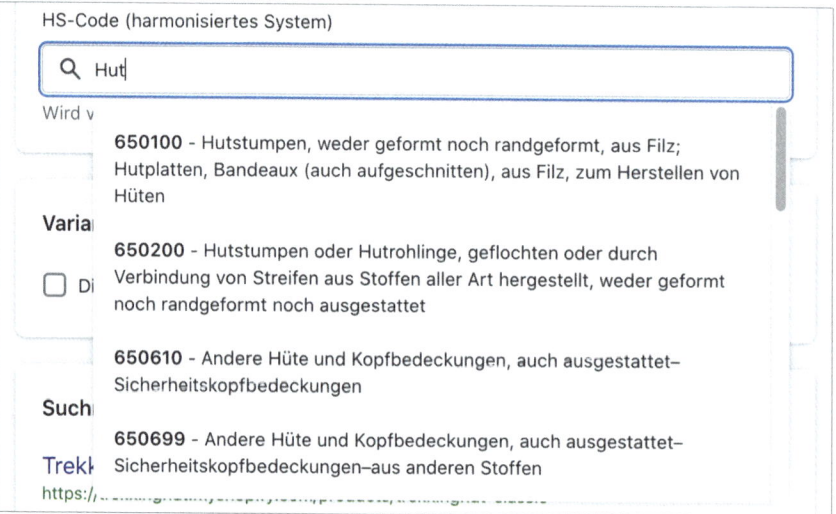

12. Kommen wir zum letzten Punkt: den **Varianten**. Das sind die verschiedenen Versionen Ihres Produkts, wie Farbvarianten, unterschiedliche Größen, Verpackungsarten usw.

    Shopify bietet eine Liste mit typischen Varianten an, wenn Sie ins Feld **Option 1** klicken. Ist diese auf Englisch, keine Sorge: Tippen Sie einfach einen deutschen Begriff ein, dann werden Ihnen deutsche Begriffe vorgeschlagen. Sie können aber auch völlig andere Begriffe eingeben.

    In das Feld rechts daneben kommen dann die Ausprägungen der Option, also z. B. die verschiedenen Größen. Diese geben Sie eine nach der anderen ein, mit Kommas voneinander getrennt.

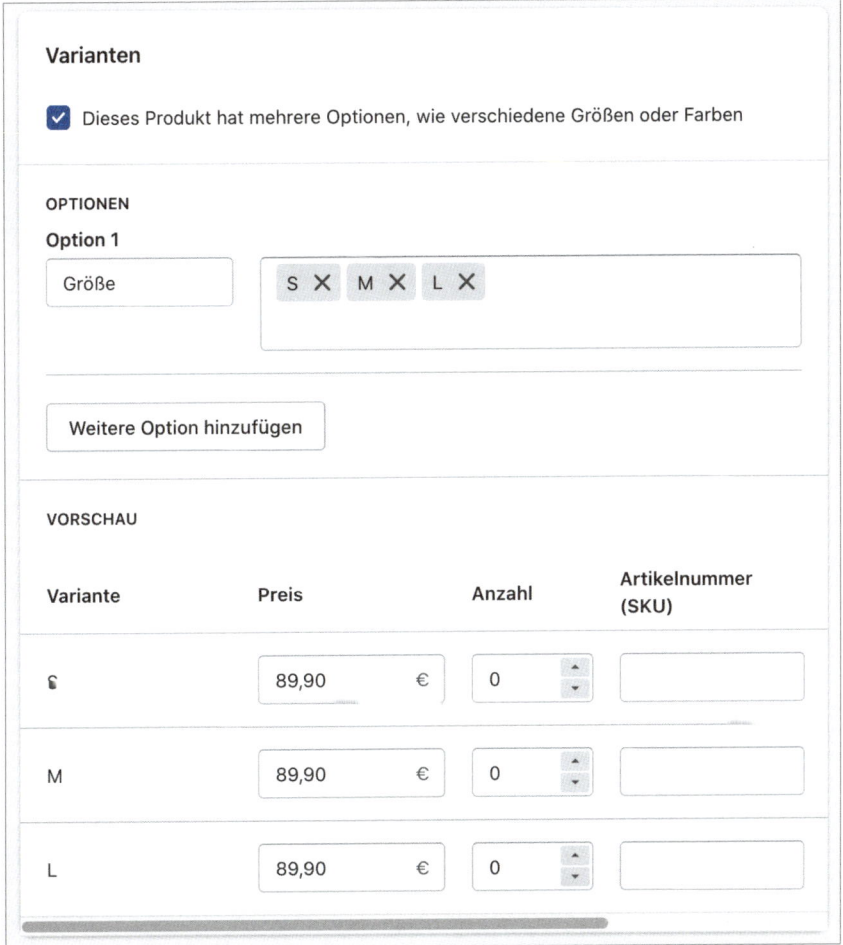

13. Klicken Sie rechts oben oder am unteren Seitenende rechts auf **Speichern**.

14. Gehen Sie jetzt wieder zum Bereich **Varianten**, sehen Sie, dass sich die Liste verändert hat. Es ist ein Bild-Icon hinzugekommen. Sie können also für jede Variante ein Bild festlegen. Dazu klicken Sie auf **Bearbeiten** neben der betreffenden Variante. Im Bereich **Optionen** wählen Sie dann **Bild hinzufügen**.

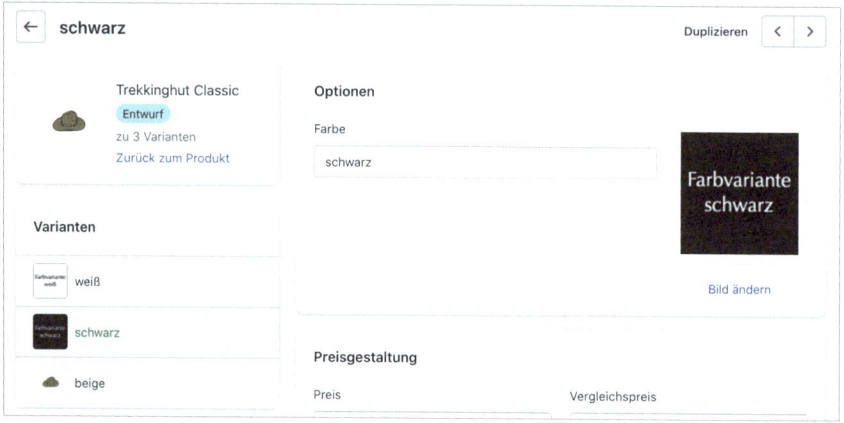

Am einfachsten ist es, wenn Sie eines der Produktbilder auswählen, das Sie bereits hochgeladen haben. Sie können in dem Dialog auch neue Bilder hochladen. Dies sind aber immer allgemeine Produktbilder. Die Kunden sehen diese Bilder somit auch auf dem Hauptbereich der Produktdetailseite. Laden Sie also z. B. eine Farbkarte hoch, achten Sie darauf, dass diese bei den letzten Produktbildern angezeigt wird. Es ist eine gute Idee, die Farbkarte auch mit dem Namen der Farbe zu beschriften. Denn bei den Produktbildern ist einem Interessenten nicht sofort klar, was das Bild einer Farbe zu bedeuten hat, wenn er sich noch nicht mit den Produktvarianten beschäftigt hat.

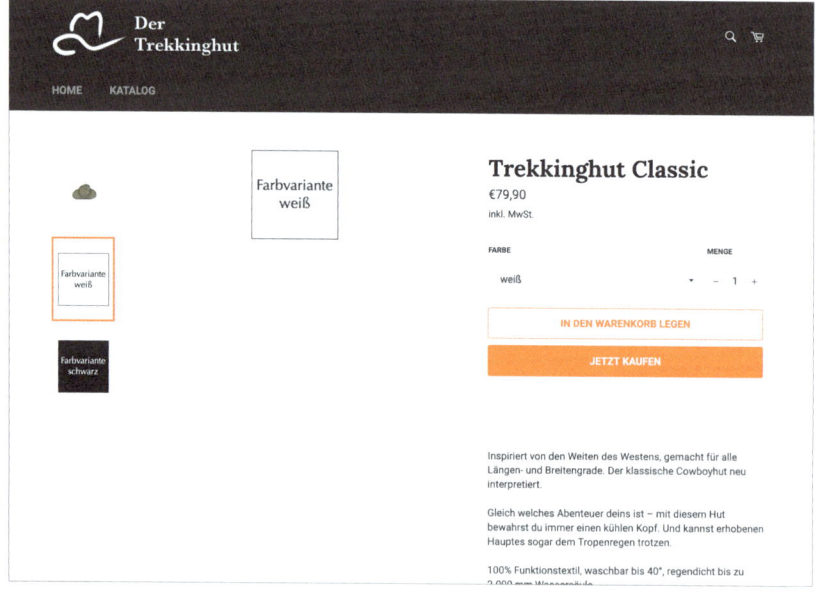

Damit haben wir alle Angaben, die wir zum Verkauf unserer Produkte brauchen. Besonders kompliziert ist die Eingabe nicht, wie Sie sehen. Aber wenn Sie viele Produkte verkaufen, dann ist es doch ein wenig mühsam. Zum Glück können Sie sich das Leben leichter machen:

5.3.1 Produktliste zum Import vorbereiten

Der Weg, viele Produkte schnell in Shopify zu bringen, geht über eine sogenannte *CSV-Datei*. CSV steht für *Comma Separated Value*, also durch Komma getrennte Werte. Jede Zeile einer solchen Datei enthält die Informationen für ein Produkt – oder eine Variante. Die einzelnen Informationen wie Titel, Beschreibung, Preis usw. sind durch Kommas voneinander getrennt.

Am besten laden Sie sich die Vorlage von Shopify herunter. So gehen Sie sicher, dass alles in dem Format ist, das das System sich vorstellt. Die Datei finden Sie, wenn Sie auf **Produkte • Alle Produkte** gehen und oben rechts auf **Importieren** klicken. In dem nun erscheinenden Fenster wählen Sie den Link **Beispiel einer CSV-Vorlage**.

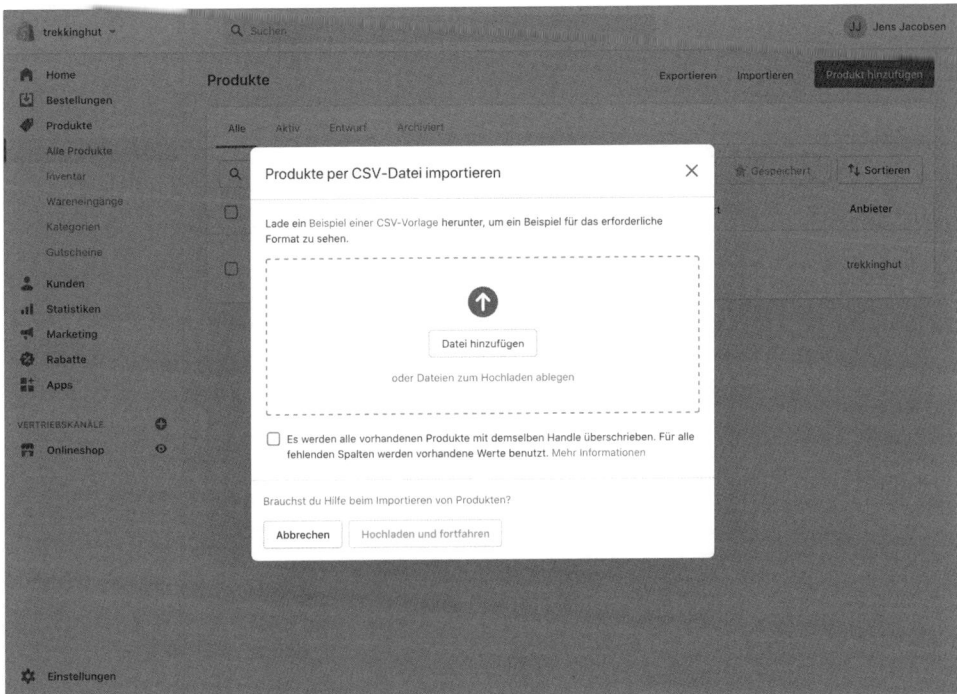

Abbildung 5.8 *Der Import-Dialog für Produktlisten*

Ist die Datei heruntergeladen, importieren Sie diese am besten in *Google Tabellen*. Für diesen Online-Dienst brauchen Sie ein kostenloses Google-Konto, sonst nichts. Wollen Sie das nicht nutzen, dann können Sie auch mit Excel, OpenOffice oder Numbers arbeiten. Das Problem ist aber, dass diese Programme ziemlich aufwendig dazu gebracht werden müssen, die Dateien als korrekte, mit Komma getrennte Liste zu exportieren. Google Tabellen macht das ohne besondere Einstellungen.

1. Gehen Sie auf *https://docs.google.com/spreadsheets*. Erstellen Sie ein neues, leeres Dokument, indem Sie auf das Plus-Icon unten rechts klicken.

2. Wählen Sie im Menü **Datei • importieren**. Es erscheint ein Dialog, aktivieren Sie dort **Hochladen**.

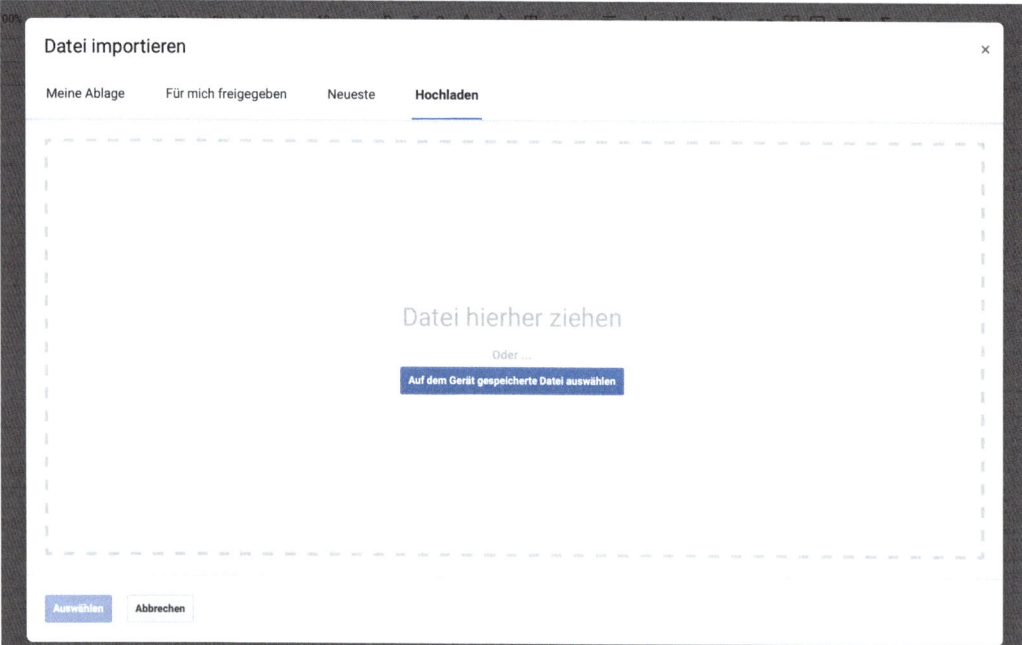

3. Ziehen Sie die Vorlagendatei von Shopify in das Feld, und klicken Sie auf **weiter**.

4. Die Einstellungen im folgenden Dialog können Sie lassen, wie sie sind. Klicken Sie auf **Daten importieren**.

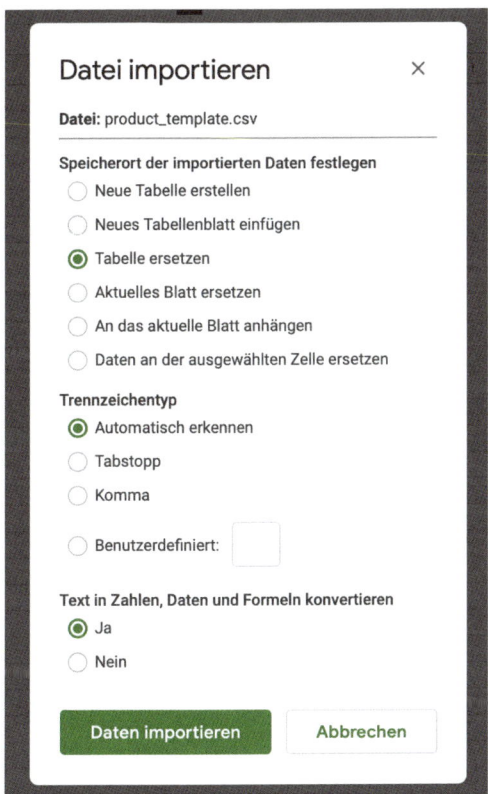

Sie haben nun eine Tabelle mit 48 Spalten. Sie dürfen keine davon löschen, aber glücklicherweise müssen Sie nicht alle füllen. Die erste Zeile enthält die Überschrift der Spalten, die muss unverändert bleiben. Die folgenden Zeilen löschen Sie, das sind Beispieldaten, die Ihnen nur helfen, das System zu verstehen.

5.3.2 Das erste Produkt eintragen

Jetzt machen Sie sich daran, die unbedingt notwendigen Daten für Ihr erstes Produkt einzutragen:

1. Bei **Handle** setzen Sie einen eindeutigen Produktkurznamen ein. Dieser darf aus Buchstaben, Bindestrichen und Zahlen bestehen – alle anderen Zeichen sind verboten (Punkte, Leerzeichen, Umlaute, Sonderzeichen …). In unserem Beispiel nehmen wir *trekkinghut-classic*. Sie können auch Großbuchstaben in die Tabelle schreiben – allerdings werden diese als Handle immer in Kleinbuchstaben umgewandelt.

2. Unter **Title** gehört der Namen Ihres Produkts, wir nehmen *Trekkinghut Classic – Cowboy Style*. Den dürfen Sie beim Anlegen von Produkten nicht weglassen.

3. Bei **Body (HTML)** steht der Beschreibungstext. Diesen können Sie einfach als ganz normalen Text eingaben. Nur wenn Sie ihn formatieren wollen, müssen Sie ihn als HTML eintragen. Er darf auch leer sein – was für Ihre Kunden aber wenig hilfreich wäre.

4. In der Spalte **Option1 Name** steht der Name der ersten Option. Bei unserem Hut ist das *Farbe*. Hat Ihr Produkt keine Varianten, dann tragen Sie hier *Title* ein. Leer lassen dürfen Sie das Feld nicht, sonst gibt es eine Fehlermeldung beim Import. Die anderen Spalten für weitere Optionen dagegen dürfen Sie frei lassen.

5. Bei **Option1 Value** steht die Ausprägung der Eigenschaft. Bei unserem Beispiel ist das die Farbe *Schwarz*. Für jede dieser Ausprägungen (bei uns also für jede Farbe) legen Sie eine eigene Zeile an. Das machen Sie etwas später, erst mal weiter mit dieser Zeile.

6. Die nächste Spalte, die Sie brauchen, ist **Variant Grams**. Hier tragen Sie ein, wie schwer das Produkt ist. Sie können dies in Gramm oder Kilogramm angeben.

7. Mit **Variant Inventory Policy** bestimmen Sie, ob das Produkt weiterhin verkauft wird, auch wenn der Bestand auf Shopify weniger als 1 ist. Das heißt, die Kunden können immer noch bestellen, obwohl in Ihrem Warenbestand bei Shopify das Produkt eigentlich ausverkauft ist. Wollen Sie das, dann tragen Sie hier *continue* ein. Wenn nicht, dann schreiben Sie *deny*. Leer sein darf das Feld nicht.

Vorsicht vor falschen Übersetzungen

Bei den Hilfeseiten von Shopify sind die Übersetzer manchmal allzu fleißig: So stand zwischenzeitlich z. B. dort, man solle in die Spalte **Variant Inventory Policy** die Werte *fortgesetzt* oder *verweigert* schreiben. Das führt zu einer Fehlermeldung, denn der Import verlangt die englischen Wörter *continue* oder *deny*. Im Zweifel sehen Sie auf den englischen Hilfeseiten nach – oder wenden Sie sich direkt an den Shopify-Support.

8. Bei **Variant Fulfillment Service** tragen Sie *manual* ein. Das heißt, Sie wählen die Versandmethode manuell.

9. Unter **Variant Price** steht der Preis.

10. Bei **Variant Requires Shipping** schreiben Sie *TRUE*, ebenso bei **Variant Taxable**. Das heißt, das Produkt wird verschickt, und Sie zahlen Umsatzsteuer dafür.

11. Unter **Image Src** tragen Sie die URL einer Bilddatei mit dem Produktfoto ein. In der Hilfe von Shopify steht, dieses Feld dürfe leer sein. Bei mir hat das aber immer zu Fehlermeldungen geführt. Das macht aber nichts, weil Sie sowieso nie ein Produkt ohne Bild in Ihrem Shop haben sollten.

Am einfachsten ist es, wenn Sie zunächst alle Ihre Produktbilder auf Shopify hochladen und dann die Links in Ihre Tabelle kopieren. Gehen Sie dazu unten links auf **Einstellungen**. Dann wählen Sie **Dateien**.

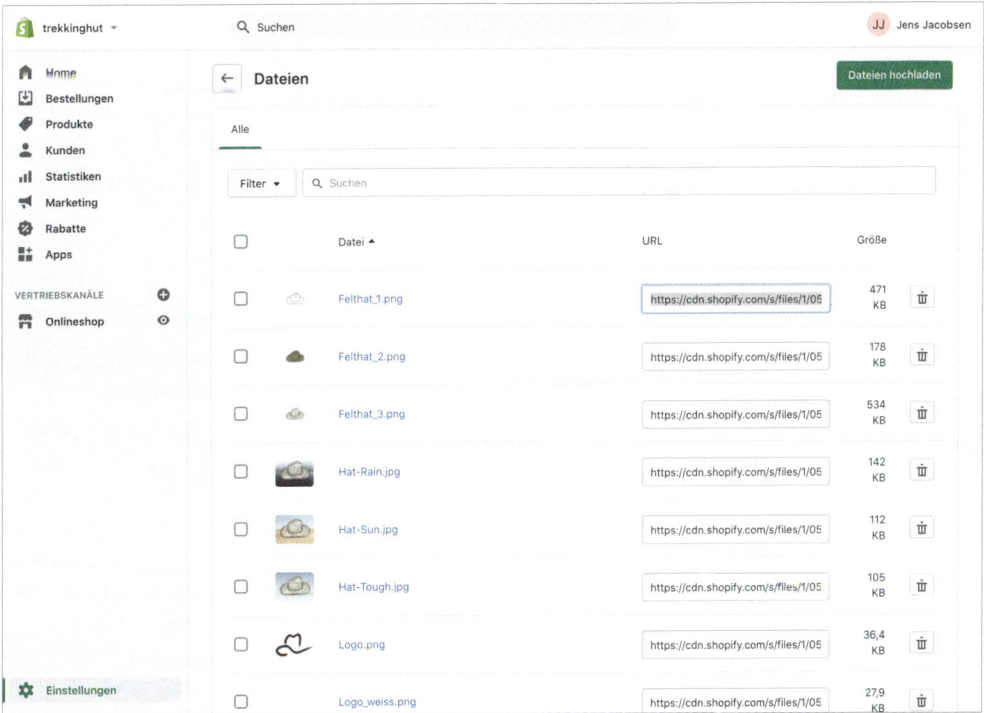

Rechts oben finden Sie den Button **Dateien hochladen**. Damit können Sie Hunderte von Bildern auf einmal hochladen. Sind Sie damit fertig, finden

Sie in der Tabelle in der Spalte **URL** die Adresse des jeweiligen Bildes, die Sie bei Ihrer Tabelle in die Spalte **Image SRC** kopieren.

Wenn Sie sich ein bisschen damit auskennen, können Sie die Bilder stattdessen zunächst auf einem öffentlich zugänglichen Server ablegen, also z. B. bei *Dropbox*, *OneDrive* oder *Google Drive*. Shopify kopiert sie dann in Ihren Webshop, sobald Sie die .csv-Datei importieren.

Mehrere Bilder pro Produkt angeben

Wir wissen, dass erfolgreiche Produktdetailseiten viele Fotos enthalten. In der Vorlage zum Hochladen gibt es aber nur eine Spalte für Bilder. Das Problem lösen Sie ganz einfach: Fügen Sie eine zusätzliche Zeile unter der mit den Produktinformationen ein. Kopieren Sie in Spalte A den Handle des Produkts. Damit weiß Shopify, dass es in dieser Zeile um das gleiche Produkt geht. Dann kopieren Sie in die Spalte **Image SRC** die URL des Zusatzbildes. Das wiederholen Sie so oft, bis Sie alle Bilder für dieses Produkt untergebracht haben.

12. Die Spalte **Image Position** können Sie leer lassen. Oder Sie setzen hier eine Zahl ein, die angibt, an welcher Stelle dieses Bild bei den Produktbildern angezeigt werden soll. Steht hier z. B. eine 2, wird das Bild, das in derselben Zeile in der Spalte davor angegeben ist, an zweiter Stelle auf der Produktdetailseite gezeigt.

13. Bei **Variant Image** können Sie ein weiteres Bild festlegen, das dann bei den Produktbildern erscheint und gleichzeitig für diese Variante genutzt wird. Dieses Feld können Sie auch leer lassen – doch für Ihre Kunden ist es besser, wenn Sie ein Bild vorsehen.

14. Unter **Variant Weight Unit** schreiben Sie *g*, wenn das Gewicht in Gramm, *kg*, wenn es in Kilogramm eingetragen ist.

15. Die letzte Spalte ist **Status**. Dieser kann *active*, *draft* oder *archive* sein. Damit geben Sie an, ob das Produkt aktiv verkauft wird, ob es ein Entwurf ist oder ob es archiviert sein soll.

Alle anderen Spalten brauchen Sie nicht, Sie können sie leer lassen. Die ganze Spalte löschen dürfen Sie aber nicht, sonst beschwert sich Shopify beim Import.

5.3.3 Varianten eintragen

Haben Sie nur Produkte, die es in einer einzigen Variante gibt, dann tragen Sie jetzt alle weiteren Produkte ein. Dabei folgen Sie genau dem Vorgehen, dem Sie eben für das erste Produkt gefolgt sind. Dann importieren Sie die Datei, wie weiter unten in Abschnitt 5.3.4, »Produktliste importieren« beschrieben. Haben Sie aber Produkte mit Varianten, dann tun Sie noch Folgendes:

1. Legen Sie eine neue Zeile für die nächste Variante des ersten Produkts an. Diese muss sich direkt unter der Zeile mit dem ersten Eintrag für dieses Produkt befinden.

2. Kopieren Sie am besten die Zeile mit der ersten Variante. So gehen Sie sicher, dass der Handle des Produkts wirklich stimmt. Dieser muss identisch sein mit dem Handle der ersten Variante – daran erkennt Shopify, dass beide zusammengehören.

   Indem Sie die Zeile kopieren, haben Sie sich auch gleich die Mühe gespart, einige weitere Felder einzugeben. Jetzt löschen Sie noch die Felder, die Sie bei der Variante nicht brauchen, und ergänzen die notwendigen Informationen.

3. Löschen Sie bei der neuen Variante die Werte in den Spalten **Title** und **Body**.

4. Tragen Sie in **Option1 Name** den gleichen Namen ein, den Sie bei der ersten Variante genommen haben. Bei uns war das *Farbe*.

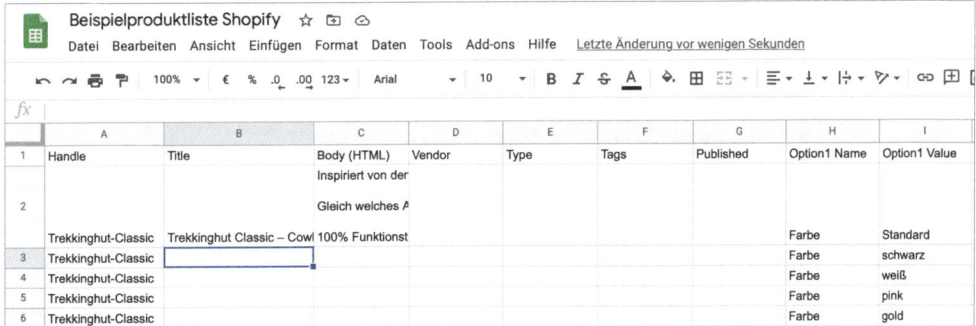

5. In die nächste Spalte gehört der Wert, bei uns ist das *schwarz*.

6. Fehlt nur noch das Bild für unsere neue Variante. Dieses kommt in die Spalte **Variant Image**. Sie können in der Spalte **Image Src** auch noch ein weiteres Bild eintragen. Dieses wird dann aber als allgemeines Produktbild zusätzlich zu dem vorher schon definierten importiert. Das empfehle ich nicht, weil es

unübersichtlich wird und Sie später schwer nachvollziehen können, wo die jeweiligen Bilder herkamen.

Alle weiteren Felder können Sie lassen, wie sie sind. Sie müssen sie nur ändern, wenn die Varianten z. B. ein anderes Gewicht haben, einen anderen Preis o. Ä. Wiederholen Sie diese Schritte für alle weiteren Varianten und Produkte. Dabei müssen Sie nur darauf achten, dass die zusammengehörigen Varianten direkt untereinander stehen.

5.3.4 Produktliste importieren

Jetzt holen wir die Produkte in Shopify:

1. Exportieren Sie die Datei aus Google Tabellen über **Datei • Herunterladen • Kommagetrennte Werte**. Sie landet dann in Ihrem Download-Ordner auf dem Computer.

2. Gehen Sie in Shopify in den Bereich **Produkte • Alle Produkte**, und klicken Sie oben rechts auf **Importieren**.

3. Ziehen Sie die aus Google Tabellen exportierte Datei mit der Endung *.csv* in den Dialog.

4. Setzen Sie das Kreuzchen bei **Es werden alle vorhandenen Produkte mit demselben Handle überschrieben. Für alle fehlenden Spalten werden vorhandene Werte benutzt**.

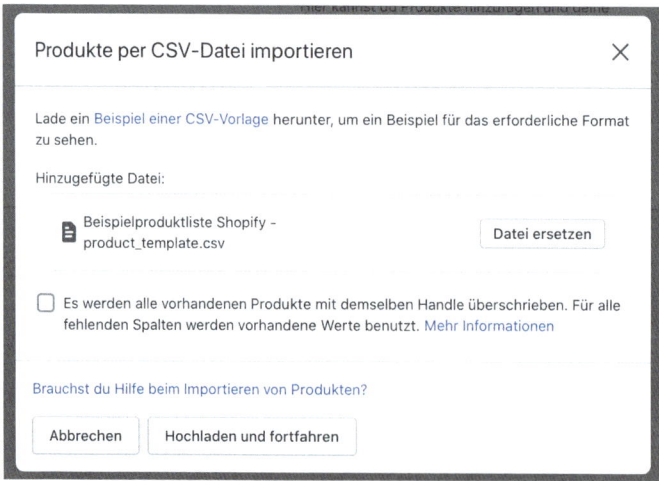

Das bedeutet, dass Produktinformationen, die Sie schon in Shopify haben, durch den Import ersetzt werden. Das betrifft aber nur die Produkte, die denselben *Handle* haben. In unserem Beispiel war das *trekkinghut-classic*. Gibt es also schon ein Produkt mit dem Handle *trekkinghut-classic*, dann wird dieses ersetzt. Das gilt für alle Varianten. Haben Sie also eine neue Variante für ein bestehendes Produkt, müssen Sie auch alle schon bestehenden Varianten wieder in die Liste schreiben. Haben Sie aber lediglich neue Produkte, dann setzen Sie den Haken nicht.

5. Klicken Sie **Hochladen und fortfahren**.

Fehlermeldung beim Import

Was Sie bei den ersten Schritten mit der Importfunktion von Shopify praktisch immer sehen werden, ist eine Fehlermeldung.

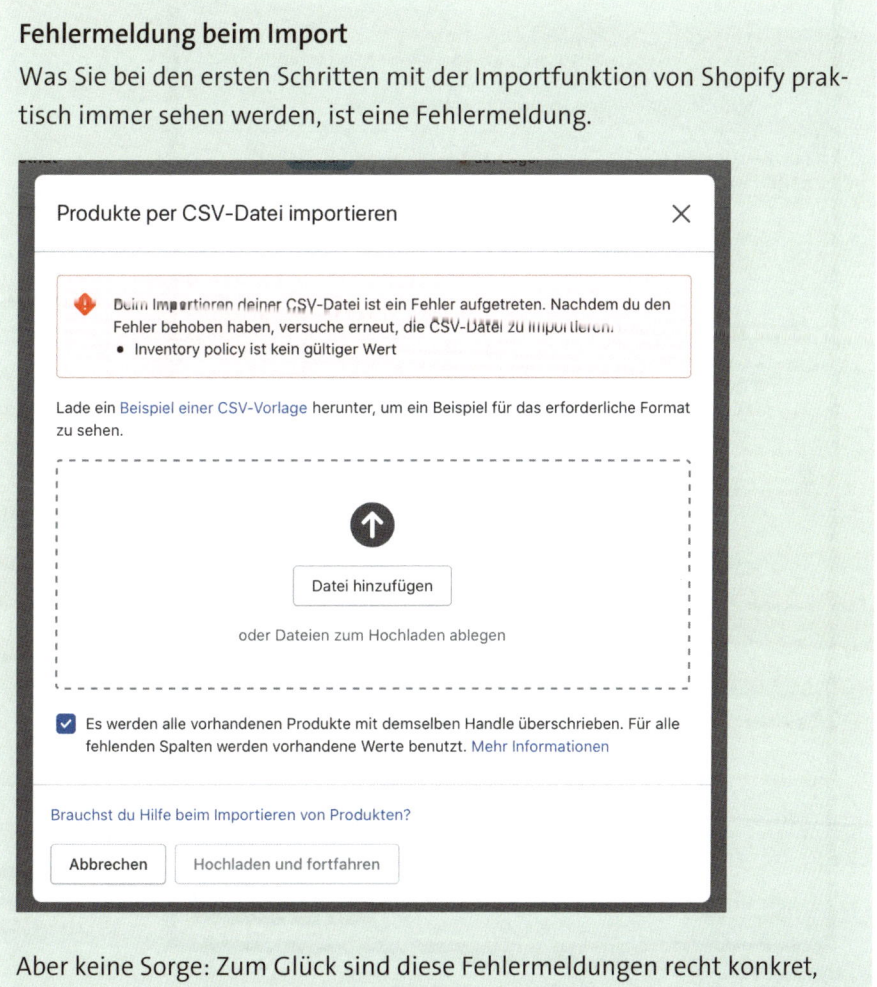

Aber keine Sorge: Zum Glück sind diese Fehlermeldungen recht konkret, und Sie sehen schnell, wo das Problem liegt. Im Beispiel hier haben wir ein

Problem mit der Spalte **Inventory Policy**. Gemeint ist die Spalte **Variant Inventory Policy**, in die hatte ich bei einem ersten Versuch deutsche Begriffe eingetragen. Gefordert sind aber englische (siehe Kasten oben). Korrigieren Sie die Tabelle, exportieren Sie die .csv-Datei noch mal, und ziehen Sie sie in den Dialog. Nach ein, zwei Korrekturen klappt es meist.

6. Nun sehen Sie eine Zusammenfassung.

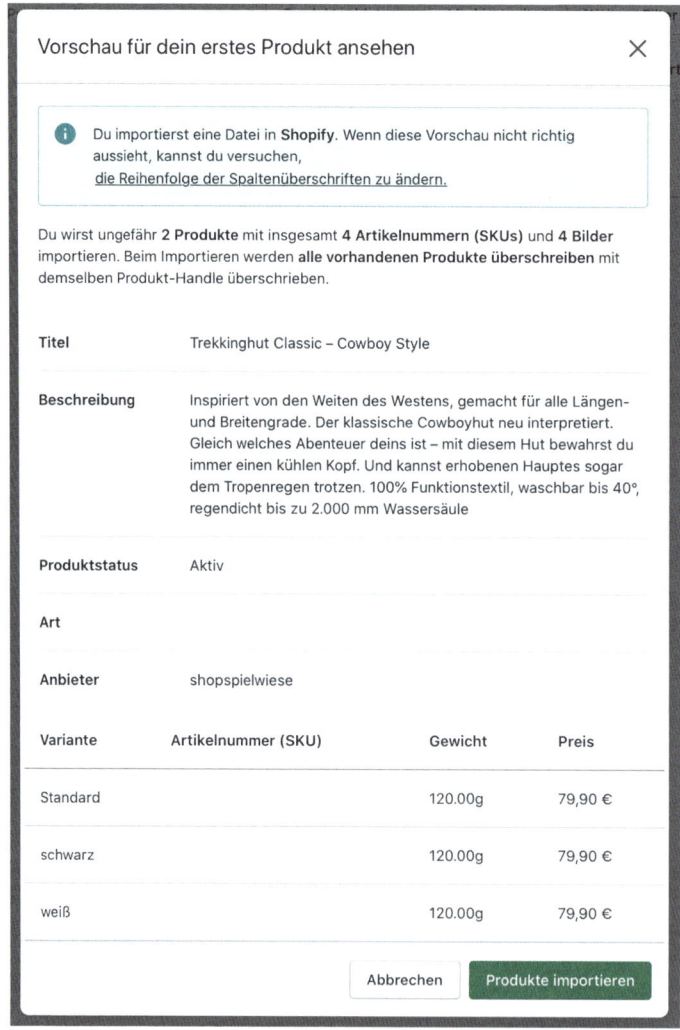

Passt alles, wählen Sie **Produkte importieren**.

Sie sehen als Nächstes eine Meldung, dass der Import läuft. Normalerweise ist er nach wenigen Sekunden abgeschlossen, wenn Sie aber Hunderte von Produkten haben, dauert es länger. Sie bekommen in jedem Fall eine E-Mail, wenn der Import fertig ist. Damit haben Sie es geschafft, und Ihre Produkte sind im System!

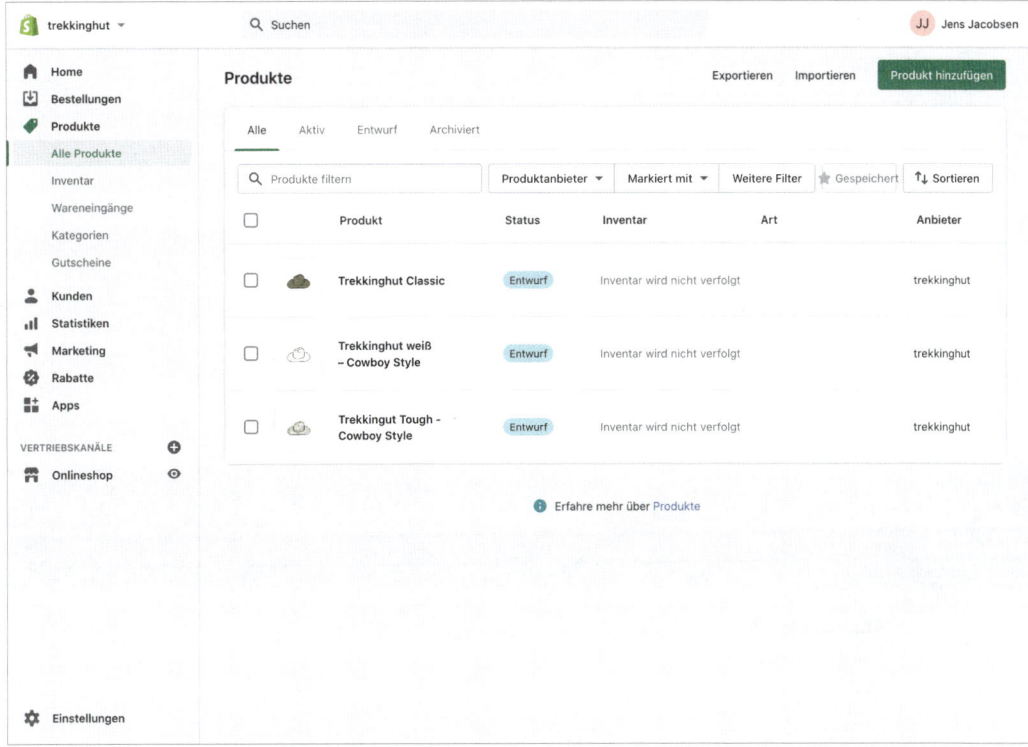

Abbildung 5.9 *Hat alles geklappt mit dem Import, sehen Sie Ihre Produktliste in Shopify.*

5.3.5 Produkte online schalten

Der letzte Schritt, der nun noch fehlt, ist, die Produkte freizuschalten. Das heißt, Sie setzen sie auf *verfügbar*:

1. Klicken Sie in der Produktliste auf das Kästchen, das in der Kopfzeile steht. Damit markieren Sie alle Produkte, und es erscheint ein Menü.

2. Bei **Weitere Aktionen** finden Sie den Punkt **Als »aktiv« festlegen**. Wählen Sie den aus, und bestätigen Sie das im folgenden Dialog.

Das war's auch schon. Damit stehen die Produkte im Laden.

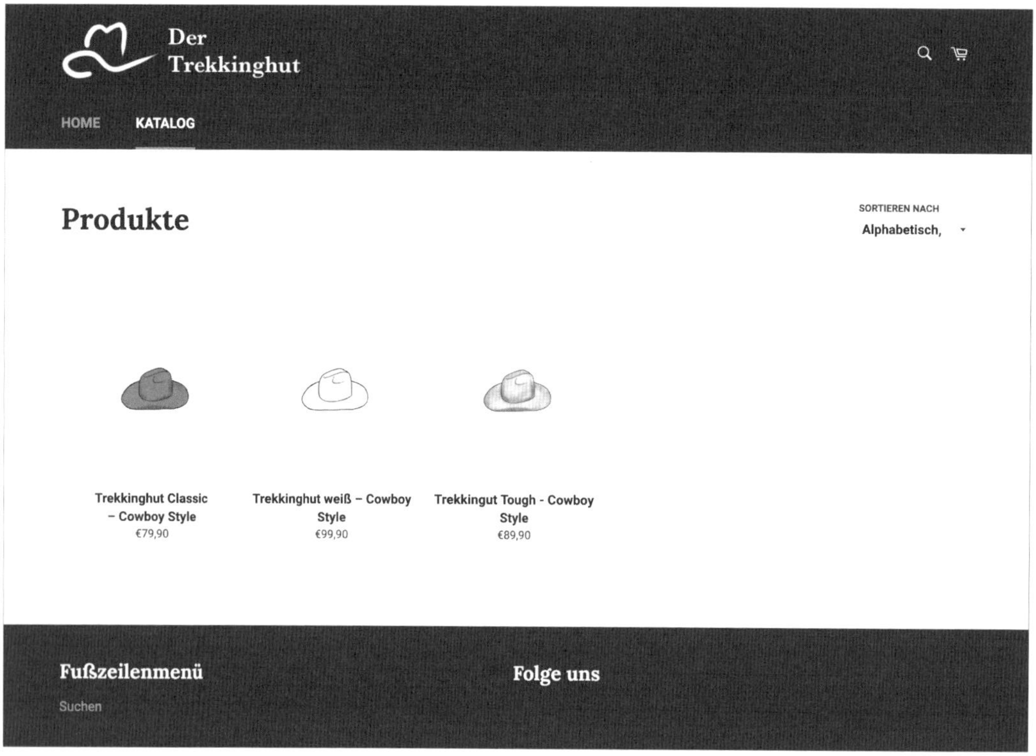

Abbildung 5.10 *Gehen Sie auf den Menüpunkt »Katalog«, sehen Sie alle Produkte, die auf »aktiv« stehen.*

5.4 Bewertungen und Rezensionen

Wenn man Nutzern zusieht, wie sie in Onlineshops einkaufen, dann stellt man fest: Fast alle sehen sich die Rezensionen anderer Kunden genau an. Es gibt Menschen, die lesen nur die schlechtesten Bewertungen – um sich abzusichern, dass sie keinen Fehler beim Kauf machen. Andere sehen nur die besten Bewertungen an. Die meisten aber überfliegen die Bewertungen und werfen zumindest einen Blick auf die neuesten. Fehlen Bewertungen auf der Seite, beschweren sich manche Kunden. Sie meinen, der Shop habe vielleicht etwas zu verbergen oder sehr wenige Kunden, wenn keine Bewertungen zu finden sind.

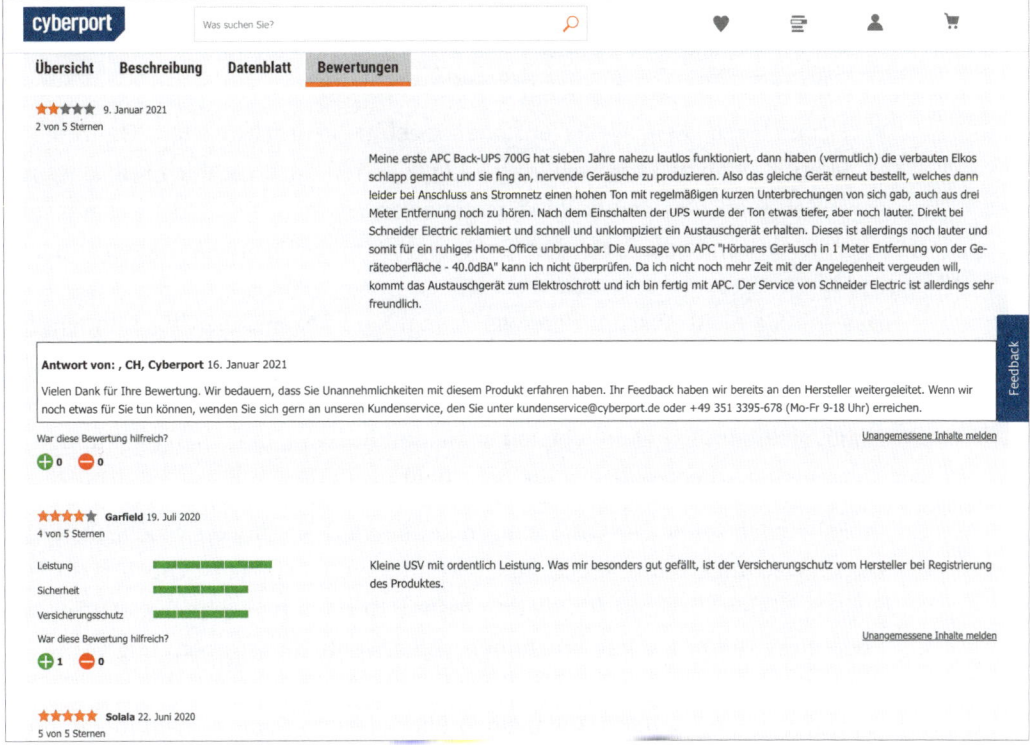

Abbildung 5.11 *Gibt es negative Bewertungen, ist es gut, wenn Sie als Shopbetreiber auf diese eingehen.*

Das heißt: Sie tun gut daran, Kundenrezensionen in Ihrem Shop anzubieten. Doch bevor Sie sich daran machen, denken Sie darüber nach, ob das auch bei Ihnen sinnvoll ist. Denn es hat auch Nachteile. Denken Sie an diese Dinge:

- Es sieht immer etwas komisch aus, wenn die Funktion für Rezensionen integriert ist, aber keine vorhanden sind. Haben Sie (noch) wenige Kunden, dann wird das bei Ihnen oft recht verlassen wirken.
- Wenn Sie wenige Rezensionen haben, wirken negative umso schlechter. Eine negative Rezension unter fünf guten oder durchschnittlichen ist nicht schlimm. Aber eine einzelne Rezension mit nur einem von fünf Sternen wirkt abschreckend.
- Was machen Sie, wenn in den Rezensionen unfaire Kritik geäußert wird oder sogar Unwahrheiten behauptet werden? Wie gehen Sie darauf ein? Löschen

- Sie diese Kommentare, können Sie sicher sein, dass der Autor verärgert sein wird. Vielleicht macht er sich an anderer Stelle Luft (etwa in den sozialen Medien, wo Sie dann noch weniger Einfluss haben).

- Haben Sie die Zeit, alle Rezensionen regelmäßig durchzusehen? Das müssen Sie tun, denn es kann sein, dass in den Texten auch rechtlich Kritisches geäußert wird. Und geschäftsschädigend kann es auch sein. Oder es kann sein, dass ein Kunde die Rezension für Support-/Kundenservice-Anfragen nutzt.

Das soll Sie nicht abschrecken, wie gesagt sind Rezensionen für Kunden gut und wichtig. Nur ist meine Empfehlung, diese erst zu ermöglichen, wenn Sie einen gewissen Kundenstamm aufgebaut haben. Und wenn Sie mehr als eine Handvoll Produkte haben – bei einer kleinen Auswahl brauchen die Kunden in den meisten Fällen keine weitere Entscheidungshilfe.

Im Folgenden sehen Sie, wie Sie Ihren Kunden auf Shopify die Möglichkeit bieten, Bewertungen abzugeben. Auch wenn Sie das (zunächst) noch nicht tun wollen, ist der Abschnitt für Sie interessant. Denn darin sehen Sie, wie Sie den Code Ihres Themes anpassen können. Auch wenn Sie keine Ahnung vom Programmieren haben, können Sie das tun. Es ist nicht kompliziert, wenn Sie die Geduld und die Sorgfalt haben, einen Blick auf den Code zu werfen. Ein Blick auf den Motor, der Ihren Shop am Laufen hält, ist in jedem Fall interessant.

5.4.1 Wie bekomme ich neue Funktionen in Shopify?

Rezensionen gehören nicht zur Standardausstattung von Shopify. Wenn Sie etwas brauchen, das Shopify nicht bietet, finden Sie fast immer eine sogenannte *App*, die das nachrüstet. Eine App ist das, was bei anderen Systemen ein *Plug-in* ist, also eine Erweiterung. Es gibt Apps, die Shopify selbst anbietet. Und dann gibt es Tausende von Apps, die andere Entwickler bereitstellen. Manche sind gratis, die meisten kosten aber einen monatlichen Beitrag. Für unser Problem, Rezensionen einzubinden, gibt es eine kostenlose App von Shopify. Diese reicht für den Anfang aus – Sie können sich aber auch gleich die kostenpflichtigen anderen Apps ansehen, wenn Ihnen nicht reicht, was die Shopify-App leistet.

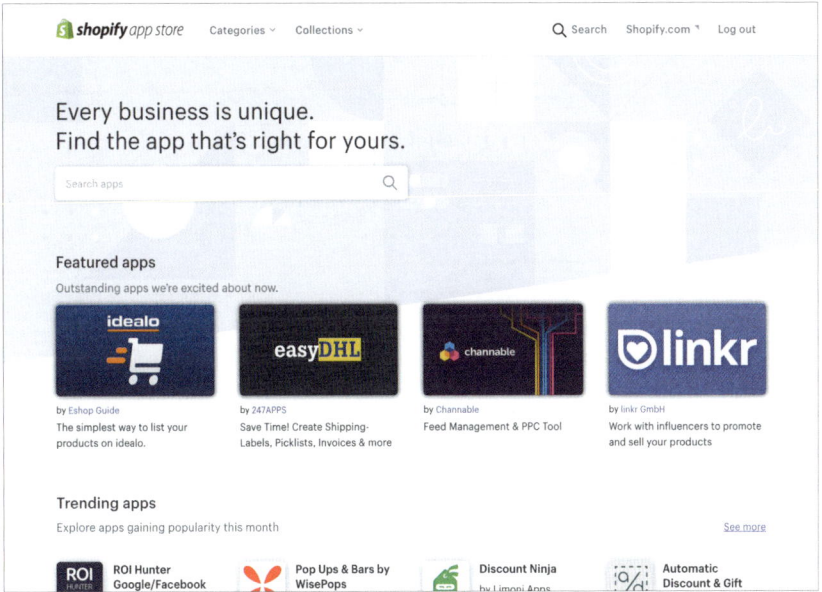

Abbildung 5.12 *Der App Store von Shopify bietet für jedes erdenkliche Problem eine Lösung.*

5.4.2 Die App installieren

1. Gehen Sie in den Admin-Bereich Ihres Shops. Klicken Sie in der Spalte links auf **Apps**, und gehen Sie dann oben rechts auf **Besuche Shopify App Store**. Der Store öffnet sich in einem neuen Fenster. Leider gibt es ihn nur auf Englisch.

2. Geben Sie in das Suchfeld *Product Reviews* ein. Scrollen Sie in der Liste nach unten, bis Sie die App von Shopify sehen. Klicken Sie darauf.

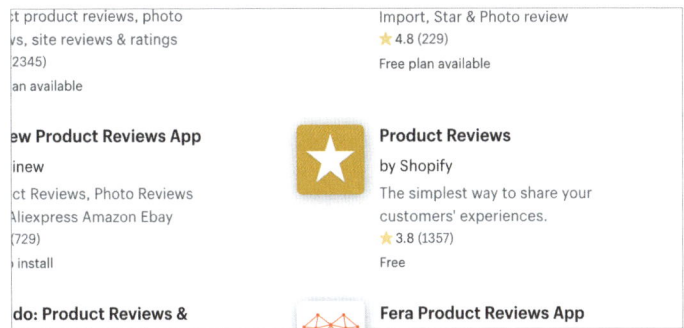

3. Klicken Sie auf **Add app**. Damit landen Sie wieder in Ihrem Admin-Bereich. Klicken Sie dort auf **App installieren**.

Kapitel 5 Produktdetailseite – Umkleide, Showroom und Verkaufsgespräch

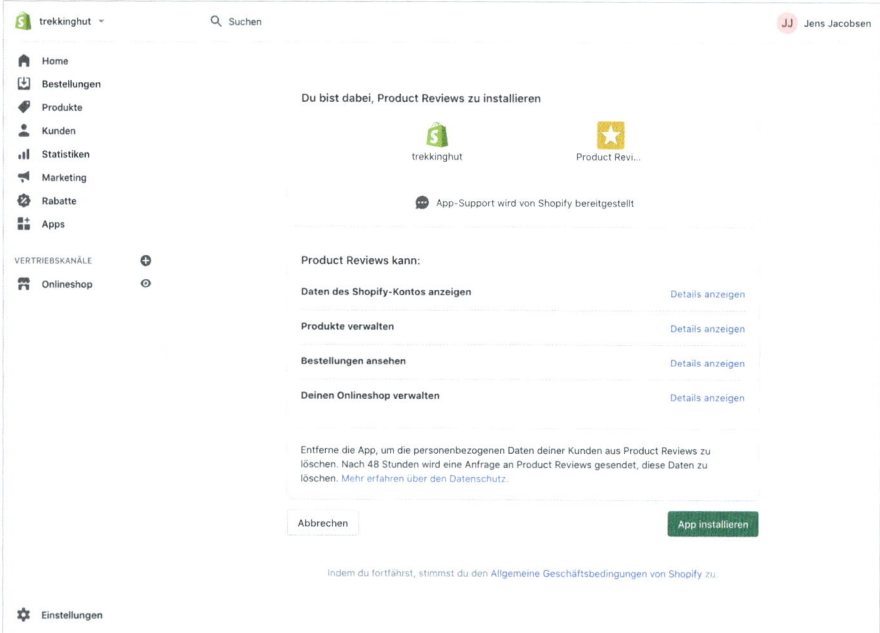

Als Nächstes sehen Sie die Anleitung, wie Sie die App in Ihren Shop integrieren.

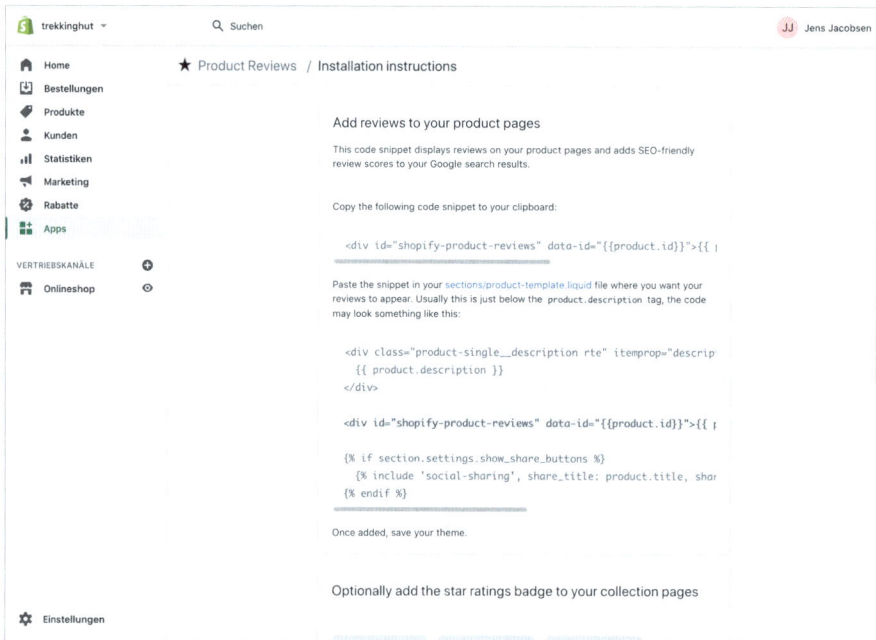

Die Anleitung ist auf Englisch und kann auf den ersten Blick kompliziert wirken. Es geht aber eigentlich ganz einfach:

5.4.3 Das Theme anpassen

1. Kopieren Sie den Code in der obersten grauen Box. Er beginnt mit *<div id= "shopify-product-reviews"*.

2. Klicken Sie auf den blauen Link *sections/product-template.liquid*. Damit landen Sie im Editor für den Code. Nicht erschrecken, das sieht so aus:

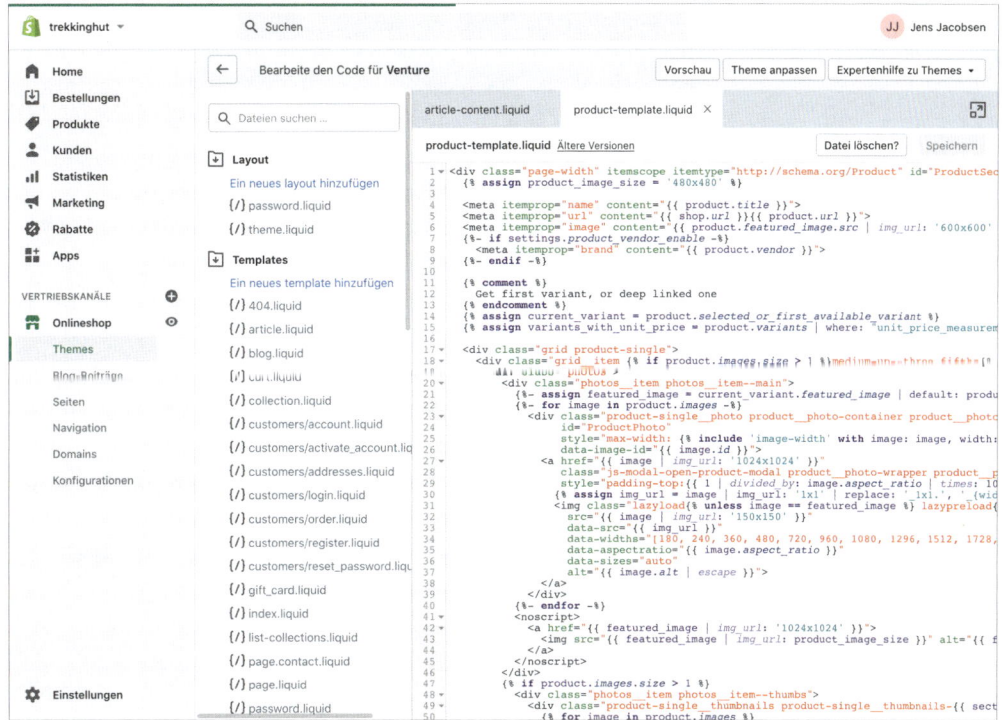

3. Suchen Sie nach einem Text *description* in Rot. Wenn Sie das Theme *Venture* nutzen, wie wir es in unserem Beispiel getan haben, ist es *product-single__ description*. In die nächste leere Zeile, also nach dem Text *</div>*, kopieren Sie die Zeile, die Sie in der Zwischenablage haben. Ob Sie Leerzeilen davor oder danach einfügen oder ob Sie die Zeile mit Leerzeichen einrücken, spielt keine Rolle. Der Code sieht in unserem Beispiel so aus:

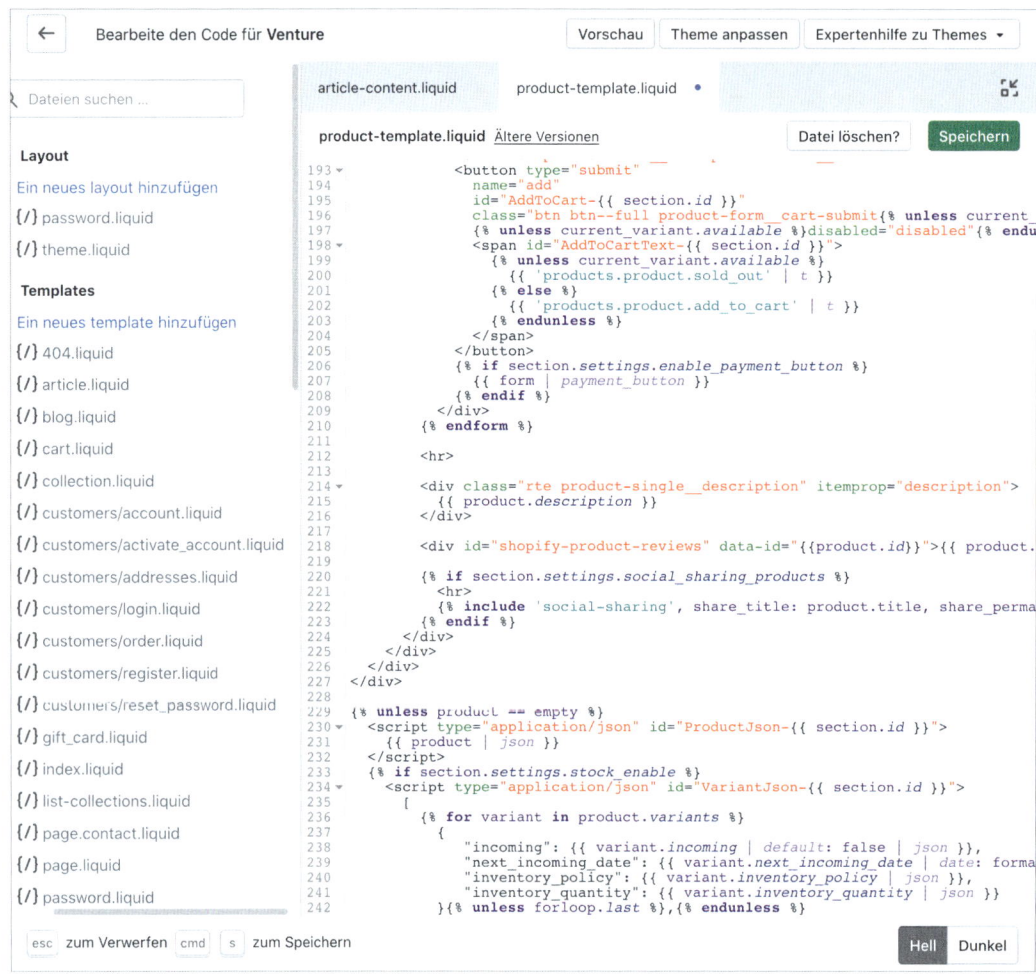

4. Klicken Sie rechts oben auf **Speichern**.

5. Nun gehen Sie ganz oben links auf den Pfeil nach links.

6. Wählen Sie in der Seitenleiste **Apps** und dann die App **Product Reviews**.

7. Gehen Sie oben rechts auf **Settings**. Scrollen Sie nach unten zum Abschnitt **Review listing text**. Ändern Sie dort die Texte ungefähr so (alles, was nicht innerhalb geschweifter Klammern steht, können Sie anpassen):

5.4 Bewertungen und Rezensionen

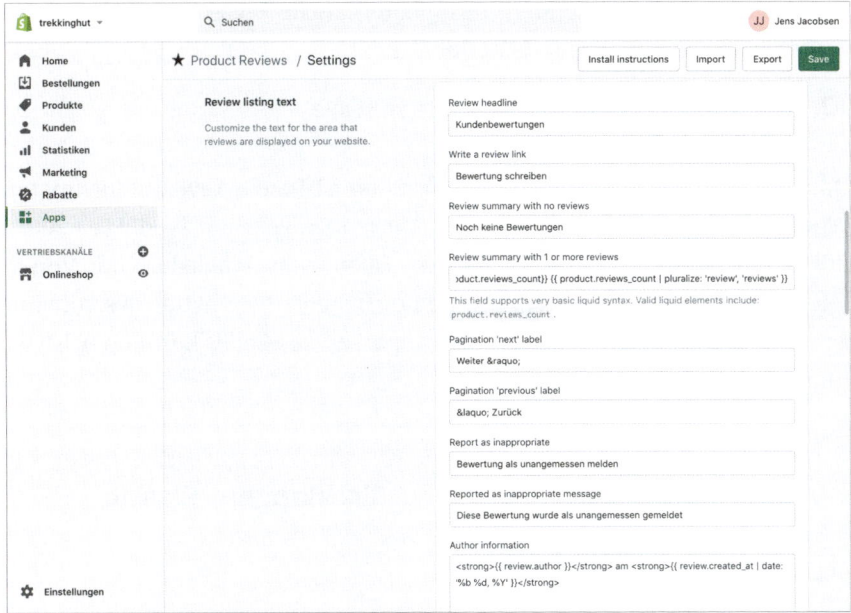

8. Gehen Sie weiter zum Abschnitt **Review form text**. Ändern Sie hier die Texte ebenfalls so, dass sie Ihnen gefallen.

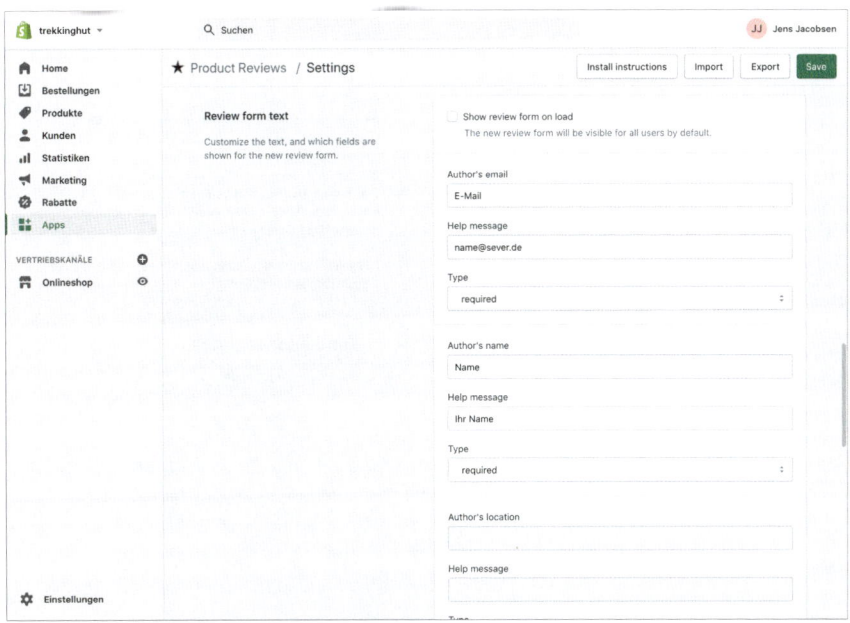

9. Wollen Sie es den Kunden freistellen, manche Felder leer zu lassen, dann stellen Sie bei **Type** jeweils **optional** ein.

10. Ist alles gut, klicken Sie oben rechts auf **Save**.

Damit haben Sie alles erledigt, und Ihr Shop ist bereit, Reviews aufzunehmen. Wenn Sie das in Aktion sehen wollen, klicken Sie links auf **Produkte • Alle Produkte** und dann auf eines Ihrer Produkte. Oben rechts wählen Sie nun **Vorschau**. Jetzt können Sie ausprobieren, wie die neu installierte Funktion live aussieht. Es ist doch faszinierend, wie einfach das Anpassen des Codes bei Shopify ist, wenn man weiß, was man tun muss!

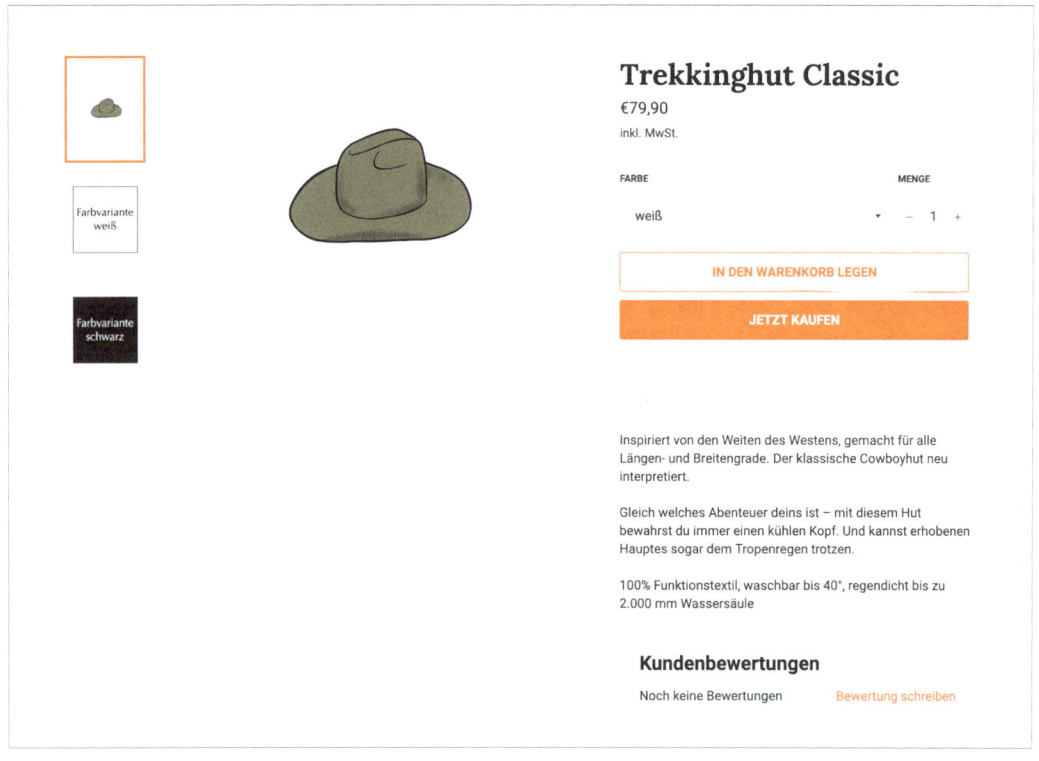

Abbildung 5.13 Die Produktdetailseite mit der Möglichkeit, Bewertungen abzugeben

Kapitel 6
Kategorieseiten, Suche, Navigation – vom Stöbern und Finden

Sie kennen das: Beim Besuch eines Supermarkts, in dem man noch nie war, irrt man durch die Gänge. Sucht verzweifelt Standardprodukte, läuft vor und zurück. Auch auf Websites bleibt uns das nicht erspart: Dank der Suchfunktion finden wir meist schnell Dinge, von denen wir wissen, wie sie heißen. Aber sobald wir uns grundsätzlich informieren müssen, Produkte vergleichen wollen oder noch gar nicht so genau wissen, was wir brauchen, wird es kompliziert. Je mehr Produkte Sie in Ihrem eigenen Shop anbieten, desto mehr Gedanken müssen Sie sich darüber machen, wie Ihre Besucher finden sollen, was sie suchen. Und wie diese Dinge entdecken, die sie vielleicht gar nicht gesucht haben, sie aber dennoch begeistern.

6.1 Fundament jedes Shops: Informationsarchitektur

Aus unzähligen Untersuchungen wissen wir: Menschen wollen in Webshops nicht lange suchen. Durchblicken sie das Ordnungssystem nicht, sind sie schnell wieder weg. Das sollten Sie unbedingt berücksichtigen. Das ist kein Widerspruch dazu, dass manche Besucher auch stöbern wollen, Inspirationen suchen. Das ist wie in einem Kaufhaus: Vielleicht wollen Sie sich die neue Sommermode ansehen. Dann schlendern Sie gern durch die Gänge mit Jacken, Shirts, Sandalen. Aber wenn Sie erst durch mehrere Stockwerke laufen müssen und keine Ahnung haben, auf welcher Etage in welcher Position die Bekleidungsabteilung ist, dann wird Ihre Kauflaune eher gedämpft.

Orientierung verschaffen Sie den Besuchern Ihres Shops vor allem mit drei Dingen:

1. Klare Anordnung der Seiten – die sogenannte Informationsarchitektur. Das entspricht der Anordnung der Abteilungen auf den Etagen eines Kaufhauses.
2. Klare Navigation. Das entspricht der Beschilderung im Kaufhaus.
3. Gute Suche. Das entspricht dem Service-Personal im Kaufhaus.

Abbildung 6.1 *Käufer brauchen Ordnung. Das gilt für den Supermarkt wie für Ihren Webshop. (Quelle: Unsplash, nrd)*

Die Informationsarchitektur haben Sie bei kleinen Shops schnell erstellt. Wichtig ist in jedem Fall nur, dass Sie diese so einfach wie möglich halten. Damit tun Sie sich selbst einen Gefallen, weil Sie wenig Inhalte erstellen müssen. Und Ihren Kunden, weil diese sich dann leichter zurechtfinden. Denken Sie bei jeder neuen Seite, die Sie hinzufügen, daran, dass Sie damit von den vorhandenen Seiten ablenken. Überlegen Sie: Ist die Information, die Sie bringen wollen, wirklich *für die Besucher* so wichtig? Und kann sie nicht an anderer Stelle gegeben werden – am besten auf den Produktdetailseiten, eventuell auch auf der Startseite?

Welche Seiten sind nun in einem Shopify-Webshop unverzichtbar? Das sind eigentlich nur die Folgenden:

- Startseite – die haben wir bereits für unseren Beispielshop erstellt.
- Produktseite – auch diese ist bereit.

- Kategorieseite(n), also die Seite, auf der alle Produkte gezeigt werden – um die müssen wir uns noch kümmern.
- Warenkorb – diese Seite hat Shopify automatisch angelegt.
- Checkout – auch der ist schon bereit.

Optional sind:

- Kategorieliste(n), das ist eine Übersicht aller Kategorien, die Sie in Ihrem Shop haben – diese ist noch nicht fertig.
- Blog – es kann sinnvoll sein, die Besucher mit regelmäßigen Neuigkeiten zu versorgen. Mehr dazu in Kapitel 13, »Marketing und Werbung – gut fürs Geschäft«.
- Weitere Seiten – ein Bereich *Über uns* ist immer sinnvoll, denn viele Kunden wissen gern, von wem sie kaufen.

Machen wir uns also daran, die unverzichtbaren Seiten nachzurüsten:

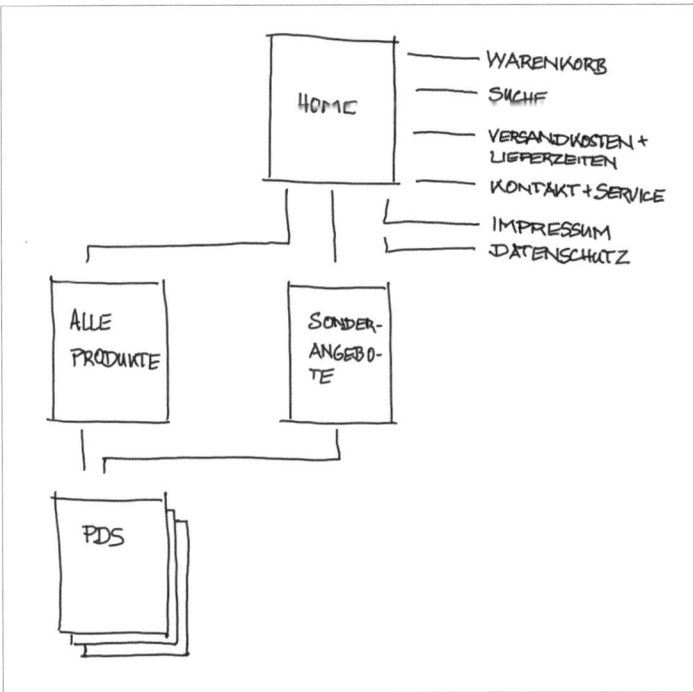

Abbildung 6.2 *Die Informationsarchitektur unseres Shops – man spricht auch von Sitemap.*

6.2 Kategorieseiten einstellen

Auch wenn Sie nur eine einzige Produktart haben, brauchen Sie eine Kategorieseite in Shopify. Denn diese Seite listet alle Ihre Produkte auf einer Seite auf. Legen wir also fest, wie diese Seite aussieht:

1. Gehen Sie im Admin-Bereich Ihres Shops auf **Vertriebskanäle • Onlineshop • Themes**.

2. Klicken Sie auf **Anpassen**.

3. Wählen Sie oben aus dem Menü **Startseite** den Eintrag **Kategorieseiten**.

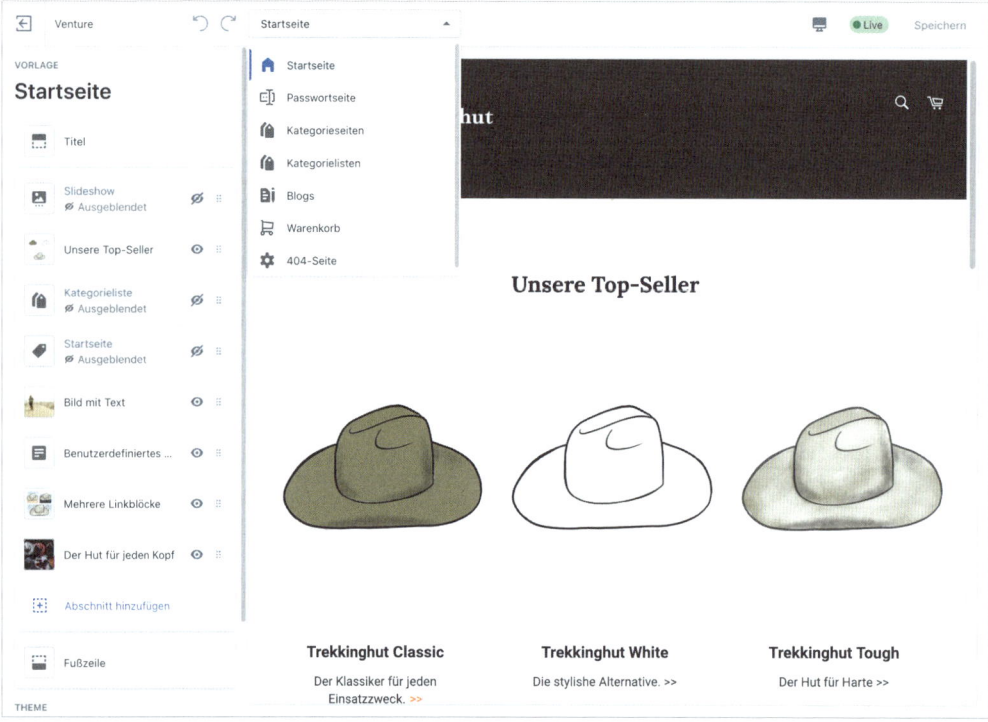

Damit öffnen Sie im Editor die entsprechende Seite Ihres Themes. Die können Sie anpassen, genau wie wir es in Kapitel 4, »Der erste Eindruck entscheidet – die Startseite als Schaufenster«, mit der Startseite getan haben. Es kann sein, dass Sie keine Produkte sehen, sondern nur Platzhalter:

6.2 Kategorieseiten einstellen

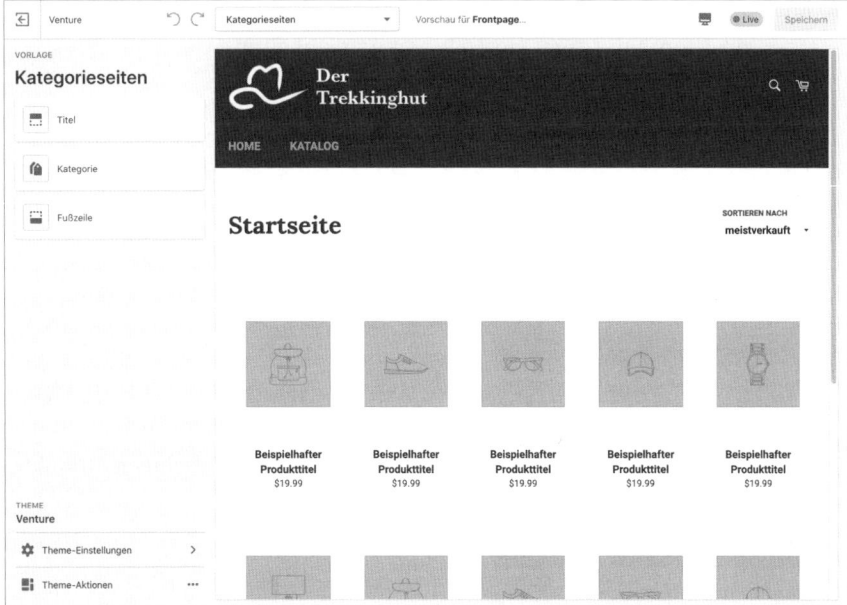

Das ist so, wenn Sie noch keine Produkte mit dem Status *aktiv* haben. Setzen Sie eines oder mehrere Ihrer Produkte auf *aktiv*, ändert sich die Ansicht:

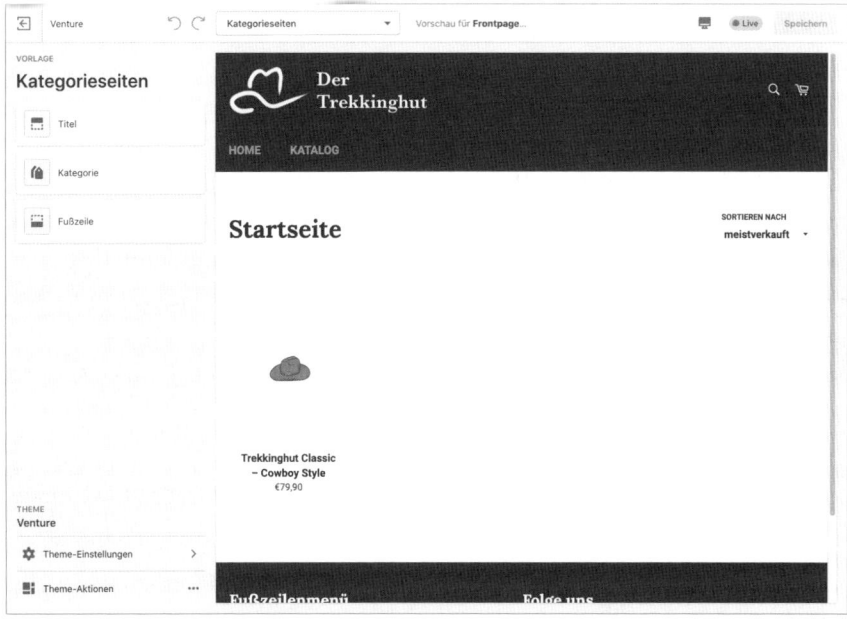

4. Klicken Sie in der Seitenleiste auf **Kategorie**. Dort haben Sie bei unserem gewählten Theme nur zwei Einstellungsmöglichkeiten:

Tag-Filtern erlauben ist nur relevant, wenn Sie Ihren Produkten Tags, also Schlagworte gegeben haben. Ist das der Fall, dann können Besucher Ihres Shops die Produkte nach Schlagworten filtern – also nur solche Produkte anzeigen lassen, die diese Eigenschaften haben.

Sortieren erlauben bedeutet, es wird ein kleines Popup-Menü eingeblendet, das es dem Besucher erlaubt, die Produkte nach Datum, Preis etc. zu sortieren. Je nach Theme haben Sie hier mehr oder vielleicht sogar weniger Einstellungsmöglichkeiten.

Damit haben Sie auch schon alles eingestellt, was hier mit unserem Theme *Venture* möglich ist.

6.3 Kategorien anlegen

Haben Sie mehr als nur eine Handvoll Produkte, ist es sinnvoll, diese in Kategorien zu organisieren. Generell gibt es zwei Arten von Kategorien:

1. automatisiert
2. manuell

Automatisierte Kategorien sind praktisch, weil Sie diese einmal definieren und alle vorhandenen und zukünftigen Produkte automatisch in diesen landen – sofern sie den Kriterien entsprechen. Bei manuellen Kategorien suchen Sie die Produkte darin einzeln aus. Das ist z. B. sinnvoll bei Sonderaktionen, in denen Sie ein paar Produkte besonders hervorheben oder billiger anbieten wollen.

6.3 Kategorien anlegen

Kategorien legen Sie so an:

1. Gehen Sie in der linken Seitenleiste auf **Produkte • Kategorien**.
2. Klicken Sie rechts oben auf **Kategorie erstellen**.

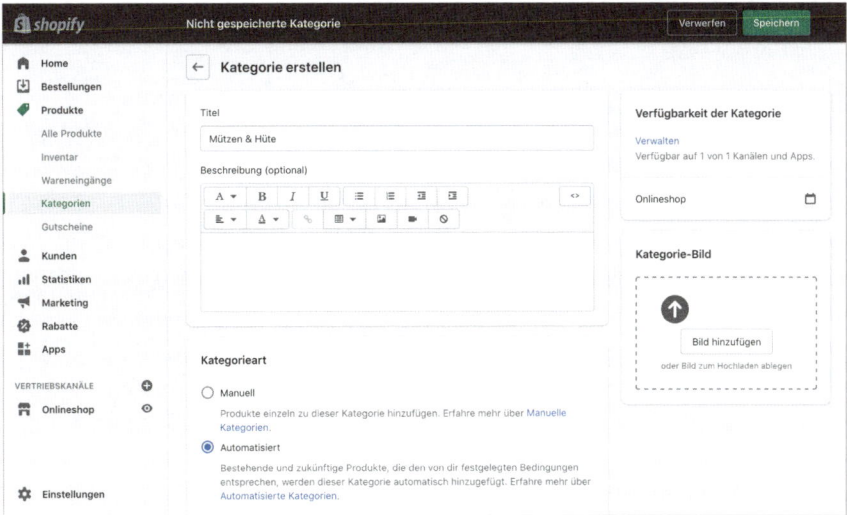

3. Geben Sie der Kategorie einen **Titel**, der für die Nutzer klar ist. Wir nehmen für unser Beispiel *Hüte & Mützen*. **Beschreibung** können Sie leer lassen – der Titel sollte selbsterklärend sein.

4. Aktivieren Sie bei **Kategorieart** den Punkt **Automatisiert**, und stellen Sie Eigenschaften ein, die zur gewählten Kategorie passen.

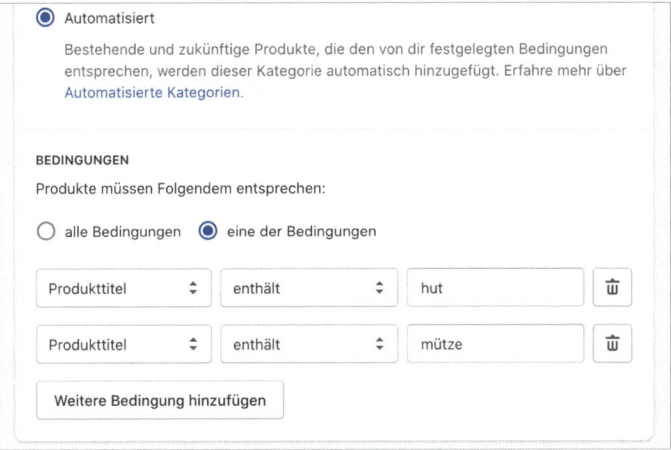

165

Wichtig ist die Auswahl zwischen **alle Bedingungen** und **eine der Bedingungen**. **Alle Bedingungen** heißt, ein Produkt muss alle Eigenschaften erfüllen, die Sie in der Liste unten einstellen. **Eine der Bedingungen** bedeutet, es reicht aus, wenn ein Produkt eine dieser Eigenschaften hat.

5. Mit **Weitere Bedingung hinzufügen** legen Sie beliebig viele weitere Eigenschaften fest.

6. Klicken Sie auf **Speichern**.

Jetzt erscheint auf der Seite ein neuer Bereich:

Klicken Sie auf **Produkte neu laden**, dann sehen Sie, welche Produkte diesen Kriterien entsprechen:

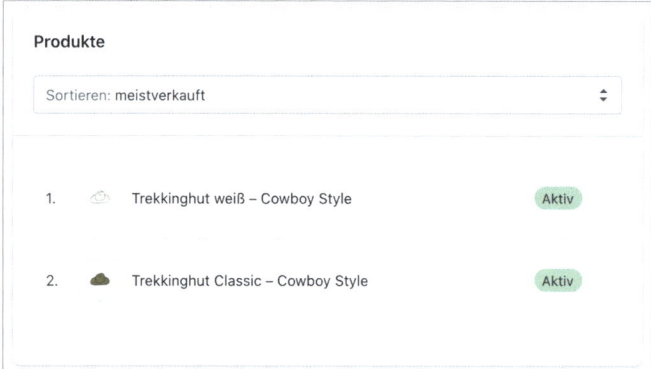

7. Kontrollieren Sie, ob die Auswahl Ihren Erwartungen entspricht. Wenn nicht, passen Sie die Bedingungen oben noch mal an. Manchmal kann es auch sein, dass die Bedingungen korrekt sind, aber mit der Beschreibung eines Produkts etwas nicht stimmt. Im obigen Beispiel erscheint z. B. einer der Hüte nicht. Das lag daran, dass im Titel ein Tippfehler war und *Trekkinggut* statt *Trekkinghut* dort stand. Nachdem ich das verbessert hatte, erschien der Hut hier auch wie erwartet.

Legen wir noch eine weitere Kategorie an, diesmal eine manuelle:

1. Gehen Sie in der linken Seitenleiste wieder auf **Produkte • Kategorien**, und klicken Sie rechts oben auf **Kategorie erstellen**.

2. Geben Sie der Kategorie einen Titel wie *Sonderangebote* oder *Unsere Favoriten*.

3. Setzen Sie die **Kategorieart** auf **Manuell**. Wundern Sie sich nicht: Es passiert zunächst nichts.

4. Gehen Sie auf **Speichern**. Jetzt erscheint der Bereich, in dem Sie Produkte zuordnen können.

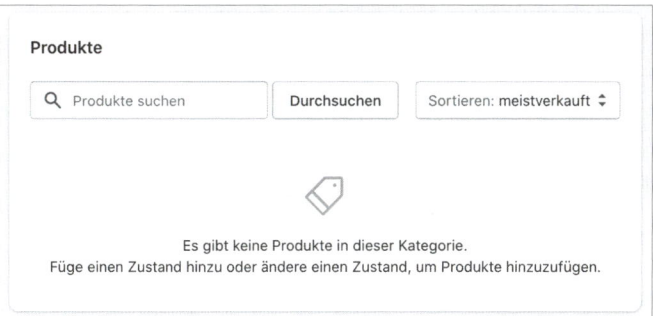

5. Tippen Sie den Anfang des Produkttitels in das Feld mit dem Platzhalter **Produkte suchen** ein. Wählen Sie die aus, die Sie in Ihrer neuen Kategorie zeigen wollen. Mit dem Kreuz am Ende der jeweiligen Zeile entfernen Sie ein Produkt wieder.

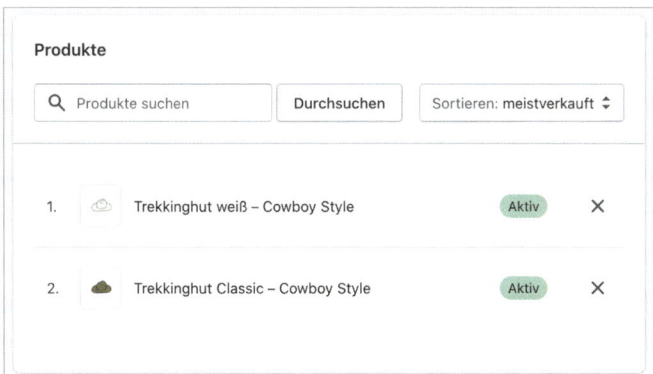

Speichern müssen Sie die Auswahl nicht, sie wird automatisch aktualisiert.

Damit haben wir die Kategorien eingerichtet, sichtbar sind sie aber noch nicht. Jetzt geht es also daran, diese den Besuchern zu zeigen:

6.4 Menüs organisieren

Damit die Kategorieseiten gezeigt werden, müssen wir sie irgendwo verlinken. Das können wir auf der Startseite tun und/oder in einem der Menüs. Standardmäßig sehen wir beim Theme *Venture* im Kopfbereich der Seiten die zwei Menüpunkte **Home** und **Katalog**.

Abbildung 6.3 *Das Standard-Menü, welches unser Theme vorgibt*

6.4.1 Die Sprache der Kunden sprechen

Bei den Produkt- und Kategorienamen ist es wichtig, nicht einfach die Bezeichnungen der Hersteller zu übernehmen oder Namen, die Sie selbst kennen und verstehen. Die Begriffe müssen für Ihre Kunden verständlich sein. Dabei können Sie sich wieder an anderen Websites orientieren – diese prägen mit, was die Kunden gewöhnt sind und erwarten. *Home* ist zwar englisch, wird aber von praktisch jedem heute verstanden. Wenn Sie möchten, können Sie auch *Startseite* schreiben. Das ist noch ein bisschen besser verständlich, aber länger. Daher bleiben wir in unserem Beispiel bei *Home*. Mit *Katalog* bin ich dagegen nicht zufrieden. Das ist zwar nicht unverständlich, klingt aber etwas angestaubt nach Papier und ist wenig konkret. Ändern wir das also als Erstes:

1. Gehen Sie auf **Onlineshop • Navigation**.

6.4 Menüs organisieren

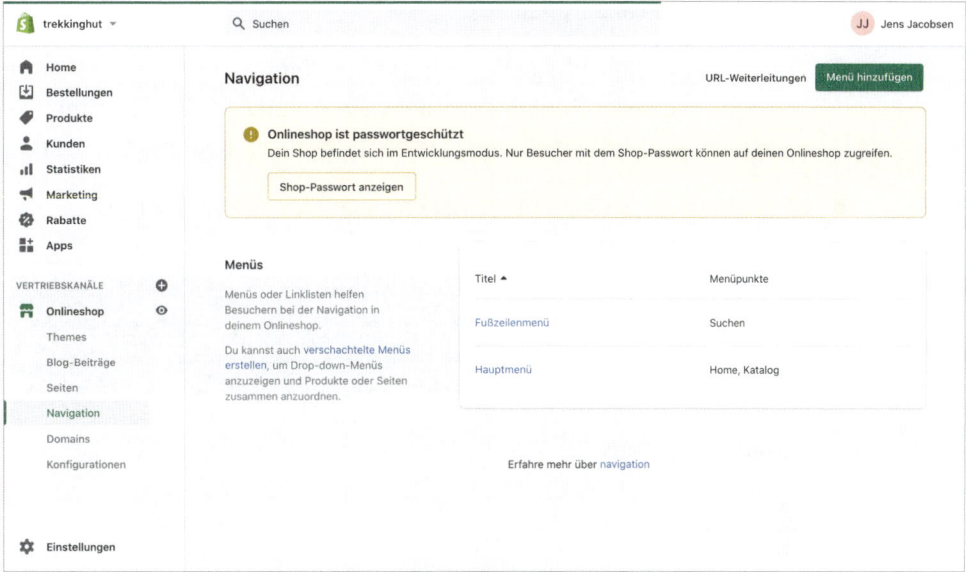

2. Klicken Sie auf **Hauptmenü**, dann auf **Bearbeiten**.

3. Ändern Sie den Namen, z. B. zu *Alle Produkte*.

4. Klicken Sie auf **Menü-Eintrag hinzufügen**. Vergeben Sie einen Namen, den die Besucher verstehen und der sie anspricht. Für unser Beispiel hatten wir eine Kategorie erstellt, die nur weiße Hüte enthält. Wir scheiben also *Favoriten in Weiß*.

5. Gehen Sie auf **Link**, und wählen Sie im Dialog **Kategorien**, dann die eben erstellte Kategorie.

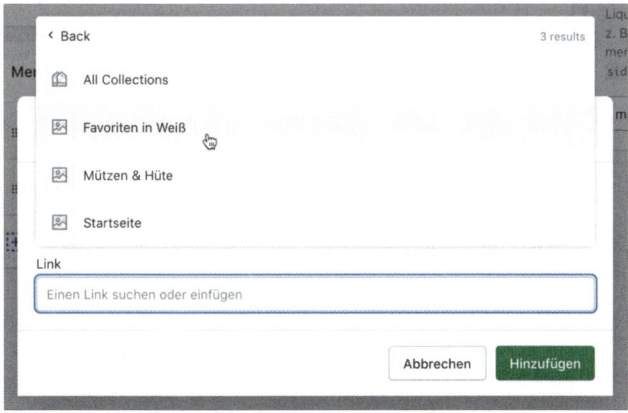

6. Klicken Sie auf **Hinzufügen**.

7. Wollen Sie die Reihenfolge der Einträge im Menü ändern, klicken Sie mit der Maus auf die sechs Punkte ganz links am Anfang der Zeile, halten Sie die Maustaste gedrückt, und ziehen Sie die Zeile an die gewünschte Position.

8. Ist alles zu Ihrer Zufriedenheit, gehen Sie auf **Menü speichern**.

Abbildung 6.4 *Unser angepasstes Menü und die Kategorienseite*

6.4.2 Wie viele Menüeinträge darf ich haben?

In unserem Beispiel haben wir bisher nur zwei Menüpunkte gehabt, daher war es kein Problem, einen dritten hinzuzunehmen. Im Normalfall werden Sie aber deutlich mehr Einträge haben. Üblich sind z. B. für einen Shop mit Kleidung:

- Home
- Jacken
- Mäntel
- Hemden & Shirts
- Hosen & Röcke
- Accessoires

Wächst unser Beispielshop mit den Trekkinghüten, dann wird es z. B. so aussehen:

- Home
- Trekking-Hüte
- Regenbekleidung
- Rucksäcke
- Geschenkideen

Das passt bei unserem aktuellen Theme gerade noch in eine Zeile, bei mehr wir es aber langsam eng. Das ist generell ein guter Indikator: Mehr Menüeinträge, als in eine Zeile passen, sollten Sie nie verwenden – mehrzeilige Menüs gehen nicht, diese werden von den Nutzern nicht verstanden und sehen noch dazu unschön aus. Auch keine gute Idee ist es, einfach die Schriftgröße zu verringern. Denn damit wird das Menü schwerer nutzbar – die Schrift ist schlechter leserlich, und die Elemente sind nicht mehr so leicht zu treffen, weil sie kleiner sind. Der wichtigste Punkt ist aber: Zu viele Menüeinträge überfordern den Besucher. Denn liest er so ein langes Menü, hat er schon vergessen, was am Anfang stand, wenn er am Ende angekommen ist. Unser Kurzzeitgedächtnis ist überfordert. Die Faustregel lautet: 7 plus/minus 2. Das heißt, weniger als 5 (7–2) Einträge im Menü sehen immer ein wenig dürftig aus, mehr als 9 (7+2) sind zu viel. Davon können Sie abweichen, wenn Ihre Begriffe besonders kurz und leicht verständlich sind, dann sind auch 10 oder 12 Punkte denkbar. Bzw. wenn sie sehr lang und komplex sind, sollten es weniger sein.

Das alles gilt für die erste Ebene des Hauptmenüs. Wenn nötig, können Sie Untermenüs anlegen. Das geht so:

1. Wählen Sie das **Hauptmenü** im Bereich **Navigation** von Shopify.

2. Klicken Sie **Menü-Eintrag hinzufügen**. Vergeben Sie einen Namen, gehen Sie auf **Link**, und wählen Sie ein Ziel.

3. Klicken Sie auf **Hinzufügen**.

4. Jetzt klicken Sie mit der Maus auf die sechs Punkte ganz links am Anfang der Zeile, halten Sie die Maustaste gedrückt, und bewegen Sie die Zeile. Ziehen Sie diese auf **Alle Produkte**, aber nicht am Anfang der Zeile, sondern in deren mittlerem Bereich. Es erscheint ein kleines Dreieck mit der Spitze nach unten, das anzeigt, dass dieser Eintrag ein Untermenü hat.

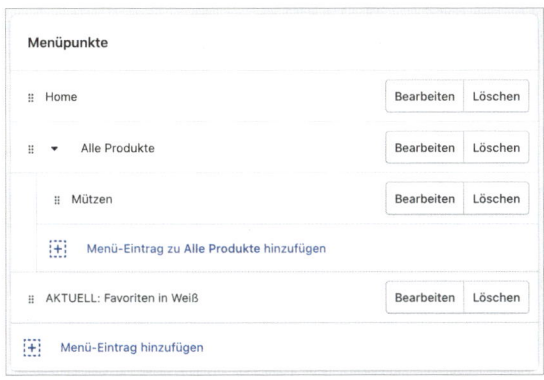

Jetzt gibt es praktischerweise einen weiteren Link, um an dieser Stelle noch mehr Punkte hinzuzufügen: **Menü-Eintrag zu Alle Produkte hinzufügen**.

5. Speichern Sie das Menü, und sehen Sie sich das Ergebnis an.

Es gibt weitere wichtige Punkte für das Menü, die oft in die sogenannte Meta-Navigation ausgelagert werden:

- Hilfe
- Kontakt/Service
- Datenschutz
- Impressum
- Über uns

Diese Meta-Navigation steht oft klein oben rechts in der Ecke der Seite. Oder sie findet sich im Fußteil.

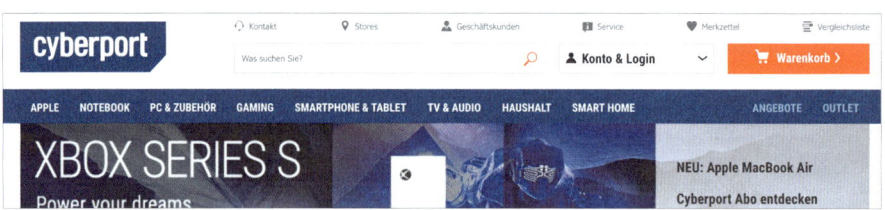

Abbildung 6.5 *Typische Meta-Navigation am oberen Seitenrand*

6.4.3 Das Potenzial des Fußteils nutzen

Der Fußteil (oder *Footer*) der Seiten ist aber keineswegs ein Ort, an dem Sie Dinge ablegen, die Sie anderweitig nicht untergebracht haben. Im Gegenteil, der Fußteil hat ein enormes Potenzial für Ihren Shop. Fragen Sie sich: Wann gelangt ein Besucher ans Ende der Seite? Dann, wenn er die Seite zumindest so interessant fand, dass er bis ganz an ihr Ende gescrollt hat. Oder wenn er nicht gefunden hat, was er sucht – aber dennoch so angetan war von der Seite, dass er drangeblieben ist und sie nicht geschlossen hat. Das heißt, der Nutzer, der hier auf unseren Seiten ankommt, hat Interesse und/oder sucht etwas. Daher bieten wir ihm etwas an. Das sind z. B. Links zur Suchfunktion. Oder zum Kundenservice, der ihm weiterhilft. Oder Links zu den Kategorien oder Produkten, welche die meisten Besucher interessieren.

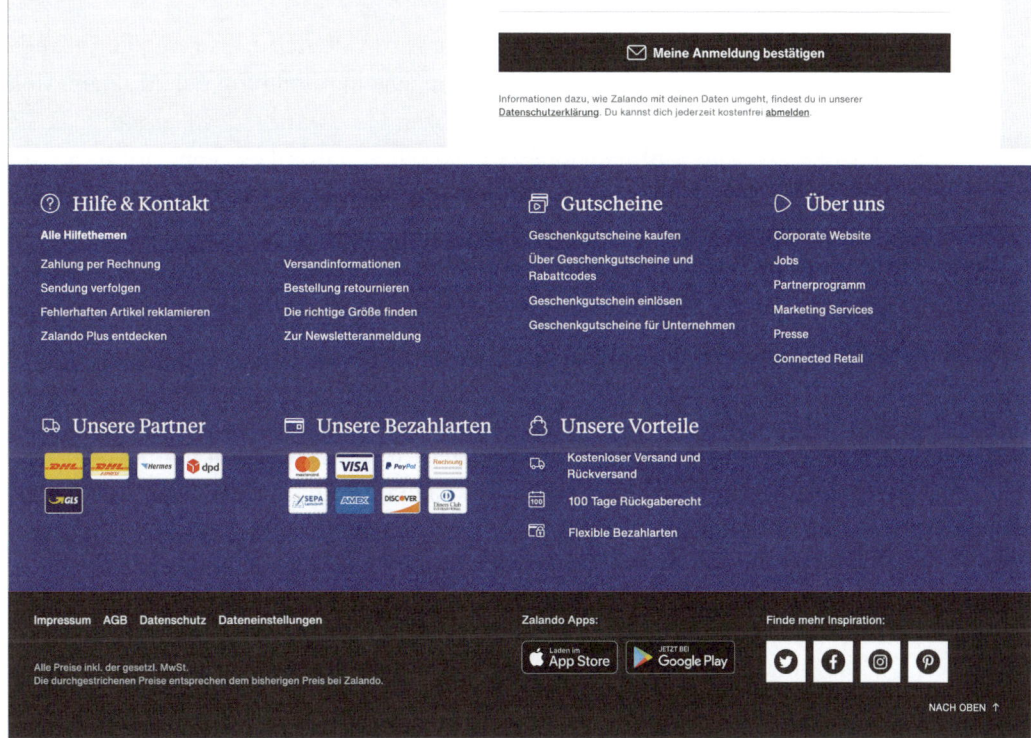

Abbildung 6.6 *Zalando nutzt einen sehr großen Fußteil mit vielen nützlichen Links.*

Ändern also auch wir das Menü im Fußteil der Seiten:

1. Gehen Sie auf **Navigation**.

2. Klicken Sie auf **Fußzeilenmenü**. Das ist ein ausgesprochen nichtssagender Name. Wählen Sie einen besseren, z. B. *Häufig genutzt*.

3. Die Suchfunktion, die das Theme uns vorgibt, ist gut. Die ist aber noch ein bisschen einsam dort unten. Ergänzen wir also einen Eintrag. Gut ist z. B.

Alle Produkte. Mit einem Link zur Seite, auf der die Besucher alle Produkte finden, kann man nichts falsch machen. Wenn Ihnen etwas Konkreteres einfällt, umso besser. Sie können z. B. auf verschiedene Kategorien verlinken oder auf eine Seite mit Kontakt- und Service-Möglichkeiten.

Bei unserem Theme *Venture* sind wir auf eine Spalte im Fußteil beschränkt. Die zweite Spalte enthält die Links zu Social-Media-Auftritten unseres Shops, die wir in einem späteren Kapitel festlegen werden.

Auch bei den Links im Fußteil gilt: Beschränken Sie sich auf so wenige Einträge wie möglich. Ohne weitere Formatierung, wie in Abbildung 6.6 zu sehen, sind vier, fünf Punkte eine gute Menge. Denken Sie daran: Jedes Element, das Sie hinzufügen, schwächt die Elemente, die schon da sind. Es zieht Aufmerksamkeit und führt eventuell sogar dazu, dass gar nichts mehr wahrgenommen wird, weil alles überfüllt und überfordernd auf den Besucher wirkt.

6.5 Besuchern beim Suchen helfen

Was Sie in Ihrem Shop immer im Hinterkopf behalten sollten, ist die Frage: Wie können wir unseren Besuchern den Weg zu unseren Produkten noch leichter machen? Denn genau dort wollen wir sie ja haben. Auf der Startseite hatten wir in Kapitel 4, »Der erste Eindruck entscheidet – die Startseite als Schaufenster« bereits einige Produkte abgebildet. Diese sollten Sie noch verlinken:

1. Gehen Sie auf **Onlineshop • Themes**, und wählen Sie **Anpassen**. Sie landen automatisch auf der Startseite.

2. Aktivieren Sie den Abschnitt **Unsere Top-Seller**, und klicken Sie auf den ersten Hut.

    Im Text links markieren Sie das Element, das Sie verlinken möchten. Das könnte z. B. ein > sein. Häufig liest man auch etwas wie *weiterlesen* oder *mehr*. Von solchen Linkbeschriftungen rate ich aber eher ab. Denn sie sind zu allgemein und verbreiten Unsicherheit. Der Besucher weiß nicht, warum er darauf klicken soll und was ihn erwartet. Besser sind Links wie *zu den Produkten* oder *jetzt bestellen* oder auch *Details ansehen*. Oder Sie wählen etwas Kurzes wie das Größer-Zeichen oder ».

6.5 Besuchern beim Suchen helfen

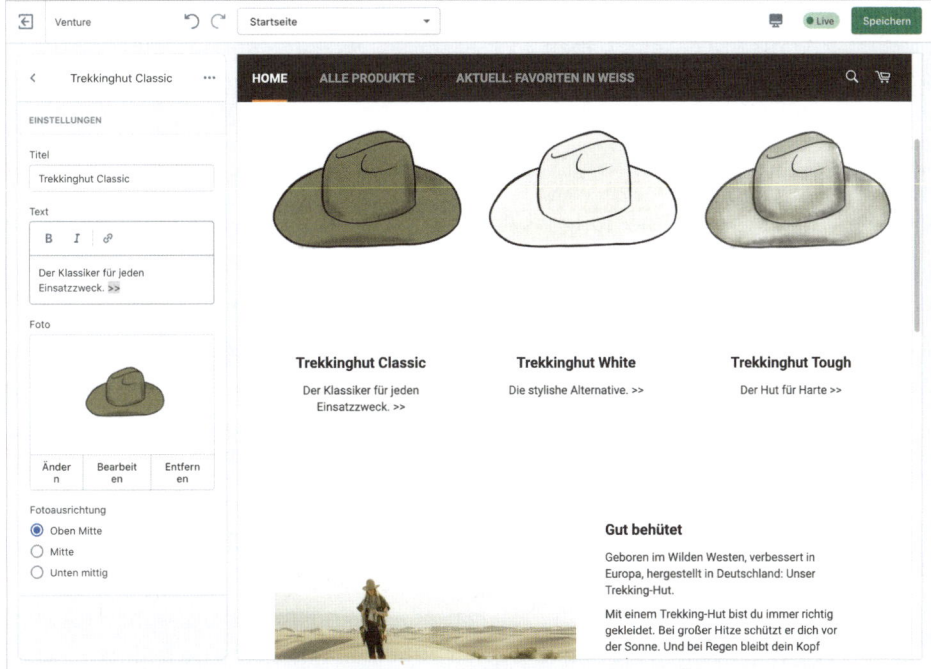

3. Klicken Sie auf das Symbol mit den zwei Kreisen – es stellt ein Kettenglied dar und steht für einen Link. Es öffnet sich die Link-Bearbeitung.

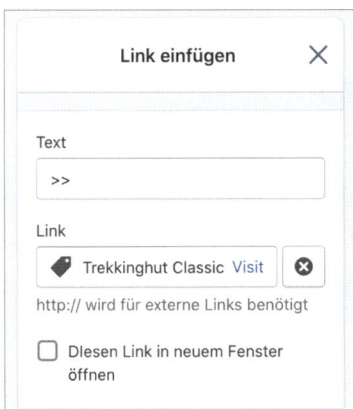

4. Dort klicken Sie ins Feld **Link** und navigieren durch das Menü zum richtigen Produkt.

5. Abschließend gehen Sie in der Seitenleiste unten auf **Einfügen**.

6. Verlinken Sie nach diesem Schema die übrigen Produkte, die wir auf die Startseite gesetzt haben.

7. Speichern Sie diese Änderungen.

Den Haken bei **Diesen Link in neuem Fenster öffnen** (siehe Abbildung oben bei Schritt 3) sollten Sie übrigens generell nicht setzen. Denn damit bevormunden Sie die Besucher. Diese wollen selbst entscheiden, was sie in einem neuen Fenster oder Tab aufmachen. Websites, die ständig neue Fenster öffnen, empfinden sie als übergriffig.

Als hilfreich empfinden sie es dagegen, wenn Sie ihnen helfen, sich in Ihrem Shop zurechtzufinden. Wenn Sie für eine hohe *Discoverability* sorgen. Dieses Wort heißt so viel wie Entdeckbarkeit. Es bedeutet, dass die Nutzer wie in einem guten Geschäft in Ihrem Shop auf Dinge stoßen, die sie gar nicht gesucht haben, die ihnen aber dennoch gefallen. Und die sie im Idealfall dann auch kaufen. Wichtig sind dafür besonders das Menü und die Fußzeile. Denn diese dienen nicht allein der Navigation. Sie sind immer auch eine Auslage: Mit dem Menü zeigen Sie dem Besucher auf einen Blick, was Sie in Ihrem Shop verkaufen. Sehen Sie Ihre Menüs auch unter diesem Aspekt noch mal an, und überlegen Sie, ob Sie den Besuchern helfen können, noch leichter Ihr Angebot zu entdecken.

6.6 Suchfunktion und Suchergebnisseite – finden und inspirieren

Je mehr Produkte Sie in Ihrem Shop verkaufen, desto wichtiger ist die Suchfunktion. Manche Nutzer gehen als Allererstes direkt dorthin, andere nutzen gern die Navigation – auch um sich einen Überblick über Ihren Laden zu verschaffen. Wichtig ist: Gehen Sie nicht von Ihrem eigenen Verhalten aus, dieses kann sich von dem Ihrer Kunden stark unterscheiden.

Auf die Suchfunktion von Shopify haben Sie nur wenig Einfluss. In unserem Theme *Venture* ist sie über das Lupen-Icon oben rechts zugänglich. Generell sind Icons problematisch, weil Sie selten davon ausgehen können, dass alle Nutzer sie verstehen. Das Such-Icon mit der Lupe ist eines der wenigen, die im westlichen Kulturkreis von fast jedem verstanden werden. Und rechts oben ist ein typischer Ort, wo Nutzer diese Funktion erwarten. Das ist schon mal sehr gut. Zudem haben wir die Suche unten in der Fußzeile verlinkt, auch ein sehr guter Platz, den Sie dafür nutzen sollten. Anders als oben in der Kopfzeile geht hier aber nicht das Suchfeld auf, sondern wir landen bei Klick auf der Suchseite. Diese sieht so aus wie in Abbildung 6.7. Das ist leider nicht optimal. Denn was die meisten Besucher zunächst nur wahrnehmen, ist, dass sie keine Suchergebnisse bekommen haben. Das werden einige für einen Fehler halten und nicht bemerken, dass rechts daneben das Suchfeld steht. Das ist insbesondere so, weil wir bei unserem Theme als Hintergrundfarbe Weiß eingestellt haben – das ist auch die Hintergrundfarbe des Suchfelds. Um dieses Problem zu lösen, könnten Sie bei **Onlineshop • Themes • Anpassen • Theme Einstellungen • Farben** die Hintergrundfarbe auf ein helles Grau ändern. Oder wenn Sie CSS beherrschen, könnten Sie die Formatierung der Seite ändern.

Abbildung 6.7 *Das sehen Sie, wenn Sie auf »Suchen« klicken – leider lässt sich das ohne Programmierung wenig optimieren.*

Wir lösen das Problem aber nun, indem wir die Texte verbessern. Das geht ganz einfach und ist dringend nötig, wie Sie in Abbildung 6.8 sehen. Zum einen ist der Text nicht besonders aufmunternd oder hilfreich. Außerdem ist »ergebnisse« kleingeschrieben. Das korrigieren wir jetzt:

Abbildung 6.8 *So sieht die Seite nach einer erfolglosen Suche aus.*

1. Gehen Sie auf **Onlineshop** • **Themes**. Wählen Sie dort im Bereich **Aktuelles Theme** im Menü **Aktionen** den Punkt **Sprachen bearbeiten**.

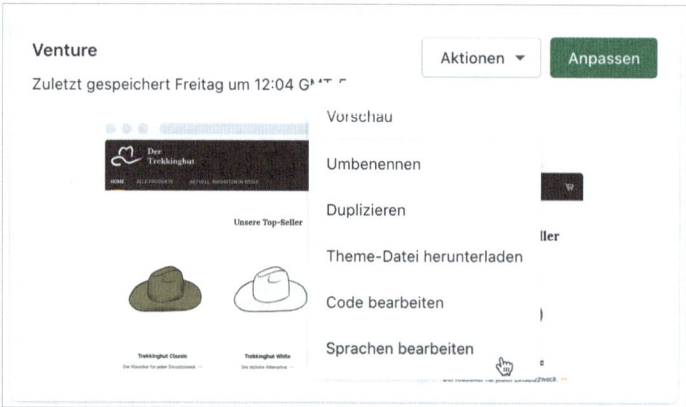

Sie gelangen damit zum Editor für die Übersetzungen, wie Sie ihn in der nächsten Abbildung sehen. Leicht übersehen lässt sich die Leiste mit den Abschnitten im oberen Bereich. Standardmäßig landen Sie im Bereich **General** – grün unterstrichen. Hier sind wir aber richtig zum Ändern der Suchseite:

2. Scrollen Sie nach unten zum Abschnitt **Search**.

   In der linken Spalte sehen Sie den englischen Originaltext von Shopify, in der rechten die Übersetzung. Nur die können Sie ändern. Vorsichtig sein müssen Sie mit den Wörtern in Klammern. Zwei geschweifte Klammern **{{ }}**

bedeuten, dass dies ein Platzhalter ist. Eine spitze Klammer <> markiert eine Formatierung. Alles, was z. B. zwischen <strong> und </strong> steht, wird hervorgehoben dargestellt, also meist in Fettschrift. Dinge in Klammern sind immer englisch, und die sollten Sie normalerweise nicht ändern.

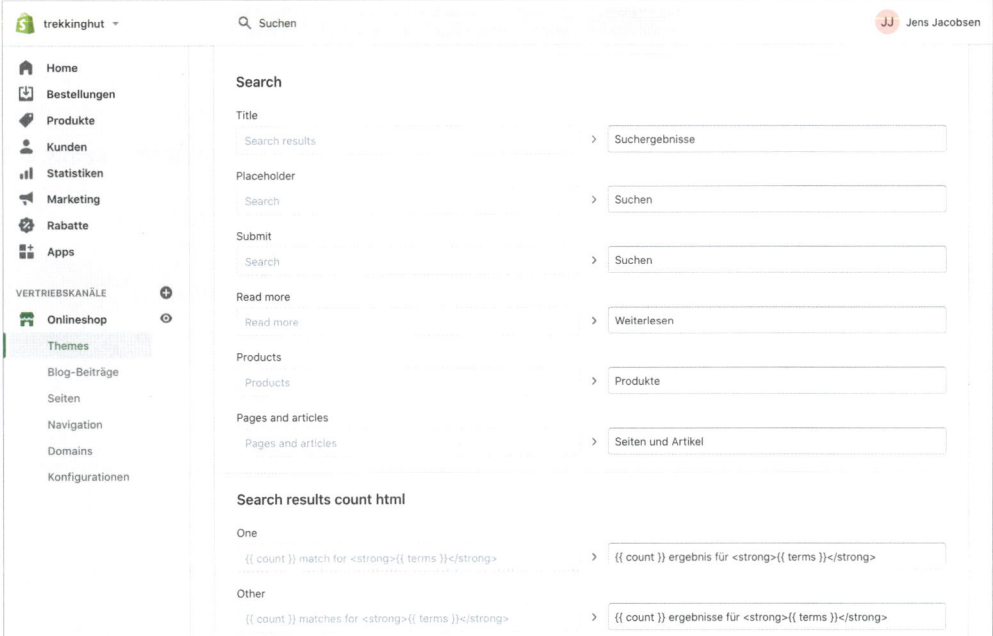

3. Tragen Sie im Feld in der rechten Spalte unter **Placeholder** »Suchen nach« ein. Damit ist Ihren Kunden schneller klar, dass sie hier ihre Suchanfrage eingeben können. Das ist nur eine Kleinigkeit, aber sie hilft neuen Kunden sehr, die sich auf der Seite erst mal orientieren müssen.

4. Ein kleines Stück weiter unten bei **Search results count html** finden Sie den Schreibfehler: Bei **{{ count }} ergebnis** ändern Sie das kleingeschriebene »ergebnis« zu »Ergebnis«. Dieses taucht zweimal auf, einmal bei **One** – dieser Text wird gezeigt, wenn *ein* Treffer gefunden wird. Und einmal bei **Other** – dem Text für mehr als einen Treffer. Ändern Sie diesen Text ebenfalls (zu »Ergebnisse«).

5. Scrollen Sie nach oben, und klicken Sie rechts auf **Speichern**. Es gibt noch ein paar Übersetzungsfehler mehr, aber um die kümmern wir uns später.

6. Zur Kontrolle suchen Sie noch mal in Ihrem Shop, und Sie sehen:

Der Platzhaltertext ist ergänzt, der Rechtschreibfehler korrigiert.

Damit ist die Suche so weit optimiert, wie es mit Bordmitteln möglich ist, und wir haben unseren Besuchern das Leben wieder ein Stück leichter gemacht.

Kapitel 7
Warenkorb und Checkout – jetzt rollt der Rubel

Jetzt sind Sie so weit, dass Ihre Startseite, die Kategorienseiten und die Produktdetailseiten überzeugen. Sie bringen Besucher dazu, ein oder mehrere Produkte in Ihrem Shop kaufen zu wollen. Jetzt müssen Sie dafür sorgen, dass beim Weg zur Kasse alles glatt läuft. Dabei kann immer noch einiges schiefgehen – so wie im Laden eine lange Schlange an der Kasse dazu führen kann, dass ein Kunde es sich anders überlegt und den gefüllten Einkaufswagen stehen lässt. Ebenso kann es passieren, dass Kunden den gefüllten virtuellen Warenkorb bei Shopify stehen lassen und Ihren Shop ohne Kauf verlassen. Das ist häufiger, als Sie vielleicht denken, in Webshops sogar sehr viel häufiger als im Ladengeschäft. Daher gibt es im Englischen einen eigenen Begriff für dieses Phänomen: *(Shopping Cart) Abandonment Rate*, also Anteil der verlassenen Einkaufswagen. Im Deutschen spricht man meist von *Abbruchraten*. Diese unterscheiden sich von Branche zu Branche – sind aber in allen erschreckend hoch. Was schätzen Sie, wie viel Prozent der Warenkörbe werden letztlich nicht zur Kasse gebracht?

Abbildung 7.1 *Sehen Kaufleute sehr ungern: stehengelassene Einkaufswagen*

Die Antwort ist: um die 80 %. Das heißt, von 100 gefüllten Warenkörben schaffen es nur 20 bis zur Kasse. In manchen Studien liegt der Wert sogar bei 97 %, bestenfalls gibt es Werte um die 55 %. Das heißt: Wenn Sie es schaffen, dass die Hälfte Ihrer Besucher mit dem Warenkorb den Bezahlvorgang startet, sind Sie sehr, sehr gut.

7.1 Die meisten Bestellungen werden abgebrochen

Aber woran liegt das? In einigen Fällen haben die Besucher des Shops gar nicht vor, jemals im Web zu kaufen. Ein Beispiel sind die Webshops von Automobilherstellern: Diese haben mit 97 % die höchsten Abbruchraten. Viele Besucher der Website können sich ein solches Auto gar nicht leisten und träumen nur davon, ein solches zu kaufen. Oder sie wollen einfach sehen, wie teuer das anvisierte Modell in der gewünschten Ausstattung ist. Oder sie informieren sich lediglich online, um später vor Ort im Autohaus zu kaufen.

Aber es gibt auch handfeste Gründe, einen tatsächlich geplanten Kauf in einem Webshop abzubrechen:

- Probleme bei der Bedienung der Website
- Kosten für Versand, Gebühren oder Steuern erscheinen zu hoch (und waren zuvor nicht klar).
- Gewünschte Versandart wird nicht angeboten.
- Gewünschte Zahlungsweise wird nicht angeboten.
- technische Probleme beim Bezahlvorgang
- Daten werden erhoben, die der Nutzer nicht preisgeben will
- Dateneingabe braucht mehr Zeit, als der Nutzer bereit ist, aufzuwenden
- Probleme beim Wieder-Anmelden, weil Passwörter, E-Mail-Adressen o. Ä. vergessen/nicht wiedergefunden werden

Was können wir also tun, um diese Faktoren in unserem Shop im Griff zu behalten? Wir können sicherstellen, dass wir den *Best Practices* folgen, also den bewährten Methoden.

7.2 Zahlungsmethoden auswählen

Ein häufiger Abbruchgrund für Kunden ist, dass ihre bevorzugte Zahlmethode in einem Shop nicht angeboten wird. *Was* die bevorzugte Methode ist, unterscheidet sich von Person zu Person, aber auch von Situation zu Situation. Kennen sie einen Webshop noch nicht, dann zahlen viele am liebsten per Rechnung – denn dann sind sie sicher, dass sie die Ware in Händen halten und prüfen können, bevor sie Geld herausrücken müssen. Stammkunden dagegen, die wissen, dass einem Shop zu vertrauen ist, bevorzugen dagegen oft Bankeinzug oder PayPal – weil es bequemer ist.

Für Sie als Verkäufer ist die Zahlung auf Rechnung dagegen höchst unattraktiv. Denn Sie müssen den Zahlungseingang überwachen, nicht bezahlte Rechnungen anmahnen und bekommen Ihr Geld im schlimmsten Fall gar nicht. Aber jede Zahlungsweise hat für Sie verschiedene Vor- und Nachteile. Drei Faktoren spielen für Sie dabei die Hauptrolle:

1. **Sicherheit.** Sind Sie vor Betrügern oder nicht zahlenden Kunden geschützt?
2. **Aufwand.** Wie viel Mühe bedeutet die Abrechnung für Sie?
3. **Gebühren.** Wie viel vom Umsatz müssen Sie an Shopify und/oder Zahlungsdienstleister abgeben?

Meine Empfehlung ist, dass Sie in Ihrem Shop zunächst zwei Zahlungsmöglichkeiten aktivieren:

- Shopify Payments
- PayPal

Denn diese beiden verursachen den geringsten Aufwand, sind weitgehend sicher, und bei den Gebühren sind sie auch in Ordnung. Der Haken bei den Gebühren ist: Diese unterscheiden sich je nach Anbieter, Umsatz der einzelnen Bestellung und Land. Außerdem sind die Gebühren unterschiedlich, je nachdem, welchen Plan Sie bei Shopify gebucht haben (siehe Kapitel 2, »Für Ungeduldige – in nur einem Tag zum eigenen Shop«). Starten Sie erst mal mit diesen zwei Zahlungsmethoden, und sammeln Sie Erfahrungen damit. Läuft alles, und Sie machen ordentlich Umsatz, dann lohnt es sich, alles durchzurechnen und die Zahlungsmethoden anzupassen, um Ihren Gewinn zu steigern. Am Anfang sparen Sie sich aber die tagelange Mühe, das alles selbst zu integrieren.

Ohne Telefonnummer geht nichts

Wenn Sie eine Fehlermeldung beim Einrichten von Zahlungsmethoden bekommen, prüfen Sie, ob Sie eine Telefonnummer für Ihren Shop eingegeben haben. Ohne die kommen Sie hier nicht weiter. Eintragen können Sie die Nummer bei **Einstellungen • Allgemein**.

7.2.1 Shopify Payments hinzufügen

Haben Sie Shopify Payments schon im Kapitel 2 hinzugefügt, dann springen Sie zum nächsten Abschnitt. Haben Sie das noch nicht getan, holen Sie das jetzt nach:

1. Klicken Sie in der Seitenleiste links ganz unten auf **Einstellungen**, dann auf den Bereich **Zahlungen**.

2. Gehen Sie im Abschnitt **Shopify Payments** auf **Shopify Payments aktivieren**.

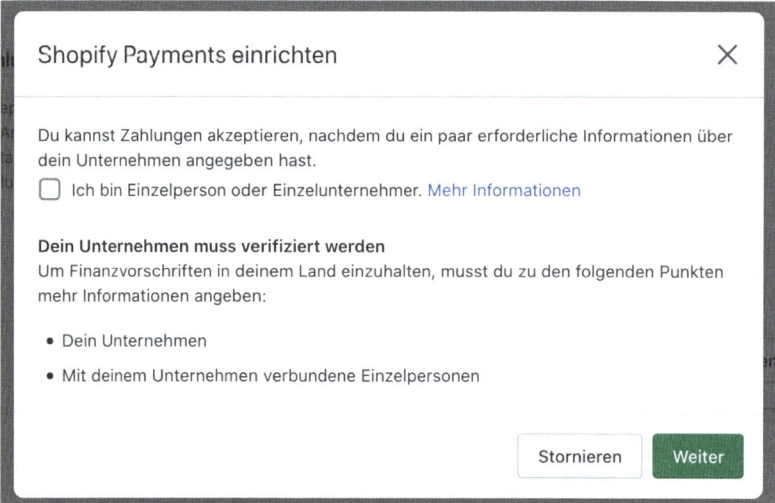

Nun will Shopify wissen, ob Sie Einzelunternehmer sind. Das heißt, wenn Sie eine GmbH, eine UG oder ein anderes Unternehmen oder einen Verein haben, müssen Sie den Haken bei **Ich bin Einzelperson oder Einzelunternehmer** entfernen. Der Button wird in dem Fall zu **Weiter**, weil Sie zusätzliche Infos eintragen müssen. (Mehr zum Thema Kleinunternehmer siehe Kapitel 3, »Ihre Geschäftsidee – Grundlage Ihres Erfolgs«).

7.2 Zahlungsmethoden auswählen

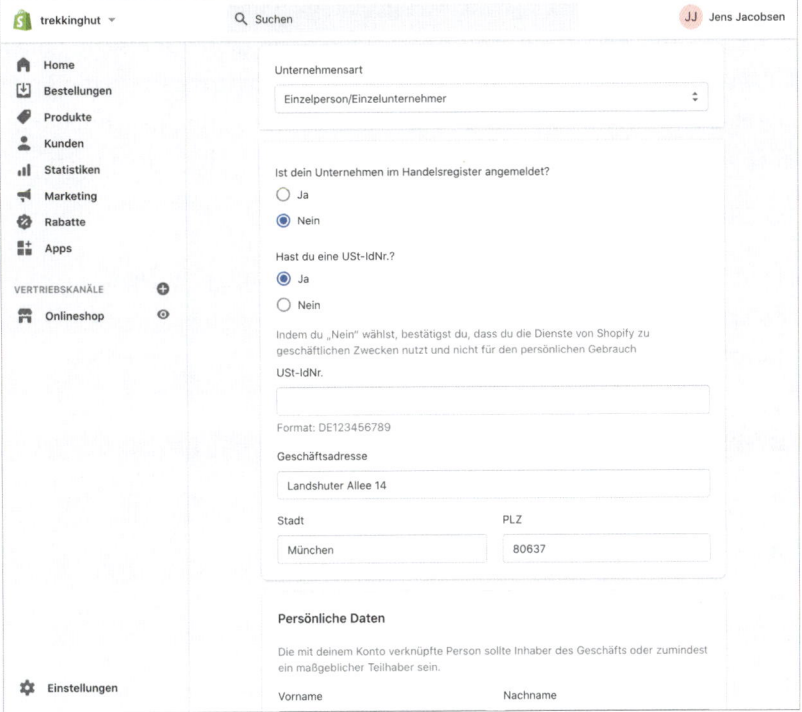

3. Ergänzen Sie also alle Infos zu Ihrem Unternehmen. Hier müssen Sie unbedingt alles vollständig und korrekt eingeben, inklusive Steuer-IdNr. und Geburtsdatum. Sonst verstoßen Sie nicht nur gegen die Nutzungsbedingungen und riskieren eine Kündigung von Shopify. Sie können zudem auch Ärger mit dem Finanzamt bekommen.

4. Haben Sie alles eingetragen, klicken Sie auf **Kontoeinrichtung abschließen**. Ist alles korrekt, sehen Sie nun die Zahlungsmethoden, die Ihre Kunden nutzen können.

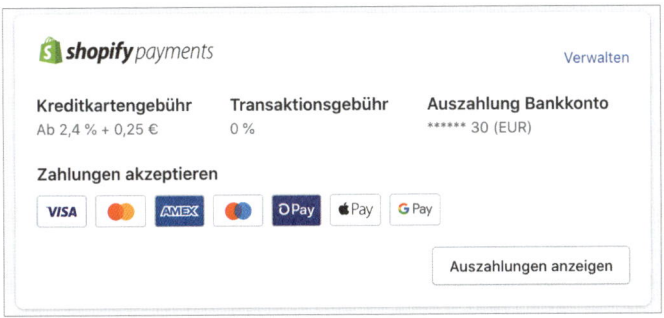

Sie sehen: Das ist schon eine ganze Menge. Einige fehlen jedoch, unter anderem Sofort und Klarna Rechnung. Sofort ist, anders als diese Übersicht nahelegt, durchaus schon verfügbar. Klarna Rechnung jedoch nicht, weil dazu der Anbieter Ihre Daten zunächst prüft, was bis zu 30 Tage dauern kann. Manchmal müssen Sie die Zahlungsmöglichkeiten extra aktivieren, damit sie hier erscheinen:

1. Klicken Sie oben rechts auf **Verwalten**.

2. Setzen Sie die Haken bei allen Methoden, die Sie nutzen wollen.

3. Klicken Sie **Speichern**. (Dieser Button erscheint nur, wenn Sie Änderungen vornehmen.)

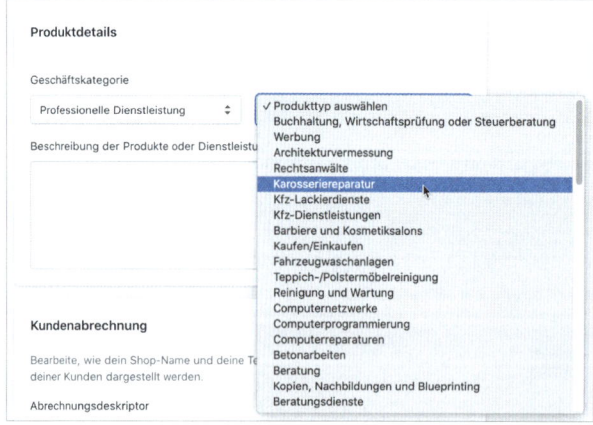

Abbildung 7.2 *Auch was Sie verkaufen, müssen Sie detailliert angeben.*

7.2.2 PayPal hinzufügen

Eine kleine Einschränkung gibt es bei PayPal: Sie können in Shopify nur den *Express-Checkout* einbinden. Das ist die üblichste Methode, daher ist das nicht weiter schlimm. Das geht so:

1. Klicken Sie auf der Seite **Zahlungsmethoden** im Abschnitt **Paypal** auf den Button **Paypal Express Checkout aktivieren**. Sie landen auf der Website von PayPal.

2. Geben Sie Ihre E-Mail-Adresse ein. Haben Sie nur ein *Privatkonto* bei PayPal, dann empfehle ich, eine andere Mailadresse anzugeben, damit Sie im nächsten Schritt gleich ein neues Konto erstellen können.

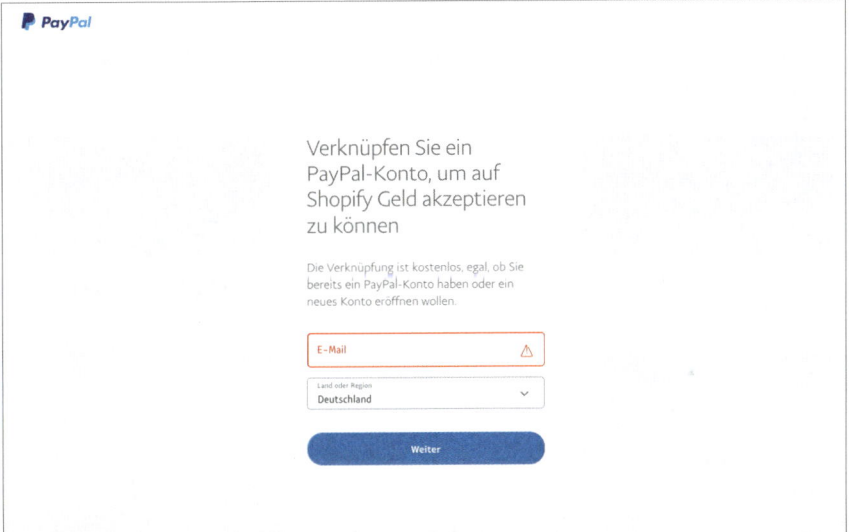

3. Wenn mit der Mailadresse kein PayPal-Konto verknüpft ist, werden Sie zum Anlegen eines kostenlosen Kontos weitergeleitet. Andernfalls kommen Sie zur Log-in-Seite für Ihren Account.

4. Legen Sie ein Geschäftskonto an. Das sollte in ein paar Minuten gehen, da Sie die Daten kürzlich ja alle bei Shopify eingetragen haben. Ist Ihr PayPal-Konto bereits ein Geschäftskonto, müssen Sie nur noch die Zustimmung zur Verknüpfung geben. In jedem Fall landen Sie am Ende wieder bei Shopify, und die Verknüpfung wird gleich angezeigt.

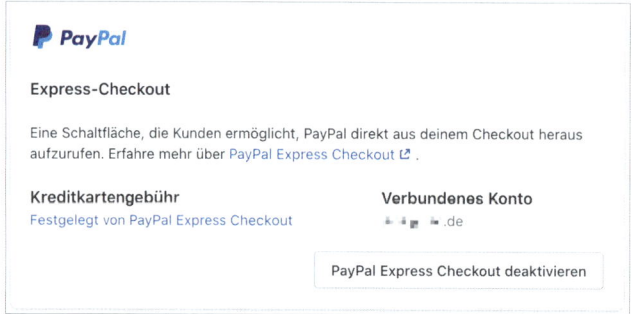

7.2.3 PayPal-Button auf der Produktdetailseite verstecken

Ein Kritikpunkt, den viele bei der Einbindung von PayPal in Shopify haben, ist der massive Button, der auf den Produktdetailseiten erscheint, siehe Abbildung 7.3. Den können Sie nicht anpassen, ohne tief in den Code Ihres Themes einzugreifen. Was Sie aber machen können, ist, den Button auszublenden:

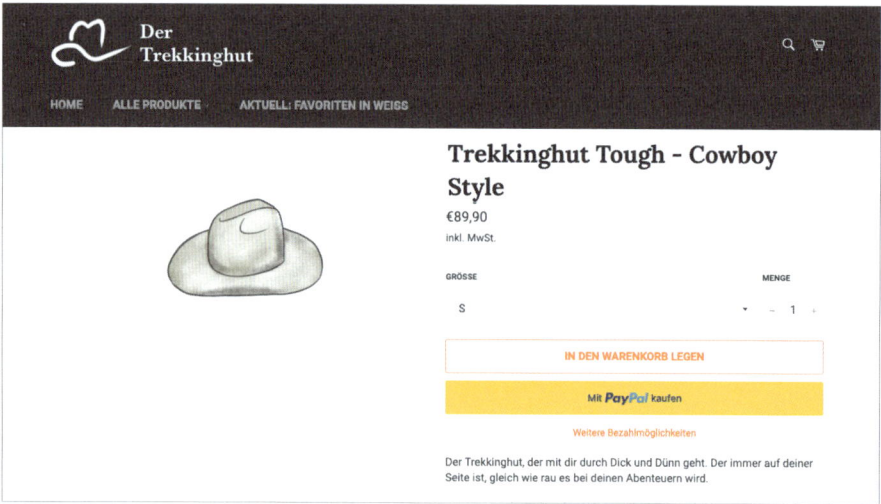

Abbildung 7.3 *Bieten Sie PayPal an, erscheint zwangsweise dieser wenig dezente Button auf jeder Produktdetailseite.*

1. Gehen Sie auf **Themes • Anpassen,** und wählen Sie im Menü oben **Produktseiten**. Klicken Sie hier ebenfalls auf den Abschnitt **Produktseiten**.

2. Entfernen Sie den Haken bei **Dynamischen Checkout Button anzeigen**.

   Der Text darunter erklärt auch, dass es nicht immer nur der PayPal-Button ist, der auf den Produktdetailseiten gezeigt wird. Es kann auch eine andere

7.2 Zahlungsmethoden auswählen

Zahlungsmethode sein – wie genau Shopify das entscheidet, bleibt unklar. Für neue Kunden ist es aber wohl einfach der PayPal-Button, weil das die häufigste Zahlmethode ist.

Generell hat sich gezeigt, dass ein Button zum direkten Kaufen die Umsätze steigert. Daher fahren Sie vermutlich mit dem PayPal-Button ganz gut, und ich persönlich würde ihn drin lassen. Wenn Sie den Button jedoch nicht wollen, aber trotzdem den »Jetzt kaufen«-Button auf der Produktseite sehen möchten, dann entfernen Sie PayPal als Zahlungsmethode – oder Sie ändern wie erwähnt den Code Ihres Themes.

Abbildung 7.4 *Nur wenn Sie PayPal als Zahlmethode ganz entfernen, sehen Sie den »Jetzt kaufen«-Button.*

Jetzt haben Sie alles vorbereitet, und der Rubel kann rollen. Aber sicher ist sicher, daher testen Sie einmal, ob das alles auch so klappt, wie es sollte. Das geht zumindest mit Kreditkartenzahlung recht einfach, wie Sie gleich sehen werden.

Abbildung 7.5 *Die meisten Themes zeigen die Icons der Zahlungsanbieter in der Fußzeile an.*

7.3 Zahlung testen

Um zu prüfen, ob die Zahlung auch funktioniert, aktivieren Sie den Testmodus:

1. Klicken Sie im Abschnitt **Shopify Payments** oben rechts auf **Verwalten**.

2. Setzen Sie im Bereich **Testmodus** ganz am Ende der Seite den Haken vor **Testmodus aktivieren**.

3. Gehen Sie auf den Button **Speichern** ganz unten oder ganz oben rechts. Sie sehen dann in der Übersicht der Zahlungsmethoden, dass das geklappt hat:

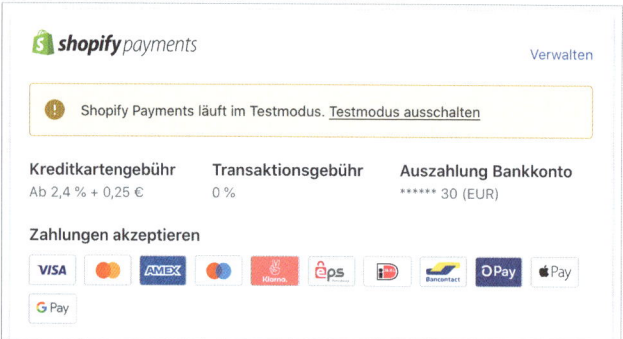

Machen wir uns also an einen Testkauf:

1. Öffnen Sie Ihren Shop, legen Sie ein Produkt in den Warenkorb, und gehen Sie damit zur Kasse – oder klicken Sie direkt auf **Jetzt kaufen**.

2. Geben Sie eine Mailadresse und eine Lieferadresse ein, und klicken Sie auf **Weiter zum Versand**.

3. Wenn Sie, wie oben beschrieben, den Testmodus für Ihren Shop aktiviert haben, können Sie mit diesen Daten einen Kauf simulieren:

   Kreditkarte: Visa

   Kartennummer: 4242424242424242

   Name: zwei beliebige Wörter

   Gültig bis: beliebiger Monat in der Zukunft

   Sicherheitscode: drei beliebige Ziffern

4. Klicken Sie auf **Jetzt bezahlen**, und Sie sehen die Auftragsbestätigung, wenn Sie zuvor alles richtig eingestellt haben:

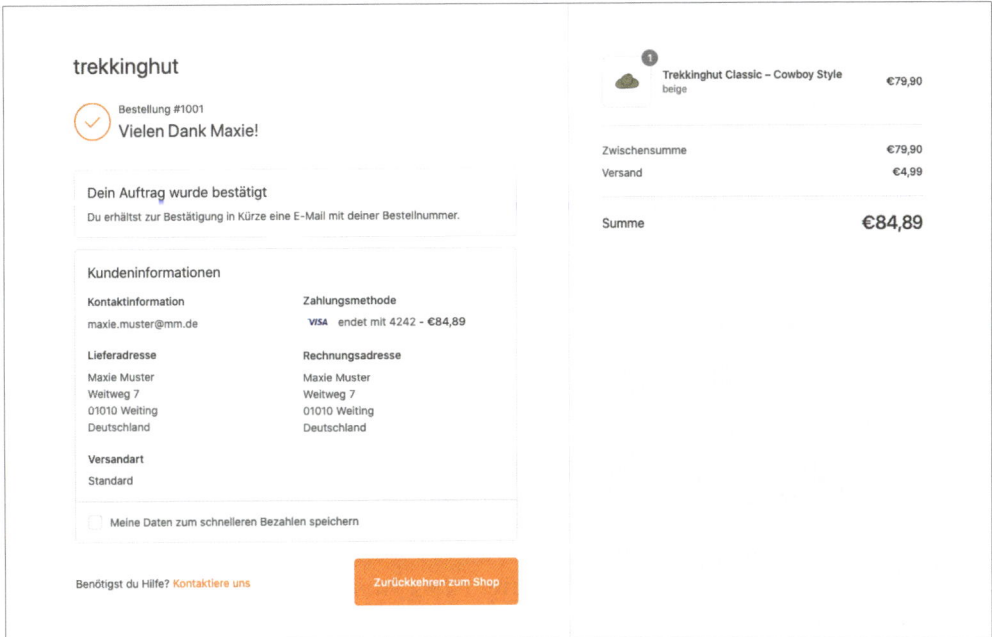

Die Testbestellung sehen Sie jetzt auch im Admin-Bereich von Shopify unter **Bestellungen**. Zusätzlich bekommen Sie eine E-Mail mit den Infos zur Bestellung.

trekkinghut

BESTELLUNG #1001

Vielen Dank für deinen Einkauf!

Hallo Maxie! Wir bereiten deine Bestellung gerade für den Versand vor. Wir benachrichtigen dich, sobald die Bestellung verschickt wurde.

Bestellung ansehen   oder Zu unserem Shop

Bestellübersicht

Trekkinghut Classic – Cowboy Style × 1
beige   €79,90

Zwischensumme   €79,90
Versand   €4,99
Steuern   €0,00

Gesamt   **€84,89 EUR**

Kundeninformationen

Lieferadresse   Rechnungsadresse
Maxie Muster   Maxie Muster
Weitweg 7   Weitweg 7
01010 Weiting   01010 Weiting
Deutschland   Deutschland

Abbildung 7.6 Der Kunde erhält automatisch eine solche Bestätigungs-E-Mail. Diese wird mit dem Absender verschickt, den Sie in den Shopeinstellungen angegeben haben.

Achten Sie auf die richtige E-Mail-Adresse

Zum Versand von Bestellbestätigungen und auch als Kontaktadresse auf der Website nutzt Shopify Ihre Shop-E-Mail-Adresse. Diese stellen Sie bei **Einstellungen • Allgemein** ein. Dabei gibt es zwei verschiedene: An die **Kontakt-E-Mail des Shops** gehen alle Mails von Shopify, also auch die Bestellbestätigungen. Die **Absender-E-Mail** ist dagegen die Adresse, die Ihre Kunden sehen, also z. B. als Absender der Bestellbestätigung und am Ende einer Bestellung als Kontaktmöglichkeit, wenn der Kunde Hilfe braucht.

Firmenname
trekkinghut

Kontakt-E-Mail des Shops
jens@trekkinghut.de
Wir verwenden diese Adresse, wenn wir dich bezüglich deines Shops kontaktieren müssen.

Absender-E-Mail
service@trekkinghut.de
Diese Adresse sehen deine Kunden, wenn du ihnen eine E-Mail sendest.

Shop-Branche
Andere

Abbildung 7.7 *Die Felder zum Einstellen der Mailadressen Ihres Shops*

Verwenden Sie unbedingt eine Mailadresse, die den Kunden nicht verwirrt. Es sollte also der Name Ihres Shops darin auftauchen, sonst könnten die Kunden die Mails für Spam halten. Nutzen Sie eine eigene Domain, dann ist etwas wie *service@ihr-shop-name.de* gut. Haben Sie nur eine Shopify-Adresse, dann nehmen Sie etwas wie *ihr-shop-name@ihre-domain.de*. Auf keinen Fall sollten Sie Adressen wie *no-reply@ihre-domain.de* nutzen. Denn damit signalisieren Sie Ihren Kunden, dass Sie nichts mit ihnen zu tun haben wollen. Um Vertrauen bei Ihren Kunden zu schaffen, sollten Sie auch unverständliche Adressen oder die Namen von Personen vermeiden.

7.4 Stolpersteine auf dem Weg zur Kasse ausräumen

Soweit die Pflicht, die Bestellungen können jetzt kommen. Aber damit das auch tatsächlich passiert, sehen Sie sich den Prozess noch mal ganz mit den Augen eines neuen Kunden an. Diesem wollen Sie die Bestellung so einfach wie möglich machen. Grundlage ist immer, dass der Kunde stets weiß, was er als Nächstes tun kann – und aus unserer Sicht soll. Vereinfacht gesagt, die Buttons, die er klicken muss, um seinen Kauf abzuschließen, müssen deutlich herausstechen. Sehen Sie sich also Ihren so weit eingerichteten Shop an, und überprüfen Sie, ob ein neuer Kunde die Produkte problemlos in seinen Warenkorb legen und damit zur Kasse gehen kann. Ob er dabei alles versteht oder Fragen offen bleiben. Und ob er Ihnen vertraut.

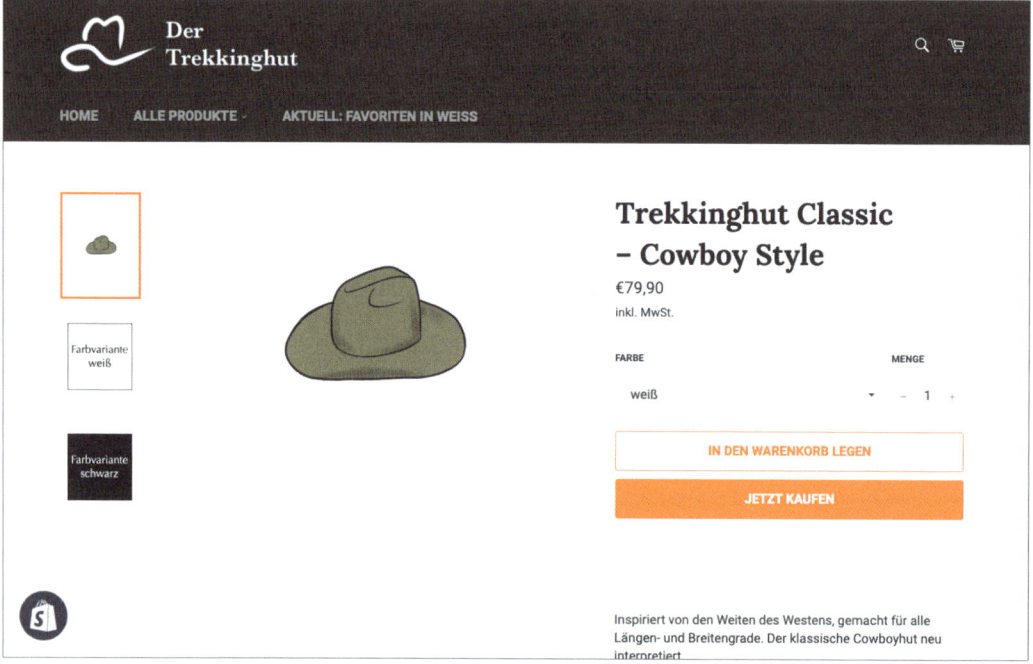

Abbildung 7.8 *Mit dem Theme »Venture« sieht die Produktdetailseite so aus. Farbgestaltung, Position und Größe lassen die Buttons zum Kauf hervorstechen.*

Abbildung 7.9 *Diese Meldung erscheint für einige Sekunden, wenn man einen Artikel in den Warenkorb legt. Das Warenkorb-Icon oben rechts bekommt einen roten Kreis.*

Was beim Theme *Venture* z. B. nicht gut gelöst sind, sind die Übersetzungen im Warenkorb und beim Checkout. Das können wir ändern:

1. Gehen Sie auf **Onlineshop • Themes**. Wählen Sie dort im Kasten **Aktuelles Theme** im Menü **Aktionen** den Eintrag **Sprachen bearbeiten**.

2. Klicken Sie in der oberen Leiste auf **Cart** (das ist der Einkaufwagen).

3. Ändern Sie den Text »Besondere Hinweise an den Verkäufer« – das ist aus der Sicht von Shopify formuliert, nicht aus Kundensicht. Besser ist z. B. »Hinweise zu dieser Bestellung« oder »Wünsche an das Trekkinghut-Team«.

4. Statt »Checkout« schreiben Sie besser »zur Kasse«, denn nicht jeder kennt den englischen Begriff.

5. Geben Sie oben unter der Leiste in dem Feld neben **Filter** den Text »Zurückkehren zum Shop« ein. Damit suchen Sie in allen Textstücken. Der erste Treffer ist für **Return to store link label**. Das ist der Button, den der Kunde nach Abschluss seiner Bestellung sieht – und der ihn zurück zum Shop bringt. Korrigieren Sie das zu »weiter shoppen« oder »weiter einkaufen«.

6. Klicken Sie auf **Speichern**.

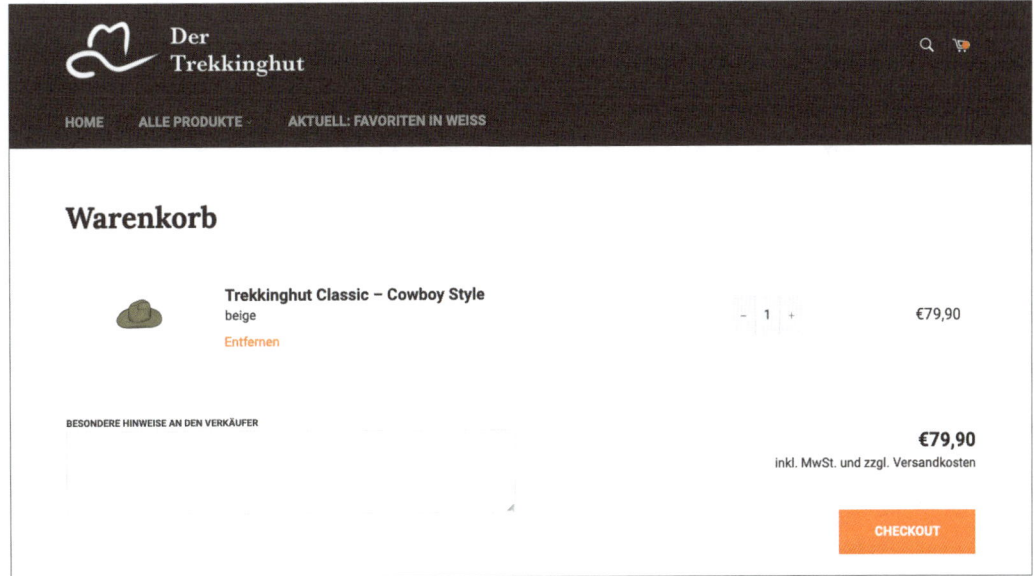

Abbildung 7.10 *So sieht der Standard-Warenkorb mit dem Theme »Venture« aus. Der Begriff »Checkout« ist in deutschen Shops unüblich, den sollten wir ändern.*

7.5 Umsatzsteuer korrekt erheben

Sind Sie Kleinunternehmer (siehe Kapitel 3, »Ihre Geschäftsidee – Grundlage Ihres Erfolgs«), dann ist dieser Abschnitt für Sie nicht relevant, und Sie können zum nächsten Kapitel springen. Für alle anderen ist das Thema Steuer leider unvermeidlich. Sie müssen bei jedem Umsatz darauf achten, die richtige Umsatzsteuer zu erheben. Für viele beginnt die Verwirrung schon mit dem Namen: *Umsatzsteuer (USt.)* ist der offizielle Name, meist spricht man aber von der *Mehrwertsteuer (MwSt.)*, was das Gleiche ist. Sobald Sie mehr als 22.000 € Umsatz pro Jahr machen, sind Sie kein Kleinunternehmer mehr und müssen auf alle Umsätze Steuern zahlen – also auch für die ersten 20.000 €. Sie als Verkäufer kassieren die Umsatzsteuer von Ihren Kunden und müssen diese an das Finanzamt abführen.

7.5.1 Ausnahmen von der Umsatzsteuer

Keine Umsatzsteuer müssen Sie abführen, wenn Sie an *Unternehmen* in der EU verkaufen. Dazu müssen Sie aber die Umsatzsteuer-ID der jeweiligen Firma erfragen. Das geht mit Shopify Plus oder mit kostenpflichtigen Apps. Im Normalfall werden Sie aber vor allem an Endverbraucher verkaufen. Unternehmen sind in den wenigsten Fällen Kunden. Und wenn, können diese sich die gezahlte Umsatzsteuer immer am Monatsende vom Finanzamt zurückholen, insofern können sie trotzdem bei Ihnen bestellen, ohne draufzuzahlen. Daher ist meine Empfehlung, dass Sie sich zunächst auf Endverbraucher konzentrieren, wenn Sie nicht sowieso Shopify Plus gebucht haben.

Außerdem gibt es Waren mit einer reduzierten Umsatzsteuer von 7 statt den üblichen 19 %. Das sind:

- Lebensmittel des »Grundbedarfs«, dazu gehören Butter, Brot, Käse, Milch – Sojamilch dagegen nicht, Trüffel schon. Das heißt, Sie sehen am besten im Einzelfall nach, wenn Sie Lebensmittel verkaufen.
- Kultur – also z. B. Kinokarten, Bücher und Zeitschriften
- Medikamente
- bestimmte Dienstleistungen wie zahntechnische Arbeiten oder öffentlicher Personennahverkehr

Für alles andere wird der volle Satz fällig. Sind Sie verwirrt, können Sie sich entspannen: Wenn Sie 19 statt 7 % Steuer von Ihren Kunden kassieren, dann hat das Finanzamt nichts dagegen – solange sie auch die 19 % abführen. Und im Normalfall sind es einfach die 19 %.

7.5.2 Sonderfall digitale Produkte

Etwas komplizierter wird es, wenn Sie Dinge verkaufen, die Sie nicht verschicken, sondern die Ihre Kunden herunterladen oder per Mail bekommen. Denn in dem Fall gilt nicht der Umsatzsteuersatz des Landes, in dem Sie wohnen, sondern der am Wohnort des Kunden. Das heißt, ein Spanier zahlt 21 % für eine MP3-Datei von Ihnen, sein Kollege in Ungarn zahlt 27 %. Zum Glück erledigt Shopify diese komplexe Berechnung für Sie. Ausgenommen sind davon übrigens Geschenkgutscheine, auch wenn Sie diese rein digital verschicken. Für die fallen dennoch die 19 % an wie für physische Waren.

7.5.3 Steuersatz in Shopify einstellen

Es gibt drei Stellen bei Shopify, an denen Sie einstellen müssen, dass Sie Steuern erheben: einmal in Ihren grundlegenden Einstellungen und dann noch mal bei jedem Produkt und/oder bei einer Produktkategorie. Sehen wir uns die erste Stelle an:

1. Gehen Sie auf **Einstellungen** • **Steuern**.

2. Klicken Sie auf **Einrichtung** neben dem Abschnitt **Europäische Union**.

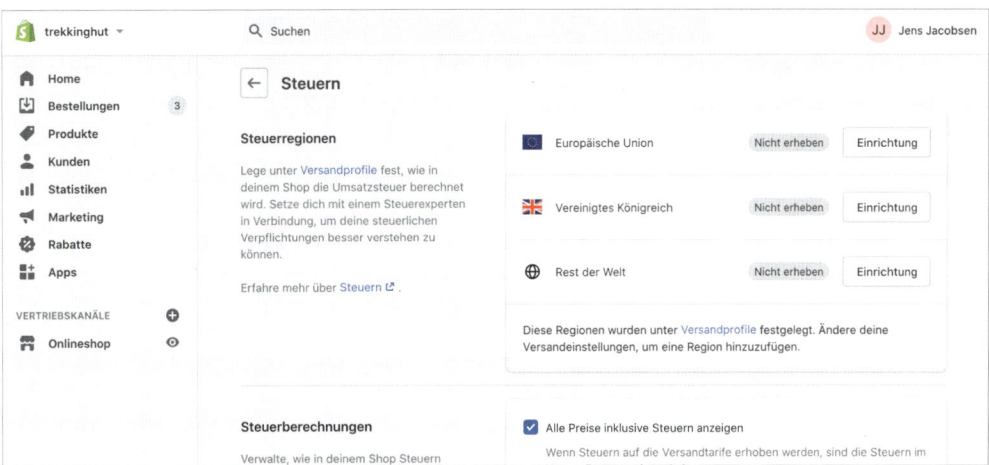

3. Wählen Sie **Umsatzsteuerregistrierung hinzufügen**.

Hier tragen Sie Ihre USt-IdNr. ein.

Im Abschnitt **Steuerüberschreibungen** können Sie die Standardeinstellungen überschreiben. Das ist nötig, wenn Sie mehrere Waren mit abweichendem Steuersatz haben. Verkaufen Sie also z. B. neben Kleidung und Accessoires auch ein paar Bücher, dann erstellen Sie für die Bücher eine eigene Produktkategorie und legen hier eine *Produktüberschreibung* für diese fest.

Abbildung 7.11 *Hier stellen Sie ein, wenn bestimmte Produktgruppen einen anderen Steuersatz haben als Ihre übrigen Waren.*

7.5 Umsatzsteuer korrekt erheben

USt-IdNr. ≠ Steuernummer ≠ Steuer-ID

Achtung: Die drei Steuernummern kann man leicht verwechseln.

- Bei der Umsatzsteuer ist die *USt-IdNr.* gefragt (auch *Umsatzsteuer-Identifikationsnummer*, kurz *Umsatzsteuer-ID*). Sie bekommen sie beim Bundeszentralamt für Steuern.

- Die *Steuernummer* brauchen Sie für Ihre Geschäfte. Sie bekommen sie vom zuständigen Finanzamt, und diese Nummer schreiben Sie auf Ihre Rechnungen.

- Die *Steueridentifikationsnummer* (kurz: *Steuer-ID* oder *Steuer-ID-Nummer*) ist eine Nummer für Sie persönlich. Sie dient ausschließlich zur Kommunikation mit Ämtern und hat auf Rechnungen und im Shop nichts zu suchen.

Jetzt sehen wir uns die Einstellung bei den Produkten an:

1. Gehen Sie auf **Produkte Alle • Produkte**, und wählen Sie das Produkt aus, das Sie anpassen möchten.

2. Hat das Produkt Varianten, wählen Sie eine aus, und aktivieren Sie dort **Steuern auf diese Variante erheben**.

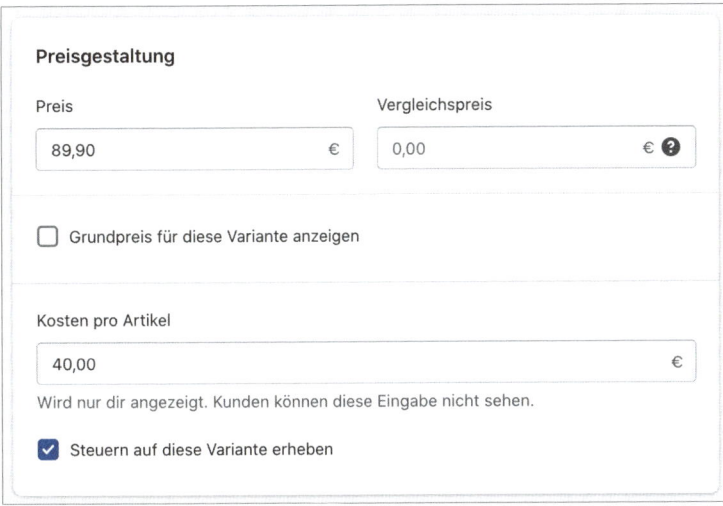

Dies wiederholen Sie für alle Varianten und dann natürlich für die weiteren Produkte.

Im Normalfall werden Sie hier aber nichts ändern, sondern dies gleich beim Anlegen der Produkte richtig eingeben.

Steuern bei Verkäufen ins Ausland

Wenn Sie nur wenig ins Ausland verkaufen, müssen Sie sich nicht besonders viel mit den Steuern befassen. Wachsen Ihre Umsätze, kann es aber kompliziert werden. Übersteigen diese eine gewisse Grenze, dann müssen Sie nämlich die Umsatzsteuer in dem jeweiligen Land des Käufers abführen, auch innerhalb Europas. Bei den meisten EU-Ländern liegt diese Grenze derzeit bei 35.000 € pro Jahr. Verkaufen Sie also z. B. für 20.000 € nach Griechenland und genauso viel nach Belgien, liegen Sie darunter. Wenn Sie sichergehen wollen, sollten Sie sich Hilfe bei einem Steuerberater suchen. Das ist alles nichts sonderlich Ungewöhnliches, und jemand, der sich öfter damit beschäftigt, kann Ihnen hier schnell weiterhelfen.

Kapitel 8
Die Ware verschicken – das müssen Sie beim Versand beachten

Trudeln die ersten Bestellungen ein, sollten Sie bereit sein. Denn Kunden sind verwöhnt: Fast alle hätten ihre Pakete gern sofort, direkt nach der Bestellung. Und manche großen Anbieter bieten in Großstädten inzwischen Lieferung am Tag der Bestellung an. Klar ist, dass Sie das nicht leisten können – und das müssen Sie auch nicht. Aber im Hinterkopf behalten sollten Sie diese Erwartungshaltung. Und was Sie tun können, ist, dem Kunden dennoch immer ein gutes Gefühl geben. Dazu gehört vor allem, ihn stets auf dem Laufenden zu halten. Das beginnt mit der Bestellbestätigung. Kommt die nicht, wird der Kunde misstrauisch. Meist hat er bereits bezahlt, aber von der Ware fehlt natürlich noch jede Spur. Die Bestellbestätigung verschickt Shopify zum Glück automatisch, Sie müssen nur einmal kontrollieren, ob alles richtig eingestellt ist (siehe voriges Kapitel).

Die Wartezeit versüßen

Vorfreude ist die schönste Freude – an den Spruch glaubt niemand, man sagt ihn höchstens seinen ungeduldigen Kindern. Daher haben Sie Verständnis für Ihre ungeduldigen Kunden, die nicht gern warten. Sollte es einmal unerwartet Verzögerungen geben, sagen Sie so schnell wie möglich Bescheid. Schreiben Sie eine Mail, in der Sie die Verzögerung erklären und sich entschuldigen. Auch wenn Sie nichts dafür können und Versanddienstleister, Lieferant oder jemand anderes schuld ist – das interessiert den Kunden nicht, die Entschuldigung erwartet er von Ihnen.

Haben Sie ein Produkt, was Sie erst nach Bestelleingang herstellen oder das Sie selbst bestellen müssen? Dann ist es eine gute Idee, den Kunden regelmäßig über den Stand der Dinge zu informieren. So weiß er, dass Sie noch nicht pleite sind, seine Bestellung nicht vergessen wurde – und er kann so doch ein wenig Vorfreude genießen.

8.1 Versandkostenfrei verschicken?

Für den Kunden ist es natürlich schön, wenn er für den Versand nichts zahlen muss. Zu hohe Versandkosten sind ein wichtiger Grund, warum Käufe in Onlineshops abgebrochen werden. Trotzdem müssen Sie es sich sehr gut überlegen, ob Sie kostenlosen Versand anbieten. Denn das führt oft auch dazu, dass die Bestellungen kleiner werden: Wenn es für mich als Kunde egal ist, ob ich ein T-Shirt bestelle oder zwei, dann bestelle ich heute nur eines. Das zweite kann ich ja dann in zwei Monaten bestellen. Vielleicht bestelle ich das zweite aber auch nie, oder ich bestelle es in einem anderen Shop. Daher ist es aus kaufmännischer Sicht gar nicht sinnvoll, in jedem Shop versandkostenfreie Lieferung anzubieten.

Rechnen Sie sich die Sache auf jeden Fall durch, bevor Sie sich entscheiden. Je weniger Ihre Produkte kosten und je schwerer sie sind, desto größer ist der Anteil der Versandkosten am Umsatz. Wenn Sie 50 Gramm Trüffel verschicken, stellen Sie vermutlich über 100 € in Rechnung – die Versandkosten von 5 € fallen da nicht so ins Gewicht. Verschicken Sie dagegen einen Gartenkürbis mit 5 Kilogramm, für den Sie nicht mehr als 10 € verlangen können, zahlen Sie um die 6 € Versand. Beim Trüffel bleiben 95 Prozent des Umsatzes übrig, beim Kürbis nur 40.

Ein Kompromiss, mit dem Käufer wie auch Sie meist gut leben können: Bestellt der Kunde Waren im Wert eines bestimmten Mindestbetrags, muss er keine Versandkosten zahlen. Das ist für den Kunden auch ein Anreiz, über eine bestimmte Summe zu kommen. Eine goldene Regel für die Höhe dieses Betrags gibt es nicht – es hängt stark davon ab, wie teuer Ihre Waren sind, wie viel Ihre Kunden normalerweise bestellen und was sie von anderen Shops gewöhnt sind.

8.2 Den richtigen Versanddienstleister aussuchen

Auch beim Paketdienst haben die Kunden unterschiedliche Vorlieben. Der eine Kunde mag zum Beispiel den Laden nicht, in den UPS die Pakete liefert. Der andere findet den Zusteller von DHL unsympathisch. Der Nächste hat den Eindruck, dass der Hermes-Bote nie bei ihm klingelt, sondern die Pakete immer gleich im Paketshop abgibt. Ob das jeweils so stimmt und ob es eine Erfahrung ist, die viele Kunden machen, spielt für den Einzelnen keine Rolle. Im Idealfall bieten Sie in Ihrem Shop mehrere der bekannten Dienstleister an. In Deutschland sind das:

8.2 Den richtigen Versanddienstleister aussuchen

- DHL
- Hermes
- UPS
- DPD
- GLS

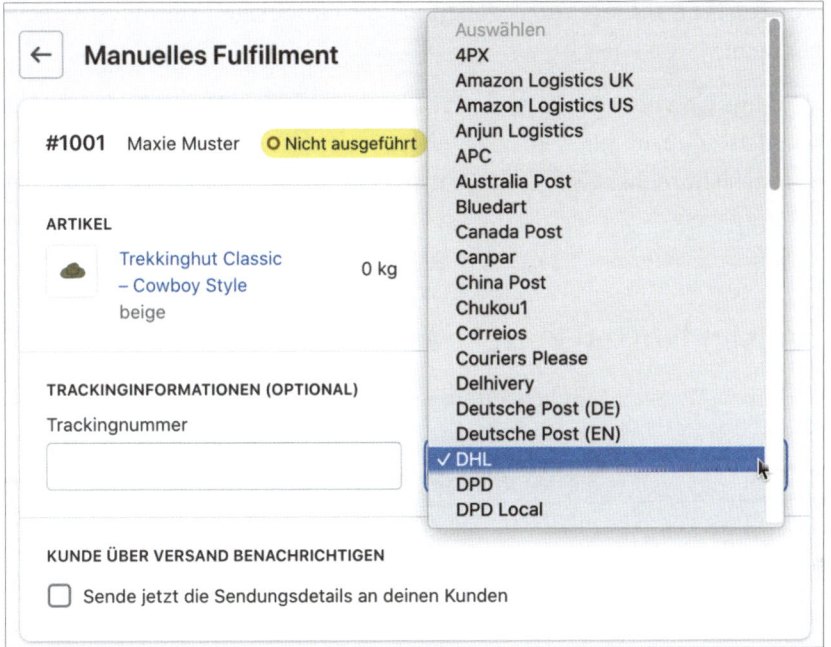

Abbildung 8.1 *Die Liste mit Versanddienstleistern ist riesig – in der Praxis sind für Sie aber nur eine Handvoll interessant.*

Wenn Sie erst starten, dann empfehle ich dennoch, am Anfang nur einen Dienstleister zu nutzen. Ganz einfach aus dem Grund, weil Sie sich selbst damit das Leben leichter machen. Sie haben schon genug mit Ihrem Shop zu tun. Sind Sie aber ambitioniert oder schon gut im Geschäft, dann bieten Sie zwei Dienstleister zur Auswahl an. So hat der Kunde, der schlechte Erfahrungen mit einem Versender gemacht hat, eine Alternative. Von der wirtschaftlichen Seite her würde ich mir am Anfang nicht zu viele Gedanken über den richtigen Dienstleister machen. Denn Sie können relativ leicht wechseln, wenn Sie einen kleineren Shop haben. Wenn Sie so knapp kalkuliert haben, dass die Ver-

203

sandkosten darüber entscheiden, ob sich Ihr Business lohnt, dann kennen Sie sich entweder sehr gut aus und sind in einem stark umkämpften Markt unterwegs – oder Sie sollten Ihre Geschäftsstrategie noch mal überdenken (siehe dazu auch Kapitel 3, »Ihre Geschäftsidee – Grundlage Ihres Erfolgs«). Sie müssen recht genau wissen, wie viele Pakete Sie pro Monat verschicken, wohin diese gehen und wie schwer sie sind, um genau ausrechnen zu können, welcher Versanddienstleister der günstigste für Sie ist. Daher sammeln Sie am besten erst mal Erfahrung, sonst haben Sie die Grundlagen für diese Berechnung gar nicht.

Was allerdings ein wichtiges Argument dafür ist, einen Vertrag mit einem Versanddienstleister abzuschließen: Die meisten holen die Pakte dann auch ab. Sie müssen also nicht mehr selbst zum Paketshop oder zur Post laufen und die Pakete dort aufgeben.

8.3 Versandkosten korrekt angeben

Generell haben Sie zwei Möglichkeiten, den Kunden die Versandkosten zu berechnen:

- generisch, das heißt, die Kunden sehen nur die Kosten – aber zunächst nicht, mit welchem Dienstleister Sie arbeiten
- nach Dienstleister

8.3.1 Versanddienstleister manuell eintragen

Am flexibelsten sind Sie, wenn Sie einfach einen Wert für die Versandkosten einsetzen. Dann können Sie je nach Gewicht, Größe und Anzahl gerade anfallender Sendungen selbst entscheiden, mit wem Sie die Bestellung jeweils verschicken. Manche Kunden kann das aber vom Kauf abhalten, weil sie wissen wollen, mit wem ihr Paket verschickt wird. Daher ist es meist besser, den Anbieter anzugeben. Dazu brauchen Sie keinen Vertrag mit diesem Anbieter, Sie können eintragen, was Sie möchten. Setzen wir das nun mal um in unserem Shop:

1. Gehen Sie zu **Einstellungen** • **Versand und Zustellung** und dann im Abschnitt **Versand** auf **Tarife verwalten**.

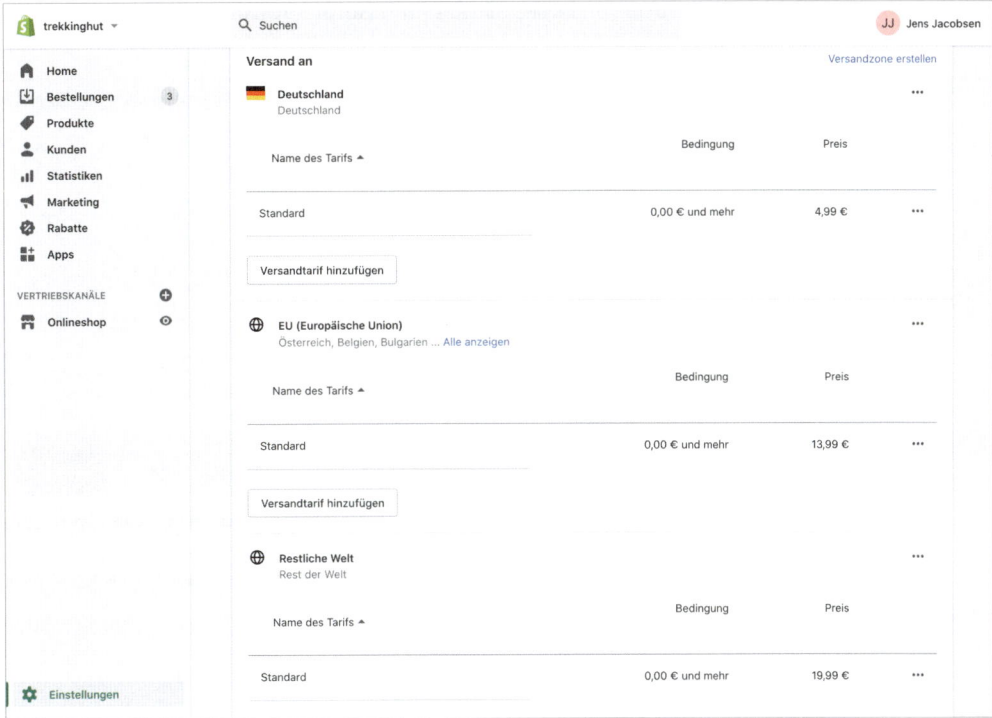

Sie sehen die Standardtarife, die Shopify für Sie angelegt hat.

2. Klicken Sie auf die drei Punkte in der Zeile mit dem Namen des Tarifs – »Standard«, wenn Sie nichts geändert haben. (Klicken Sie dagegen auf die drei Punkte neben dem Land, dann bearbeiten Sie die Zone, nicht den Tarif.)

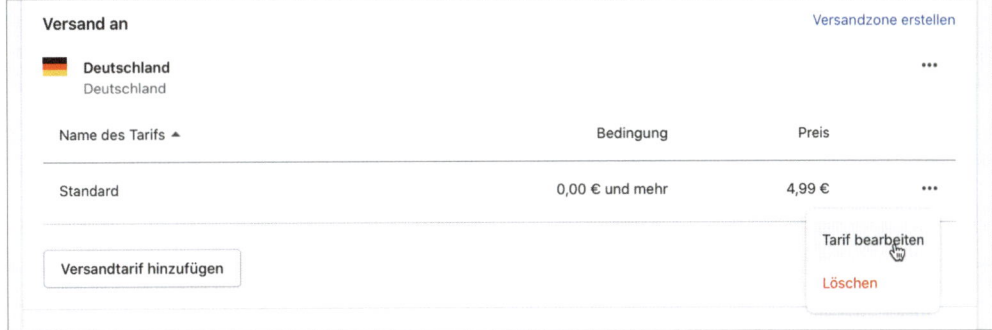

3. Ändern Sie nun den Namen, z. B. zu »DHL (2-3 Tage)«. Das ist der Name, den der Kunde sehen wird und mit dem er aussucht, welche Versandart er

haben will. Daher bietet es sich an, die Lieferzeit mit anzugeben. Tragen Sie auch den Preis ein, den Sie berechnen wollen.

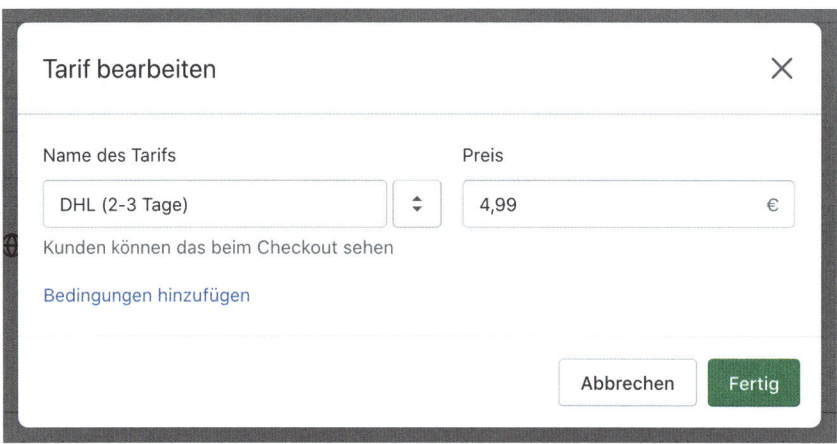

4. Legen wir einen zweiten Tarif an: Klicken Sie auf **Versandtarif hinzufügen**. Nennen Sie diesen z. B. »DHL Express (1-2 Tage)«, und geben Sie einen Preis an.

5. Wiederholen Sie das für weitere Dienstleister, z. B. Hermes.

6. Klicken Sie auf **Speichern**.

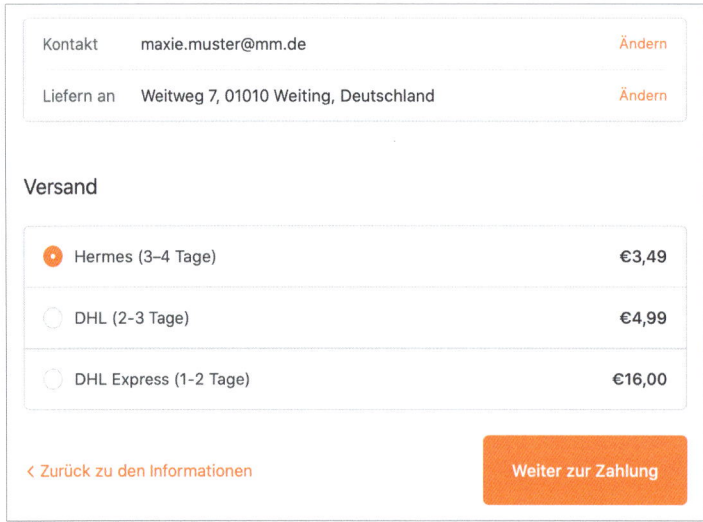

Abbildung 8.2 *Beim Checkout kann der Kunde zwischen den Versandoptionen wählen. Diese werden ihm in preislich aufsteigender Reihenfolge gezeigt, nicht alphabetisch.*

Das ist alles schon recht gut, jetzt wollen wir nur noch eine kostenlose Lieferung ergänzen, wenn der Kunde den Mindestbestellwert dafür erreicht:

1. Klicken Sie auf den Button **Versandtarif hinzufügen**. Nennen Sie diesen z. B. »Kostenlos (ab 100 € Bestellmenge)«.

2. Klicken Sie auf **Bedingungen hinzufügen**, und wählen Sie **Basierend auf Bestellpreis**. Tragen Sie die Mindestbestellmenge ein.

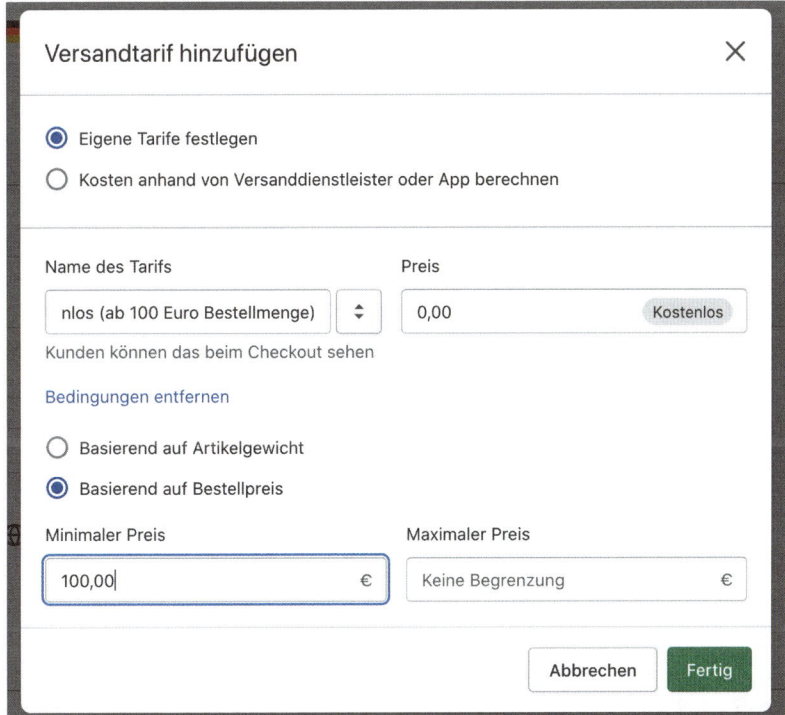

Mit der zweiten Option können Sie Mindest- oder Maximalgewicht sowie Mindest- oder Maximalpreis der Lieferung festlegen, für welche diese Methode angeboten wird. Haben Sie z. B. Waren, die sehr schwer sind, können Sie diese nicht mit den üblichen Dienstleistern verschicken, sondern brauchen eine Spedition.

3. Klicken Sie auf **Fertig**, dann auf **Speichern**.

Diese Option sieht der Kunde beim Checkout nur, wenn er so viel im Warenkorb hat, dass er die Mindestmenge für die kostenlose Bestellung erreicht.

Keine Versprechen machen, die Sie nicht halten können
Wenig zerstört das Vertrauen der Kunden in Ihren Shop so leicht wie gebrochene Versprechen. Daher geben Sie nur Lieferfristen an, die Sie auch einhalten können. Es nützt Ihnen wenig, wenn Sie Kunden dazu bringen, bei Ihnen zu bestellen, indem Sie die Lieferzeit von einem Tag angeben. Diese Kunden bestellen dann nur ein Mal bei Ihnen, wenn sie doch länger auf die Lieferung warten müssen. Und sie werden möglicherweise auf Bewertungsportalen oder in sozialen Medien ihrem Ärger Luft machen.

8.3.2 Versand automatisieren

Sobald Ihr Shop läuft und Sie hoffentlich täglich etliche Bestellungen bekommen, werden Sie merken, dass nicht nur das Packen und Verschicken ganz schön viel Arbeit macht, sondern auch die Verwaltung, also das Drucken der Lieferscheine und der Adressetiketten, der Versand der Rechnungen und die Weitergabe der Informationen zur Paketverfolgung. Spätestens dann lohnt es sich, über eine Automatisierung nachzudenken. Im Bereich **Konten und Integrationen** gibt es die Möglichkeit, Konten von Versanddienstleistern zu verbinden. Das klingt vielversprechend, ist aber leider derzeit auf zwei Dienstleister beschränkt (siehe Abbildung 8.3).

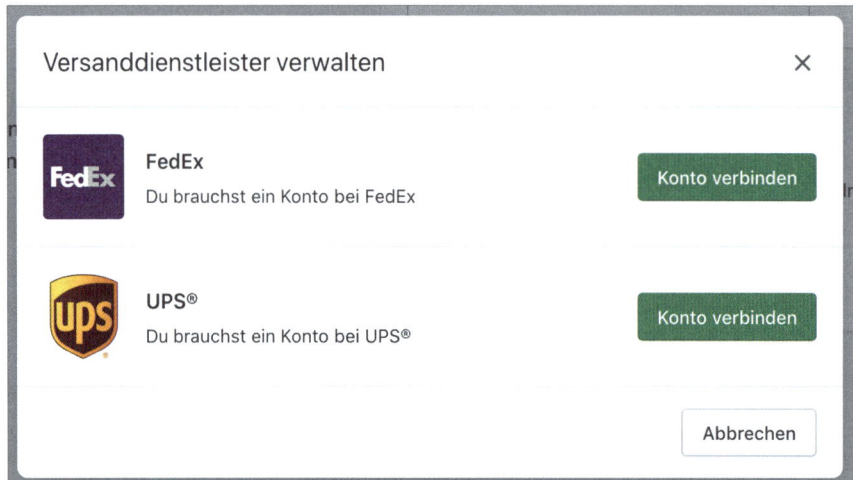

Abbildung 8.3 *Derzeit bietet Shopify standardmäßig nur die Integration von zwei Dienstleistern an. Zum Glück haben Sie Alternativen.*

Aber keine Sorge: Sie haben dennoch viele andere Möglichkeiten. Kostenlos ist z. B. die Shopify-App von DHL, *DHL Versand*. Dazu brauchen Sie allerdings einen Vertrag mit DHL, aber der lohnt sich sowieso, wenn Sie viel über diesen Dienst verschicken. Derzeit sind noch nicht alle Produkte integriert, die App wird aber weiterentwickelt und ist noch recht neu.

Außerdem gibt es Apps wie *Shippo*, *SendCloud* oder *Shipcloud*. Diese erstellen die benötigten Etiketten für alle gängigen Versanddienstleister automatisch. SendCloud und Shippo sind kostenlos, Shipcloud nicht. Voraussetzung ist bei allen ein Abo des jeweiligen Dienstes, über den dann die Abwicklung der Versandetiketten und die Abrechnung laufen.

8.3.3 Besondere Produkte

Haben Sie Produkte, die aus der Reihe tanzen? Z. B. solche, die so schwer sind, dass Sie sie nicht mit den üblichen Versanddienstleistern verschicken können? Oder welche, die Sie in manche Länder nicht verschicken wollen oder dürfen? Dann legen Sie für diese ein eigenes Versandprofil an. Dazu gehen Sie im Bereich **Versand und Zustellung** im Abschnitt **Benutzerdefinierte Versandtarife** auf **Neues Profil erstellen**. Dort bestimmen Sie, welche Produkte dazugehören, und legen Versandoptionen für sie fest.

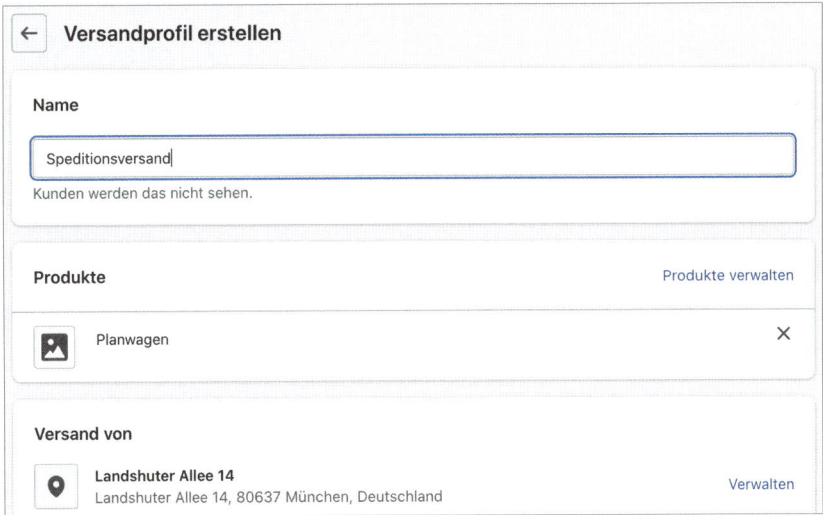

Abbildung 8.4 *Bei den Versandprofilen können Sie auch unterschiedliche Adressen eingeben, von denen aus Sie verschicken wollen. Das ist nützlich, wenn z. B. schwere Waren an einem anderen Ort lagern.*

8.4 Versandkosten im Shop richtig angeben

Die Kunden wollen wissen, wie viel der Versand kostet. Und dieses Recht ist gesetzlich festgeschrieben. Die *Preisangabenverordnung* sagt, dass es nicht reicht, die Versandkosten erst anzugeben, wenn die Bestellung gestartet wird. Interessenten müssen die Möglichkeit haben, sich vorher darüber zu informieren. Das müssen wir in Shopify nachrüsten. Der einfachste Weg dorthin führt über eine eigene Seite, auf der wir angeben, was welche Pakete kosten. Legen wir los:

1. Rufen Sie in der linken Seitenleiste **Onlineshop** auf, und wählen Sie den Unterpunkt **Seiten**.

2. Klicken Sie den Button **Seite hinzufügen**. Geben Sie alle notwendigen Infos an, etwa so:

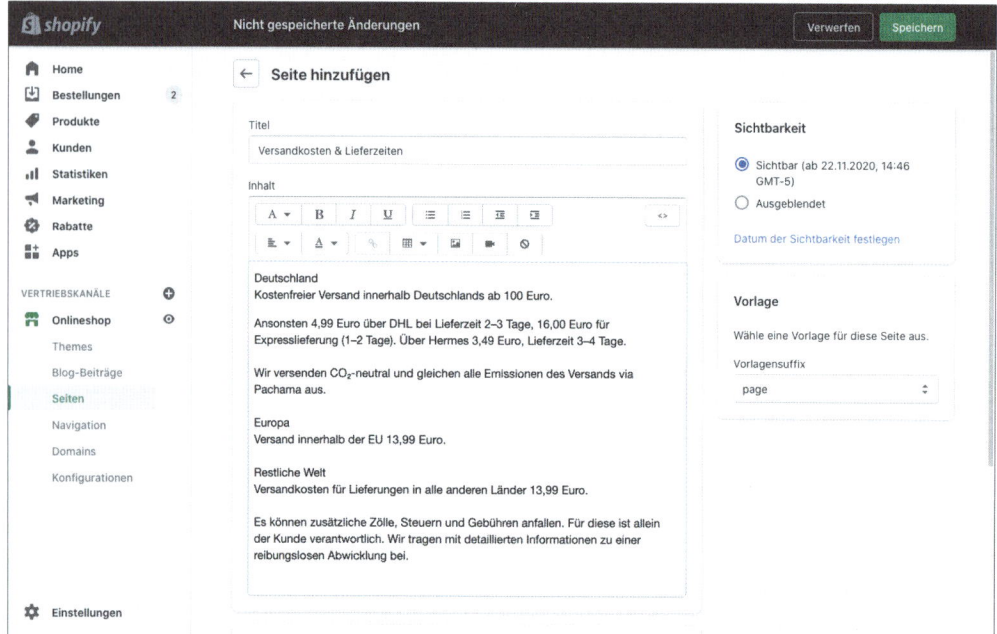

3. Sind Sie fertig, **Speichern** Sie.

4. Klicken Sie in der Seitenleiste auf **Navigation**.

5. Klicken Sie den Namen des Menüs an, das in der Fußzeile steht. Wir haben es zuvor in »Häufig genutzt« umbenannt.

6. Wählen Sie **Menüpunkt hinzufügen**. Geben Sie einen Namen ein, und suchen Sie bei **Link** die eben erstellte Seite.

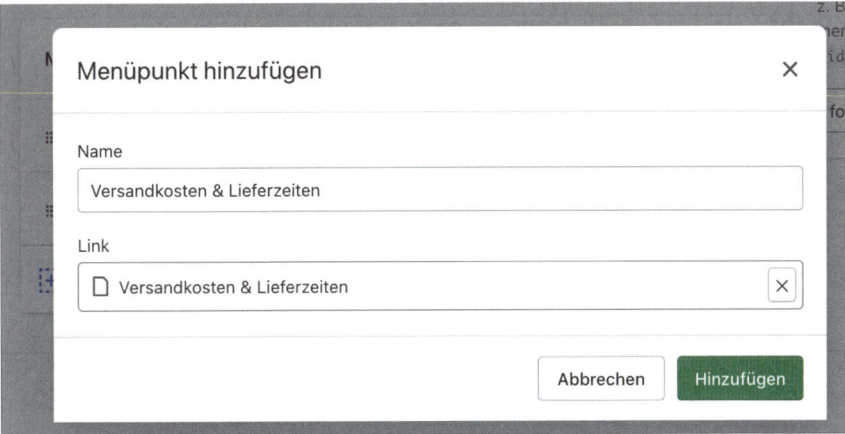

7. Gehen Sie auf **Menü speichern**. Die Seite ist jetzt über den Fußteil Ihres Shops aufzurufen:

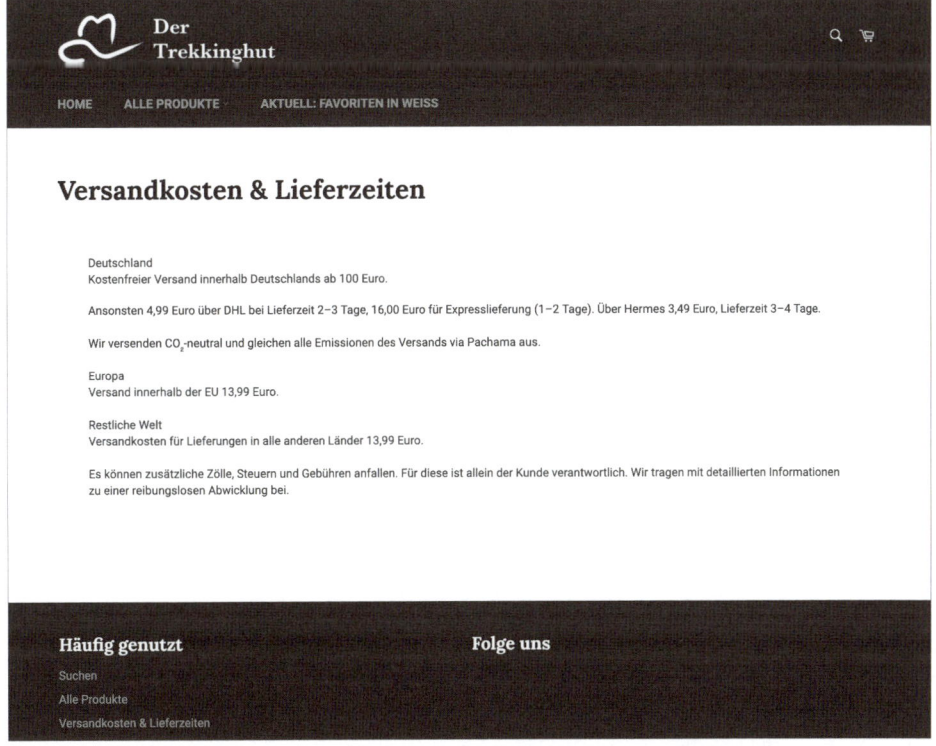

Kosten auf Anfrage sind verboten

Oft finden Sie in Shops Angaben wie: »Versandkosten ins Ausland auf Anfrage«. Das ist rechtlich nicht zulässig. Der Kunde muss in der Lage sein, die Kosten selbstständig zu bestimmen. Was Sie allerdings machen können, ist, die Lieferung in bestimmte Länder zu begrenzen. Liefern Sie nur innerhalb der EU, müssen Sie auch keine Kosten für Lieferungen in andere Teile der Welt angeben.

Jetzt fehlt noch eine Sache – fügen wir einen Link zu diesen Infos auf den Produktdetailseiten hinzu:

1. Gehen Sie in der Seitenleiste wieder auf **Themes**, und wählen Sie im Menü **Aktionen** Ihres gewählten Themes *(Venture* bei uns) im Menü **Aktionen** den Punkt **Code bearbeiten**.

2. Suchen Sie nach »product-template.liquid«, das ist die Vorlage für die Produktdetailseite. Wählen Sie die Datei in der Liste durch einen Klick aus. Suchen Sie dann den Text *{{ 'products.product.include_taxes' | t }}* (bei mir in Zeile 144):

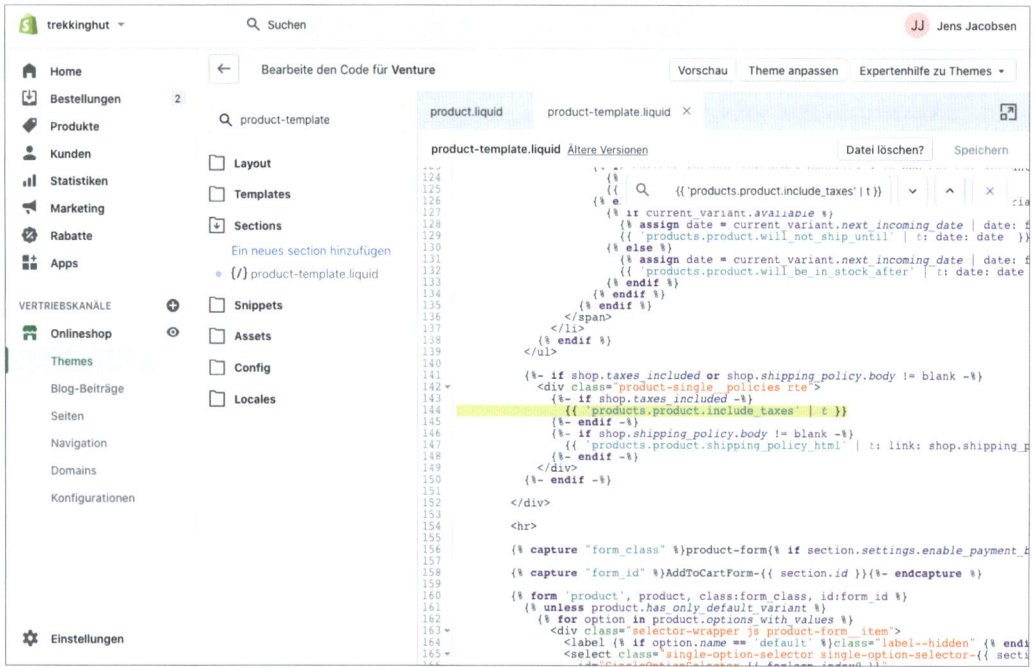

3. Ersetzen Sie diesen Text durch *<p>inkl. MwSt. und zzgl.<a href="/pages/versandkosten-lieferzeiten">Versandkosten</a></p>*. Achten Sie darauf, dass Sie den richtigen Link zu der Seite angeben, die Sie eben angelegt haben. Sie sehen sie in der Adressleiste Ihres Browsers.

4. Sollten Sie einen Fehler gemacht haben und die Anzeige Ihres Shops sieht seltsam aus, können Sie im Code-Editor oben direkt unter der Tab-Leiste zurück zur Vorversion.

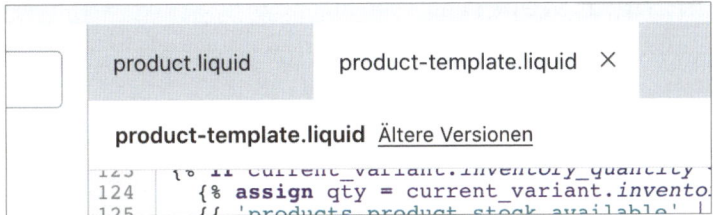

5. Speichern Sie die Änderung, wenn alles stimmt.

Damit haben wir die Versandkostenseite auf der Produktdetailseite verlinkt. Prüfen Sie, ob das bei Ihnen gut aussieht und ob der Link funktioniert.

Abbildung 8.5 *So müssen Produktdetailseiten aussehen: mit verlinkter Angabe der Versandkosten.*

Jetzt verlinken wir noch die Versandkostenseite im Warenkorb:

1. Suchen Sie im Code-Bereich nach »cart-template.liquid«, und wählen Sie die Datei durch Klick aus. Ändern Sie darin den Text *{{ 'cart.general.taxes_included_but_shipping_at_checkout' | t }}* (bei mir Zeile 113) zu *<p>inkl. MwSt. und zzgl. <a href="/pages/versandkosten-lieferzeiten">Versandkosten</a></p>*.

Achtung: Eventuell kommt er mehrfach vor, dann müssen Sie ihn mehrfach ersetzen.

2. Speichern Sie die Änderung, wenn alles stimmt.

Kontrollieren Sie den Warenkorb, ob der Link angezeigt wird und funktioniert.

8.5 Rechnungen stellen

Überraschend ist, dass Shopify zwar Lieferscheine automatisch erstellt, aber keine Rechnungen. Dafür gibt es aber eine App. Diese ist kostenlos und kommt von Shopify selbst. Ich schlage vor, Sie installieren sie gleich:

1. Klicken Sie in der Spalte links auf **Apps** und dann oben rechts auf **Besuche Shopify App Store**.

2. Suchen Sie nach *Order Printer*. Scrollen Sie in der Liste nach unten, bis Sie die App von Shopify sehen. Klicken Sie darauf.

3. Klicken Sie unten auf der Seite auf den Button **App installieren**. Sie landen automatisch wieder bei Shopify im Bereich der frisch installierten App:

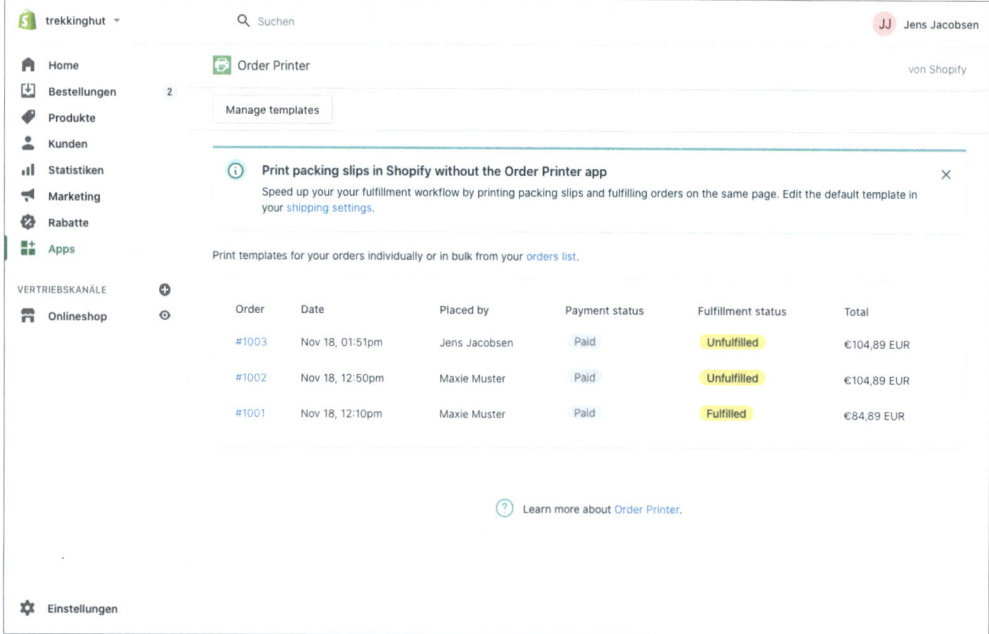

Die App gibt es nur auf Englisch, aber Sie haben im Alltag nur mit dieser einfachen Liste zu tun. Wir passen jetzt alles für uns an:

4. Gehen Sie oben auf den Button **Manage templates**.

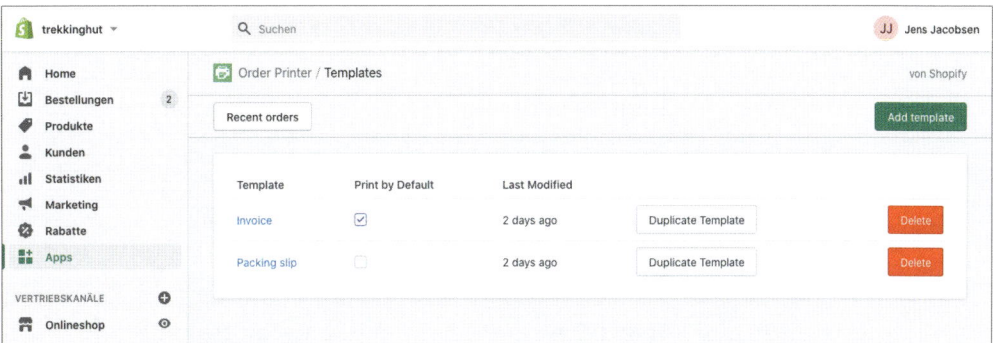

5. Klicken Sie auf **Invoice**.

Ignorieren Sie Packing slip

Packing slip heißt eigentlich Packzettel oder Lieferschein. Das ist bei Order Printer aber nur ein Blatt, auf dem Absender und Empfänger stehen – da bietet die Standardfunktion von Shopify einen besseren Lieferschein. Daher rate ich, das Häkchen hier nicht zu setzen.

6. Jetzt korrigieren wir wieder die englischen Begriffe und setzen deutsche ein. Es sind die Folgenden (die Zeilennummer kann bei Ihnen abweichen, wenn die Vorlage geändert wurde; dann suchen Sie einfach nach dem englischen Wort):

Zeile	Englisch	Deutsch
2	date: "%m/%d/%y"	date: "%d.%m.%Y"
3	Invoice for	Rechnungsnummer
15	Item Details	Artikeldetails
20	Quantity	Anzahl
21	Item	Artikel

Zeile	Englisch	Deutsch
23	Taxes	Steuer
25	Price	Preis
75	Payment Details	Zahlungsdetails
79	Subtotal price	Zwischensumme
84	Includes discount	Rabatt
89	Total tax	USt. (19 %)
94	Shipping	Verpackung, Versand
99	Total price	Gesamtsumme
120	Shipping Details	Versanddetails
135	If you have any questions, please send an email to	Bei Fragen wenden Sie sich per Mail an uns:

7. Tauschen Sie in Zeile 9 *{{ shop.zip | upcase }}* und *{ shop.zip | upcase }}*, damit die Postleitzahl (Zip) vor dem Ortsnamen steht.

8. Das Gleiche tun Sie in Zeile 128, damit das auch bei der Lieferadresse stimmt.

9. Fügen Sie nach Zeile 10 noch eine neue Zeile ein. Tippen Sie dort Ihre USt-IdNr. ein. Haben Sie keine, geben Sie Ihre Steuernummer ein (siehe auch voriges Kapitel, Abschnitt »Steuersatz in Shopify einstellen«).

10. In der Zeile davor setzen Sie ans Ende der Zeile *
*. Das ist der HTML-Code für einen Zeilenumbruch (»break«). Er dient dazu, dass die Steuernummer nicht direkt nach dem Land steht, sondern in der nächsten Zeile. Normale Zeilenumbrüche, die Sie mit der Enter-/Eingabetaste einfügen, werden in HTML ignoriert.

11. Schließlich ergänzen Sie noch in Zeile 135 »Lieferungsdatum ist Rechnungsdatum«. Das gilt, wenn Sie die Bezahlung am gleichen Tag bekommen haben und das Päckchen noch an diesem Tag aufgeben. Ist das bei Ihnen nicht der Fall, wird es aus steuerrechtlichen Gründen kompliziert. Um sicherzugehen, sollten Sie dann einen Steuerberater fragen.

```
Name
Invoice

Code
1  <p style="float: right; text-align: right; margin: 0;">
2    {{ "now" | date: "%d.%m.%Y" }}<br />
3    Rechungsnummer {{ order_name }}
4  </p>
5
6  <div style="float: left; margin: 0 0 1.5em 0;" >
7    <strong style="font-size: 2em;">{{ shop_name }}</strong><br /><br
8    {{ shop.address }}<br/>
9    {{ shop.zip | upcase }} {{ shop.city }} {{ shop.province_code }}
10   {{ shop.country }}<br/>
11   USt-IdNr. DE999999999
12 </div>
13
14 <hr />
15
16 <h3 style="margin: 0 0 1em 0;">Artikeldetails</h3>
17
```

Haben Sie das alles angepasst, erfüllt die Rechnung die formalen Voraussetzungen. Einen Haken gibt es jedoch: Die Rechnung wird zwar automatisch erstellt, aber nicht verschickt. Das heißt, sie können die Rechnung entweder als Ausdruck mit ins Paket legen, oder Sie verschicken die Rechnung nur auf Anfrage. Reicht Ihnen das nicht, müssen Sie eine andere App nutzen. Beliebt ist z. B. *Order Printer Pro* (kostenlos bis 50 Bestellungen/Monat, dann 10 US-$/Monat) oder *Sufio* (ab 19 US-$/Monat). Diese Apps erstellen auf Wunsch ebenso Rücksendeformulare. Und wenn Sie Produkte mit unterschiedlichen Mehrwertsteuersätzen verkaufen, dann kommen Sie um eine App wie *Sufio* nicht herum, denn *Order Printer* kann das nicht abbilden.

Gefällt Ihnen nur die Gestaltung der Rechnung nicht, dann können Sie die App *Order Printer Templates* nutzen. Sie selbst ist kostenlos und bietet eine Reihe von schönen Vorlagen, die einmalig um die 30 US-$ kosten. Suchen Sie einfach im Shopify-App-Store nach *Order Printer Templates*.

Abbildung 8.6 *Nicht schön, aber korrekt: die automatisch erstellte Rechnung.*

8.6 Das Paket packen

Am Anfang freuen Sie sich noch über jedes Paket, das Sie packen. Je mehr Pakete werden, desto mühsamer wird die Aufgabe. Dennoch sollten Sie versuchen, Ihre Freude daran zu behalten – und jedem Paket die Aufmerksamkeit schenken, die es verdient. Das können Sie natürlich auch abgeben, entweder an eigene Angestellte oder Aushilfen. Oder Sie engagieren einen Dienstleister dafür. Wenn Sie so stark gewachsen sind, finden Sie unter dem Stichwort *Fulfillment* viele Anbieter, die das gern für Sie übernehmen.

Bis Sie soweit sind, haben Sie den großen Vorteil, dass Sie die Qualität des Versands im Wortsinn in der Hand haben. Suchen Sie passende Verpackungsmaterialien aus, und verpacken Sie sorgfältig, um Reklamationen und Schäden zu vermeiden, wie in Abbildung 8.7 zu sehen.

Abbildung 8.7 *Der Block hat perfekt in den Umschlag gepasst – aber ohne Kantenschutz kam er angeschlagen an.*

Und darüber hinaus bietet Ihnen das Verpacken die Chance, Ihren Kunden zu Stammkunden zu machen. Denn bisher waren Sie nur ein Shop unter vielen, Sie waren nur etwas Abstraktes, Zweidimensionales, was der Kunde auf seinem Bildschirm gesehen hat. Jetzt aber treten Sie über das Paket in direkten Kontakt mit ihm. In fast allen Fällen wird der Kunde sich freuen, wenn das Paket kommt. Nutzen Sie diesen positiven Moment, und sorgen Sie dafür, dass er diesen auch mit Ihnen verbindet. Dazu gibt es viele Möglichkeiten:

- Pakete mit Ihrem Logo
- Packband/Klebeband mit Ihrem Logo (günstiger als Pakete)
- Gutscheine für die Folgebestellung

- kleine Geschenke oder Aufmerksamkeiten
- handgeschriebene Nachrichten
- Schleifen, Anhänger, Aufkleber o. Ä.
- mit Sorgfalt ausgewähltes Füllmaterial (farbige Papiere, hochwertige Luftpolster etc.)

Abbildung 8.8 *Klebeband und beigelegte Postkarte machen die Lieferung persönlicher und motivieren zum Wiederkommen.*

Abbildung 8.9 *Der Standard-Lieferschein von Shopify ist mäßig formatiert, vor allem aber auf Englisch.*

8.6   Das Paket packen

Wenn Sie wollen, können Sie einen Lieferschein ausdrucken und beilegen. Rechtlich vorgeschrieben ist es jedoch nicht. Wenn Sie das tun möchten, sollten Sie ein paar Anpassungen vornehmen, denn standardmäßig legt Shopify den Lieferschein auf Englisch an. Ändern wir also den Lieferschein:

1. Gehen Sie auf **Einstellungen** • **Versand und Zustellung**, und klicken Sie bei **Lieferscheinvorlage** auf **Bearbeiten**.

2. Sie sehen die Codeansicht, aber davon lassen wir uns nicht verschrecken. Alles, was wir ändern müssen, sind ein paar Texte.

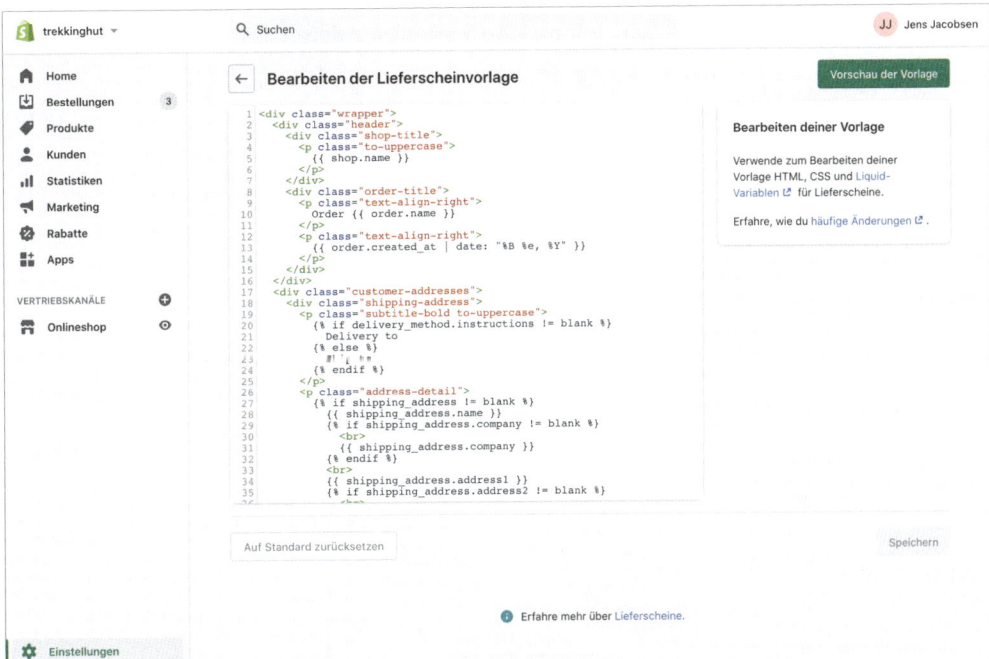

Suchen Sie nach »Order«, bei meinem Theme steht das in Zeile 10. Ersetzen Sie es durch »Bestellnummer«.

3. Ersetzen Sie *Ship to* durch *Lieferadresse* und *Bill to* durch *Rechnungsadresse* (bei mir Zeile 23 bzw. 56).

4. *Items* wird zu *Artikel* und *Quantity* zu *Anzahl* (Zeile 88 und 93).

5. Beim nächsten Punkt müssen Sie etwas aufpassen, denn hiervon gibt es mehrere: Wir wollen *1 of 1* im Lieferschein ändern, das in der Spalte *Anzahl*

221

bei jedem Artikel am Ende der Zeile erscheint. Am schnellsten finden Sie das richtige »of«, wenn Sie nach diesen Zeichen suchen: *line_item.shipping_quantity }} of*. Hier ändern Sie nur das *of* in *von* (bei mir Zeile 136).

6. Jetzt noch die Wörter *There are other items from your order not included in this shipment.*, die werden z. B. zu *Teillieferung – die weiteren Artikel folgen!* (Zeile 145).

7. Und schließlich machen wir aus *Thank you for shopping with us!* den Text *Vielen Dank für Ihren Einkauf!* (Zeile 171).

8. Jetzt können wir uns an den kompliziertesten Teil wagen, den haben wir uns für den Schluss aufgehoben: Ganz am Anfang, bei mir in Zeile 13, steht: *{{ order.created_at | date: "%B %e, %Y" }}*. Das führt dazu, dass auf dem Lieferschein das Datum in amerikanischer Formatierung ausgegeben wird: *März 18, 2021*. Wir wollen aber *18. März 2021* haben, also ändern wir den Datumsteil zu *date: "%e. %B %Y"*. Achten Sie dabei unbedingt auf die Anführungszeichen, die dürfen Sie nicht ändern.

9. Klicken Sie auf **Speichern**.

Abbildung 8.10 *Scheinbar nur Details, aber das stärkt das Vertrauen Ihrer Kunden: der Lieferschein in korrekter deutscher Formatierung.*

Das war's auch schon, und Ihre Lieferscheine sehen jetzt ordentlich aus. Oben rechts gibt es übrigens den praktischen Button **Vorschau der Vorlage**, mit dem können Sie vor dem Speichern ausprobieren, ob alles richtig ist, ohne extra in die Bestellungen zu gehen. Wenn Sie etwas kaputtgemacht haben, keine Panik: Unten bei **Bearbeiten der Lieferscheinvorlage** gibt es glücklicherweise den Button **Auf Standard zurücksetzen**.

8.7 Und ab die Post

Ist das Paket mit dem Etikett versehen bzw. haben Sie es im Paketshop oder beim Mitarbeiter des Paketdienstes abgegeben, sollten Sie den Kunden umgehend informieren.

1. Gehen Sie auf den Bereich **Bestellungen**, und wählen Sie die entsprechende Bestellung aus.

2. Geben Sie die nötigen Informationen an.

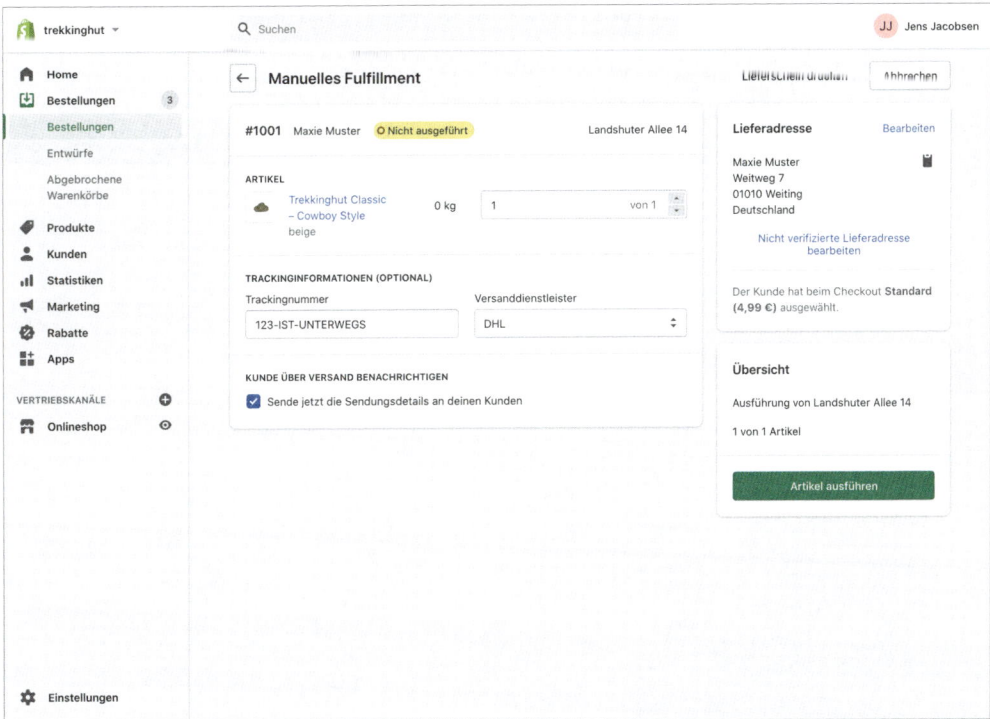

3. Vergessen Sie nicht, den Haken bei **Sende jetzt die Sendungsdetails an deinen Kunden** zu setzen. So erfährt der Kunde sofort, dass seine Sendung auf dem Weg ist.

4. Klicken Sie auf **Artikel ausführen**.

Damit ist die Bestellung für Sie abgeschlossen. Das waren ganz schön viele Schritte – aber die meisten waren ja nur einmalige Vorbereitungen. Die nächsten Pakete werden Ihnen schneller und schneller von der Hand gehen.

8.8   Lokale Zustellung und Abholung vor Ort

Eine weitere Möglichkeit, nachhaltig zu wirtschaften und gleichzeitig den Kundenbedürfnissen entgegenzukommen, sind lokale Zustellung und lokale Abholung. Lokale Zustellung heißt, Sie liefern die Bestellung direkt an den Kunden. Bei der lokalen Abholung kommt der Kunde zu Ihnen und holt seine Bestellung persönlich bei Ihnen vor Ort ab. *Click and Collect* heißt das im Wirtschaftsenglisch. Kümmern wir uns zunächst um die Variante, bei der Sie zum Kunden kommen:

1. Gehen Sie in Shopify auf die **Einstellungen**.

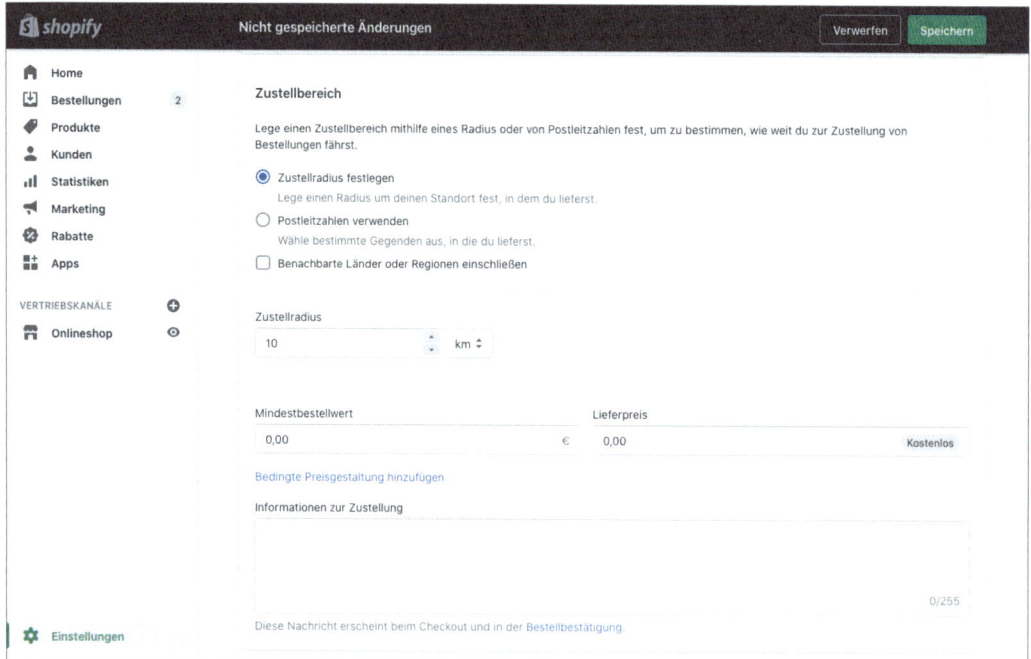

2. Wählen Sie **Versand und Zustellung**.

3. Klicken Sie bei **Lokale Zustellung** auf **Verwalten**.

4. Setzen Sie den Haken bei **Dieser Standort bietet lokale Zustellung an**.

   Es erscheint ein Bereich, in dem Sie alle Details festlegen können:

5. Ist alles zu Ihrer Zufriedenheit, **Speichern** Sie.

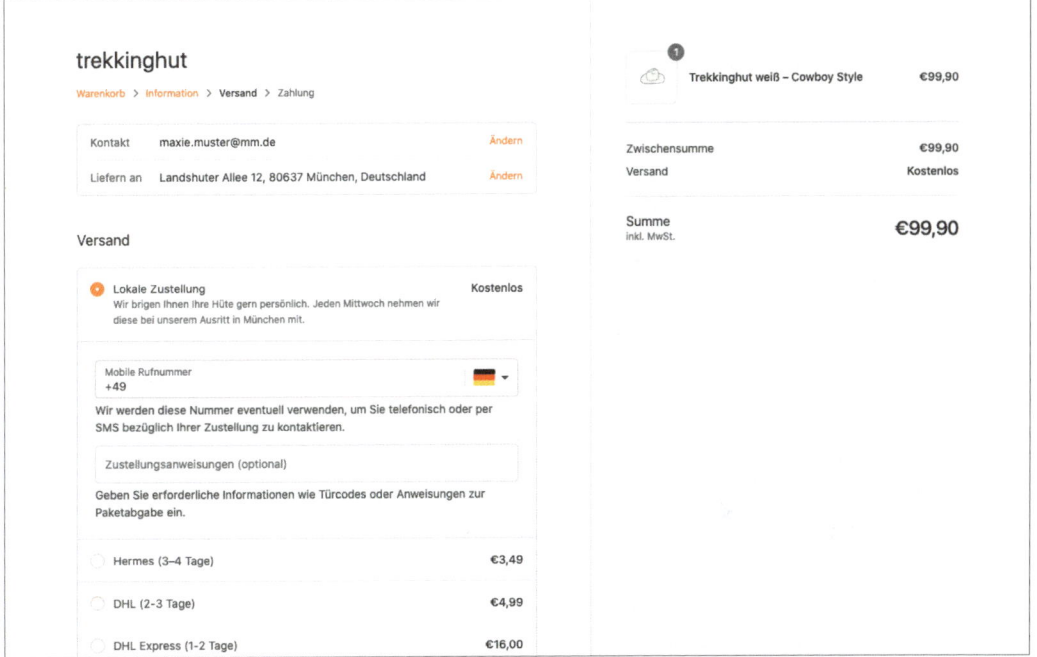

Abbildung 8.11 *So sehen die Optionen für den Kunden aus, wenn er eine Lieferadresse angibt, die innerhalb Ihres Radius für die lokale Zustellung liegt.*

Jetzt geben wir den Kunden noch die Möglichkeit, die Ware selbst abzuholen:

1. Gehen Sie wieder auf **Versand und Zustellung**.

2. Klicken Sie bei **Lokale Abholung** auf **Verwalten**.

3. Setzen Sie den Haken bei **Dieser Standort bietet lokale Abholung an**.

4. Passen Sie die Details an, wenn nötig, und klicken Sie auf **Speichern**.

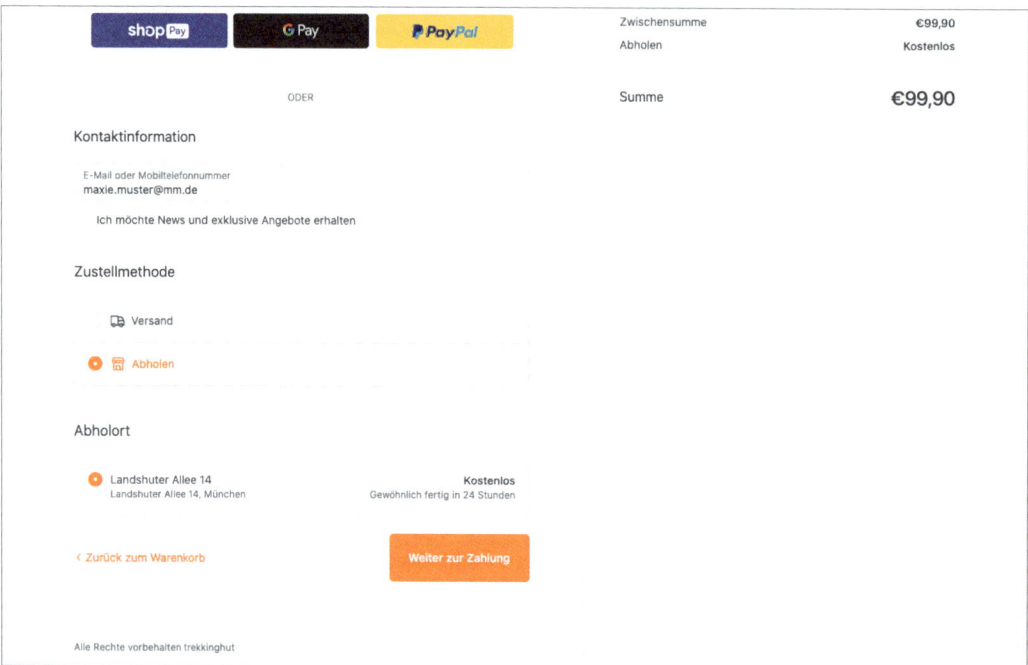

Abbildung 8.12 Bieten Sie lokale Abholung, muss der Kunde als Erstes beim Checkout entscheiden, ob er das nutzen will. Wenn ja, dann kann er die Angabe seiner Adresse überspringen.

Das alles ging recht einfach. Nicht ganz so perfekt geht es leider, dem Kunden anzubieten, erst bei Abholung zu bezahlen. Das ist zwar möglich, dennoch muss er aber seine Adresse angeben – was eigentlich überflüssig ist. Wollen Sie diese Möglichkeit trotzdem vorsehen, gehen Sie so vor:

1. Gehen Sie in den **Einstellungen** zu **Zahlungsmethoden**.

2. Öffnen Sie bei **Manuelle Zahlungsmethoden** das gleichnamige Menü.

   Wählen Sie hier **Eigene Zahlungsmethode erstellen**.

3. Tragen Sie Anweisungen für die Kunden ein. Hier sollten Sie auch erklären, dass die Kunden bei »Rechnungsadresse« dennoch ihre Daten eingeben müssen.

8.8 Lokale Zustellung und Abholung vor Ort

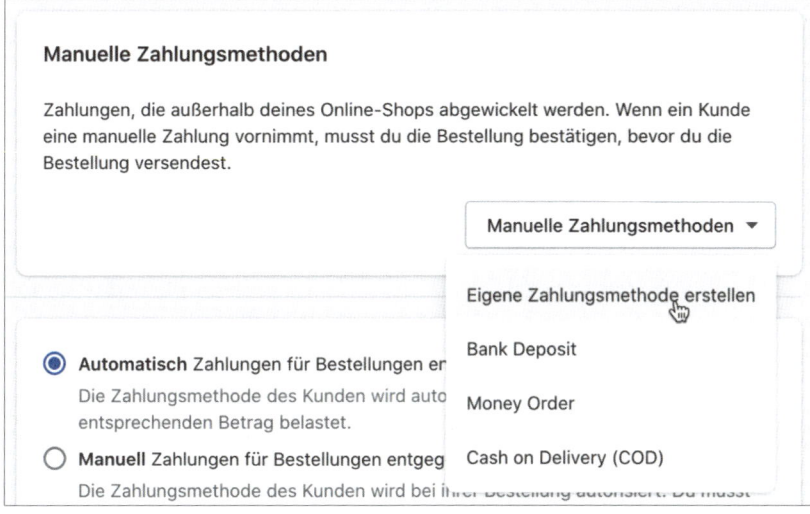

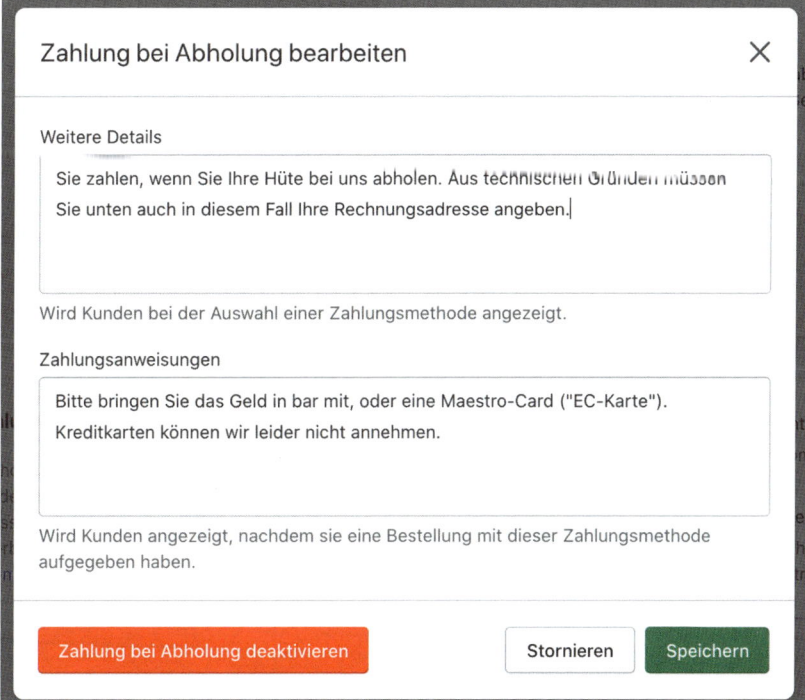

Damit ist alles eingerichtet, und der Kunden kann nun auch erst zahlen, wenn er die Ware bei Ihnen vor Ort holt.

Kapitel 9
Kontakt und Service –
Ihr Kunde ist König

»Der Kunde ist König« – der Spruch klingt so angestaubt wie »Tante-Emma-Laden«. Vermutlich ist er deshalb aus der Mode, weil er zu oft nur gesagt und geschrieben wurde, aber nicht gelebt. Tatsache ist: Sie sollten Ihren Kunden immer das Gefühl geben, dass sie Ihnen wichtig sind. Denn dann bleiben sie Ihnen erhalten, kaufen mehr und empfehlen Sie vielleicht sogar weiter. Da wird kaum jemand widersprechen, und doch machen viele Webshops hier schwere Fehler, die leicht vermeidbar sind.

9.1 Das erwarten Ihre Kunden

In diesem Kapitel ist es wieder besonders wichtig, dass Sie immer vom Kunden ausgehen. Versuchen Sie, sich in die Situation des Kunden hineinzuversetzen. Und überlegen Sie erst im zweiten Schritt, was das für Sie bedeutet. Generell können wir zwei Anliegen unterscheiden:

1. Fragen vor dem Kauf
2. Fragen nach dem Kauf

Vor dem Kauf sind Kunden noch ein bisschen ungeduldiger. Denn hier haben sie jederzeit die Möglichkeit, den Shop zu wechseln oder sich ganz gegen einen Kauf zu entscheiden. Für Sie heißt das, dass Sie diese Fragen priorisieren sollten. Nach dem Kauf sind Kunden zwar auch ungeduldig und erwarten eine schnelle Reaktion. Aber sie haben hier keine Wahl, sie müssen mit Ihnen in Kontakt treten, schließlich haben sie bei Ihnen gekauft. Woher wissen Sie nun, was Ihre Kunden beim Service von Ihnen erwarten? Haben Sie einen Laden oder haben Sie in der Branche gearbeitet, in der Sie jetzt tätig sind, dann kennen Sie schon einige der typischen Fragen und Probleme. Generell ist es aber immer eine gute Idee, Menschen zu fragen, die direkt mit Kunden zu tun hatten – also Angestellte in Läden, Service-Mitarbeiter u. a. Oder Kunden selbst. Haben Sie aktuell keinen Zugang zu Kunden oder Kollegen mit Erfahrung, überlegen Sie sich zumindest gut, welche Fragen und Probleme auftreten können. Und wiederholen Sie das nach einigen Wochen, wenn Sie Erfahrungen mit den Kunden in Ihrem neuen Shop gesammelt haben.

Noch-nicht-Kunden nicht vergessen

Wenn Sie darüber nachdenken, was Ihre Kunden von Ihnen erwarten, denken Sie auch an die Noch-nicht-Kunden, also an diejenigen, die Ihre Kunden werden könnten. Denn es kann sein, dass diese sich von Ihren bestehenden Kunden unterscheiden. Und als wirtschaftlich denkende Menschen wollen wir diese Noch-nicht-Kunden natürlich gern von uns überzeugen.

9.1.1 Fragen vor dem Kauf beantworten

Vor dem Kauf wollen die Besucher Ihres Shops vor allem Folgendes wissen:

- Kann ich dem Shop trauen?
- Wie bekomme ich Support?
- Welches Produkt ist das richtige für mich?
- Welche Zahlungsmöglichkeiten gibt es?
- Welche Lieferdienste kann ich nutzen?
- Wie lange dauert die Lieferung?
- Was sind die Rücknahmebedingungen?
- Was sind die Garantiebedingungen?

Überlegen Sie, wie Sie diese Fragen auf den Seiten Ihres Shops möglichst schnell beantworten. Manche Fragen beantworten Sie nicht direkt – zum Beispiel die Frage nach dem Vertrauen: Vertrauen schaffen Sie, indem Sie den Shop professionell gestalten, gute und fehlerfreie Texte schreiben, gängige Zahlungsmöglichkeiten anbieten und Ihren Umgang mit den Kundendaten klar kommunizieren (Datenschutz etc.).

9.1.2 Fragen nach dem Kauf beantworten

Die Betreuung Ihrer Kunden bei Fragen nach dem Kauf entscheidet darüber, ob sie zu Stammkunden werden oder ob sie z. B. in sozialen Medien schlecht über Sie sprechen. Natürlich sind die Erwartungen andere, wenn Sie günstige Massenartikel verkaufen (wie etwa Speicherkarten), als wenn Sie hochpreisige, individuell gefertigte Produkte verkaufen (z. B. Vollholz-Möbel). Generell sind Kunden aber immer ungeduldig. Wie bei jeder Kommunikation gilt: Wenig verärgert die Menschen mehr, als wenn sie ignoriert werden. Daher sollte die Devise sein: Signalisieren Sie sofort, dass Sie die Frage bekommen haben und sich darum kümmern werden. Die nächste Möglichkeit, Kunden schnell zu verärgern, sind nicht eingehaltene Versprechen. Es ist gut, wenn Sie angeben, dass Sie in 24 Stunden antworten. Das sollten Sie dann aber auch unbedingt einhalten. Geben Sie lieber an, dass Sie in den nächsten 3 Tagen antworten, wenn Sie es nicht zuverlässig in 24 Stunden schaffen.

Auch sehen es Kunden gern, wenn Sie verschiedene Wege anbieten, Sie zu kontaktieren – etwa per Mail, Telefon, Rückruf oder WhatsApp. Doch auch hier gilt: Bieten Sie nur an, was Sie auch wirklich zufriedenstellend bedienen können. Haben Sie z. B. nur einen Telefonanschluss für Ihr Ladengeschäft, für Ihre eigenen Anrufe und für die Anrufe von Kunden eines gut laufenden Webshops, dann wird die Leitung in den meisten Fällen besetzt sein, wenn ein Kunde anruft – oder er landet in einer ewigen Warteschleife. Dann ist der Ärger größer, als wenn Sie von Anfang an lediglich Kontakt per E-Mail anbieten.

9.2 Kontakt via E-Mail

Die Standard-Kontaktmöglichkeit, die Shopify für Ihre Kunden vorsieht, ist E-Mail. Praktisch alle Themes verlinken die E-Mail-Adresse an Stellen, wo die Kunden Sie kontaktieren können, z. B. am Ende der Bestellung im Shop oder natürlich auch in den Bestätigungsmails, die das System automatisch verschickt.

Abbildung 9.1 Unter »Einstellungen • Allgemein« geben Sie in Shopify bei »Absender-E-Mail« ein, wie Kunden Sie kontaktieren können.

Wenn Sie nicht üblicherweise innerhalb von ein, zwei Stunden antworten können, dann richten Sie einen Auto-Reply ein. Das heißt, eine automatische E-Mail-Antwort, die Ihr Mailsystem verschickt. Das können Sie nicht mit Shopify erledigen, denn Shopify verschickt E-Mails zwar in Ihrem Namen, hat aber keinen Zugriff auf Ihr E-Mail-Postfach. Dieses liegt auf dem Server Ihres E-Mail-Anbieters. Bei Gmail richten Sie eine automatische Antwort z. B. so ein:

1. Öffnen Sie *mail.google.com*.

2. Gehen Sie auf oben rechts auf **Einstellungen** und dann auf **Alle Einstellungen aufrufen**.

3. Scrollen Sie auf der Seite ganz nach unten zum Abschnitt **Abwesenheitsnotiz**.

4. Geben Sie das Datum von heute bei **Beginnt** ein, und lassen Sie **Letzter Tag** inaktiv. Damit bleibt die Funktion auf unbestimmte Zeit aktiv.

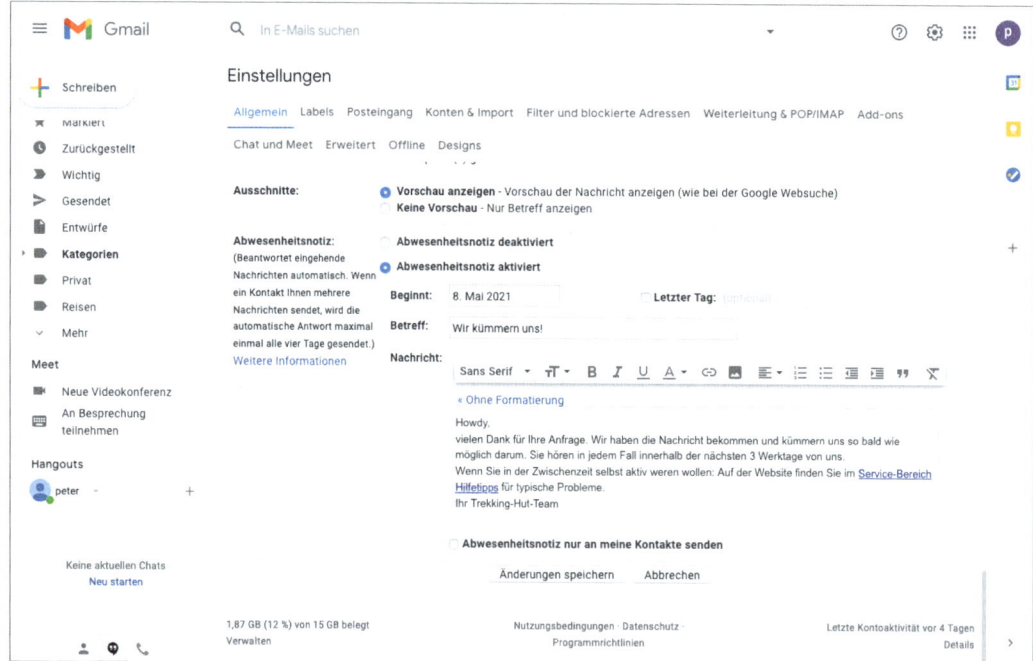

Abbildung 9.2 *Abwesenheitsnotiz bei Gmail einrichten*

Bei anderen Anbietern funktioniert das System im Wesentlichen genauso. Sehen Sie im Zweifel auf den Hilfe-Seiten Ihres Mailproviders nach. Das System heißt *Abwesenheitsnotiz*, weil es üblicherweise nur dafür genutzt wird. Aber es spricht nichts dagegen, es dauerhaft aktiv zu lassen. Ihre Möglichkeiten, Mails zu empfangen oder zu schreiben, werden dadurch nicht eingeschränkt.

9.3 Kontakt via Telefon und Messenger

Wenn es für Sie irgendwie möglich ist, sollten Sie den Kontakt per Telefon ebenfalls anbieten. Aber wie gesagt, tun Sie das nur, wenn Sie auch tatsächlich sicherstellen können, dass die Kunden innerhalb von wenigen Minuten mit einem Menschen sprechen können. Ansonsten lassen Sie es lieber. Eine Alternative, die insbesondere Kunden unter 40 schätzen, ist der Kontakt via *Messenger*, z. B. *WhatsApp*.

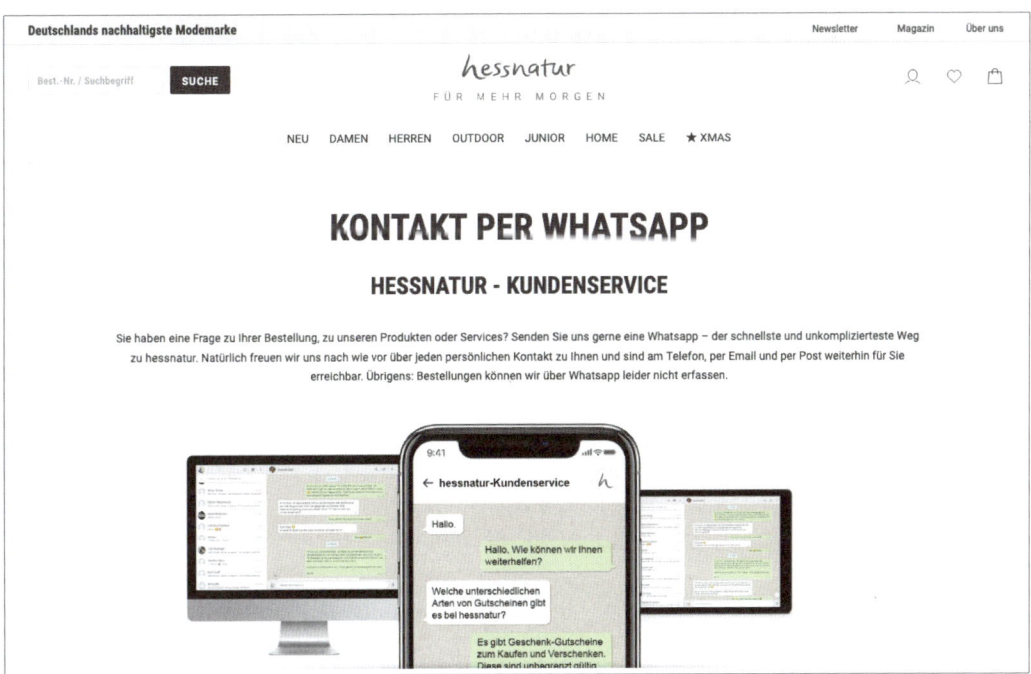

Abbildung 9.3 *Hessnatur bietet Beratung und Service via WhatsApp.*

Hier gilt aber das Gleiche: Bieten Sie das nur an, wenn Sie wirklich hinterherkommen mit dem Antworten. Die Erwartung ist hier höher: Wenn Kunden über Messenger anfragen, wollen sie im Schnitt nicht länger als 15 Minuten warten, während bei E-Mail 12 Stunden für die meisten noch in Ordnung sind.

Und denken Sie daran, dass Sie damit Ihre mobile Telefonnummer herausgeben, es also gut sein kann, dass manche Kunden diese nutzen, um Sie anzurufen. Sie werden also generell wohl eine eigene Telefonnummer nur für den Kundenkontakt via Messenger brauchen. Wollen Sie das machen, denken Sie über einen WhatsApp-Business-Account nach, dieser bietet Funktionen, die speziell für Sie als Shopbetreiber interessant sind. Außerdem können Sie sich im App Store von Shopify umsehen – es gibt einige Apps, die eine WhatsApp-Integration ermöglichen.

9.4 Kontakt per Chat und sozialen Medien

Auf mehr und mehr Websites findet sich die Möglichkeit, direkt mit dem Support zu chatten. Kunden schätzen diese – und verfluchen sie. Denn wie bei allen anderen Kontaktangeboten gilt: Durch das Angebot entsteht eine Erwartung, und wird sie nicht erfüllt, entsteht Frust. In vielen Fällen läuft der Chat ins Leere, und es kommt ewig keine Antwort. Ist der Chat aber gut betreut, erfreut er die Kunden sehr. Denn dann haben Sie damit viele Fragen schneller beantwortet und viele Probleme schneller gelöst als über andere Kanäle. Haben Sie also die Zeit, die Verfügbarkeit bzw. das Personal, um einen Live-Chat zu betreuen, bieten Sie diese Möglichkeit an. Das geht technisch supereinfach:

Abbildung 9.4 *Shopify Chat bindet ein Chat-Icon unten rechts ein. Nach einem Klick darauf erscheint dieses Chat-Fenster.*

9.4 Kontakt per Chat und sozialen Medien

Von Shopify selbst gibt es die kostenlose App *Shopify Chat*. Dazu gehört *Shopify Ping*, das es als App für iOS und Android sowie als Website-Anwendung gibt. Mit *Shopify Ping* decken Sie sozusagen Ihre Seite des Chat ab, mit *Shopify Chat* die Seite Ihres Shops. Mit *Shopify Ping* können Sie mit Ihren Kunden zusätzlich über weitere Dienste kommunizieren, etwa Apple Messages/Apple Business Chat oder Facebook Messenger.

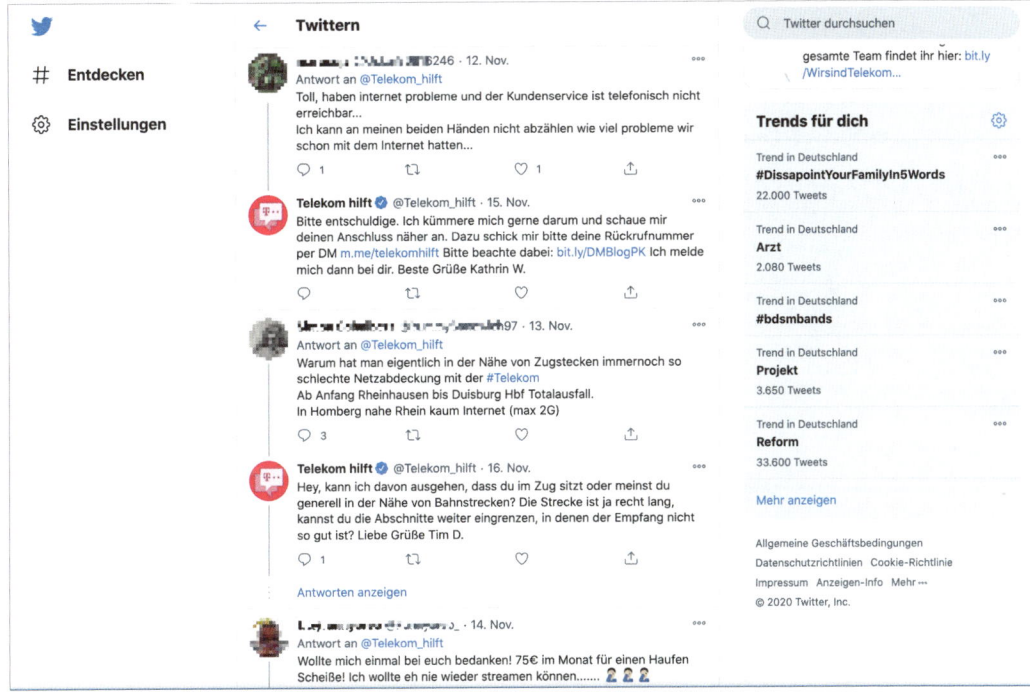

Abbildung 9.5 *Wer Support via sozialen Medien anbietet, wie hier die Telekom per Twitter, muss damit leben, dass die Anfragen nicht immer diplomatisch formuliert und immer öffentlich sichtbar sind.*

Eine gute Alternative zum Chat auf dem Shop selbst ist, den Kontakt über soziale Medien zu ermöglichen. Das ist vor allem dann interessant, wenn Sie sowieso dort für Ihren Shop aktiv sind (siehe auch Kapitel 13, »Marketing und Werbung – gut fürs Geschäft«). Denken Sie aber daran, dass das nur sinnvoll ist, wenn Ihre Zielgruppe überhaupt dort aktiv ist. Twitter als Kontaktkanal werden nur spezielle Kunden nutzen, Facebook wiederum andere. Ich persönlich würde den Firmen-Aufritt in sozialen Medien vom Service-Kanal trennen und dafür einen eigenen Account anlegen. So verhindern Sie, dass Kundenbeschwerden in ihrem Kanal auftauchen, den Sie vor allem für positive Botschaften nutzen wollen. Ganz vermeiden lässt sich das nicht, weil einige Kunden diese Trennung vermutlich nicht beachten.

9.5 Arbeitserleichterung mit der Shopify-App

Die mobile Shopify-App für iOS/iPadOS und Android bietet generell alles, was Sie auch mit der Web-Version von Shopify tun können. Zum Einrichten des Shops finde ich sie aber eher unpraktisch – dazu ist der Bildschirm für vieles einfach zu klein. Aber die App ist wirklich sehr, sehr nützlich, um Kundenanfragen und Bestellungen im Blick zu behalten. Sie bekommen standardmäßig auch eine Push-Benachrichtigung, wenn etwas verkauft wurde. Kommt die im Minutentakt, dann können Sie sie aber selbstverständlich deaktivieren.

Abbildung 9.6 *Mit der Shopify-App für iOS/iPadOS und Android können Sie praktisch alles tun, was auch im Web geht.*

9.6 Professionelle Support-Systeme

Wenn Ihr Shop so stark wächst, dass Sie das Gefühl haben, zu viel Zeit mit dem Support zu verbringen, dann wird es Zeit, sich technische Lösungen dafür anzusehen. Davon gibt es eine große Menge, die generell den Anspruch haben, die Kundenbetreuung zu bündeln und zu vereinfachen. Am bekanntesten ist wohl *Zendesk*. Empfehlenswerte Alternativen sind *LiveAgent* oder *HelpCrunch*. Von Zendesk gibt es die Shopify-App *Shopify for Support*, die Infos aus den Bestellungen über Shopify in Zendesk verfügbar macht, damit man auf einen Blick sieht, was die Historie des jeweiligen Kunden ist, um ihm schnell helfen zu können.

9.7 Anfragen reduzieren mit Selbstbedienung

Was ist noch besser als ein Kunde, dessen Problem Sie schnell lösen konnten? Ein Kunde, der sein Problem selbstständig schnell gelöst hat. Denn das ist besser für den Kunden, weil es eigentlich immer einfacher geht, wenn er seine Frage direkt selbst in Ihrem Shop beantworten kann. Und für Sie ist es natürlich besser, weil Sie dann keine Zeit dafür gebraucht haben. Daher versuchen Sie, die Kunden so gut wie möglich dabei zu unterstützen, ihre Probleme selbst zu lösen. Das können Sie natürlich umso besser, je länger Sie Ihren Shop betreiben. Und die häufigsten Probleme können sich im Lauf der Zeit ändern. Daher sollten Sie mindestens einmal im Jahr die Kundenanfragen sichten und überlegen, ob sich manche mithilfe der Seiten Ihres Shops lösen lassen.

Am besten ist es immer, das Problem an der Wurzel zu bekämpfen. Kommen viele Kundenanfragen, wie eines Ihrer Produkte in Betrieb zu nehmen ist, können Sie das natürlich auf der Website erklären. Noch besser verschicken Sie die Infos dazu per Mail, wenn das Produkt versandt wird. Oder Sie legen eine Anleitung mit ins Paket. Am besten ist es aber natürlich, das Produkt so zu ändern, dass die Inbetriebnahme selbsterklärend ist.

9.7.1 FAQ-Seiten

Diskutiert man darüber, wie man den Kunden helfen kann, kommt schnell der Vorschlag: »Wir machen eine FAQ-Seite«. Doch die hilft oft erstaunlich wenig. Es geht schon damit los, dass nicht wenige Menschen gar nicht wissen, dass

FAQ für *Frequently Asked Questions* steht und daher die entsprechenden Seiten nicht öffnen. Der deutsche Begriff *Häufige Fragen* hilft hier. In Nutzertests stellt man außerdem immer wieder fest, dass es Nutzer gibt, die FAQ-Seiten niemals besuchen. Fragt man nach, warum das so ist, hört man von schlechten Erfahrungen. Diese Menschen sehen die Seiten als nutzlose Sammlung von Fragen, die normale Nutzer niemals stellen. Meist sind sie lang, unstrukturiert und die Texte schlecht geschrieben. Und das ist die Gefahr bei FAQ-Seiten. Manchmal schreibt man sie mit Marketing-Brille. Dann sind es Fragen, von denen wir wünschten, unsere Besucher würden sie stellen. Oder sie stammen vom technischen Support. Dann kommen manchmal Hunderte von Fragen heraus, die die Kunden im Lauf der Jahre einmal gestellt haben.

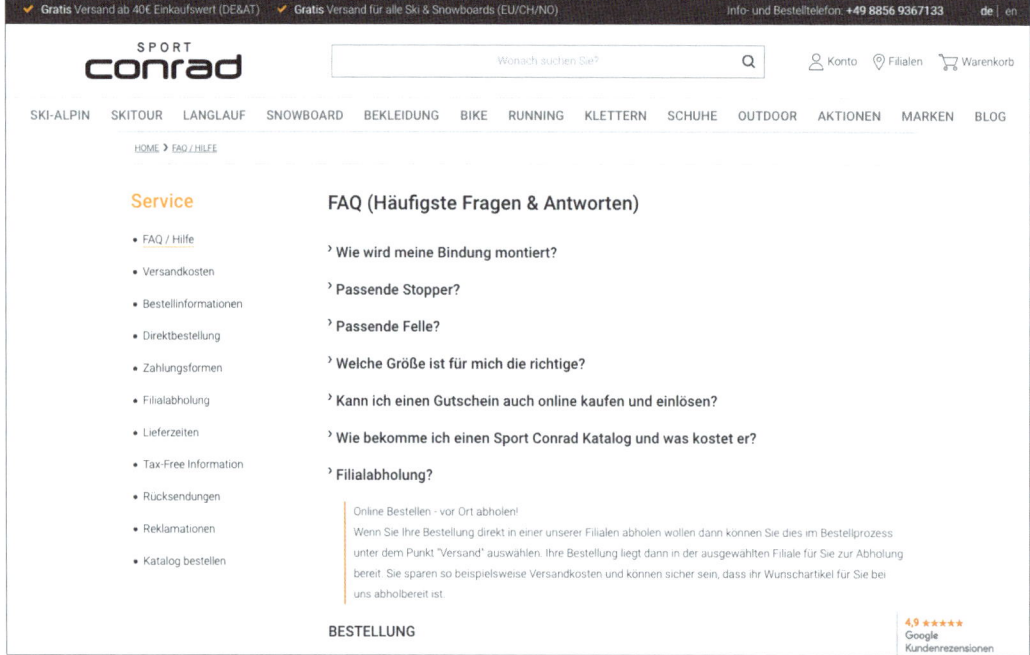

Abbildung 9.7 *Ordentliche FAQ-Seite – übersichtlich gegliedert, Fragen kurz und deshalb leicht zu überfliegen*

Es gelten hier zwei Grundsätze:

1. Weniger ist mehr – setzen Sie nur wirklich häufig gestellte Fragen auf die Seite. Sind das sehr viele, sehen Sie nur Antworten auf die Probleme vor, die

entweder sehr schwerwiegend sind oder deren Beantwortung Sie sehr viel Zeit kostet.

2. Schreiben und strukturieren Sie die Seite so, dass die Kunden sie verstehen. Technische Fachbegriffe sollten Sie vermeiden oder zur Not erklären. Eine unverständliche Hilfestellung ist schlechter als gar keine – denn Ihr Kunde ist dann nicht nur verärgert über das Problem, sondern fühlt sich auch noch schlecht, weil Ihre vermeintliche Hilfestellung nicht hilft.

9.7.2 Chatbots

Die Idee, Maschinen die Kundenfragen beantworten zu lassen, ist charmant. Denn häufig sind es immer wieder die gleichen Probleme, die auftauchen. Doch leider ist die Technologie noch nicht so weit, dass das gut funktionieren würde – auch wenn Anbieter von Chatbots anderes versprechen. Selbst die großen Telekommunikations-Unternehmen, die technologisch ja wirklich weit vorn mit dabei sein sollten, bekommen keinen zufriedenstellenden Chatbot für den Support hin.

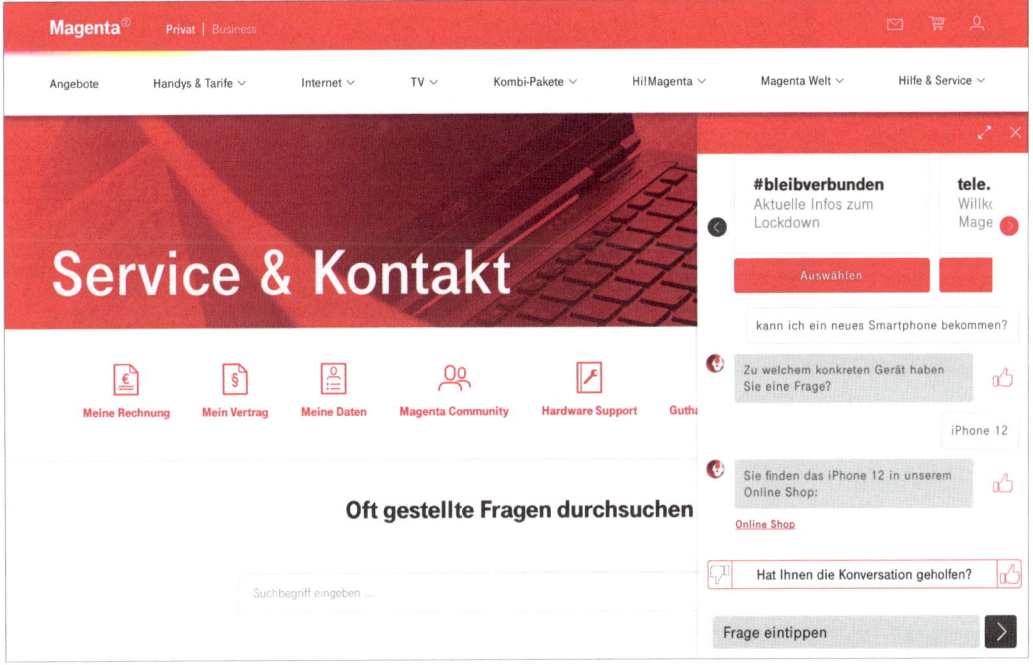

Abbildung 9.8 *Selbst Telekoms haben noch keine Chatbots, die gut funktionieren, wie man hier bei »Tinka« von Magenta.at sieht (der Telekom-Tochter in Österreich).*

9.7.3 Kontaktseite

Der erste Anlaufpunkt für Ihre Kunden bei Problemen ist praktisch immer die Website. Und dort suchen sie normalerweise nach den Begriffen *Kontakt* oder *Service*. Einen davon sollten Sie anbieten, auch wenn Ihr Shop noch so klein ist. Allein schon, um die Kunden nicht zu frustrieren. Aber diese Seiten bieten Ihnen auch die Chance, die Anfragen zu kanalisieren und auch die Erwartungen zu steuern. Je höher die Zahl der Anfragen wird, desto mehr lohnt es sich, die Seiten gut zu strukturieren und die Inhalte nutzerfreundlich aufzubereiten, wie man es z. B. in Abbildung 9.9 sieht.

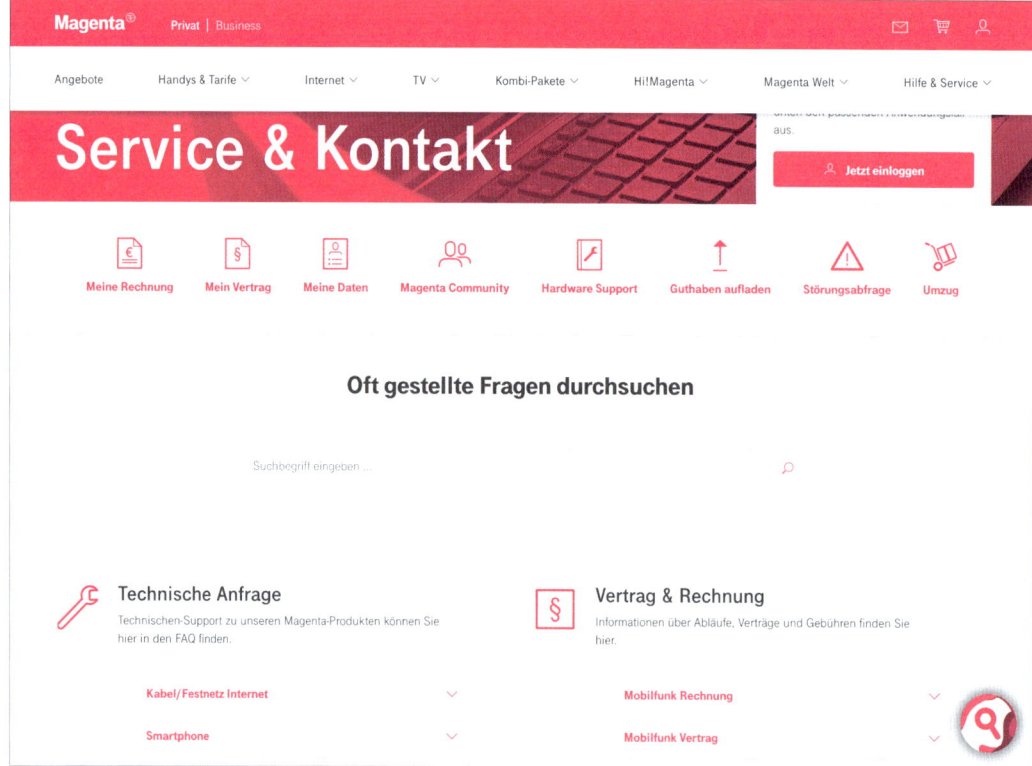

Abbildung 9.9 *Die Service-Seiten von Magenta.at sind gut strukturiert, bieten mit den Icons oben Links zu den wichtigsten Bereichen und haben eine prominente Suchfunktion.*

Fangen Sie aber mit Ihrem Shop erst an, dann ist das Folgende ein guter Start:

1. Gehen Sie in Shopify auf **Onlineshop • Seiten**.

2. Klicken Sie oben rechts auf **Seite hinzufügen**.

3. Schreiben Sie einen freundlichen Text, z. B. etwa in der Art:

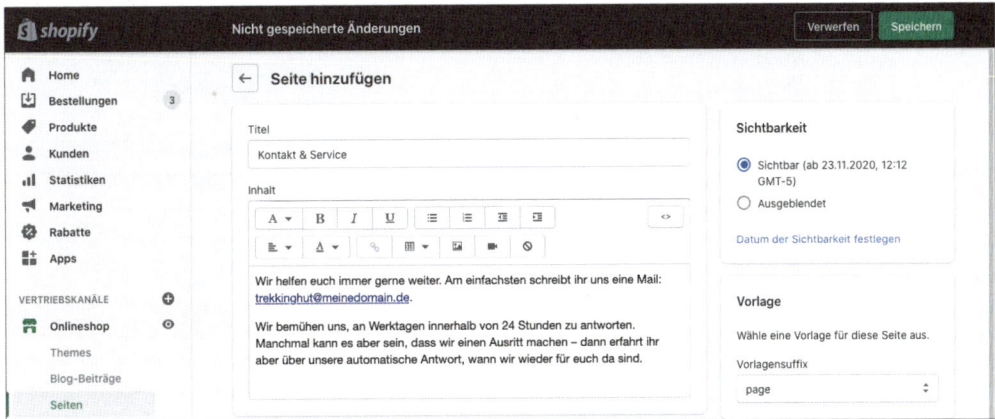

Natürlich würde sich der Kunde mehr freuen, wenn Sie eine 24-Stunden-Hotline angeben. Aber wenn Sie einen kleinen Shop haben, der sich persönlich darstellt, dann haben fast alle Kunden dafür Verständnis, dass Sie nicht immer erreichbar sind. Das kann die Kundenbindung sogar erhöhen, weil die Kunden wissen, bei wem sie kaufen, und dass es ein kleines, engagiertes Team ist. Denken Sie auch darüber nach, hier ein Foto von Ihrem Team oder dem/den Support-Mitarbeiter(n) zu platzieren. Damit wird das Ganze noch persönlicher.

Nicht vergessen: die Rechtstexte
Die Kontakt-und-Service-Seite ist ein guter Ort, um zu Ihren Versandkosten-Regelungen und vor allem zu den AGB und anderen Rechtstexten zu verlinken. Welche davon Sie brauchen und wie Sie zu diesen Texten kommen, lesen Sie im folgenden Kapitel. Solange Sie diese Texte nicht eingebunden haben, sollten Sie mit Ihrem Shop noch nicht öffentlich starten, damit es keine juristischen Scherereien gibt.

4. Um einen Link anzugeben, der automatisch das E-Mail-Programm öffnet, markieren Sie den Text, den Sie verlinken wollen. Klicken Sie dann auf das Icon in der Textwerkzeugleiste mit den zwei kleinen Kreisen (diese stellen zwei verbundene Kettenglieder dar).

5. Setzen Sie im Feld **Link zu** vor die Mailadresse einfach »mailto:«, das sieht dann so aus:

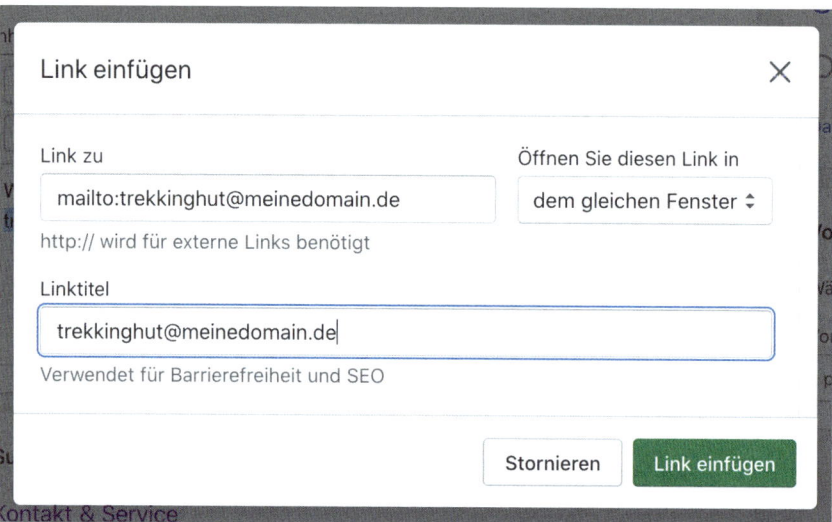

6. Speichern Sie die Seite.

7. Klicken Sie auf **Navigation** in der Seitenleiste.

8. Wählen Sie das Menü, das in der Fußzeile steht. Bei unserem Beispiel ist das »Häufig genutzt«.

9. Gehen Sie auf **Menüpunkt hinzufügen**.

10. Nennen Sie den Link »Kontakt & Service«, und fügen Sie den Link zur frisch erstellten Seite an.

11. Klicken Sie auf **Menü speichern**.

9.7.4 Alternative: Kontaktseite mit Formular

Die meisten Nutzer bevorzugen E-Mail zur Kontaktaufnahme. So haben sie automatisch eine Kopie ihrer Nachricht und können nachsehen, wann sie was geschrieben haben. Andere bevorzugen ein Kontaktformular auf der Website. In Shopify können Sie dieses leicht ergänzen – ich rate dazu, aber unbedingt immer auch die E-Mail als Kontaktmöglichkeit anzugeben.

1. Gehen Sie auf **Onlineshop • Seiten**, und wählen Sie die Seite aus, die Sie eben erstellt haben.

2. Wählen Sie rechts im Bereich **Vorlage** im Menü den Punkt **page.contact**. Sollte es den nicht geben, dann bietet Ihr gewähltes Theme keine Vorlage für die Kontaktseite, und Sie müssen diese von Hand anlegen.

3. Klicken Sie oben rechts auf **Seite ansehen**. Nun sollte das Formular unter dem Text erscheinen, den Sie im vorigen Schritt geschrieben haben. Ist das nicht so, dann ergänzen Sie im Text ein Leerzeichen an beliebiger Stelle, und speichern Sie die Seite noch mal. Das scheint ein Fehler in der Programmierung zu sein, der sich aber durch diese einfache Textänderung beheben lässt.

Die Nachrichten, die Kunden ins Formular eingeben, schickt Shopify einfach an die Kontaktadresse, die Sie in den Einstellungen angegeben haben. In der mobilen App von Shopify oder im Admin-Bereich sehen Sie diese nicht. Wenn Sie eine andere Mailadresse verwenden oder das Formular anpassen möchten, müssen Sie den Code Ihres Themes ändern oder eine Shopify-App verwenden.

Ob Sie sich nun für eine Kontaktseite mit oder ohne Formular entscheiden – diese einfache Seite ist jedenfalls ein guter Start. So wissen Ihre Kunden, worauf sie sich bei Ihnen einlassen und wie Sie ihnen helfen. Wie gesagt, lassen Sie sich nicht dazu verleiten, Versprechungen zu machen, die Sie nicht halten können. Und mit zunehmendem Erfolg können Sie Ihr Serviceangebot mehr und mehr ausbauen.

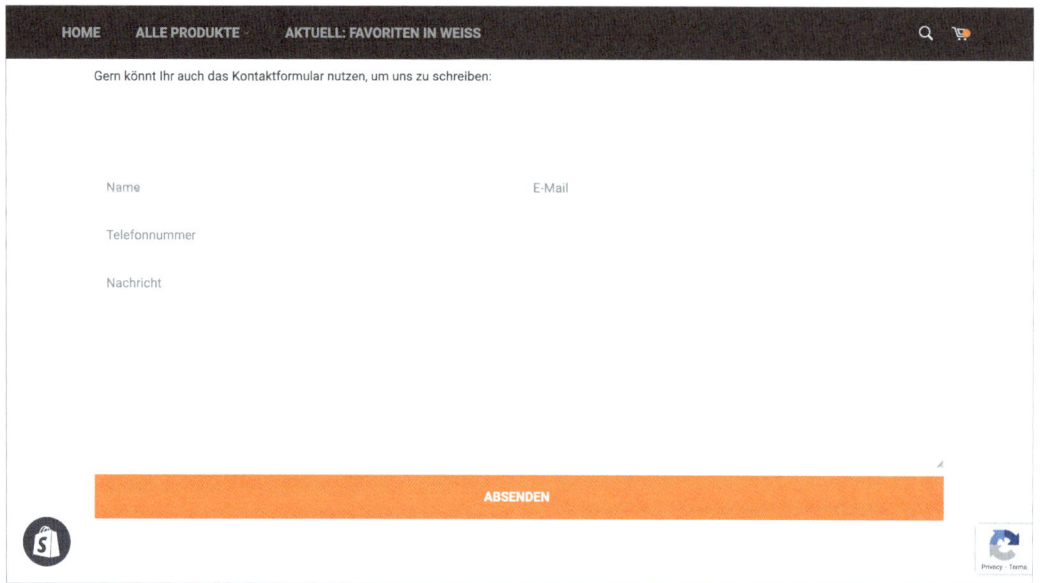

Abbildung 9.10 *So sieht das Kontaktformular beim Theme Venture aus.*

Kapitel 10
AGB, Datenschutzhinweis, Impressum – lästig, aber notwendig

Das Thema Recht ist eines, mit dem sich die meisten Kaufleute nicht gern befassen. Es zu ignorieren, ist kurzfristig vielleicht bequemer, bringt aber mittelfristig viele Probleme mit sich. Mit wenig Aufwand können Sie dafür sorgen, dass Sie sich nicht unnötig der Gefahr aussetzen, juristischen Ärger zu bekommen. Die zwei der größten Gefahren sind:

- Sie werden von einem Konkurrenten (oder einem Geschäftemacher) abgemahnt.
- Sie werden von einem Kunden verklagt.

Letzteres passiert sehr selten, Abmahnungen dagegen sind an der Tagesordnung. Allerdings sollten Sie davor auch nicht allzu viel Angst haben, auch wenn man immer wieder traurige Geschichten liest. Sind Sie einigermaßen sorgfältig und haben Sie keinen wirklich großen Shop, bieten Sie kein lohnendes Ziel für Abmahnungen.

Tipp zur Entspannung: Wir stehen nicht mit einem Bein im Gefängnis
Geht es Ihnen wie mir, dann wünschen Sie sich von einem beauftragten Juristen einen Freibrief. Ich möchte, dass er über den Shop sieht, mir sagt, was wir ändern müssen, und uns dann garantiert, dass wir niemals abgemahnt oder verklagt werden. Aber so läuft das nicht. Seitdem ich das verstanden habe, bin ich wesentlich entspannter. Das ist ähnlich wie beim Arzt: Auch nach einem gründlichen Check kann der uns nicht garantieren, dass wir niemals krank werden. Er kann uns nicht einmal garantieren, dass wir nicht gleich morgen krank werden.

Recht ist etwas, was sich im Lauf der Zeit ändert. Und die Grundlage sind Regeln, die nicht perfekt sein können, weil sie nicht jeden Einzelfall beschreiben. Daher werden sie von Menschen ausgelegt, also Anwälten und Richtern. Und Menschen machen Fehler, vor allem aber können Menschen

> unterschiedliche Meinungen haben. Deshalb wird ein guter Anwalt Ihnen auch nicht versprechen, dass er sie vor jeglichen rechtlichen Problemen bewahren kann. Aber er kann zum einen das Risiko, dass Sie juristischen Ärger bekommen, drastisch senken. Und zum andern kann er Sie in eine sehr gute Ausgangsposition bringen, sollte es doch einmal Auseinandersetzungen geben. Das Wichtigste aber, was ich gelernt habe: Als Betreiber von Websites oder Shops stehen wir nicht mit einem Bein im Gefängnis, auch wenn es sich manchmal so anfühlt. Im schlimmsten Fall wird man verklagt. Dem kann man aber gelassen entgegensehen, ist man gut vorbereitet.

10.1 Was ist überhaupt eine Abmahnung?

Eine *Abmahnung* ist im E-Commerce normalerweise das Schreiben eines Rechtsanwalts, in dem Sie aufgefordert werden, einen Verstoß z. B. gegen das Wettbewerbsrecht, das Urheber- oder Markenrecht in Zukunft zu unterlassen. Das Unangenehme dabei ist, dass Sie die Gebühren des abmahnenden Anwalts zahlen müssen und ein *Vertragsstrafeversprechen* abgeben sollen. Das heißt, sie verpflichten sich, die abgemahnte Handlung in Zukunft zu unterlassen und eine Vertragsstrafe zu zahlen, falls Sie es dennoch tun.

Die Grundlage für eine solche Abmahnung ist meist das Wettbewerbsrecht, daher darf Sie nur abmahnen, wer in einem Konkurrenzverhältnis zu Ihnen steht. Schickt ein Hersteller von Batterien z. B. Ihnen als Schreiner eine Abmahnung wegen Ihres fehlerhaften Webimpressums, ist diese ungültig. Allerdings dürfen auch z. B. Verbraucherschutzvereine oder Kammern abmahnen. Die Idee hinter Abmahnungen ist, dass Sie selbst sich (oder Verbrauchervertreter) damit gegen unlautere Methoden der Konkurrenz zur Wehr setzen können – damit also Ihre Mitbewerber nicht einfach Gesetze und Vorschriften ignorieren können, sich damit einen Vorteil bei den Preisen oder bei der Aufmerksamkeit verschaffen und Sie damit aus dem Markt drängen.

10.1.1 Was tun, wenn Sie eine Abmahnung bekommen?

Bekommen Sie eine Abmahnung, bewahren Sie in jedem Fall die Ruhe. Ignorieren oder einfach zurückweisen bringt aber nichts. Unterschreiben Sie niemals irgendetwas, ohne dass Sie sich vorher rechtlich haben beraten lassen – auch wenn die Schreiben noch so einschüchternd formuliert sind und das ein einfacher Ausweg scheint. Suchen Sie sich einen Anwalt, der auf dem Gebiet Erfahrung hat. Mit diesem können Sie eine Honorarvereinbarung treffen, damit Sie wissen, was finanziell auf Sie zukommt. Der Anwalt wird prüfen, ob die Abmahnung überhaupt zulässig ist. Dann wird er die Reichweite der Unterlassungserklärung prüfen. Das heißt, er sieht sich an, ob die Forderung der Gegenseite in Ordnung ist. Schließlich verhandelt er die Kosten mit dem Gegner. Statt mit einem einzelnen Anwalt können Sie auch mit einem Unternehmen arbeiten, das Juristen beschäftigt, und mit diesem einen Vertrag schließen, um Sie rechtlich zu unterstützen. Mehr dazu im Abschnitt 10.3, »Wer hilft beim Erstellen der AGB?«.

10.1.2 Wie teuer ist eine Abmahnung?

Was kostet es, wenn Sie eine Abmahnung bekommen? Der *Händlerbund* hat Hunderte von Shopbetreibern befragt und herausgefunden: In etwa einem Drittel der Fälle waren es unter 500 €, nur in gut 15 Prozent der Fälle lag der Betrag über 2.000 €. Richtig teuer wird es erst, wenn Sie eine Unterlassungserklärung abgeben und gegen diese verstoßen. Hier sind mehrere Tausend Euro als Vertragsstrafe üblich – mit ein Grund, warum Sie eine solche Erklärung zunächst erst mal nicht unterschreiben sollten.

Jetzt aber dazu, wie Sie es ziemlich unwahrscheinlich machen können, dass Sie überhaupt eine Abmahnung bekommen: Erstellen Sie die notwendigen Rechtstexte, und stellen Sie die vorgeschriebenen Informationen auf den Seiten Ihres Shops zur Verfügung.

10.2 Brauche ich AGB?

Sie sind gesetzlich nicht verpflichtet, AGB (Allgemeine Geschäftsbedingungen) zu haben. Sie haben aber umfangreiche Informationspflichten gegenüber Ihren Kunden, das heißt, Sie müssen sowieso ein oder mehrere Dokumente erstellen, in denen Sie viele Informationen festhalten. Daher bietet es sich an, das gleich in den AGB zu tun.

AGB brauchen kein s

AGB steht für *Allgemeine Geschäftsbedingungen*. Das heißt, das Wort Bedingungen ist schon in der Mehrzahl, braucht also kein »s«. Kunden, die sich etwas auskennen, wissen das und erkennen am weitverbreiteten, aber falschen Begriff »AGBs«, dass hier offenbar kein juristischer Experte am Werk war. Das mindert das Vertrauen in Ihren Shop.

10.3 Wer hilft beim Erstellen der AGB?

Jetzt kommt der wichtigste Tipp in diesem Kapitel: Holen Sie sich Hilfe beim Erstellen der AGB und der anderen Rechtstexte für Ihren Webshop. Der kostenlose Weg geht über die *IHK*, die *Industrie- und Handelskammer*. In der sind Sie sowieso zwangsweise Mitglied, wenn Sie ein Unternehmen angemeldet haben (und keiner anderen Kammer zugewiesen sind). Die IHK bietet für jedermann zugängliche Informationen auf der Website sowie oft kostenlose Webinare und Veranstaltungen. Unter anderem gibt es von den IHKs auch Muster-AGB, die Sie ohne Bezahlung nutzen können. Allerdings sind dies eben nur Vorlagen, die Sie an die ganz individuellen Eigenheiten Ihres Shops anpassen müssen. Und das ist ohne juristisches Fachwissen schwierig.

Daher bietet es sich an, einen Anwalt damit zu beauftragen. In den meisten Fällen kostet Sie das um die 1.000 €. Dafür bekommen Sie alle Anpassungen für sämtliche Rechtstexte, die Sie auf der Site brauchen.

Der Weg, den die meisten kleineren Shop-Betreiber aber gehen, ist der über spezialisierte Anbieter wie *Händlerbund*, *Protected Shops* oder *e-recht24*. Ab ca. 10 € pro Monat bekommen Sie Zugang zu deren Diensten. Diese bestehen daraus, dass Sie online einige Fragen beantworten und dann in weniger als einer Stunde (wenn Sie schnell sind, geht es auch in 15 Minuten) alle Rechtstexte herunterladen können, und zwar speziell für Ihren Shop erzeugt. Dass das Ganze ein Abo ist, ist sinnvoll, denn die Rechtslage ändert sich immer wieder. Durch das Abo werden Sie darüber informiert, und Sie können die Texte auf Ihrer Site dann entsprechend anpassen. Zudem bekommen Sie meist kostenlose Erstberatung, sollten Sie doch einmal eine Abmahnung erhalten. In manchen Tarifen übernehmen die Anbieter sogar die Kosten. Das ist also der Weg, den ich Shop-Betreibern immer vorschlage. Damit haben Sie zwar einen weiteren Posten laufender Kosten, sind aber rechtlich dauerhaft und mit wenig Aufwand sehr gut abgesichert.

> **Keine AGB kopieren**
> AGB wirken wie Standardtexte, und vielleicht denken Sie, die liest sowieso keiner. Da kann man auf die Idee kommen, man könne diese Texte einfach von einem anderen Shop kopieren. Das sollten Sie aber auf keinen Fall tun. Erstens gilt auch für diese Texte Urheberrecht – Sie können fürs Kopieren also rechtlich belangt werden. Außerdem müssen die AGB auf Ihren ganz persönlichen Fall angepasst werden. Tun Sie das nicht, steht Ihnen weiterer juristischer Ärger ins Haus.

10.4 Welche Rechtstexte Sie unbedingt brauchen

Sehen wir uns an, welche Texte wir alle brauchen, um unseren Webshop rechtssicher zu machen. Das Pflichtprogramm besteht aus folgenden Seiten bzw. Elementen:

- Impressum
- Datenschutzerklärung
- Zahlungs- und Versandhinweise
- Widerrufsbelehrung mit Muster-Widerrufsformular
- Hinweise, die bei manchen Produkten notwendig sind (z. B. zur Batterieentsorgung, wenn Sie Produkte mit Batterien verkaufen, oder zum Verpackungsgesetz)

Außerdem brauchen Sie unbedingt immer diese Informationen für Ihre Kunden:

- wesentliche Merkmale jedes Produkts
- Preisangabe bei jedem Produkt
- Angabe, dass (bzw. ob) Umsatzsteuer enthalten ist

- Grundpreisangabe für Produkte wie Getränke, Nahrungsmittel, Kosmetika, die in Liter oder Kilogramm abgemessen werden können (auch wenn Sie die nur in einer einzigen festen Größe verkaufen)

- besondere Angaben für bestimmte Warengruppen (z. B. Zusammensetzung bei Textilien; Nährwertangaben, Inhaltsstoffe und Allergene bei Lebensmitteln usw.)

- klare Lieferzeiten

- Hinweis auf gesetzliche Gewährleistungsrechte

- Garantiebedingungen

- aktiver (anklickbarer) Link auf die Plattform der EU-Kommission zur Online-Streitschlichtung (*OS-Plattform*) http://ec.europa.eu/consumers/odr/ (ausgenommen sind Unternehmen mit weniger als 11 Mitarbeitern, die brauchen diesen Link nicht)

- Angabe über die Bereitschaft zur Teilnahme an einer Verbraucherschlichtung nach dem Verbraucherstreitbeilegungsgesetz (VSBG; Sie müssen nicht teilnehmen, aber auch das muss nachzulesen sein)

- bei journalistisch-redaktionellen Angeboten (dazu zählen nach einigen Urteilen auch Blogbeiträge): Angabe eines *inhaltlich Verantwortlichen i. S. d. § 18 Abs. 2 MStV* mit voller Adresse im Inland; die Person muss voll geschäftsfähig und strafverfolgbar sein – Diplomaten oder Abgeordnete genießen z. B. Immunität und sind daher nicht strafverfolgbar.

Das ist eine ganz schön lange Liste, aber keine Sorge: Sie müssen sich nur einmal darum kümmern und dann nur noch dafür sorgen, dass Sie keine Änderungen an der gesetzlichen Lage verpassen. Mit den erwähnten Anbietern ist das unproblematisch.

10.5 Die Rechtstexte bei Shopify einbauen

Sind Sie so weit und haben Sie die notwendigen Texte, dann ist das Einbauen bei Shopify ganz einfach:

1. Gehen Sie auf **Einstellungen • Rechtliches**.

2. Kopieren Sie die Texte in die jeweiligen Felder. Es sind Widerrufsbelehrung, Datenschutzerklärung, AGB, Versandkosten und Impressum.

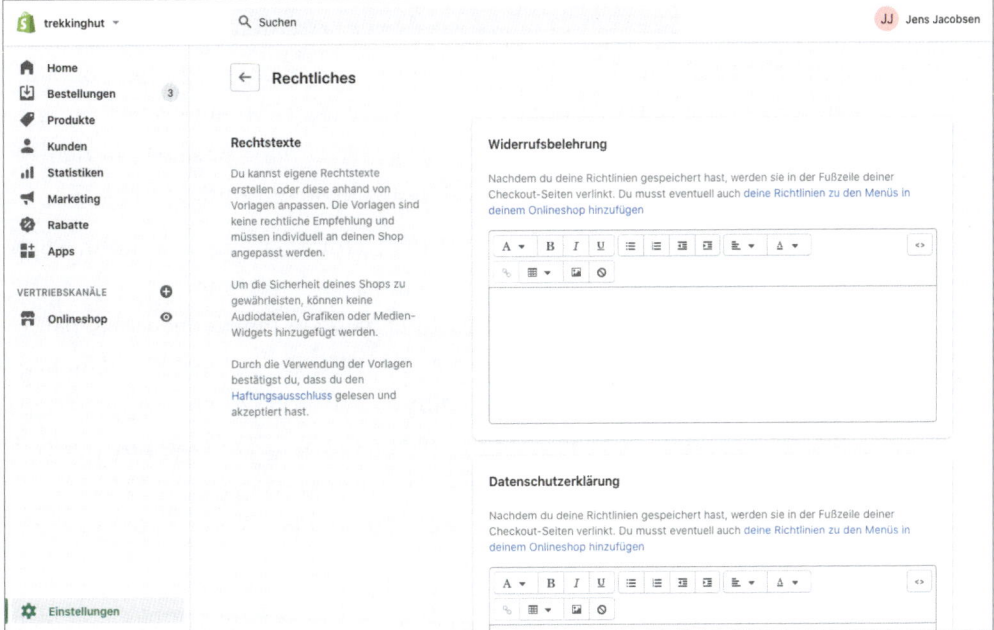

Derzeit gibt es unter **Impressum** den Button **Vorlage erstellen**. Dieser fügt ein Impressum aus den Daten ein, die Sie in Shopify bisher eingegeben haben. Das wirkt praktisch – ich würde aber nicht empfehlen, diese Funktion zu nutzen. Denn Sie brauchen sowieso jemanden, der sich um Ihre AGB kümmert, und da ist es kein großer Mehraufwand, denjenigen auch das Impressum erstellen zu lassen. Und Shopify übernimmt für diese automatisch vom System erstellten Texte natürlich keine Haftung.

10.6 Keine Angst vor der DSGVO

Die *Datenschutzgrundverordnung* (*DSGVO*) macht vielen Onlinehändlern Angst. Bei Verstößen gegen sie drohen Strafen bis zu 20 Millionen Euro oder mehr. An dem erschreckend hohen Betrag sehen Sie, dass die Vorgaben auch gegenüber großen, weltweit agierenden Unternehmen durchgesetzt werden sollen. Als Betreiber eines kleinen Shops werden Sie es nicht mit solchen Summen zu tun bekommen. Aber auch ein paar Tausend Euro will man sicher nicht einfach so zahlen. Und das muss man auch nicht – die ganze Angst ist nicht nötig. Denn mit Shopify und etwas gesundem Menschenverstand ist es gar nicht schwer, die Anforderungen der DSGVO zu erfüllen. Die DSGVO gilt übrigens nicht nur für Onlinehändler, sondern für jeden, der Daten von anderen Personen verarbeitet. So muss auch ein Ladengeschäft ein *Verzeichnis von Verarbeitungstätigkeiten* (kurz: *Verarbeitungsverzeichnis*) erstellen, in dem dokumentiert ist, wie mit den Kundendaten umgegangen wird.

Die DSGVO umfasst zum einen Pflichten, Informationen in Ihrem Shop für Kunden bereitzustellen, z. B. in der Datenschutzerklärung. Sie verpflichtet Sie aber auch, sorgsam mit den Daten Ihrer Kunden umzugehen. Das heißt, das geht darüber hinaus, nur Texte auf der Website einzustellen. Einen guten Überblick über die Anforderungen gibt es bei Shopify selbst: *https://help.shopify.com/de/manual/your-account/privacy/GDPR/GDPR-merchants*. Diese Seite ist (trotz der englischen URL, GDPR ist der englische Begriff für DSGVO) auf Deutsch übersetzt; das lohnende und dort verlinkte White Paper zum Thema liegt derzeit nur auf Englisch vor.

Auf Shopify selbst müssen Sie auch noch etwas einstellen, damit Sie den gesetzlichen Anforderungen der DSGVO genügen – **diese erfüllen Sie mit den Standardeinstellungen nicht**: Gehen Sie im Shopify-Backend auf **Vertriebskanäle • Onlineshop • Konfigurationen**. Scrollen Sie zum Bereich **Datenschutz des Kunden**. Setzen Sie hier die beiden Häkchen, um die restriktivste Lösung auszuwählen. Es erscheint ein Hinweis, dass Sie damit eingeschränkte Möglichkeiten bei der *Erfolgskontrolle* (*Tracking*) von Werbekampagnen und Website-Besuchen haben. Grund dafür ist, dass die üblichen Tracking-Cookies dann nicht gesetzt werden.

> **Tracking, Cookies, Analytics und Datenschutz**
>
> Von *Tracking* spricht man, wenn die Aktivitäten eines Besuchers auf der Website nachverfolgt werden. Technisch wird das meist so umgesetzt, dass ein so genanntes *Cookie* gesetzt wird. Das ist eine kleine Textdatei, die der Browser auf Anforderung der besuchten Website auf dem Computer des Besuchers speichert. Cookies können auch genutzt werden, damit ein Nutzer sich nicht jedes Mal wieder anmelden muss. Oder um die Dinge zu speichern, die er in den Warenkorb gelegt hat, auch wenn er kein Nutzerkonto

auf der Site hat. Was vom Datenschutz her kritischer ist, ist die Nutzung der Cookies zu Werbezwecken. Mit sogenannten *Third-Party-Cookies* lässt sich z. B. *Retargeting* betreiben (zu Deutsch am ehesten mit Wiederansprache übersetzbar). Damit können Sie einem Besucher Ihrer Site auf anderen Sites wie z. B. Facebook eine Anzeige für die Produkte zeigen, die er sich in Ihrem Shop angesehen hat. Third-Party-Cookies werden von Datenschützern kritisch gesehen, und mehr und mehr Browserhersteller blockieren diese mittlerweile in den Standardeinstellungen.

Außerdem nutzen auch *Analytics*-Lösungen Cookies. Sie dienen dazu, Ihnen als Site-Betreiber einen Eindruck davon zu geben, was die Besucher bei Ihnen so tun. Wie viele und welche Seiten sie sich ansehen, wie lange sie jeweils auf einer Seite bleiben usw. Auch dabei werden personenbezogene Daten erhoben, daher müssen Sie z. B. in der Datenschutzerklärung darauf hinweisen, wenn Sie so etwas tun.

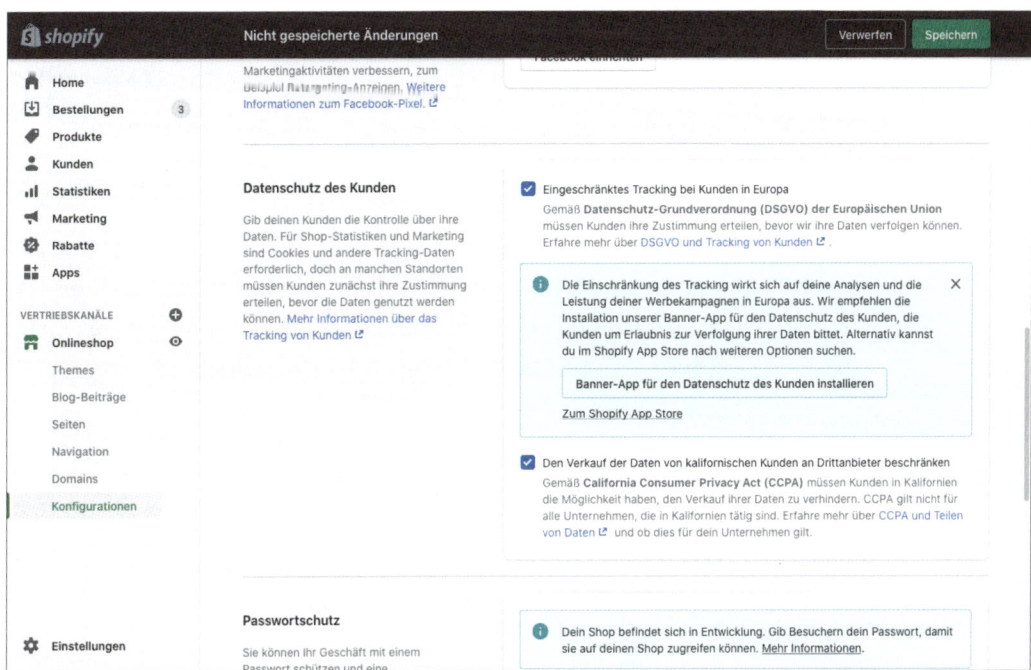

Abbildung 10.1 *Auch das Häkchen, um den Verkauf der Daten von kalifornischen Kunden zu verbieten, können Sie sicherheitshalber schon mal setzen.*

Der Text auf dem Button **Banner-App für den Datenschutz des Kunden installieren** ist etwas irreführend. Denn mit der App ermöglichen Sie, Kundendaten im Rahmen des rechtlich Erlaubten zu erheben. Weniger Daten werden dagegen erhoben, wenn Sie die App *nicht* installieren. Dann können Sie allerdings nicht mehr vernünftig nachverfolgen, wie häufig Ihr Shop besucht wird und was die Interessenten dort tun. Haben Sie derzeit die Kapazitäten nicht, das zu tun, dann kommen Sie gut ohne diese App aus.

Speichern Sie in jedem Fall jetzt erst einmal die Einstellungen. Klicken Sie **erst dann** auf den Button, und folgen Sie den Anweisungen zur Installation der App, wenn Sie diese installieren wollen. Speichern Sie vorher nicht, können Sie das Banner nicht aktivieren.

10.7 Cookie-Banner hinzufügen

Haben Sie die App *Customer Privacy Banner* installiert, landen Sie automatisch auf deren Einstellungsseite in Shopify. (Dorthin kommen Sie auch über die Seitenleiste beim Punkt **Apps**.)

1. Aktivieren Sie **Datenschutzbanner in deinem Onlineshop anzeigen**.

2. Stellen Sie ein, ob das Banner einen weißen oder schwarzen Hintergrund haben soll, und geben Sie freundliche Texte für den Besucher ein.

3. Bei **URL Datenschutzerklärung** geben Sie die vollständige URL zu Ihrer Datenschutzerklärung ein. Sie brauchen diese zwingend, ohne geht es nicht. Legen Sie die Seite also an, sollten Sie sie noch nicht haben.

4. Speichern Sie die App-Einstellungen.

Wie Sie in Abbildung 10.2 sehen, ist die Übersetzung noch etwas seltsam (z. B. »Kopie der Schaltfläche akzeptieren«, was aber nur Sie sehen), insbesondere steht auf dem Banner selbst »Privacy Policy« statt »Datenschutzerklärung«. Das lässt sich leider so einfach nicht ändern. Vielleicht hat Shopify das aber bereits korrigiert, wenn Sie diese Zeilen lesen.

10.7 Cookie-Banner hinzufügen

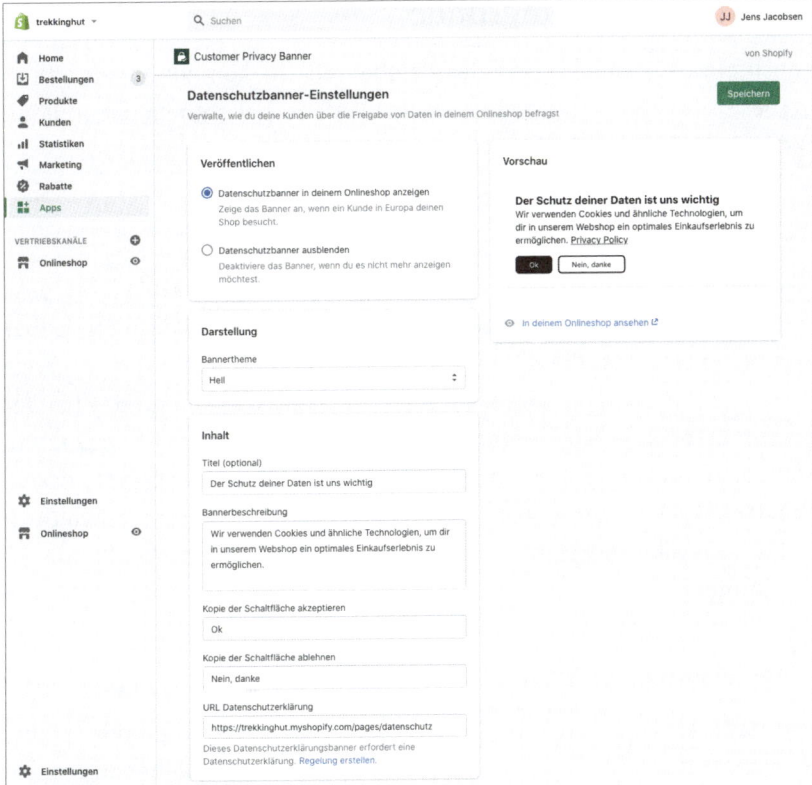

Abbildung 10.2 *Die Einstellungen für unser Zustimmungs-Banner*

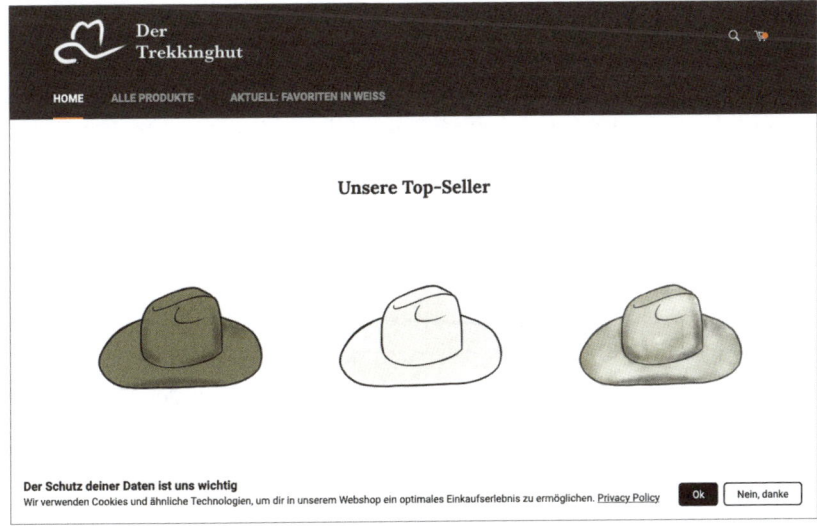

Abbildung 10.3 *Das Cookie-Banner in Aktion unten auf der Seite*

10.8 Weitere Abmahngründe

Es gibt noch ein paar weitere Gründe, die ebenfalls zu Abmahnungen führen können. Diese sind aber recht einfach in den Griff zu bekommen, Sie müssen sie nur kennen und berücksichtigen.

10.8.1 Unvollständiges Impressum

Halten Sie sich unbedingt an die Vorgaben zum Impressum. Dazu gehört, dass Sie eine Telefonnummer angeben müssen, unter der Sie tatsächlich erreichbar sind. Auch wenn Sie unter dieser Nummer keinen Support oder Kundenservice anbieten wollen, müssen Sie diese Nummer angeben. Sie können das bei der Nummer anmerken, aber aus rechtlichen Gründen würde ich nicht dazu raten. Dem Beispiel mancher großer Shops, die ihre Telefonnummer verstecken, würde ich noch viel weniger folgen. Diese Shops haben mehr Rechtsanwälte an der Hand als wir alle und bieten mehr Kontaktmöglichkeiten als alle unsere Shops zusammen.

10.8.2 Verpackungsgesetz und LUCID-Registrierung

Sobald Sie das erste Paket an einen Kunden verschicken, sind Sie dafür verantwortlich, dass Abfall entsteht. Die Pappschachtel und das Klebeband sowie eventuell Füllmaterial muss der Kunden entsorgen. Das ist für den Kunden kostenlos, weil die Kosten die *dualen Systeme* übernehmen. Diese bekommen ihr Geld von Ihnen, den Shopbetreibern. Dazu müssen Sie Ihre Verpackungen lizenzieren lassen. Man spricht hierbei auch von *Systembeteiligung* (Sie beteiligen sich am dualen System). Es gibt mehrere duale Systeme, also Anbieter, die das Recycling der Verpackungen organisieren. Mit einem von diesen müssen Sie einen Vertrag abschließen. Eine Mindestmenge gibt es dabei nicht, das heißt, selbst wenn Sie nur ein einziges Paket im Jahr verschicken, müssen Sie dessen Verpackung lizenzieren lassen. Die Lizenzierung ist aber zum Glück nicht teuer – es wird ja lediglich der Abfall entsorgt. Für 100 Pakete M (Schuhkarton-Größe) mit Klebeband und 50 Luftpolsterumschläge Größe M im Jahr zahlen Sie weniger als 100 € jährlich. Je sparsamer Sie bei den Materialien sind und je kleiner deren ökologischer Fußabdruck ist, desto geringer fallen auch Ihre Gebühren aus.

Zusätzlich müssen Sie sich beim Zentralen Verpackungsregister LUCID registrieren lassen (*www.verpackungsregister.org*). Damit kann jeder sich davon überzeugen, dass Sie Ihren Beitrag zur Entsorgung der Verpackungen leisten, für die Sie verantwortlich sind. Und ein Konkurrent kann dort recherchieren, ob Sie das auch getan haben, und Ihnen eine Abmahnung schicken, wenn Sie es versäumt haben.

10.8.3 Urheber- und Nutzungsrechte

Zu den typischen rechtlichen Fallstricken zählen auch die Urheber- und Nutzungsrechte. Das heißt, dass Sie darauf achten müssen, wem die Abbildungen und Texte gehören, die Sie in Ihrem Shop verwenden. Ziemlich klar ist das bei Blogbeiträgen, Über-uns-Seiten etc. Nutzen Sie hier nur Texte, die Sie selbst geschrieben haben, und nur Abbildungen, die Sie selbst fotografiert oder erstellt haben (oder die Sie haben erstellen lassen).

> **Falsche Freunde**
>
> Es gibt etliche Datenbanken im Internet mit kostenlos nutzbaren Fotos. Für viele von diesen müssen Sie nicht einmal die Quelle angeben. Am bekanntesten sind *unsplash.com* und *pixabay.com*. Doch es ist leider nicht ausgeschlossen, dass hier jemand Fotos hochgeladen hat, die ihm gar nicht gehören. Oder dass sein Fotomodell ihm das Recht nicht gegeben hat, ein Bild von ihm zu veröffentlichen. Wollen Sie also auf Nummer sicher gehen, nutzen Sie Fotos, die Sie bei einer Bilddatenbank lizenzieren. Und selbst hier müssen Sie aufpassen: Bei vielen Fotos von Personen dürfen Sie nicht den Eindruck erwecken, sie würde ein Produkt oder Ihren Shop bewerben – das würde extra kosten.

Etwas komplizierter wird die Sache bei Produktfotos und Logos von Herstellern oder Marken. Am einfachsten ist es, wenn Sie Produktfotos von den jeweiligen Herstellern bekommen. Oder Sie machen diese selbst – was viel Mühe kostet, sich aber immer lohnt. So können Sie dafür sorgen, dass alle Fotos den gleichen Stil haben, zusammenpassen und alle notwendigen Details zeigen. Einfach die Fotos von der Herstellerseite kopieren und in Ihren Shop setzen dürfen Sie keinesfalls. Die Produkte dürfen Sie aber selbst fotografieren und mit klar sichtbarem Logo präsentieren.

Das Logo dürfen Sie auch verwenden, wenn Sie es nicht grafisch verändern. Also dürfen Sie es nicht golden einfärben oder ein rotes Sternchen daraufsetzen. Und außerdem dürfen Sie das Logo nur verwenden, wenn es wirklich um ein Produkt geht, das von diesem Hersteller kommt. Verkaufen Sie z. B. Zubehör oder Ersatzteile für Apple-Smartphones, dann dürfen Sie das Apfel-Logo an dieser Stelle *nicht* zeigen. Verkaufen Sie aber iPhones, können Sie auf den entsprechenden Seiten das Apple-Logo verwenden.

Auf keinen Fall dürfen Sie Marken der Konkurrenz nennen oder Marken von Produkten, die Sie gar nicht verkaufen. Verkaufen Sie Samsung-Smartphones, dann dürfen Sie nicht schreiben, dass das Spitzenmodell von der Ausstattung her dem neuesten iPhone von Apple entspricht. Denn das könnte man als Versuch werten, durch die Nennung der Konkurrenz-Marke Ihren Shop attraktiver zu machen oder über Suchmaschinen gefunden zu werden.

10.8.4 Jugendschutz

Es gibt ein paar Spezialfälle, in denen Sie nicht einfach an jeden verkaufen dürfen. Dazu gehören Alkohol, Tabak, Liquids für E-Zigaretten, aber auch bestimmte Bücher, Computerspiele oder Filme. Verkaufen Sie solche Produkte, dann müssen Sie sicherstellen, dass die Ware nur an Personen über 18 ausgeliefert wird. Dazu gibt es Lösungen von den meisten Versanddienstleistern.

Auch bei der Werbung für solche Produkte sind Sie eingeschränkt – und bei den Bildern, die Sie davon zeigen. Verkaufen Sie solche Produkte, empfehle ich Ihnen eine individuelle rechtliche Beratung, weil das Thema etwas heikler ist. Dabei kommen Sie aber vermutlich mit einem einzelnen Termin bei einem spezialisierten Rechtsanwalt aus.

Ebenfalls etwas schwieriger ist es, wenn Sie sich an Kinder wenden. Für Personen unter 16 Jahren brauchen Sie nach DSGVO die Zustimmung der Eltern, um deren Daten zu verarbeiten.

10.8.5 Datenschutz bei Newslettern

Eine häufige Fehlerquelle, die zu Abmahnungen führen kann, sind Newsletter. Einen Newsletter dürfen Sie nur verschicken, wenn Sie eine ausdrückliche Einwilligung des Empfängers haben. Die bekommen Sie üblicherweise, indem Sie auf Ihrer Website ein Anmeldeformular bereitstellen, in welches sich der Interessent einträgt. Mehr dazu erfahren Sie in Kapitel 13, »Marketing und Werbung – gut fürs Geschäft«.

Eine Ausnahme gibt es: Sie dürfen Bestandskunden Werbemails schicken. Dann müssen Sie aber unbedingt bei der ersten Bestellung und in jeder Mail darauf hinweisen, dass die Kunden dem widersprechen können. Und allzu lange sollte es auch nicht her sein, dass der Kunde bei Ihnen bestellt hat – die Gerichte haben meist eine Grenze von zwei Jahren angesetzt. Meine Empfehlung ist aber, werbliche Mails (wozu Newsletter gehören) nur an solche Kunden zu schicken, die sich wirklich aktiv dafür entschieden haben, sie zu bekommen. Denn da die Flut an E-Mails heute so groß ist, sind die meisten Menschen eher verärgert, wenn sie eine Mail bekommen, die sie nicht wollten – auch wenn das Angebot darin noch so gut sein mag.

Achten Sie darauf, den Newsletter korrekt in der Datenschutzerklärung zu erwähnen und dem Abonnenten das Abmelden so leicht wie möglich zu machen. Das sorgt dafür, dass Sie keine Kunden verärgern, und auch dafür, dass Sie keinen Grund für Abmahnungen schaffen. Außerdem braucht jede einzelne E-Mail Ihres Newsletters, die Sie verschicken, ein vollständiges Impressum und einen Link, um sich vom Newsletter abzumelden.

10.9 Auch Rechtstexte sind für Menschen

Verlieren Sie vor lauter Konzentration auf die rechtliche Seite nicht den eigentlichen Sinn der Vorschriften aus den Augen: Es soll den Verbrauchern ermöglichen, alle für sie nötigen Informationen über Sie zu bekommen.

Gliedern und formatieren Sie Ihr Webimpressum und die anderen Texte übersichtlich. Stellen Sie die wichtigen Angaben wie Anschrift, Telefonnummer und E-Mail-Adresse möglichst deutlich dar. Damit entsprechen Sie den gesetzlichen Vorschriften *und* den Bedürfnissen der Benutzer.

Das Gleiche gilt für die AGB: Auch für diese fordert der Gesetzgeber, dass sie nutzbar sind. Das heißt, sie müssen in vernünftiger Schriftgröße mit guter Leserlichkeit abgebildet sein (»zumutbar« ist die Formulierung des Gesetzes). Das heißt auch, dass die AGB nicht übermäßig lang sein dürfen – und auch nicht zu kompliziert formuliert. Ich empfehle für die Formatierung schwarz auf weiß, mindestens 12 bis 14 Punkt Schriftgröße. Außerdem müssen die AGB ausdruckbar sein.

Auch müssen Sie »deutlich sichtbar« auf Ihre AGB hinweisen. Ich empfehle einen Link im Fußteil sowie zusätzlich einen im Checkout-Prozess.

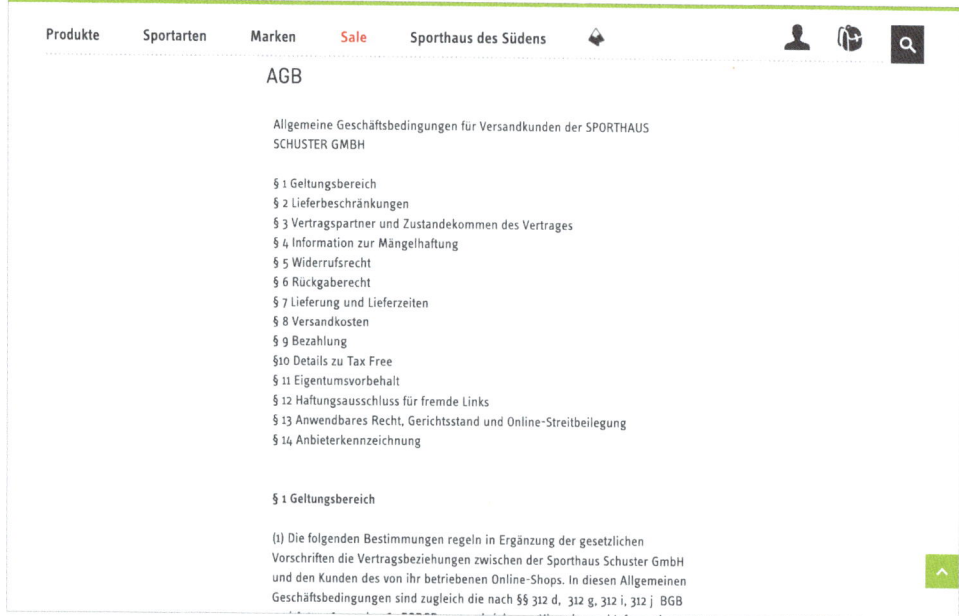

Abbildung 10.4 *Die AGB bei Sport Schuster. Perfekt formatiert, leider ohne Verlinkungen, und auch die vielen gleich im ersten Absatz genannten Paragrafen schrecken etwas ab.*

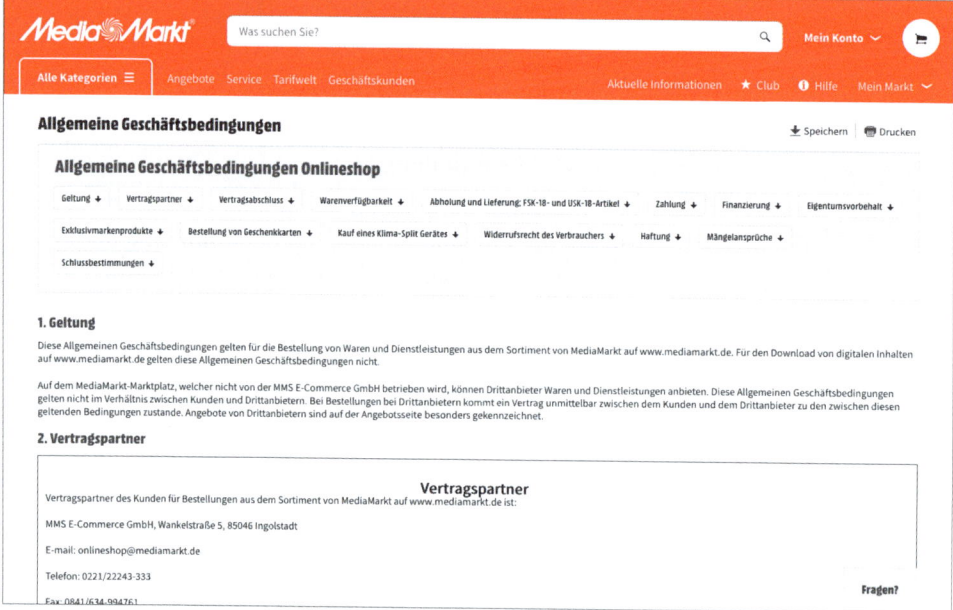

Abbildung 10.5 *Nicht so gut formatiert, aber dafür mit sehr nützlichen Links zum Springen zu den jeweils interessierenden Inhalten*

10.10 Buttons richtig beschriften

Buttons sind sehr, sehr wichtig für Ihren Erfolg. Denn der Text darauf ist praktisch der einzige, den die Nutzer Ihrer Website garantiert lesen. Und mit dem Klick auf einen Button kaufen sie letztlich auf Ihrer Site. Dementsprechend sollten Sie sich viel Mühe geben, Buttons überzeugend zu beschriften. Bei großen Shops gibt es ganze Teams von Experten, die tagelang nachdenken und testen, welche Beschriftungen am meisten Umsatz generieren. Herausgefunden haben sie, dass Buttons vor allem zwei Eigenschaften haben müssen:

1. auffällig
2. einladend und eindeutig

Das heißt, durch Platzierung, Größe und Farbe müssen die Buttons herausstechen. Außerdem muss die Beschriftung auffordern, ohne allzu plump zu wirken. Und vor allem muss die Beschriftung klar vermitteln, was bei Knopfdruck passiert. Das fordert übrigens auch der Gesetzgeber. Der Bestellbutton muss gut lesbar und richtig beschriftet sein. Erlaubt sind z. B. »Zahlungspflichtig bestellen« oder »Kaufen«. Nicht erlaubt sind z. B. »Bestellen« oder »Anmeldung« – bei diesen Beschriftungen ist nicht 100 prozentig klar, dass der Nutzer nun Geld zahlen muss.

10.11 Interview mit Michael Rohrlich, Rechtsanwalt

Michael Rohrlich ist seit 2003 schwerpunktmäßig in den Bereichen E-Commerce, Datenschutz und IT tätig. Er hat selbst mehrere Bücher zu Webshops und Recht geschrieben sowie etliche Videotrainings bei LinkedIn Learning zum Thema veröffentlicht.

Website: *www.ra-rohrlich.de*

Rechtsanwalt Michael Rohrlich

Jens Jacobsen: Was ist der schwerste juristische Fehler, den man als frisch gebackener Shop-Betreiber machen kann?

Michael Rohrlich: Das ist schwer zu sagen, weil das Feld des E-Commerce-Rechts sehr umfangreich und auch sehr dynamisch ist. Das heißt, es ändert sich regelmäßig irgendwas, worauf man als Shop-Betreiber dann reagieren muss. Nahezu alle Fehler, sei es eine fehlende Telefonnummer im Impressum oder eine unvollständige Widerrufsbelehrung, können online rund um die Uhr gut nachvollzogen und auch protokolliert werden. Der schwerste Fehler ist sicher, sich gar nicht oder nur unzureichend um die juristischen Aspekte des eigenen Shops zu kümmern. Es braucht vielmehr eine einmalige Detailprüfung, idealerweise vor dem Start des Shops. Und im Nachgang regelmäßige Prüfungen, um auf rechtliche Änderungen schnell reagieren zu können.

Jens: Was ist ein typisches Missverständnis, vieler Shop-Betreiber, die zu dir kommen?

Michael: Manche gehen davon aus, dass sich eine juristische Prüfung mal »so eben schnell« durchführen lässt. Gerade zu Beginn der Corona-Zeit, im Lockdown ab März 2020, haben viele Händler versucht, kurzfristig in den E-Commerce einzusteigen, einfach weil sie in der Zeit keine Alternativen hatten. Da kam es schon mal vor, dass mich donnerstags ein Anruf erreichte, dass man für Samstag den Start des eigenen Webshops plane und ich das bis dahin »ja sicherlich mal eben prüfen« könne. Das kann theoretisch klappen, ist in der Praxis aber sehr unrealistisch. Ich muss den Shop prüfen, der Betreiber und/oder ein externer Programmierer muss das Ganze dann umsetzen, es sollte eine Testbestellung und letztlich auch noch eine Abschlusskontrolle erfolgen. Das alles braucht seine Zeit, wenn es vernünftig werden soll.

Jens: Wer kommt überhaupt zu dir mit Fragen zum Webshop?

Michael: Das ist sehr unterschiedlich. Meine Mandanten sitzen hauptsächlich in Deutschland, ich habe aber auch mehrere aus Österreich und aus der Schweiz. Vertreten sind alle Branchen, Unternehmensformen und -größen. Vom selbstständigen Unternehmensberater über einen kleinen Einzelhändler und einer Ski-Schule bis hin zu größeren, international aufgestellten Unternehmen. Mein Schwerpunkt liegt jedoch in der Beratung von Unternehmen aus dem KMU-Bereich.

Jens: Wann sollte ich zu dir kommen, statt einfach für 10 € im Monat zu Händlerbund oder Protected Shops zu gehen?

Michael: Anbieter wie Händlerbund, Protected Shops oder auch Trusted Shops bieten sehr spannende Dienstleistungen, die Shop-Betreibern für relativ kleines Geld wertvolle Hilfestellungen bieten können. Allerdings darf man hierbei nicht vergessen, dass solche Geschäftsmodelle zu den angebotenen Preisen nur dann wirklich funktionieren, wenn sie »auf Masse« angelegt sind, das heißt, sie sind größtenteils automatisiert. Ich weiß nicht, ob bei einer solchen Vorgehensweise »nur« die typischen Rechtstexte wie AGB, Datenschutzerklärung, Impressum, Widerrufsbelehrung etc. behandelt werden oder ob tatsächlich der gesamte Shop betrachtet wird, sodass also zum Beispiel auch Fehler bei einzelnen Produktkennzeichnungen oder Preisangaben auffallen. Wer keinen AGB-Generator oder keine Impressum-Schnittstelle, sondern eine individuelle Betreuung in Form einer konkret auf ihn zugeschnittenen Rechtsberatung haben möchte, beauftragt dann vermutlich eher einen entsprechend spezialisierten Anwalt.

Jens: Wenn ich meine kompletten Rechtstexte von dir habe durchsehen lassen, wie oft muss ich dann von dir checken lassen, ob noch alles okay ist oder ob sich rechtlich was geändert hat?

Michael: Auch das ist nicht pauschal zu sagen. Es kommt darauf an, in welcher Branche man tätig ist bzw. welche Produkte man vertreibt. Es ist zum Beispiel ein Unterschied, ob man Medikamente, Alkohol, Software oder Fernseher im Sortiment hat. Ich empfehle für alle Shop-Betreiber unabhängig vom jeweiligen Produktangebot aber zumindest eine Update-Prüfung pro Jahr, in vielen Fällen ist jedoch eine quartalsweise Prüfung sinnvoller. Es sind zwar nicht immer unbedingt die großen Gesetzesänderungen wie beispielsweise 2014 mit der Verbraucherrechterichtlinie (VRRL) oder im Mai 2018 mit der Datenschutzgrundverordnung (DSGVO). Aber auch einzelne Gerichtsentscheidungen können Shop-Betreiber zum Handeln zwingen.

Jens: Reizt es dich selbst, einen Webshop zu eröffnen? Wenn ja, was würdest du verkaufen?

Michael: Ich hatte vor einigen Jahren mal darüber nachgedacht, ein kleines, spezialisiertes Modell im Stil von *Trusted Shops* umzusetzen, also standardisierte Rechtsberatungspakete anzubieten. Davon habe ich dann aber wieder

Abstand genommen. Denn das, was meine Mandanten erwarten, nämlich eine effiziente, individuelle, praxisnahe Beratung und Vertretung, lässt sich meiner Meinung nach nicht so gut in einen Automatismus packen. Ich kann und will nicht einer von mehreren »Massenanbietern« in diesem Bereich werden. Ich biete zwar auch bestimmte Beratungspakete an, wie z. B. eine Shop-Prüfung oder eine »DSGVO-Umsetzungshilfe«, die sind aber im Leistungsumfang und von der Kostenseite her stets individuell auf den jeweiligen Mandanten zugeschnitten.

Kapitel 11
Ihre Kundendatenbank – ein ungehobener Schatz

Einen neuen Kunden zu gewinnen, ist mühsam. Es beginnt schon mit der großen Aufgabe, ihn überhaupt auf unsere Website zu bekommen. Dann muss diese ihn ansprechen, er muss das Gefühl haben, hier richtig zu sein, etwas zu finden, was er kaufen will. Wir müssen sein Vertrauen gewinnen. Er muss tatsächlich ein Produkt finden, das ihm zusagt. Der Preis muss für ihn passen. Die Zahlungsmethoden und Lieferwege auch. Und dann muss technisch alles glatt über die Bühne gehen. Deshalb ist es sehr teuer, neue Kunden zu gewinnen. Wesentlich leichter ist es, wenn Sie Kunden zum Kauf bringen, die schon einmal bei Ihnen eingekauft haben. Von diesen haben Sie die E-Mail-Adresse, von diesen hatten Sie zumindest einmal das Vertrauen. Deshalb ist es so unglaublich lohnend, sich um seine bestehenden Kunden zu kümmern. Dazu bieten sich auf Shopify einige Möglichkeiten.

11.1 Kundendaten pflegen

Jeder, der in Ihrem Shop etwas bestellt, landet automatisch in Ihrer Kundendatenbank. Diese ist ein mit jeder Bestellung wachsender Schatz, den Sie hegen und pflegen sollten.

Eine der häufigsten Arbeiten ist, Änderungen an den Kundendaten vorzunehmen. Dazu klicken Sie den Kunden an. Im Bereich rechts sehen Sie **Kundenübersicht**, wo Sie die E-Mail-Adresse sehen, und die Telefonnummer, wenn der Kunde eine angegeben hat. Darunter ist die Standardadresse. Weitere Adressen sehen Sie, wenn Sie auf **Verwalten** klicken. Interessant sind auch die Bestellungen im Mittelteil der Seite und darunter die **Timeline**, also eine Zeitleiste mit allen Interaktionen, die der Kunde mit Ihrem Shop hatte.

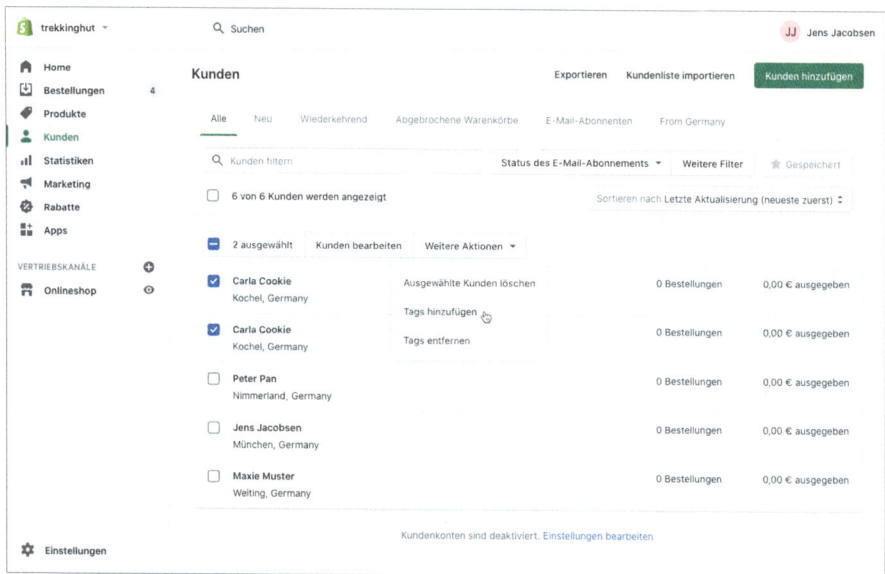

Abbildung 11.1 *Ihre Kundendatenbank. Sie können auch mehrere Kunden gleichzeitig bearbeiten – oder doppelte löschen, solange diese noch keine Bestellung aufgegeben haben.*

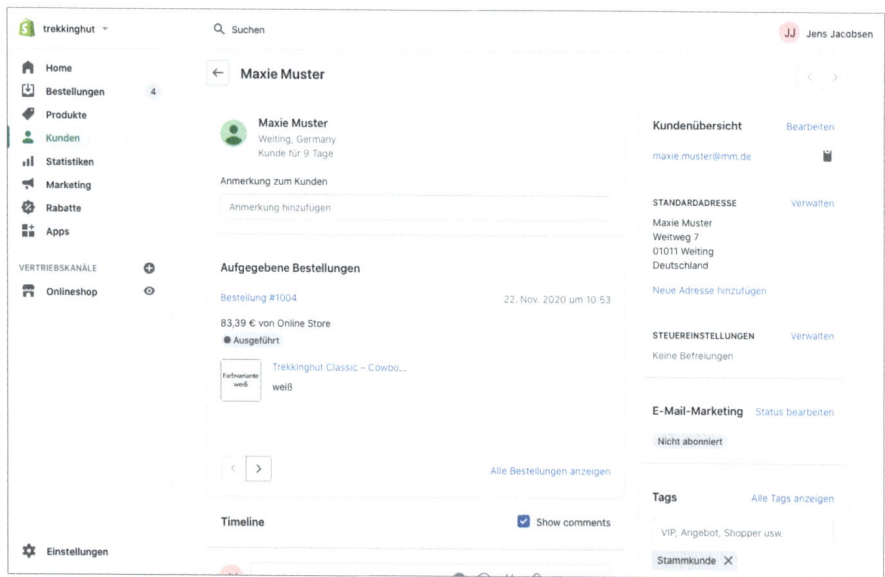

Abbildung 11.2 *Die Kundendetails. Die Telefonnummer geben Sie übrigens ein, indem Sie oben rechts bei »Kundenübersicht« auf »Bearbeiten« klicken.*

In der Seitenleiste bei **Tags** vergeben Sie Tags, also Schlagworte für den Kunden. Diese Schlagworte können Sie ganz frei wählen. Sie können Sie nutzen, um z. B. die besonders treuen Kunden zu markieren. Oder solche, mit denen Sie telefonisch Kontakt hatten. Sie können dann später in der Kundenübersicht nach diesen Kunden suchen.

Um beispielsweise die Stammkunden anzusprechen oder solche, die seit einer bestimmten Zeit nichts mehr bestellt haben, gehen Sie in die Kundenübersicht. Dort nutzen Sie die Filter, um die Kunden herauszusuchen, die bestimmten Kriterien entsprechen. Möchten Sie nach Tags filtern, geben Sie diese einfach in das Suchfeld ein. (Alternativ geben Sie sie bei **Markiert mit** ein.) Die Filter können Sie speichern, um später leicht auf sie zugreifen zu können. Klicken Sie dazu in der Spalte oben rechts auf den entsprechenden Button. Diese Gruppe erscheint dann in der Tab-Leiste darüber.

Abbildung 11.3 *Eine gespeicherte Suchabfrage*

11.2 E-Mails an Kundengruppen schicken

Einzelne Mails können Sie direkt aus den Kundendetails verschicken. Wollen Sie mehrere Kunden ansprechen, gehen Sie so vor:

1. Erstellen Sie eine Gruppe, wie oben beschrieben.
2. Klicken Sie auf **Marketing** und dann oben rechts auf **Kampagne erstellen**.
3. Gehen Sie auf **Shopify E-Mail**.
4. Suchen Sie eine Vorlage durch Klick auf den Button **Auswählen** aus. Wahrscheinlich ist keine dabei, die Ihnen zusagt, die Qualität der Vorlagen ist nur

mittelmäßig. Nutzen Sie einfach die leere Vorlage, die finden Sie ganz am Ende der Liste. Darin können Sie Ihre eigenen Inhalte zusammenstellen, das geht einfach und schnell.

5. Im Feld **An** können Sie nun die Gruppe auswählen.

6. Schreiben Sie Betreff und Vorschautext.

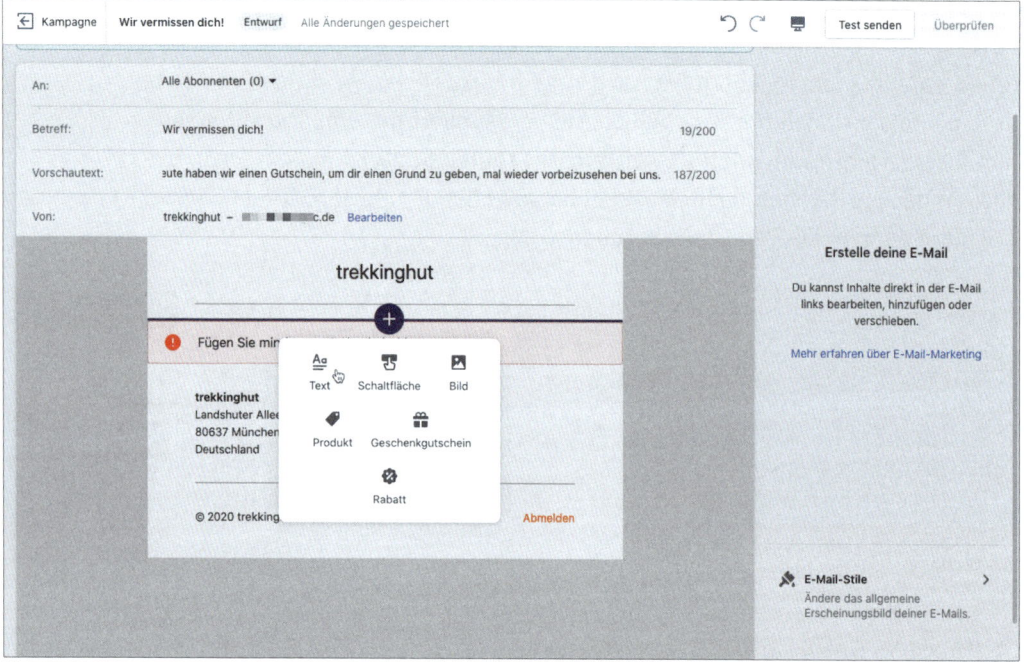

7. Fügen Sie mit einem Klick auf das Plus-Symbol Elemente hinzu. Es erscheint, wenn Sie mit dem Mauszeiger über den Inhaltsbereich der Mail gehen.

8. Ist alles zu Ihrer Zufriedenheit, klicken Sie oben rechts auf **Test senden**. Damit schicken Sie sich selbst eine Testmail, was immer empfehlenswert ist. Sieht sie gut aus, gehen Sie oben rechts auf **Überprüfen**. Damit machen Sie einen letzten Check und können die Mails schließlich losschicken.

11.3 Rabattcodes erstellen

Ein für Kunden sehr überzeugendes Argument, Ihren Shop zu besuchen, sind Rabatte. Diese können Sie mit Shopify ganz einfach anlegen und verwalten. Rabatte kombinieren sich auch sehr gut mit Mails an ausgewählte Kundengruppen, wie eben gerade gezeigt.

1. Gehen Sie in der Seitenleiste von Shopify auf **Rabatte**.

2. Klicken Sie auf **Einen Rabattcode erstellen**.

3. Geben Sie den Code ein. Dabei dürfen Sie keine Leerzeichen und keine Sonderzeichen, keine Umlaute und kein scharfes S verwenden. Zu komplex sollte es auch nicht werden, schließlich werden viele Kunden den Code abtippen.

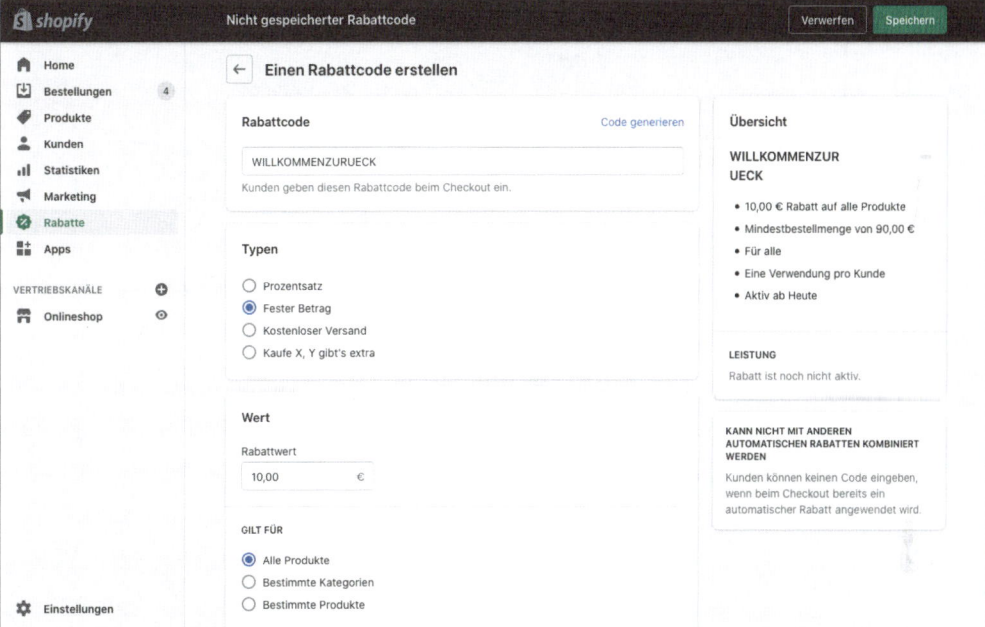

4. Wenn Sie den Code an bestimmte Kunden schicken wollen, dann lassen Sie dennoch bei **Kundenberechtigung** die Einstellung auf **Jeder**. Das bedeutet, dass auch neue Kunden den Code nutzen können, was normalerweise auch das ist, was Sie wollen. Denn wenn jemand den Code weitergibt, dann macht er damit gratis Werbung für Sie. Und der Geworbene hat einen Anreiz, Ihren Shop zu besuchen.

5. **Speichern** Sie.

Auf der nächsten Seite sehen Sie in Shopify nun einen Button, mit dem Sie einen Link kopieren können, den Sie Ihren Kunden schicken können. Bequemer ist es aber, wenn Sie mit der Mailfunktion von Shopify arbeiten, dann brauchen Sie nichts zu kopieren. Gehen Sie dazu auf **Marketing**, und klicken Sie bei der zuvor angelegten Kampagne auf den Button **Aktivität bearbeiten**. Jetzt fügen Sie ein Element **Rabatt** hinzu. Bei diesem können Sie nur die Formatierung ändern, die Texte leider nicht.

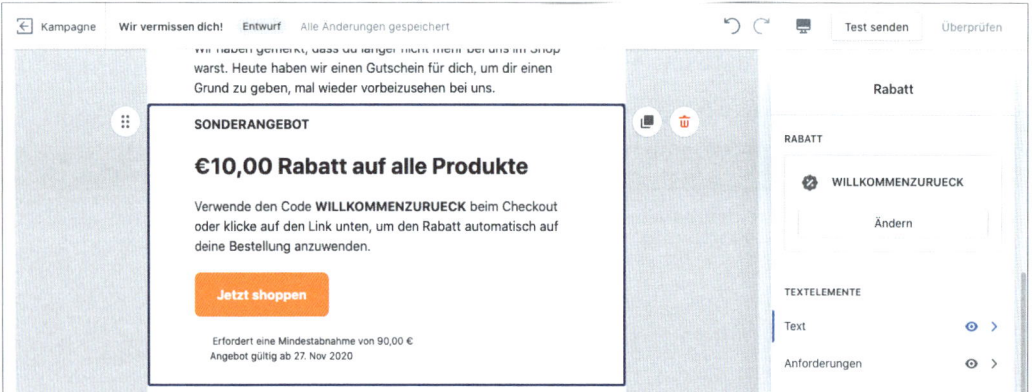

Abbildung 11.4 *So sieht der in die Mail eingebundene Rabattcode aus.*

Rabatte können verboten sein

Wenn Sie Artikel verkaufen, die preisgebunden sind, dürfen Sie keine Rabatte auf diese anbieten. Dazu gehören z. B. Zeitungen, Zeitschriften sowie Tabakwaren und Arzneimittel, außerdem Bücher, Noten und Landkarten (ausgenommen gebrauchte Ware und »Modernes Antiquariat«, sogenannte Ramschware).

11.3.1 Rabattcodes für abgebrochene Bestellungen

Ein weiterer guter Einsatzzweck für Rabattcodes ist, diesen an Kunden zu schicken, die ihre Bestellung abgebrochen haben. Das ist ein echter Anreiz, doch noch mit dem gefüllten Warenkorb zur Kasse zu gehen. Legen wir einen solchen Code an:

1. Gehen Sie in der Seitenleiste von Shopify auf **Rabatte** und klicken Sie auf **Einen Rabattcode erstellen**.

2. Geben Sie den Code ein, wir nehmen für unser Beispiel »THE-SHOW-MUST-GO-ON«.

3. Wollen Sie sicherstellen, dass der Code nur für aufgegebene Warenkörbe genutzt werden kann, dann setzen Sie bei **Kundenberechtigung** die Einstellung auf **Bestimmte Kundengruppen**. Tippen Sie ins Suchfeld »ab«, dann erscheint nach einem Moment **Abandoned checkouts**. Setzen Sie den Haken davor, und klicken Sie auf **Fertig**.

4. **Speichern** Sie.

Damit wird lediglich sichergestellt, dass den Code nur diejenigen anwenden können, die einen abgebrochenen Warenkorb haben. Das könnten Sie sicherheitshalber auch sein lassen, damit es keine Probleme gibt, wenn der Empfänger z. B. eine andere Mailadresse verwendet, um seinen Einkauf abzuschließen.

Sie müssen nun noch dafür sorgen, dass der Kunde den Rabattcode auch bekommt. Der einfache, direkte Weg ist, diesen zu kopieren und in die Mail, die Sie an den Kunden schicken, einzufügen. Wie Sie das automatisieren, sehen Sie später in Abschnitt 11.5.3, »Mails automatisch verschicken«.

Rabattcodes können verärgern

Meine Empfehlung ist, mit Einschränkungen für Rabattcodes möglichst vorsichtig zu sein. Denn wenn Sie einem Kunden einen Rabatt anbieten, den er dann nicht verwenden kann, haben Sie mehr Schaden angerichtet als Nutzen geschaffen. Das ist eine gute Methode, Kunden zu verärgern. Aus diesem Grund würde ich die Einschränkung auf **Bestimmte Kundengruppen** nicht vornehmen. Denn die führt immer wieder dazu, dass Kunden, die eigentlich berechtigt wären, ihren Code nicht einsetzen können, weil das System sie nicht wiedererkennt. Ebenso sollten Sie Einschränkungen immer sehr klar kommunizieren, wenn Sie Codes anbieten. Also z. B. die Gültigkeitsdauer, den Mindestbestellwert usw. Denn merkt der Kunde erst beim Checkout, dass er die Voraussetzungen nicht erfüllt, wird er sich immer ärgern.

11.3.2 Automatische Rabatte

Der Vollständigkeit halber: **Automatische Rabatte** sind solche, die allen Kunden automatisch angeboten werden. Sie müssen keinen Code eingeben, sondern bekommen den Rabatt, wenn sie zur Kasse gehen – sofern sie die Voraussetzungen wie Mindestbestellmengen etc. erfüllen. Nützlich ist das z. B. für

Black Friday Sales oder Sonderaktionen. Sie können die Gültigkeitsdauer des Rabatts natürlich einstellen, so wird er nur während der Laufzeit der Aktion gewährt.

11.4 Geschenkgutscheine

Eine gute Möglichkeit, neue Kunden zu gewinnen, sind Geschenkgutscheine. Denn damit machen Ihre bestehenden Kunden Werbung für Ihren Shop – nämlich beim Beschenkten, der den Shop vielleicht noch gar nicht kennt. Und sie bezahlen Ihnen dafür auch noch Geld. Das ist eine Gelegenheit, die Sie sich nicht entgehen lassen sollten. Machen Sie es Ihren Kunden so leicht und attraktiv wie möglich, Geschenkgutscheine von Ihnen zu kaufen.

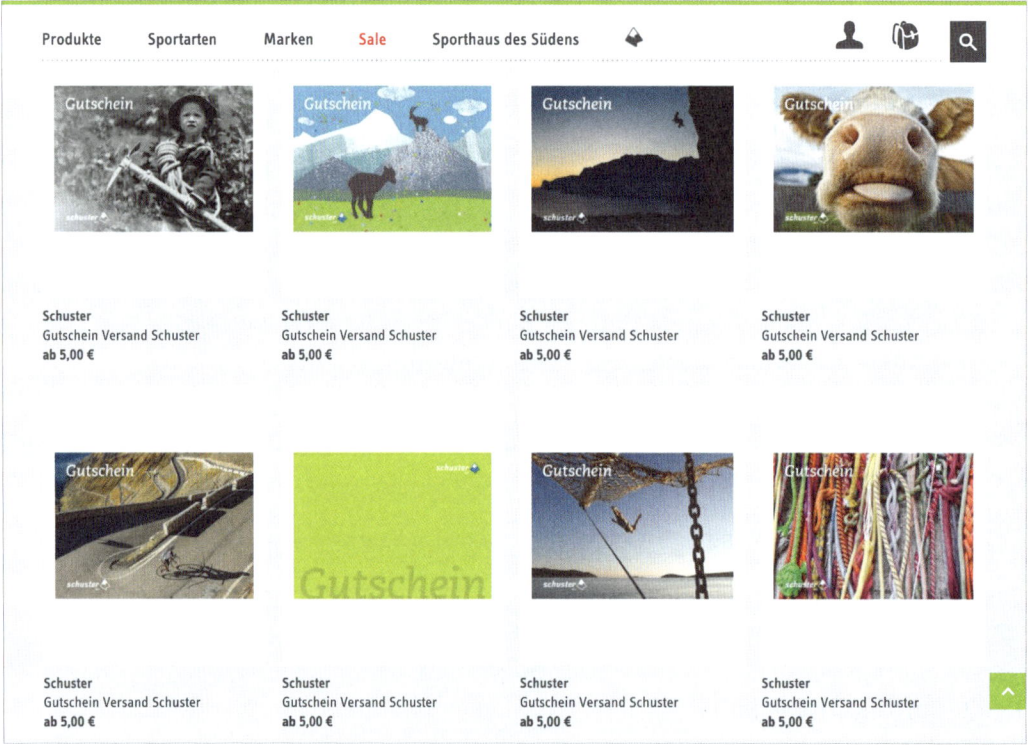

Abbildung 11.5 *Möglichst unterschiedliche Stile von Motiven steigern die Attraktivität Ihrer Geschenkgutscheine, wie hier bei Sport Schuster. So ist für jeden Anlass und Beschenkten etwas dabei.*

Nicht in allen Shopify-Plänen ist es möglich, Gutscheine zu erstellen. Wollen Sie dennoch unbedingt Gutscheine anbieten, bleibt Ihnen nichts anderes übrig, als Ihren Plan hochzustufen.

> **Rechtliche Anforderungen an Geschenkgutscheine**
>
> Es gibt Vorschriften für Geschenkgutscheine. So können Sie die Gültigkeitsdauer nicht frei bestimmen, sondern sie muss in Deutschland normalerweise mindestens drei Jahre ab Ausstellung betragen. Auch steuerlich sind Gutscheine eine Besonderheit. Fragen Sie daher sicherheitshalber einen Anwalt, und sprechen Sie mit Ihrem Steuerberater, bevor Sie Gutscheine anbieten.

So legen Sie einen Gutschein an:

1. Gehen Sie im Admin-Bereich zu **Produkte • Gutscheine**, und klicken Sie auf **Jetzt Geschenkgutschein verkaufen**.

2. Geben Sie einen griffigen Titel und eine ansprechende Beschreibung für den Gutschein ein.

3. Wählen Sie ein passendes Bild.

4. Geben Sie die **Nennwerte** an, für die Ihre Kunden Gutscheine kaufen können. (Die Kunden können den Betrag nicht frei wählen, sondern nur aus den von Ihnen vorgegebenen Nennwerten.)

5. Speichern Sie.

Die Gutscheine erscheinen nun automatisch als Produkt in Ihrem Store. Überlegen Sie, ob Sie ihnen eine eigene Kategorie gönnen, damit sie leicht gefunden werden. Auch bietet es sich an, die Gutscheine an anderer Stelle zu präsentieren, z. B. auf der Startseite.

> **Gutscheine korrekt verbuchen**
>
> Geschenkgutscheine erscheinen im Schuldenbericht von Shopify, weil Sie damit Einnahmen hatten, aber die dazugehörige Ware noch nicht ausgeliefert haben. Das müssen Sie in der Buchhaltung korrekt buchen und steuerlich berücksichtigen.

11.5 Abgebrochene Bestellungen ansehen

Der erste und nahe liegendste Weg, Ihre Bestandskunden zu mehr Umsatz zu verführen, geht über die stehengelassenen Einkaufswagen, also die abgebrochenen Bestellungen. Wie wir in Kapitel 7, »Warenkorb und Checkout – jetzt rollt der Rubel« gesehen haben, werden 80 Prozent aller Bestellungen in Webshops nicht zu Ende gebracht. Diese vereinsamten Warenkörbe sind aber – ganz wie im echten Laden – nicht weg. Sie finden sie bei Shopify im Admin-Bereich unter **Bestellungen • Abgebrochene Warenkörbe**. (Vielleicht korrigiert Shopify diese schiefe Übersetzung auch demnächst.)

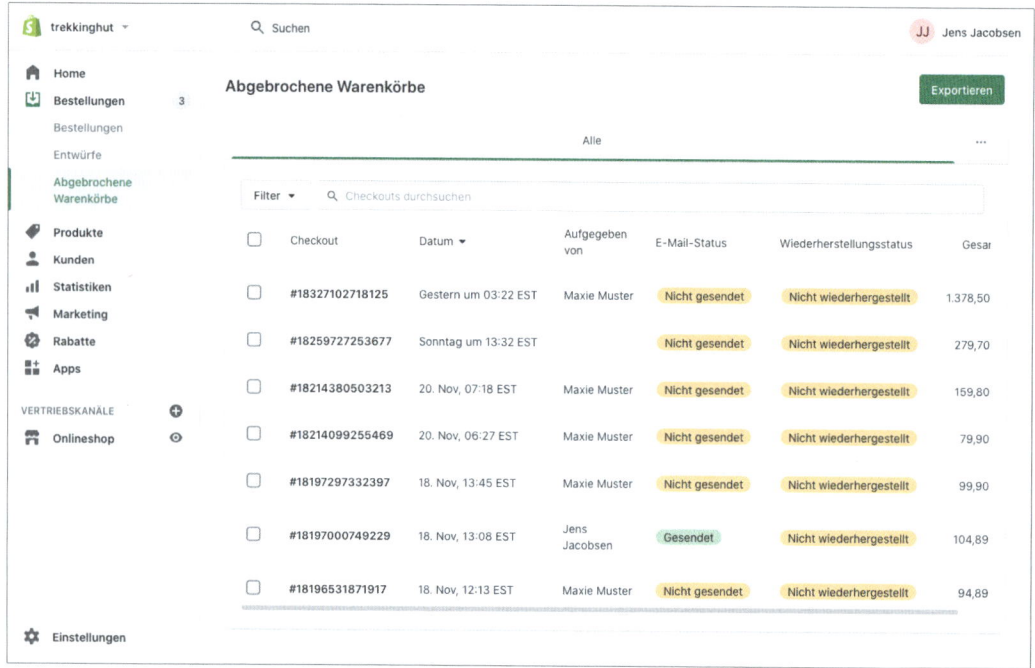

Abbildung 11.6 *Die abgebrochenen Bestellvorgänge Ihres Shops*

In diesem Abschnitt sehen Sie alle Bestellungen, die Besucher in den letzten drei Monaten abgebrochen haben. Das heißt, sie haben mindestens einen Artikel in den Warenkorb gelegt und den Checkout-Prozess begonnen, aber nicht abgeschlossen. Klicken Sie auf einen der offenen Bestellvorgänge, um Details dazu zu sehen.

11.5 Abgebrochene Bestellungen ansehen

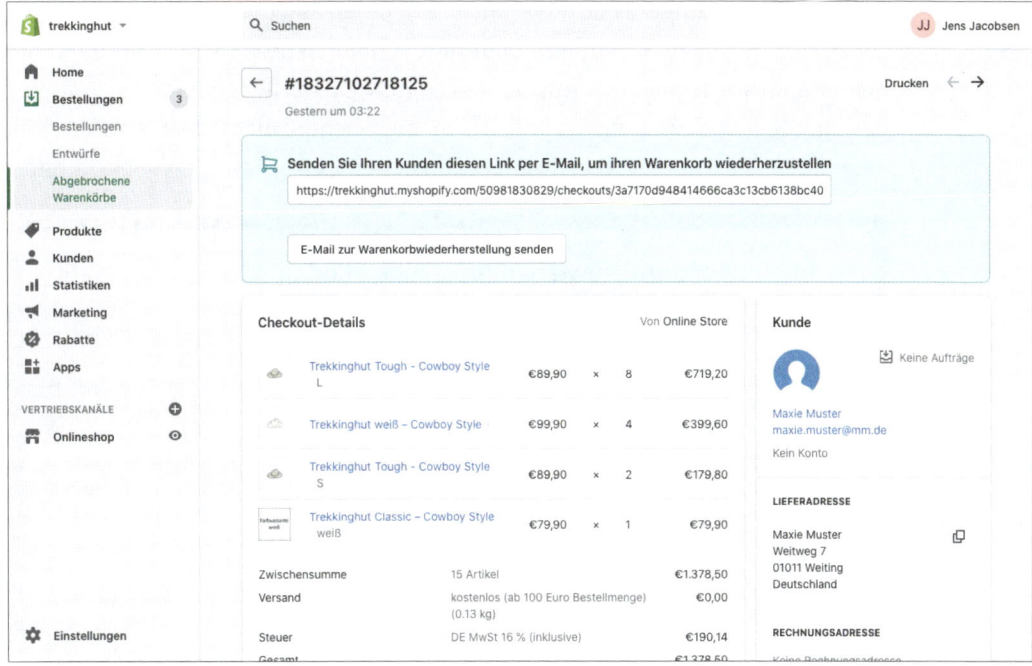

Abbildung 11.7 *Details zu einem unvollständigen Bestellvorgang*

Für Sie als Shop-Betreiber höchst aufschlussreich: Hat der Kunde schon einmal bei Ihnen bestellt und der Verwendung von Cookies zum Tracking nicht widersprochen (siehe Kapitel 10, »AGB, Datenschutzhinweis, Impressum – lästig, aber notwendig«), dann sehen Sie hier genau, was er getan hat.

11.5.1 Kunden zum Kauf überreden

Oben auf der Detailseite sehen Sie einen Link, mit dem genau dieser Warenkorb wiederhergestellt werden kann. Damit landet man direkt an dem Punkt in der Bestellung, an dem man diese abgebrochen hat. Neben dem eigentlichen Warenkorb sind auch die Eingaben von Name und Adresse bereits eingetragen.

Das ist einerseits bequem für den Kunden, anderseits kann es unheimlich wirken. Denn einigen dürfte nicht bewusst sein, dass alle ihre Angaben gespeichert wurden, auch wenn sie die Bestellung gar nicht abgeschlossen und auch kein Konto angelegt haben. Daher empfehle ich Ihnen, diese Möglichkeit nur mit Bedacht zu nutzen. Formulieren Sie auf jeden Fall die Mail sehr vorsichtig, sonst könnten sich die Kunden bedrängt fühlen. Es wäre so, als stünden Sie als Ladenbesitzer plötzlich mit dem gefüllten Einkaufwagen vor der Haustür des Kunden und würden fragen, ob er die Sachen nicht doch kaufen will, wenn er sie schon neulich in Ihrem Laden in den Einkaufswagen gepackt hat.

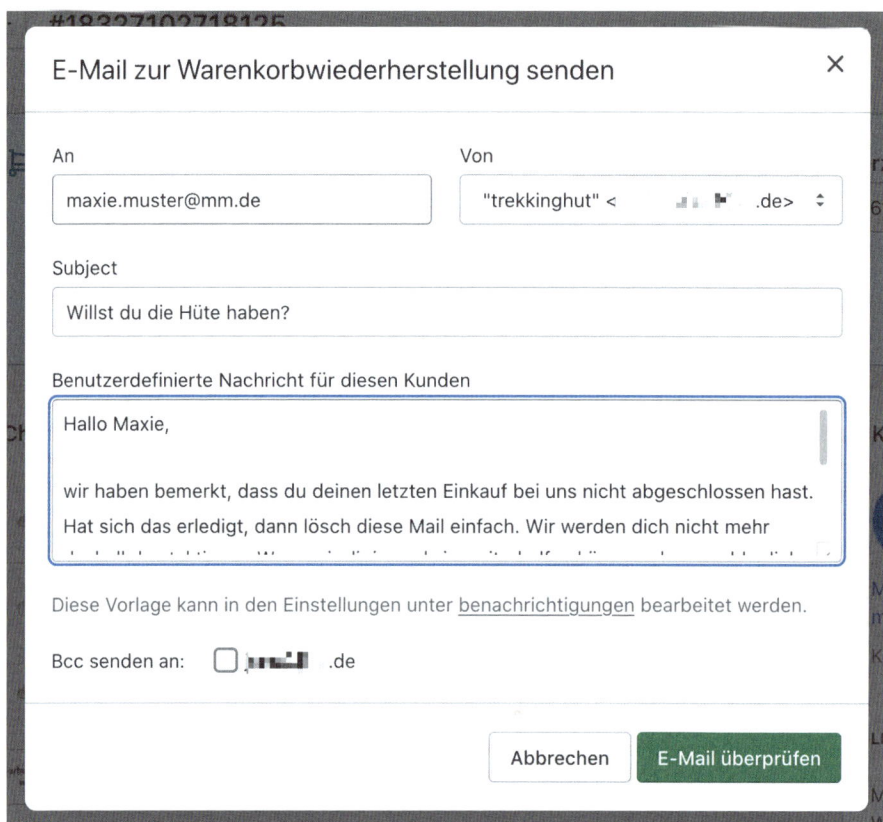

Abbildung 11.8 *Hier fordern Sie den Kunden möglichst subtil auf, seine Bestellung abzuschließen.*

Klicken Sie auf **E-Mail zur Warenkorbwiederherstellung senden**, erscheint eine Vorschau, in der Sie die Darstellung und Inhalte der Mail überprüfen können. Sehen Sie sich das noch mal ganz genau an, und zwar mit der Brille des Empfängers, nicht mit Ihrer – nämlich des von seinen Produkten überzeugten Verkäufers.

11.5 Abgebrochene Bestellungen ansehen

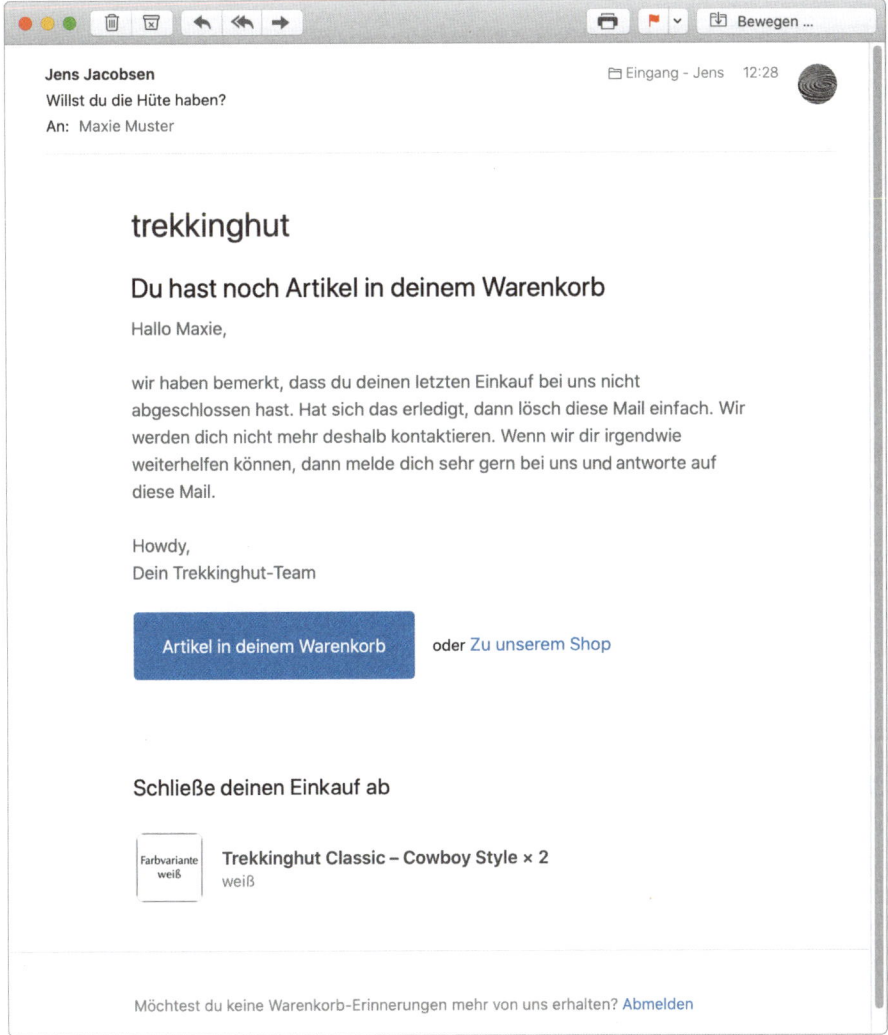

Abbildung 11.9 *So sieht die Mail aus, die der Kunde dann bekommt.*

Verschicken Sie solche E-Mails öfter, lohnt es sich, eine Vorlage anzulegen. Das geht so:

1. Gehen Sie im Admin-Bereich zu **Einstellungen**, und wählen Sie **Benachrichtigungen**. Scrollen Sie im Abschnitt **Bestellungen** zu **Abgebrochene Warenkörbe**, und klicken Sie den Link an.

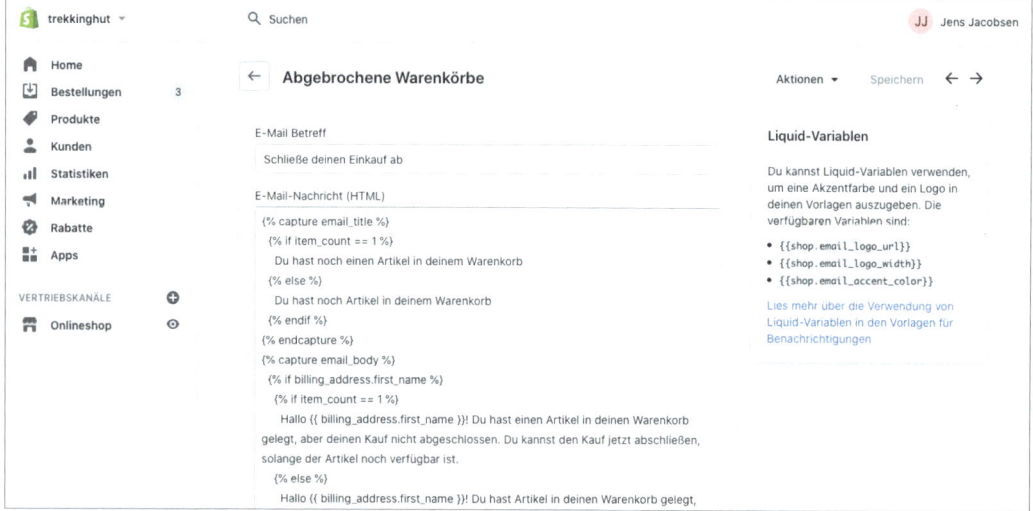

2. Ändern Sie den Text. Sie sehen, hier sind jede Menge Platzhalter drin, die Shopify automatisch mit Inhalten füllt. Diese erkennen Sie an den geschweiften Klammern {}. Achten Sie in diesem Schritt darauf, nur Text zu ändern, der nicht in Klammern steht.

3. Speichern Sie den Text ab. Jetzt klingt unsere Mail schon viel freundlicher, wir haben nicht nur Betreffzeile und Fließtext angepasst, sondern auch die Überschrift und den Button-Text:

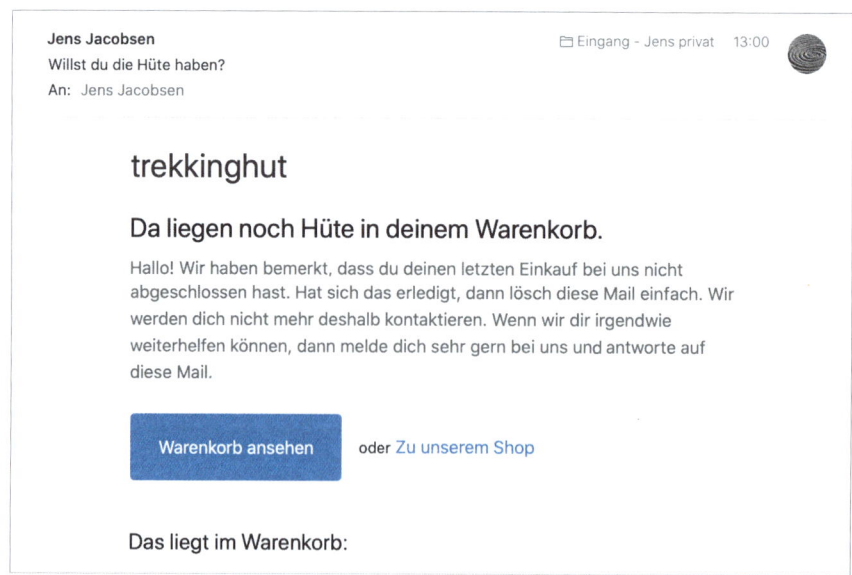

11.5.2 Zusätzlich Rabatt anbieten

Wenn Sie Kunden einen Rabatt anbieten wollen, wenn sie ihre Bestellung abschließen, müssen Sie diesen Rabatt zunächst anlegen – das haben wir oben im Abschnitt 11.3.1, »Rabattcodes für abgebrochene Bestellungen«, bereits getan. Wir haben den Code »THE-SHOW-MUST-GO-ON« genannt. Am einfachsten ist es, wenn Sie diesen Code im Text der E-Mail nennen. Den Code kann der Empfänger dann beim Bezahlen einfach eintippen. Wollen Sie es den Kunden besonders bequem machen, passen Sie den Link in der E-Mail an, damit der Code automatisch schon eingegeben ist:

1. Wenn die Mailvorlage nicht mehr offen ist, öffnen Sie noch mal **Benachrichtigungen**, dann im Abschnitt **Bestellungen** den Punkt **Abgebrochene Warenkörbe**.

2. Suchen Sie den Text *<a href="{{ url }}" class="button__text">*.

3. Davon interessiert uns der Teil *{{ url }}* – das ist der Platzhalter für die URL des Buttons, mit dem der Empfänger zurück zu seinem Warenkorb kommt.

```
<td class="button__cell"><a href="{{ url }}" class="button__text">Warenkorb ansehen</a></td>
```

Ersetzen Sie diesen Platzhalter durch *{% if url contains '?' %}{{ url | append: '&discount=THE-SHOW-MUST-GO-ON' }}{% else %}{{ url | append: '?discount=THE-SHOW-MUST-GO-ON' }}{% endif %}*.

Das sollte dann so aussehen:

```
<td class="button__cell"><a href="{% if url contains '?' %}{{ url | append: '&discount=THE-SHOW-MUST-GO-ON' }}{% else %}{{ url | append: '?discount=THE-SHOW-MUST-GO-ON' }}{% endif %}" class="button__text">Warenkorb ansehen</a></td>
```

Das war die Änderung für den Button, mit dem der Empfänger direkt zum Warenkorb geht. Passen wir nun noch den Link an, mit dem er weitershoppen kann:

4. Suchen Sie den Text *<a href="{{ shop.url }}">*, dieser steht ein paar Zeilen weiter unten.

5. Ersetzen Sie diesen Text durch *{{ shop.url | append: '/discount/THE-SHOW-MUST-GO-ON' }}*. Das sieht dann so aus:

```
<td class="link__cell">oder <a href="{{ shop.url | append: '/discount/THE-SHOW-MUST-GO-ON' }}">Zu unserem Shop</a></td>
```

Achten Sie darauf, dass der Gutscheincode auch wirklich genau so erscheint, wie Sie ihn benannt haben. Davor und danach dürfen keine Leerzeichen stehen. Auch auf die einfachen Anführungszeichen müssen Sie achten, die macht man oft falsch.

6. **Speichern** Sie die Änderungen.

Wenn Sie sehen wollen, ob alles geklappt hat, legen Sie in Ihrem Shop etwas in den Warenkorb, und gehen Sie den ersten Schritt zur Kasse, ohne die Bestellung abzuschließen. Schließen Sie den Browser, und nach kurzer Zeit sehen Sie die abgebrochene Bestellung im Admin-Bereich bei **Bestellungen • Abgebrochene Warenkörbe** (vorausgesetzt, Sie haben dem Tracking im Cookie-Banner zugestimmt). Dann können Sie auf die abgebrochene Bestellung gehen und sich selbst eine E-Mail zur Warenkorbwiederherstellung schicken.

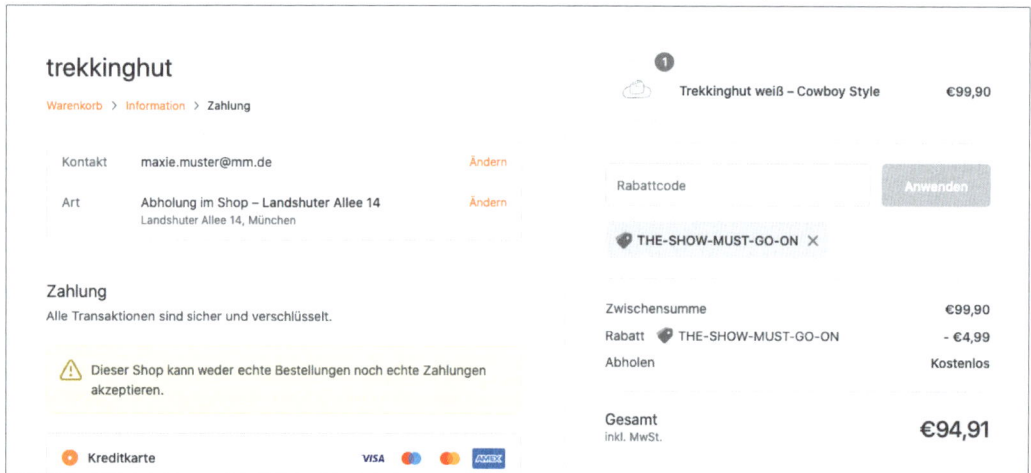

Abbildung 11.10 *Haben Sie alles richtig eingestellt, wird beim Einkauf der Discount-Code automatisch eingetragen, und der Rabatt wird abgezogen.*

11.5.3 Mails automatisch verschicken

Sich um jeden einzelnen Kunden zu kümmern, der seine Bestellung abgebrochen hat, ist mühsam. Das lohnt sich, wenn Sie noch nicht so viele Besucher in Ihrem Shop haben, weil Sie dann ganz individuell auf die jeweiligen Gründe eingehen können. Und Sie sehen, welche Warenkörbe so seltsam sind, dass Sie sie ignorieren können. Weil etwa 72 Hüte darin sind. Oder vielleicht ignorieren Sie auch einfach alle, die nur ein einziges Produkt beinhalten.

Werden die Besucher auf Ihren Seiten aber mehr und mehr, können Sie auf Autopilot schalten. Und das geht so:

1. Gehen Sie zu **Einstellungen • Checkout**.
2. Scrollen Sie zu **Abgebrochene Warenkörbe**.
3. Aktivieren Sie den Punkt **Alle, die ihre Bestellung nicht abgeschlossen haben**.

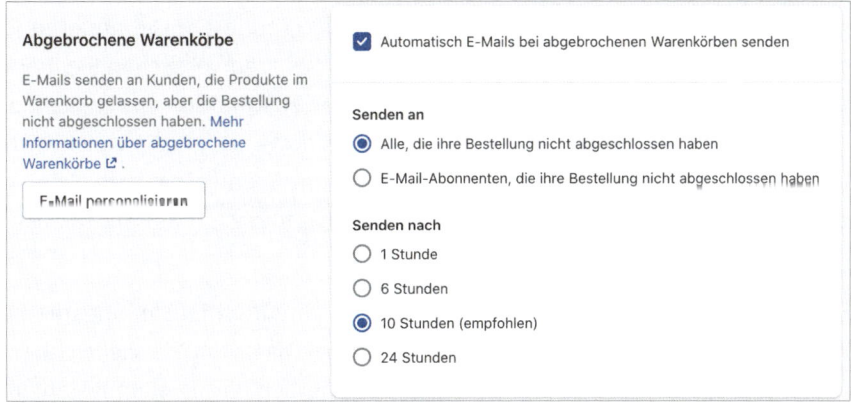

Sie sehen: Standardmäßig ist die Option aktiv, allerdings nur für Abonnenten Ihres Newsletters. Haben Sie keinen Newsletter eingerichtet, bekommt auch niemand die Aufforderungsmails, seinen verlassenen Einkaufswagen zu retten. Die Zeit, die das System wartet, bevor es die Nachricht verschickt, würde ich auf 10 Stunden lassen. Shopify hat das analysiert und festgestellt, dass die Erfolgschance Ihrer Erinnerungsmail mit diesem Zeitabstand am höchsten ist. Mit dieser automatisch verschickten Mail haben Sie Ihre *Marketing Automation* begonnen, also das Auto-Marketing. Je größer Ihre Kundendatenbank wird, desto lohnender ist, hier noch weiter einzusteigen und mehr und mehr mit automatisch verschickten Mails zu arbeiten. Denn Sie haben den Aufwand, so eine Automatisierung einzurichten, nur einmal, profitieren davon aber mit jedem Kunden mehr, der diese Mails bekommt. Nur zu viel erwarten sollten Sie nicht – üblicherweise spricht nur ein kleiner Prozentsatz der Empfänger auf Ihre Mails an.

11.6 Aus abgebrochenen Bestellungen lernen

Natürlich ist es schön, wenn Sie einige Kunden dazu bringen können, eine abgebrochene Bestellung doch noch abzuschließen. Noch viel besser wäre es aber, wenn die Kunden die Bestellung gar nicht erst abbrechen, sondern gleich im ersten Anlauf zur Kasse gehen würden. Daher sollte es Ihr Ziel sein, die Gründe für den Abbruch systematisch zu erfassen und soweit möglich zu beheben.

Die Fälle, in denen die Besucher auf Ihren Seiten nur gestöbert haben, also eigentlich gar nichts kaufen wollten, können Sie ignorieren. Die anderen Fälle sind aber interessant. Spielen Sie Sherlock Holmes, und versuchen Sie, herauszufinden, aus welchem Grund die Besucher nicht zu Kunden wurden. Sehen Sie sich dazu ein paar der stehen gelassenen Einkaufswagen an. An welcher Stelle haben die Interessenten den Checkout verlassen? Wenn sie bereits Adressdaten eingegeben haben, ist die Wahrscheinlichkeit hoch, dass sie tatsächlich etwas kaufen wollten.

Ein typischer Grund für den Abbruch ist: Die gewünschte Zahlungsmethode wird nicht angeboten. Denken Sie also darüber nach, ob Sie vielleicht mehr Zahlungswege integrieren sollten, wenn der Abbruch häufig beim Bezahlen erfolgt. Prüfen Sie auch gewissenhaft, ob die Zahlungsmethoden tatsächlich funktionieren. Es wäre sehr ärgerlich, wenn Ihnen Bestellungen entgehen, weil die Zahlung nicht richtig konfiguriert ist.

Ein weiterer, häufiger Grund für Abbrüche: Die gewünschte Liefermethode wird nicht angegeben. Auch hier können Sie überlegen, ob es sich eventuell lohnt, nachzulegen.

11.6.1 Bericht über E-Mails zu abgebrochenen Warenkörben

Im Bereich **Marketing** von Shopify finden Sie auf der Überblickseite den Bericht **Abandoned checkout emails by Shopify** (Shopify-Mails zu abgebrochenen Bestellungen). Klicken Sie darauf, um ihn aufzurufen. Hier können Sie überprüfen, wie gut Ihre Maßnahmen zur Kundenüberzeugung funktioniert haben. Das sollen Sie regelmäßig tun, um zu sehen, ob es vielleicht auch besser geht. Vielleicht funktioniert ein Gutschein mit festem Betrag besser als einer mit Prozenten? Vielleicht ist der Wert zu niedrig? Hier können Sie etwas experimentieren – denken Sie aber daran, dass die Aussagekraft der Statistiken mit nur einer Handvoll Bestellungen gering ist. Sie können erst dann statistisch fundierte Aussagen treffen, wenn Ihre Zahlen auf einigen Dutzend Kunden beruhen, die nach Ihren E-Mails ihren Einkauf abgeschlossen haben.

11.7 Conversion Tracking/Analytics

Neben den eben gezeigten Berichten zu abgebrochenen Bestellungen bietet Shopify noch weitere Möglichkeiten, daraus zu lernen, was die Besucher Ihres Shops dort tun. Man nennt diese Untersuchungen *Analytics*, was einfach Analyse heißt. Gemeint ist damit die Analyse des Besucherverhaltens auf Ihren Webseiten. Manchmal spricht man auch allgemein von *(Nutzungs-)Statistiken*. Das *Conversion Tracking* ist ein Teil davon. Bei dem betrachtet man nur die Konversion, also die Umwandlung eines Besuchers zum Käufer. Die entscheidende Größe ist hierbei die *Konversionsrate*, also der Anteil derjenigen, die zu Käufern werden. Eine Konversionsrate von 10 Prozent heißt z. B., dass 10 von 100 Besuchern der Website am Ende auch etwas kaufen. Entscheidend ist der Wert, weil er natürlich bestimmt, wie viel Sie verdienen. Der Haken daran ist aber, dass die Zahl alleine wenig aussagt. Interessant wird es dagegen, wenn Sie Ihren Shop verändern und sehen, dass sich die Konversionsrate deutlich ändert. Das kann ein Hinweis sein, dass Sie etwas richtig gemacht haben (oder falsch, bei sinkender Konversionsrate).

Alle diese Zahlen sind aber überhaupt statistisch nur aussagekräftig, wenn Sie einige Hundert Besucher am Tag haben. Sind es nur ein paar Hundert im Monat, ist Ihre Zeit anders besser eingesetzt als beim mühsamen Ausdeuten der Analytics. Die Analytics finden Sie im Admin-Bereich im Abschnitt **Statistiken**. Das **Dashboard** ist ganz nett anzusehen, hilft aber kleinen Shops wenig. Bei **Berichte** stehen zumindest ein paar, die es lohnt, gelegentlich anzusehen.

Für kleinere Shops, die eben erst starten, und für alle, die nur geringe Besucherzahlen haben, empfehle ich, sich zunächst auf diese Berichte zu konzentrieren:

- Top Onlineshop-Suchen (im Bereich **Verhalten**)
- Top Onlineshop-Suchen ohne Ergebnisse (im Bereich **Verhalten**)
- Umsatz nach Produkt (im Bereich **Verkäufe**)

Denn das sind die Statistiken, mit denen Sie Ihren Shop immer voranbringen, auch ganz am Anfang. Sie sehen aus Ihnen, welche Produkte die Kunden suchen und welche Produkte sich gut verkaufen. Das hilft Ihnen, Produktbestellungen bzw. Produktion, Lagerhaltung und auch Ihr Angebot nach den Wünschen der Kunden zu verbessern.

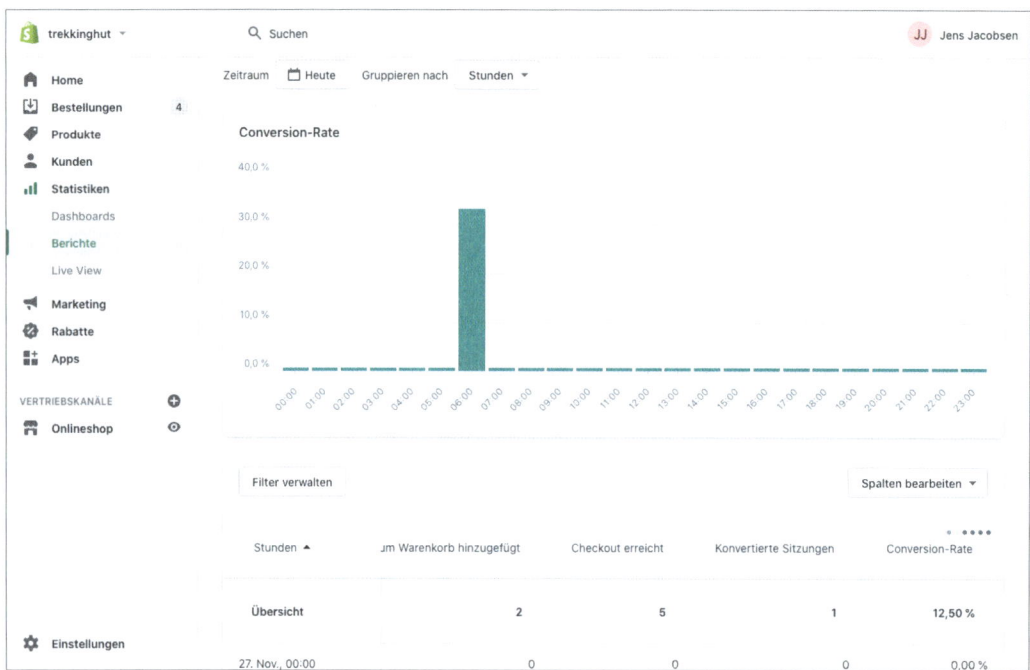

Abbildung 11.11 *Die Konversionsrate für den heutigen Tag*

Kapitel 12
Die Warenwirtschaft richtig nutzen

Nichts ist ärgerlicher als ein Geschäft, was Ihnen entgeht, weil Sie Fehler bei der Lagerhaltung gemacht haben. Ein Kunde hat z. B. 60 Trekkinghüte für seine Mitarbeiter bei einem gemeinsamen Event bestellt. Er ordert über Ihren Shop, und Sie stellen fest: Im Lager sind 18 Hüte weniger als gedacht. Keiner weiß, wo die hingekommen sind. Und die Nachbestellung der Stoffe aus China hängt noch irgendwo im Zoll fest. Sie müssen also in den sauren Apfel beißen und den Kunden informieren. Warten kann der Kunde nicht, die Bestellung ist ja für ein schon geplantes Event. Das Geschäft ist Ihnen also nun entgangen. Und vermutlich wird dieser Kunde in Zukunft nicht mehr bei Ihnen bestellen. Solche Fehler zu vermeiden, hilft die Warenwirtschaft.

Ein *Warenwirtschaftssystem* (kurz oft *Warenwirtschaft*, manchmal *WWS* oder *WaWi* genannt) verbindet Einkauf, Lager und Verkauf. Shopify hat das schon eingebaut, was für anspruchsvolle kleinere Shops zunächst völlig ausreicht. Voraussetzung ist nur, dass Sie Shopify auch wirklich so bedienen, wie es vorgesehen ist. Je mehr Sie über Ihren Webshop verkaufen, desto wichtiger wird eine professionelle Warenwirtschaft für Sie. Haben Sie mehrere Standorte oder Lager, oder verkaufen Sie nicht nur über Ihren Webshop, sondern auch im Ladengeschäft oder auf anderen Webplattformen? Dann sollten Sie sich frühzeitig mit dem Thema befassen, damit Sie nicht den Überblick verlieren.

WaWi, ERP oder CRM?

Immer wieder werden Sie im Zusammenhang mit Warenwirtschaftssystemen von *ERP* lesen. Das steht für *Enterprise Resource Planning*. ERP ist der Oberbegriff, unter den neben dem WaWi weitere Elemente fallen. Dazu gehören Module für Personalwesen, Kapitalplanung, das Dokumenten-Management oder auch das Controlling. Die meisten ERP-Systeme bieten auch Module für die WaWi und kommen daher auch im Onlinehandel zum Einsatz.

CRM schließlich steht für *Customer Relationship Management*, also Kundenpflege. Ein CRM-System soll alle Daten und Vorgänge zu Ihren Kunden sammeln. Auch hier gibt es wieder Überschneidungen zum WaWi-System: Beide erfassen schließlich die Bestellungen der Kunden – bei der WaWi steht das Produkt im Vordergrund, beim CRM der Kunde.

12.1 Inventarverwaltung mit Shopify

Grundlage für die Warenwirtschaft ist die Verwaltung Ihres Inventars, also genauer des Warenbestands.

12.1.1 Inventarverwaltung einrichten und Bestand aktualisieren

Aktivieren wir die Inventarverwaltung nun also für unsere Produkte:

1. Gehen Sie im Admin-Bereich auf **Produkte • Alle Produkte**.

2. Wählen Sie alle Produkte aus, die Sie in Zukunft verfolgen wollen. Klicken Sie auf das Auswahl-Quadrat in der Kopfzeile ganz links, um alle Produkte auszuwählen. Sie können nun auch einzelne Produkte wieder aus der Auswahl entfernen.

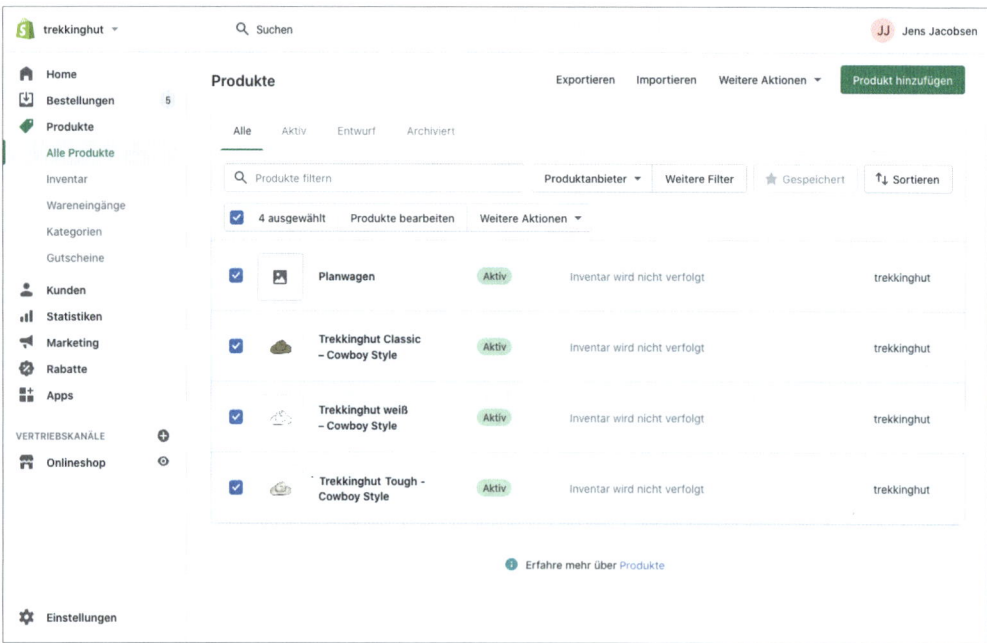

3. Klicken Sie auf **Produkte bearbeiten**. Es öffnet sich eine editierbare Liste:

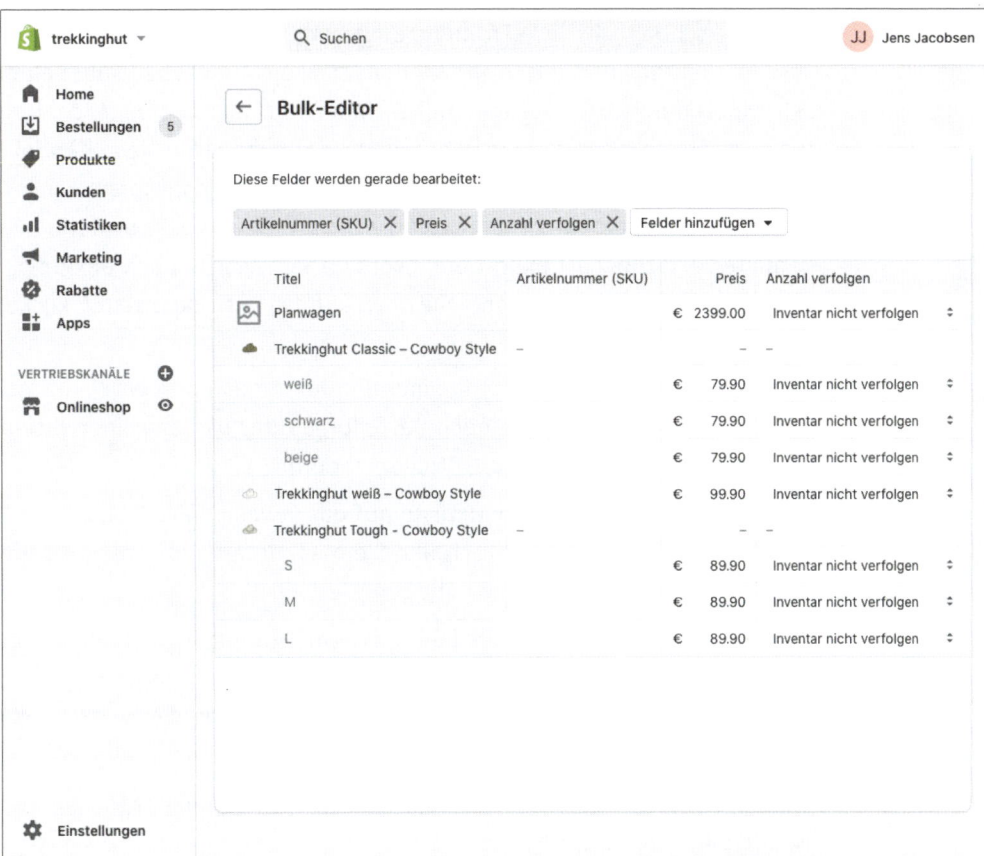

4. Passen Sie die Ansicht an, indem Sie die Spalten ausblenden, die Sie nicht brauchen. Klicken Sie dazu auf das X des jeweiligen Spaltennamens im grauen Kästchen oberhalb der Tabelle. Außerdem können Sie die Breite der Spalten durch ein Ziehen der Begrenzungslinie ändern.

5. Klicken Sie in die Spalte **Anzahl verfolgen**, und wählen Sie aus dem Popup-Menü **Shopify verfolgt das Inventar dieses Produkts**. Wiederholen Sie das für alle Produkte, deren Inventar Sie verfolgen wollen.

6. **Speichern** Sie.

Weniger Arbeit dank CSV-Import

Haben Sie schon recht viele Produkte eingetragen, und wollen Sie für diese alle das Inventar verfolgen? Dann lohnt es sich, die Änderungen über einen CSV-Import durchzuführen. In dem Fall ändern Sie alles in einer Excel-Liste und importieren diese dann in Shopify. Wie das geht, lesen Sie in Kapitel 5, »Produktdetailseite – Umkleide, Showroom und Verkaufsgespräch«, Abschnitt »Produktliste zum Import vorbereiten«. Wollen Sie die bestehenden Produkte dazu zunächst exportieren, können Sie das in Shopify bei **Produkte • Alle Produkte** tun, indem Sie oben auf der Seite **Exportieren** klicken.

Es kann sein, dass Sie jetzt bei manchen Produkten einen negativen Bestand sehen. Das passiert z. B., wenn noch Bestellungen für die jeweiligen Produkte offen sind. Das können Sie auf drei Wegen ändern:

1. Klicken Sie direkt in der Produktliste auf das jeweilige Produkt, um zu dessen Detailseite zu gelangen. Scrollen Sie nach unten zum Abschnitt **Inventar**. Tragen Sie bei **Menge** den richtigen Wert ein.

2. Nutzen Sie nochmals den Bulk-Editor, indem Sie die betreffenden Artikel in der Produktliste auswählen und auf **Produkte bearbeiten** gehen. Blenden Sie dann die Spalte **Inventarmenge** ein, und passen Sie die Werte an (siehe Abbildung 12.1).

3. Gehen Sie in der Seitenleiste auf **Produkte • Inventar**. Tragen Sie in der Spalte ganz rechts beim jeweiligen Produkt ein, wie viel Stück Sie von diesem auf Lager haben. Klicken Sie auf **Festlegen**, dann auf **Speichern**. Damit wird der Bestand auf diesen Wert gesetzt. Alternativ wählen Sie **Hinzufügen**, dann wird die jeweilige Menge zum aktuellen Bestand addiert. Das geht auch mit negativen Werten: Fügen Sie z. B. –1 hinzu, wird dem Bestand ein Stück abgezogen.

Das Inventar wird übrigens in dem Moment aktualisiert, in dem Bestellungen eingehen. Das heißt, haben Sie z. B. 6 Cowboyhüte in Weiß auf Lager und geht eine Bestellung eines weißen Cowboyhuts ein, dann steht im Inventar 5 – auch wenn tatsächlich immer noch 6 Hüte in Ihrem Lager liegen. Das zeigt: Es ist wichtig, dass Sie beim Erfassen des Wareneingangs und beim Verschicken systematisch vorgehen, damit Ihr Inventar nicht durcheinanderkommt. Wenn Sie

Ihr Inventar von Shopify verfolgen lassen, ist das ein guter Start. In dem Fall müssen Sie natürlich auch den Wareneingang mit Shopify erfassen.

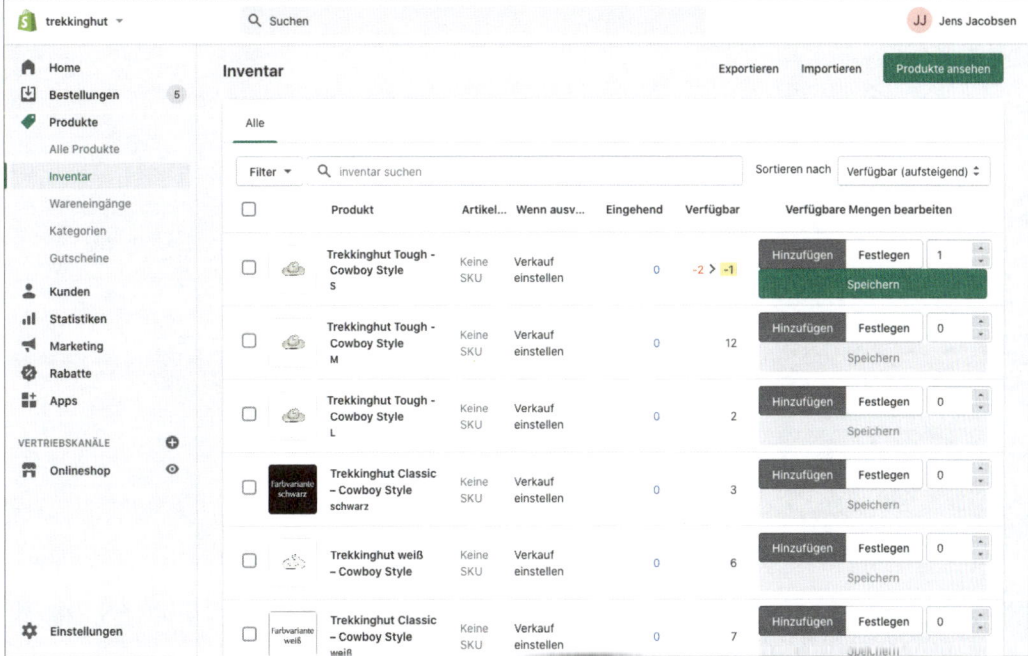

Abbildung 12.1 *In der Inventarliste können Sie die Bestände korrigieren.*

12.1.2 Wareneingang erfassen

Den Wareneingang erfassen Sie in Shopify über sogenannte *Transfers*. Einen Transfer können Sie bereits anlegen, sobald Sie eine Bestellung beim Lieferanten aufgegeben haben.

1. Gehen Sie im Admin-Bereich auf **Produkte • Wareneingänge**.

2. Geben Sie ins Suchfeld den Namen des Produkts ein, das Sie bestellt haben. Ist es ein neues Produkt, müssen Sie es zuerst im Bereich **Alle Produkte** anlegen.

3. Klicken Sie auf das Produkt in der Variante, die Sie bestellt haben. Das wiederholen Sie so oft, bis alle Produkte und Varianten markiert sind, die Teil der Bestellung sind.

Kapitel 12   Die Warenwirtschaft richtig nutzen

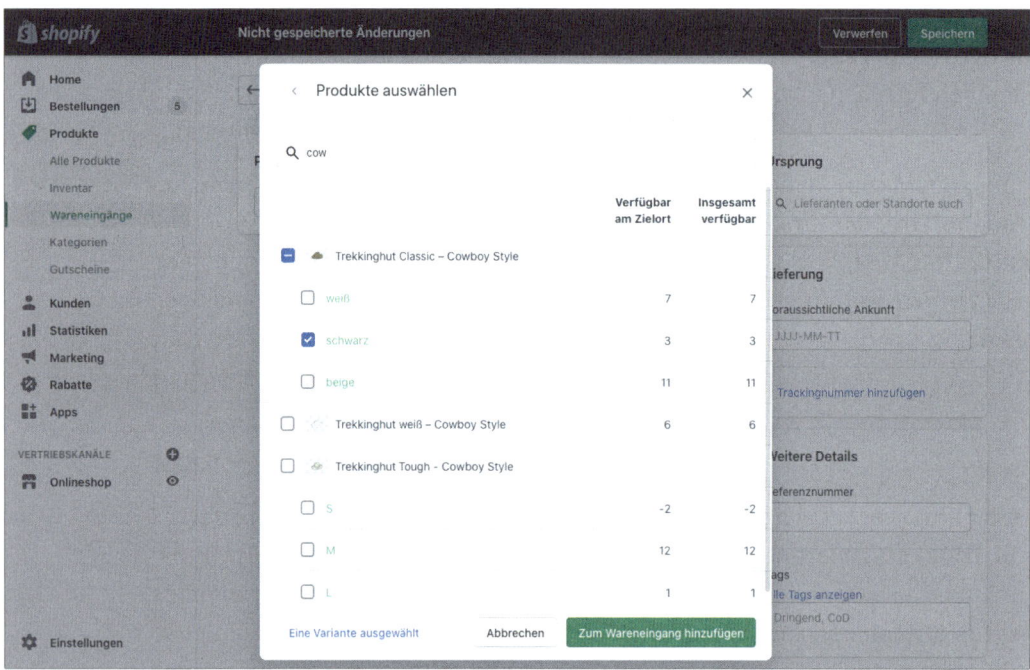

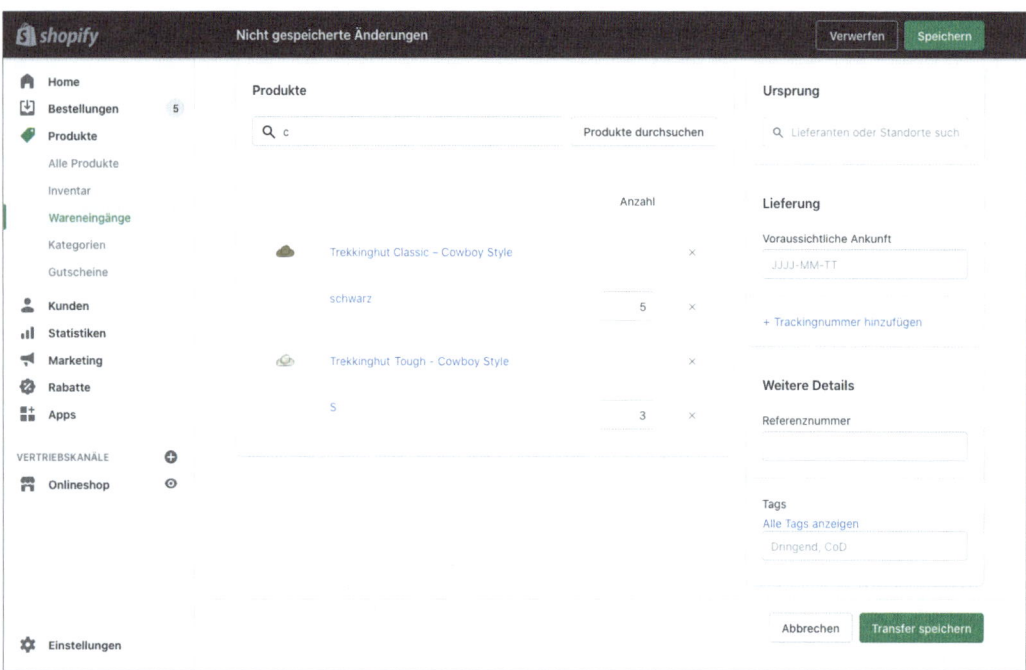

4. Gehen Sie dann auf **Zum Wareneingang hinzufügen**. Diesen Schritt können Sie auch wiederholen, wenn Sie weitere Produkte dieser Bestellung hinzufügen wollen.

5. Tragen Sie jeweils die Anzahl der bestellten Waren ein.

6. In der Seitenleiste rechts können Sie jetzt Details hinzufügen, wenn Sie wollen. Also den Namen des Lieferanten, den geplanten Liefertermin, eine Referenznummer oder Tags (Schlagworte).

7. Haben Sie alles Gewünschte eingetippt, klicken Sie auf **Transfer speichern** unten rechts oder **speichern** rechts oben. Die beiden Buttons machen dasselbe. Der Button **Artikel erfassen** dagegen führt zur Seite, auf der Sie eingeben können, dass die Ware angekommen ist. Das machen wir im nächsten Schritt.

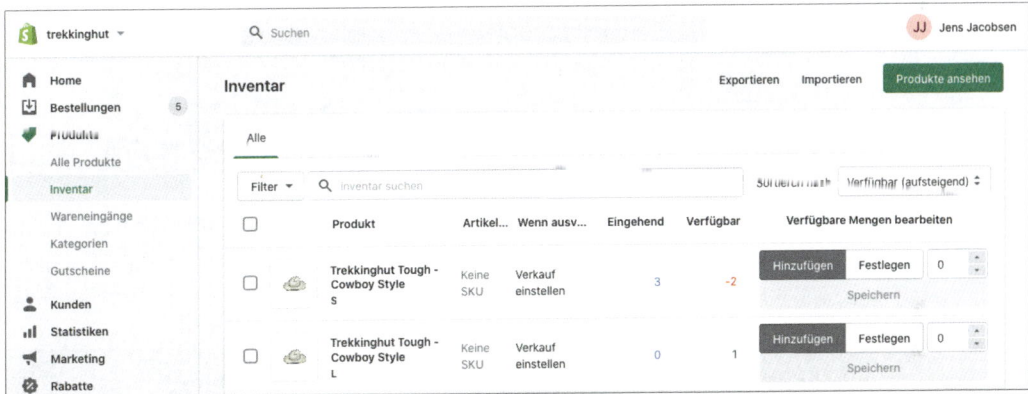

Abbildung 12.2 *Haben Sie einen Transfer erstellt, erscheint die bestellte Menge auf der Inventarliste in der Spalte »Eingehend«.*

Sobald die Lieferung eintrifft, tragen Sie das in Shopify ein:

1. Wechseln Sie zu **Produkte • Wareneingänge**.

2. Klicken Sie auf den zuvor erstellten Transfer.

3. Ist die Lieferung vollständig, klicken Sie im mittleren Bereich der Seite auf **Als abgeschossen markieren**.

4. Im folgenden Dialog wählen Sie **Alle verbleibenden Artikel akzeptieren**, und gehen Sie auf **Wareneingang als abgeschlossen markieren**.

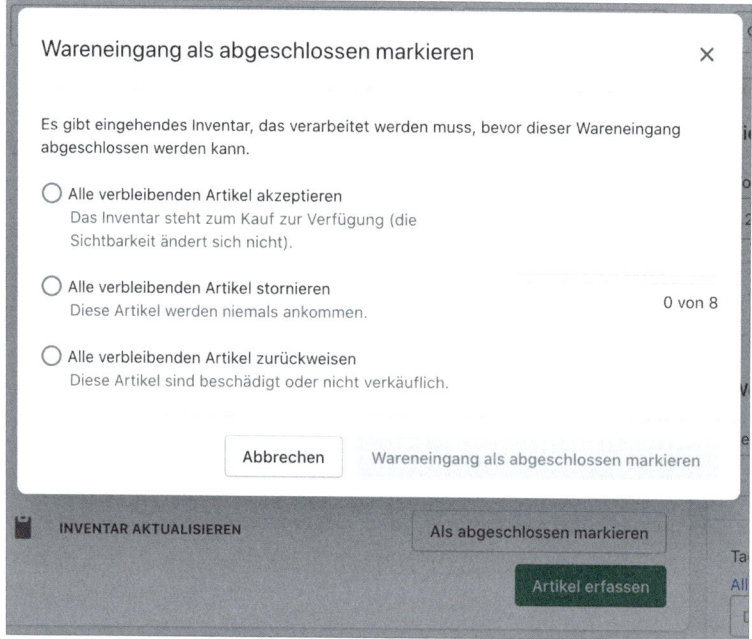

Sollten mit der Lieferung nicht alle bestellten Waren gekommen sein, dann wählen Sie auf der vorigen Seite **Artikel erfassen**. So können Sie jeweils eintragen, wie viele der bestellten Produkte geliefert wurden.

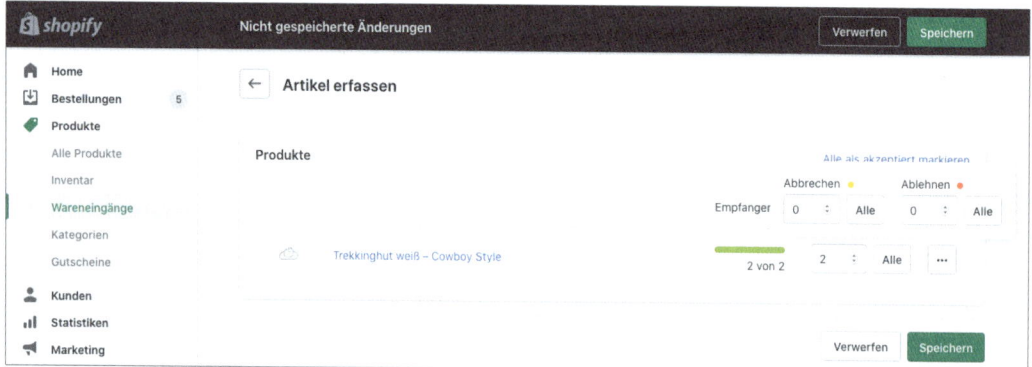

Abbildung 12.3 *Sind Produkte der Lieferung z. B. beschädigt, klicken Sie beim Artikelerfassen auf den Button mit den drei Punkten. Dann sehen Sie Felder, um einen Teil der Produkte abzulehnen.*

Waren zwischen Lagern bewegen

Haben Sie mehrere Orte, an denen Produkte lagern, können Sie den Wareneingang nutzen, um die Produkte korrekt zuzuweisen. Gehen Sie dazu auf **Produkte • Wareneingänge**, und legen Sie einen neuen Transfer an. Wählen Sie bei **Ursprung** und **Ziel** die jeweiligen Standorte aus. Diese müssen Sie zuvor angelegt haben bei **Einstellungen • Standorte**. Außerdem müssen die jeweiligen Produkte bereits korrekt dem jeweiligen Standort zugewiesen sein, damit Sie diesen als Ursprung nutzen können. Andernfalls wäre das jeweilige Produkt für Shopify an diesem Ort ja nicht vorhanden, könnte also auch nicht transferiert werden.

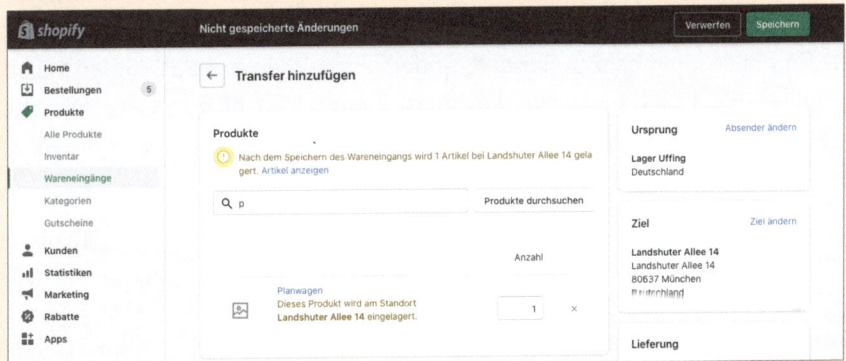

Abbildung 12.4 *Transfer können Sie auch nutzen, um Produkte von einem Lager in ein anderes zu buchen.*

Kommt die Ware im Ziel-Lager an, müssen Sie es wie andere Wareneingänge auch verbuchen und die Artikel erfassen.

12.2 Mehr Ordnung mit SKUs

Wenn Sie Produkte verkaufen, die vom Lieferanten schon mit Barcode (Strichcode) kommen, prüfen Sie als Erstes, ob Sie nicht mit diesem arbeiten können. Vielleicht ist es ein *UPC* (*Universal Product Code*) oder eine *GTIN* (*Global Trade Item Number*, hieß früher *EAN*, *European Article Number*). Diese Produktkennzeichnungen sind für jeden Artikel eindeutig. Haben die Produkte keine solche

Nummer oder stellen Sie die Produkte selbst her, dann nutzen Sie eine SKU. *SKU* steht für *Stock Keeping Unit*, zu Deutsch einfach Artikelnummer. Diese können Sie frei wählen. Sinnvoll ist es, wenn Sie die Nummer nicht einfach willkürlich vergeben, sondern aus drei Bestandteilen zusammensetzen. Für einen Trekkinghut Classic in Weiß, Größe Small, wären das z. B.:

1. Artikelbeschreibung: HAT-CL
2. Farbe: WE
3. Größe: S

Die zusammengesetzte Nummer wäre dann *HAT-CL-WE-S*. Geben Sie die Größe in Zentimetern an, wäre es *HAT-CL-WE-53* für einen Hut mit 53 Zentimetern Kopfumfang. Der Vorteil dieser Systematik: Sie sehen auf einen Blick, um was für ein Produkt es sich handelt, anders als bei den nur aus Zahlen zusammengesetzten GTIN- und UPC-Nummern. Generell ist es gut, wenn die SKUs kurz sind – aber machen Sie sie lieber ein paar Stellen länger, wenn dadurch die Verständlichkeit besser wird.

Vorsicht mit Sonderzeichen

Viele SKUs verwenden den Unterstrich (_). Das sollten Sie sich aber zweimal überlegen, wenn Sie die SKUs per Hand eingeben. Denn anders als der Bindestrich (-) müssen Sie zum Eingeben des Unterstrichs die -Taste drücken. Das ist unpraktisch, wenn Sie in der einen Hand das Produkt halten und mit der anderen die Zahl eintippen. Auch ist es ratsam, entweder nur Bindestriche oder Unterstriche zu verwenden, um Fehleingaben zu vermeiden. Auch sollten die einzelnen Bestandteile Ihrer SKU entweder nur Buchstaben oder nur Zahlen enthalten (also nicht etwa *HAT-CL-W09*). Sonst wäre die Gefahr groß, dass die Zahl 0 und der Buchstabe O verwechselt werden.

Leerzeichen, Sonderzeichen und Umlaute sowie das scharfe S sollten Sie auch nicht verwenden, weil manche Programme, die Sie später eventuell nutzen wollen, damit nicht klarkommen.

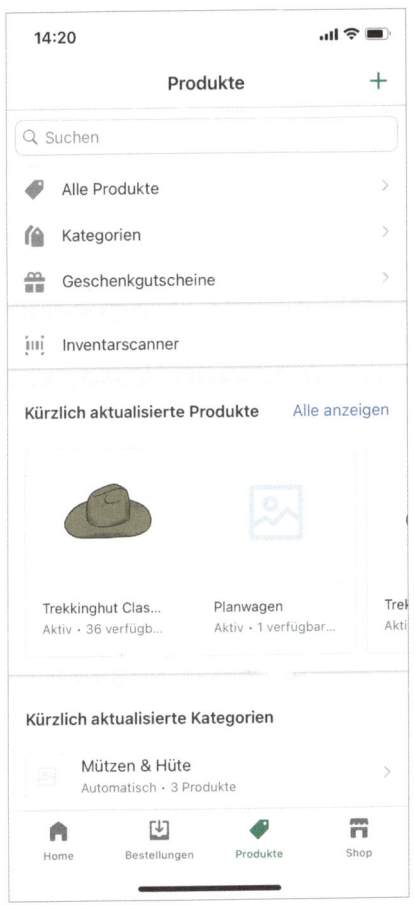 

Abbildung 12.5 *Die Shopify App hat im Bereich »Produkte« den Inventarscanner. Damit müssen Sie nur noch die Kamera Ihres Smartphones auf den Barcode richten, und das Produkt wird mit einem Tipp beim Wareneingang verbucht.*

12.3 Bestellungen vor Ort und per Telefon aufnehmen

Haben Sie ein Ladengeschäft, dann bietet es sich an, die Inventarverwaltung von Laden und Onlineshop zusammenzuführen. So stellen Sie sicher, dass Sie nur das verkaufen, was auch tatsächlich auf Lager ist. Und Sie erleichtern sich den Überblick für Nachbestellungen und vor allem bei der jährlichen Inventur. Am einfachsten ist es, wenn Sie sich einen PC in den Laden an die Kasse stellen. Alternativ können Sie auch die Shopify-App auf dem Smartphone oder einem

Tablet nutzen. Wenn Sie mehr als ein paar Gelegenheitskunden haben, dann lohnt es sich, die kostenlose *Shopify-POS-App* zu verwenden (*POS* steht für *Point of Sale*, also Verkaufsstelle). In jedem Shopify-Plan (Abo) ist *Shopify POS Light* enthalten, also die Grundversion, um in Ladengeschäften, Showrooms, Popup-Stores oder auch nur in temporären Ständen auf Festivals, Messen oder Märkten zu verkaufen.

Haben Sie viele Kunden, und muss es an der Kasse immer schnell gehen? Oder sollen auch Ihre Mitarbeiter mit dem System arbeiten? Dann bietet es sich an, auf den Plan *Shopify POS Pro* zu wechseln. Dieser kostet etwas mehr, bietet aber viele nützliche Zusatzfunktionen. Sie können z. B. Barcodescanner, Kassenschubladen und Belegdrucker so mit der App verknüpfen.

12.3.1 Bestellung manuell erfassen

Für den Anfang reicht es aber, wenn Sie Bestellungen ganz normal im Shopify-Admin-Bereich erfassen können. Ob der Kunde bei Ihnen in der Werkstatt vorbeigekommen ist oder ob er seine Bestellung telefonisch aufgibt, macht dabei keinen Unterschied.

1. Gehen Sie zu **Bestellungen**.

2. Klicken Sie rechts oben auf **Bestellung anlegen**.

3. Tippen Sie die ersten Buchstaben des Kundennamens oben rechts in das Suchfeld.

    Schreiben Sie von Hand einen Beleg, können Sie einen generischen Kundenaccount anlegen, den Sie für Verkäufe nutzen, die nicht personalisiert sind. Oder Sie lassen das Feld einfach leer.

4. Suchen Sie im Mittelteil der Seite das Produkt, das der Kunde haben will.

5. Klicken Sie auf **Als bezahlt markieren**, wenn Sie die Zahlung bar oder über ein externes Kassensystem bekommen haben. Wählen Sie dann **Bezahlung bei Abholung** als Zahlungsart.

6. Klicken Sie **Als ausgeführt markieren** und dann auf der nächsten Seite noch **Artikel ausführen**.

7. Optional: Wollen Sie die Rechnung ausdrucken und nicht per Hand oder externem Kassensystem einen Beleg erstellen, dann gehen Sie bei den Bestell-

details oben auf **Weitere Aktionen**. Wählen Sie dort **Print with Order Printer**. (Das setzt voraus, dass sie die gleichnamige App installiert haben – siehe Kapitel 8, »Die Ware verschicken – das müssen Sie beim Versand beachten«, Abschnitt »Rechnungen stellen«.)

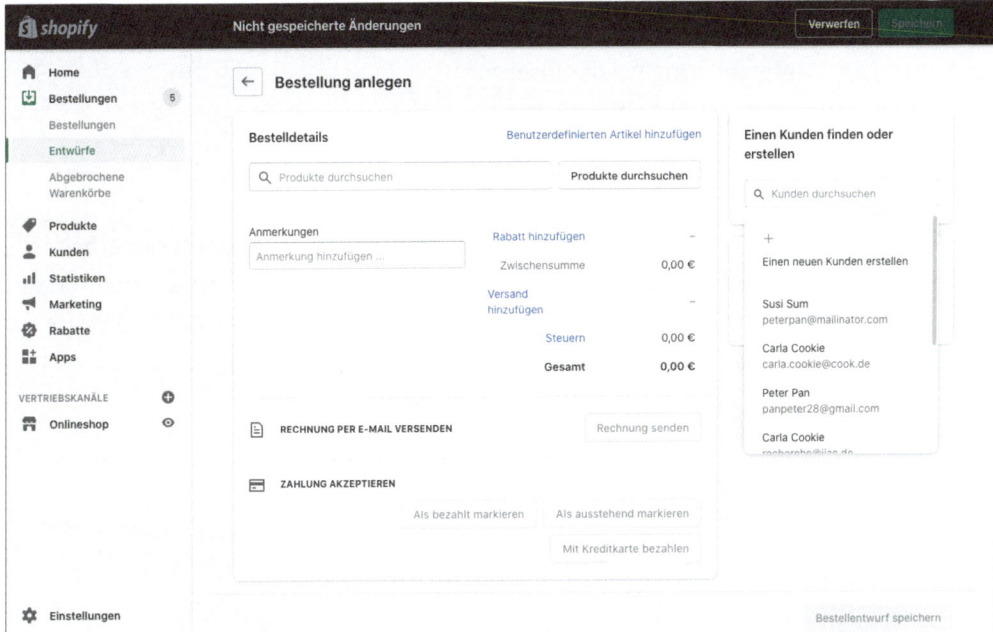

Sie sehen, das ist nicht besonders kompliziert, aber doch umständlich, und braucht etwas Zeit. Tun Sie das öfter, installieren Sie die Shopify-POS-App, wie oben erwähnt.

12.4 Warenwirtschaft professionalisieren

Natürlich gibt es noch weitere Möglichkeiten, Ihre Warenwirtschaft zu professionalisieren. Dazu gibt es einerseits Apps, die Sie installieren können, und andererseits externe Anbieter, die Sie mit Shopify verknüpfen können. Diese bringen dann fortgeschrittene Funktionen eines Warenwirtschaftssystems mit, wie etwa:

- Bedarfsplanung Ihrer Bestellungen
- Verwaltung von Angeboten

- Vorschläge für Aktionen
- automatische Nachbestellung
- Lagerverwaltung (räumliche Organisation, mehrere Standorte, Management nach Haltbarkeitsdaten)
- Einstellen im Shop bzw. bei Plattformen wie Amazon, Real, Rakuten
- Unterstützung bei der Inventur
- Unterstützung bei Auslieferung
- Unterstützung bei Retouren

Bekannte Anbieter von Systemen, die gut mit Shopify zusammenarbeiten, sind *Billbee*, *Plentymarkets*, *Opoo* oder *Sage*. Sehen Sie sich genau an, ob diese jeweils bieten, was Sie brauchen – und auch, was Sie das kostet. Die Preise unterscheiden sich sehr stark, je nachdem, wie groß Ihr Shop ist und wie viele/welche Funktionen Sie benötigen.

Kapitel 13
Marketing und Werbung – gut fürs Geschäft

Erfolgreiche Webshops haben gute Produkte. Die stehen ganz klar im Mittelpunkt. Und auch der Preis muss passen. Und doch gibt es für Kunden noch viel mehr Gründe, in einem bestimmten Shop zu kaufen. Gerade wenn Sie nicht vorhaben, der nächste Shopping-Riese zu werden, dann nutzen Sie die Chance, sich abzuheben. Denn anders als Amazon und Otto oder als Verkäufer auf Plattformen wie eBay können Sie sich als persönlich, nahbar und besonders darstellen. So schaffen Sie es, dass die Kunden gerade bei Ihnen kaufen. Ein Teil davon ist Ihr Alleinstellungsmerkmal, das Sie in Kapitel 3, »Ihre Geschäftsidee – Grundlage Ihres Erfolgs«, bereits herausgearbeitet haben.

Branding – Markenbildung für Einsteiger

Wenn Sie sich auch nur ein bisschen mit Marketing befassen, werden Sie über den Begriff *Branding* stolpern. Brand heißt Marke, und das Branding ist die *Markenbildung*, also das Etablieren einer Marke. Das hat zunächst nicht viel mit Werbung zu tun – anders als man zunächst denkt. Bevor Sie irgendeine Art von Werbung machen, müssen Sie erst mal definieren, wofür Sie überhaupt stehen. Was Ihr Alleinstellungsmerkmal (USP) ist, was Ihre Produkte sind und wie Sie nach außen auftreten wollen. Und zwar nicht nur rein visuell, sondern zunächst einmal ideell und emotional. Also ganz konkret: Für welche Werte stehen Sie mit Ihrem Shop? Ist es Kundenservice, ist es persönliche Beratung, ist es Individualität oder Nachhaltigkeit? Wie wollen Sie wirken? Als große Autorität? Als Kumpel? Als immer gut gelaunter Helfer? Damit Sie bei allen Ihren Marketing- und Werbemaßnahmen eine Richtschnur haben und im Zweifel wissen, welche Texte, Bilder und Kanäle für Sie passend sind, beantworten Sie sich diese Fragen:

- Was kann ich?
- Was ist mir wichtig?
- Was hat der Kunde davon?
- Was braucht er, um von meinem Shop begeistert zu sein?

Halten Sie die Antworten darauf am besten schriftlich fest. Nur so denken Sie wirklich genug darüber nach. Außerdem können Sie diese Informationen an Grafiker oder Agenturen weitergeben, wenn Sie einmal welche beauftragen. Und Sie selbst können immer wieder nachsehen, weil man im Alltagsgeschäft seine Werte zwangsläufig etwas aus den Augen verliert.

Ziel des Marketings generell ist, dass die Kunden Ihren Shop überhaupt *finden*. Dann, dass sie ihn *gut* finden und etwas kaufen. Dass Sie Ihre Produkte und Ihre Marke *wiedererkennen* und *positive Dinge mit Ihnen verbinden*. Dass sie Sie vielleicht sogar *weiterempfehlen*. Befassen wir uns also zunächst mit dem breiter gefassten Marketing, dann mit der Werbung, die Teil des Marketing ist.

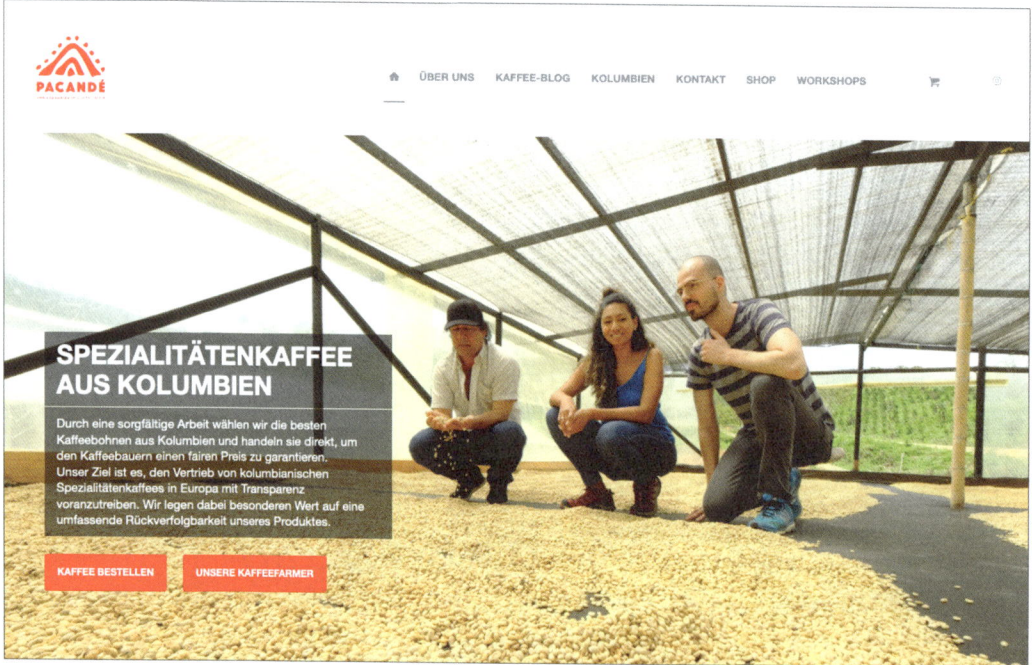

Abbildung 13.1 *Keine Models, sondern die Menschen, die den Kaffee für den Shop vor Ort einkaufen. So bringt man Persönlichkeit in den Webshop.*

13.1 Pflicht: Über-uns-Seite

Wenn Sie den Anleitungen in diesem Buch gefolgt sind, dann fehlt noch eine ganz wichtige Seite in Ihrem Shop: die Über-uns-Seite. Ohne die geht es nicht, gerade für einen jungen Shop. Denn es kennen Sie praktisch alle Besucher noch nicht. Und daher werden viele auf die Über-uns-Seiten gehen. Da suchen sie vor allem zwei Antworten:

1. Kann ich dem Anbieter trauen? Verschickt der die Bestellung wirklich, auch wenn ich vorher bezahlt habe? Nimmt er defekte Ware zurück?
2. Möchte ich von dem Anbieter kaufen? Welchen Grund gibt es, dass ich nicht bei der Konkurrenz kaufen sollte?

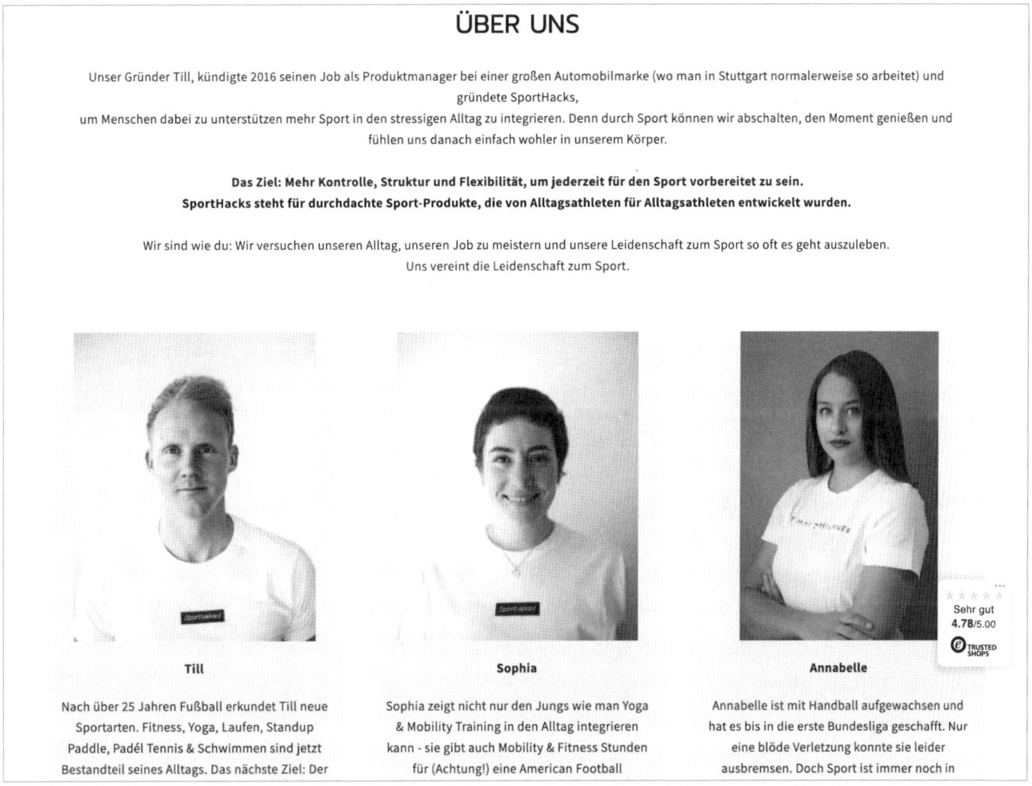

Abbildung 13.2 *Sporthacks.de erzählt die Geschichte der Gründung und zeigt die Mitarbeiter – die einfachste und effektivste Methode, Vertrauen zu schaffen.*

Storytelling – Modebegriff mit einfacher Geschichte

Kennen Sie *Storytelling*? Das heißt nichts anderes als Geschichten erzählen, und mehr steckt auch nicht dahinter. Im Marketing ist das seit Jahren angesagt, aber eigentlich ist die Erkenntnis Jahrtausende alt: Wir Menschen

> hören gern Geschichten. Ob als Kind vorm Einschlafen, am Lagerfeuer oder in der Firmenpräsentation. Die Vorstellung der neuen Geschäftszahlen mag zwar nicht so spannend scheinen wie ein Heldenepos, und doch kann man sie spannend aufbereiten: Die unerfahrene Firmengründerin Imke macht sich in Hinterbrühl auf mit ihrem kleinen Webshop, erobert im nächsten Jahr Bayern, dann den Alpenraum und noch ein Jahr später Europa. Nun steht die Expansion in die USA auf dem Plan, und dafür sucht sie Unterstützer. So kann man die Präsentation, um einen Kredit von Investoren für den Shopausbau zu bekommen, auch erzählen. Und genau diesen Trick wenden Sie auch auf Ihrer Website an. Dort erzählen Sie die Geschichte, wie Sie zu Ihren Produkten kamen oder warum Sie gerade diesen Shop gegründet haben. Je persönlicher und lebendiger, umso besser.

Legen wir also eine kurze und knackige Über-uns-Seite für unseren Shop an, und beantworten wir die Fragen der Besucher:

1. Erstellen Sie eine neue Seite in Ihrem Shop. Nennen Sie diese »Über uns«. Das ist der Begriff, nach dem die Besucher Ausschau halten. Kreativ werden können Sie anderswo, denken Sie sich in dem Fall lieber nichts Lustiges aus. Keinesfalls sollten Sie abstrakte Begriffe wie »Vision«, »Philosophie« oder »Unsere Werte« verwenden. Das sind die Wörter, zu denen Sie bei Nutzertests immer wieder Aussagen hören wie: »Da klicke ich nie drauf, auf solchen Seiten steht nur Geschwafel.«

2. Setzen Sie als Überschrift ebenfalls »Über uns« auf die Seite. So sind die Besucher nach einem Klick sicher, auch dorthin gekommen zu sein, wo sie hinwollten.

3. Wenn Sie wollen, schreiben Sie eine Unterüberschrift. Die kann jetzt kreativ sein, Orientierung haben die Besucher, daher ist die Gefahr nicht mehr so groß, dass sie die Seite gleich wieder verlassen.

4. Schreiben Sie ein bis maximal sechs kurze Absätze, in denen Sie aus Ihrer ganz persönlichen Sicht beschreiben, warum Sie den Shop gegründet haben. Was war der Auslöser? Was ist Ihre Erfahrung in dem Bereich? Was haben Sie mit Ihren Kunden gemeinsam? Welche Widerstände haben Sie erfolgreich überwunden? Das muss spannend sein und so kurz wie möglich.

Ihre Vision dürfen Sie hier beschreiben, nur sollten Sie den Begriff vermeiden und so konkret wie möglich werden.

5. Setzen Sie mindestens ein Foto auf die Seite. Es sollte Sie als den bzw. die Gründer zeigen, am besten in einer Arbeitssituation, beim Herstellen oder Einkaufen der Produkte oder beim Pakete packen. Haben Sie ein Ladengeschäft, dann nehmen Sie das Foto am besten dort auf. Verzichten Sie unbedingt auf Fotos von Models auf der Über-uns-Seite. Solche Fotos wirken hier distanziert und unpersönlich.

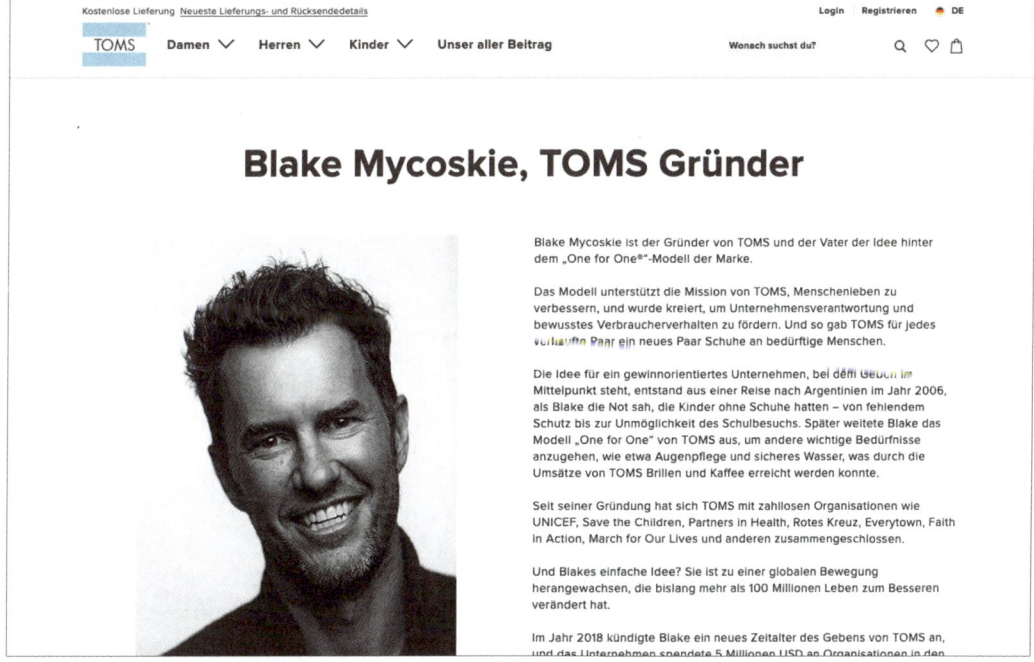

Abbildung 13.3 *Persönlicher geht's kaum. Der Gründer des Schuhshops TOMS erzählt hier seine Geschichte und warum er den Shop gegründet hat, der heute ein Drittel seines Gewinns spendet.*

Wenn Sie wirklich viel zu erzählen haben, denken Sie darüber nach, mehrere Seiten anzubieten. Eine Über-uns-Seite und eine der Firmengeschichte – wenn Sie z. B. ein Ladengeschäft von Ihrer Großmutter übernommen haben, dann kann das sinnvoll sein. Fast immer ist das aber nicht der Fall. Die Besucher wollen sich normalerweise nur kurz informieren, wer hinter dem Shop steckt. Sie haben keine Geduld für lange Geschichten, es muss alles ganz schnell gehen. Daher gilt wie immer: je kürzer und weniger, desto besser. Und lassen Sie sich nicht von großen Sites inspirieren: Die haben teilweise schrecklich lange Über-uns-Bereiche. Diese werden aber fast nie besucht und machen viel Mühe. Stecken Sie Ihre wertvolle Zeit lieber in andere Dinge, die viel mehr bringen.

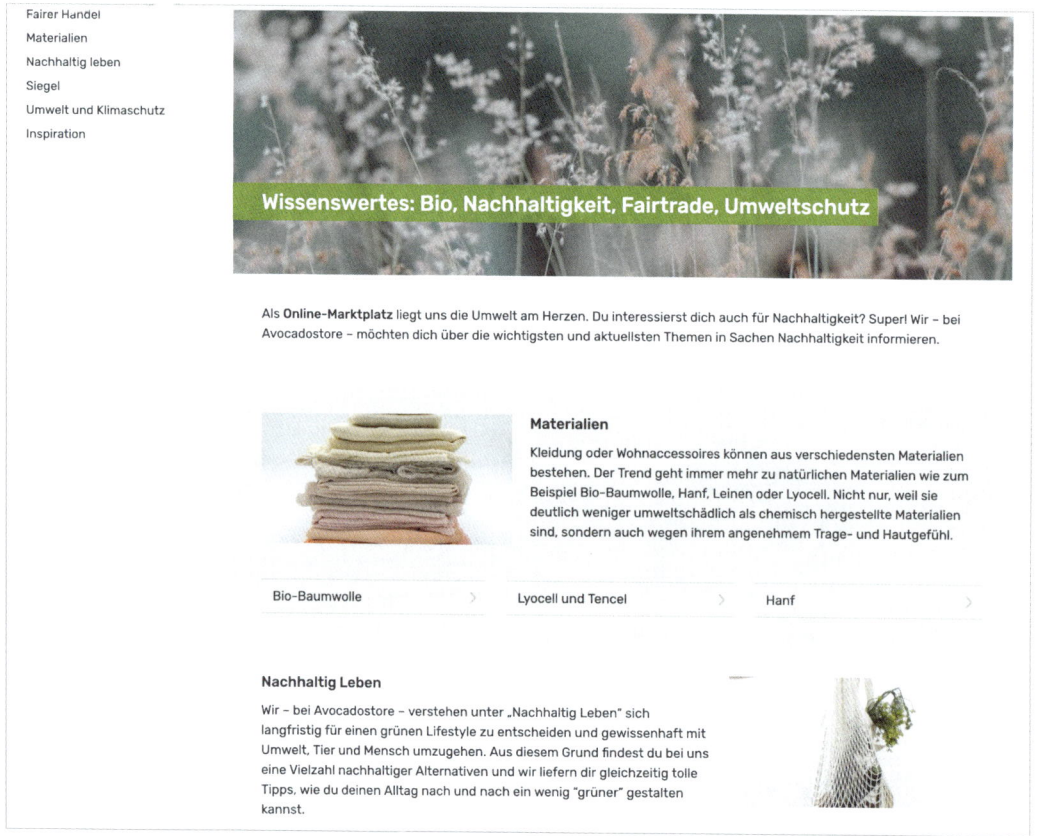

Abbildung 13.4 *Avocadostore.de informiert in gedeckten Farben und Naturtönen über seine strengen Richtlinien für Nachhaltigkeit. Anders als die meisten anderen Webshops positioniert er sich als klaren Werten verpflichtet.*

13.2 Das eigene Blog

In Shopify ist es supereinfach, ein eigenes Blog zu erstellen und regelmäßig neue Artikel für Kunden und Interessenten zu veröffentlichen. Aber nur weil es einfach ist, sollten Sie es nicht zwingend tun. Denn der Haken am eigenen Blog ist: Ein Blog ist hungrig. Er will regelmäßig mit Inhalt gefüttert werden. Und nicht mit irgendeinem, sondern mit hochwertigem Inhalt. Dabei ist der Umfang nicht entscheidend, aber eben die Regelmäßigkeit. Und gute Inhalte kosten viel. Sie kosten vor allem Zeit, und sie erfordern gute Ideen. Sie können das auch extern vergeben, aber wenn Sie wirklich für Sie passende Inhalte einkaufen, wird es teuer.

Warum überhaupt ein Blog?

Die Hauptgründe, ein Blog zu schreiben, sind: Es nützt Mensch und Maschine. Es nützt den Menschen, die Ihren Shop besuchen. Diese können hier neue Produkte entdecken, sie können Sie besser kennenlernen und Vertrauen zu Ihnen fassen. Das Blog nützt aber auch den Suchmaschinen. Denn sie finden in diesen Inhalten gute Informationen darüber, worum es auf Ihren Seiten geht. Sie gewichten Ihren Shop demnach stärker zu den Begriffen, die im Blog vorkommen. Und sie werten es positiv, dass sich auf Ihrer Site regelmäßig etwas tut. Zu viel versprechen dürfen Sie sich aber von beiden Effekten nicht. Denn bei den Suchmaschinen gibt es nur einen kleinen Vorschub, und von Ihren Besuchern werden nur wenige Ihren Blog besuchen. Zu groß ist das Angebot an anderen Informationen im Web, denen sie sich auch widmen können. Spannend wird es, wenn die Besucher die Inhalte in den sozialen Medien teilen. Das verstärkt den Effekt Ihres Blogs kräftig. Dazu hier gleich mehr.

Mein Tipp: Wenn Sie es nicht schaffen, mindestens alle 3 Wochen einen neuen Blogbeitrag zu schreiben, dann parken Sie die Idee. Und gehen Sie sie wieder an, wenn Sie die vielen anderen Aufgaben erledigt haben, die Sie beim Start Ihres Webshops vor sich haben. Wenn Sie aber sicher sind, dass Sie ein Blog am Laufen halten können, dann los – wer gern schreibt, dem macht das auch Spaß.

Das Blog ist schon vorbereitet, wir müssen nur noch dafür sorgen, dass es auch angezeigt wird. Dazu will Shopify als Erstes einen Blogbeitrag haben, sonst können Sie nichts einstellen. Also machen Sie Folgendes:

1. Gehen Sie in der Admin-Oberfläche von Shopify auf **Vertriebskanäle • Blog-Beiträge**.

2. Klicken Sie auf den Button **Blog-Beitrag erstellen**.

3. Schreiben Sie bei **Titel** eine Überschrift. Diese vermittelt im Idealfall, worum es geht, und macht Lust, den Beitrag zu lesen. Bleiben Sie im Zweifel lieber sachlich, und versuchen Sie nicht, rätselhaft zu sein. Darauf haben die Leser meist keine Lust, sie wollen gleich wissen, worum es geht.

4. Schreiben Sie bei **Inhalt** einen Text, der nur so lang ist, wie Sie wirklich etwas zu erzählen haben. Bleiben Sie persönlich und direkt.

5. Erstellen Sie bei **Auszug** eine Kurzbeschreibung, die dazu anregt, den ganzen Text zu lesen. Hier können Sie, wenn Sie wollen, witzig oder geheimnisvoll sein – worum es geht, macht ja schon der Titel klar.

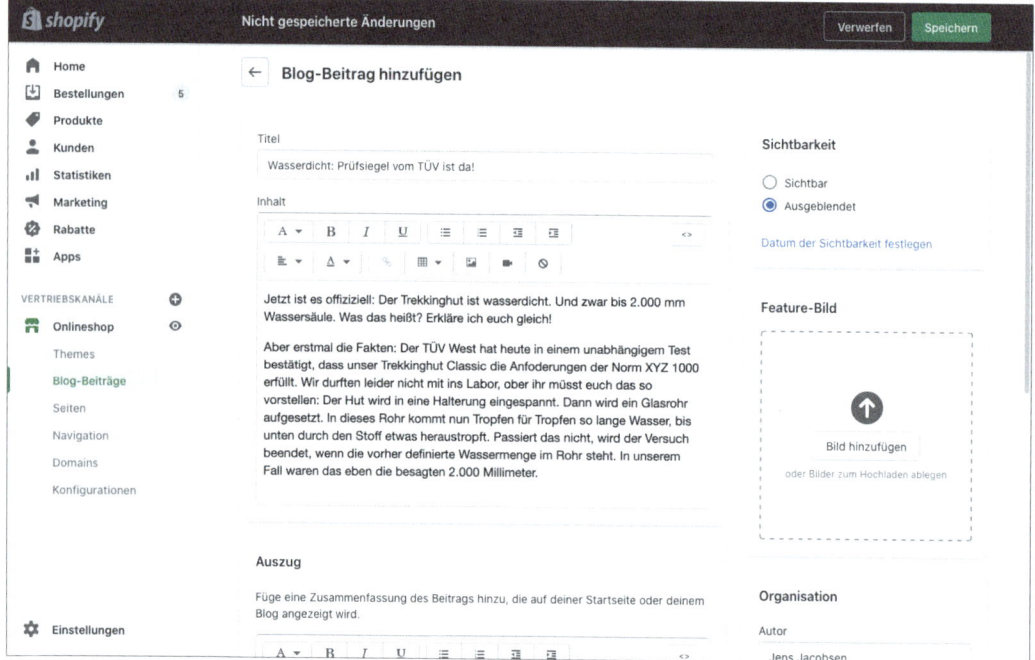

6. Fügen Sie in der Seitenleiste rechts ein **Feature-Bild** hinzu. Es geht zur Not auch mal ohne Bild, aber Beiträge mit Bild werden häufiger geöffnet.

7. Setzen Sie rechts oben die **Sichtbarkeit** auf **Sichtbar** – damit erscheint der Beitrag sofort im Blog. Oder Sie klicken **Datum der Sichtbarkeit** festlegen, um einen Veröffentlichungstermin zu bestimmen.

8. **Speichern** Sie.

Jetzt müssen wir nur noch dafür sorgen, dass die Besucher unseren Beitrag auch zu Gesicht bekommen:

1. Gehen Sie links oben auf den Zurück-Pfeil. Oder wechseln Sie über die Seitenleiste zu **Vertriebskanäle • Blog-Beiträge**. Jetzt sehen Sie eine Liste der Beiträge, die Sie bisher alle erstellt haben.

2. Klicken Sie ganz oben in der Seitenmitte auf **Blogs verwalten**.

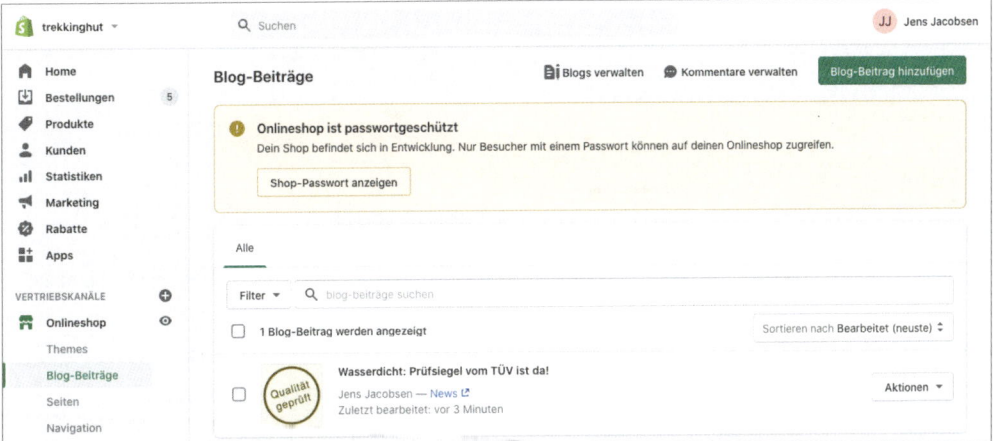

3. Das Standard-Blog, das Shopify automatisch angelegt hat, heißt »News«. Geben wir ihm einen besseren Titel – klicken wir darauf.

4. Tragen Sie etwa »Neuigkeiten von Trekkinghut« ein.

5. Rechts in der Seitenleiste legen Sie nun fest, wie Sie mit Kommentaren umgehen wollen. Mein Tipp: Lassen Sie diese zunächst deaktiviert. Denn Sie werden zunächst nur sehr selten Besucher haben, die etwas kommentieren. Und dann wirkt es immer etwas traurig, wenn unter jedem Beitrag »0 Kommentare« steht. Wenn Sie mal ein paar Dutzend Besucher pro Tag auf den Blogseiten haben, dann können Sie die Kommentare immer noch aktivieren, wenn Sie wollen.

6. **Speichern** Sie.

Jetzt verankern wir das Blog noch im Menü:

1. Wechseln Sie zu **Vertriebskanäle • Onlineshop • Navigation**. Wählen Sie **Hauptmenü**.

2. Klicken Sie auf **Menüpunkt hinzufügen**.

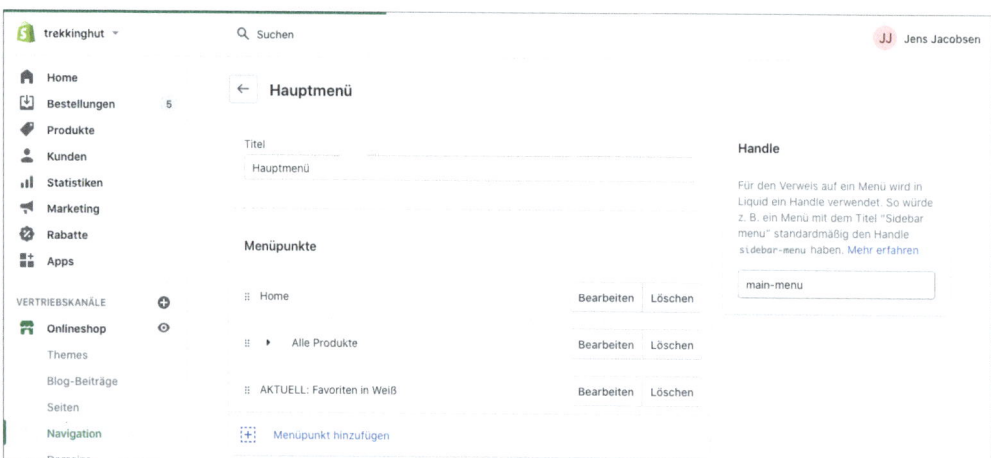

3. Geben Sie dem Menüpunkt einen **Titel**. Üblich ist »Blog«, Sie können aber auch den Titel nutzen, den Sie auf der Blogseite verwendet haben. Bei **Link** wählen Sie den Punkt **Blogs**. Es erscheint eine weitere Auswahl, diesmal wählen Sie den Namen, den Sie für Ihr Blog vergeben haben.

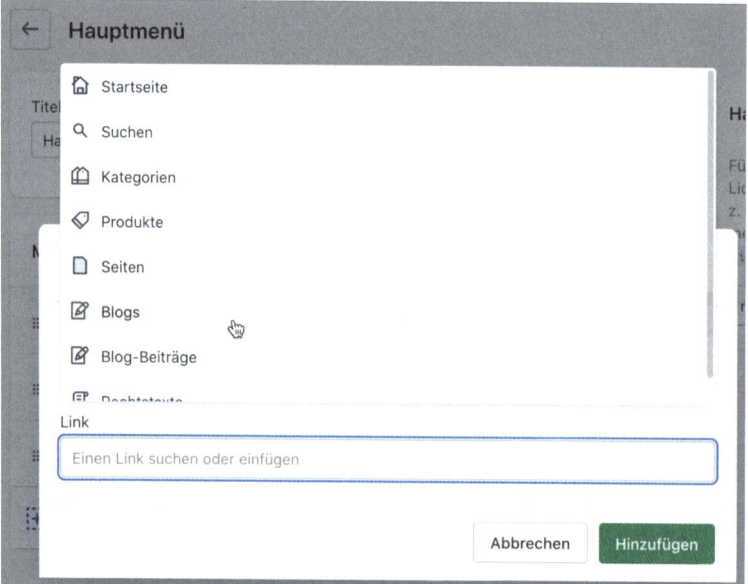

4. Klicken Sie auf **Hinzufügen**, dann auf **Menü speichern**.

Wenn Sie möchten, fügen Sie nach dem gleichen Prinzip den Link zum Blog noch ins Menü der Fußzeile ein.

Damit sind die Vorarbeiten erledigt, und der erste Beitrag ist schon online. Tragen Sie sich am besten gleich einen wiederkehrenden Termin in Ihren Kalender ein, damit Sie nicht vergessen, regelmäßig einen neuen Beitrag zu veröffentlichen.

13.3 Wenn's denn sein muss: Logo und Briefpapier

Eine der wichtigsten Aufgaben der Marke (Ihrer *Brand*) ist es, einen Wiedererkennungseffekt bei Ihren Kunden zu erreichen. Ziel ist es, dass die Kunden Positives mit Ihnen verbinden, sich an Sie erinnern und wieder bei Ihnen bestellen. Dazu dient zuerst einmal der Name: Der sollte einprägsam, eindeutig und positiv besetzt sein. Der Name muss sich auf der Website, in jeder E-Mail, auf Rechnungen, Lieferscheinen und allen anderen Dokumenten groß und deutlich wiederfinden. Ein wichtiger Teil der *visuellen* Darstellung Ihrer Marke ist das Logo. Für die Logoentwicklung geben große Unternehmen manchmal Millionen aus. Da steckt aber mehr dahinter als nur die Produktion einer kleinen Grafik. Dazu gehören tiefgreifende Gespräche über das, was die Marke ausdrücken soll, wer die Zielgruppe ist und einiges mehr. Für Ihren Shop sollten Sie die grundlegenden Überlegungen für Marke, Produkte und Zielgruppe gemacht haben, wie in Kapitel 3, »Ihre Geschäftsidee – Grundlage Ihres Erfolgs«, beschrieben. Haben Sie das getan, dann ist das die Grundlage für die Logoentwicklung. Ein gutes Logo bekommen Sie nicht umsonst. Wenn Sie klein anfangen, dann stecken Sie Ihre Mühe am besten zunächst in einen guten Namen – denn den sollten Sie nicht mehr ändern. Wenn Sie keine Ausbildung oder viel Erfahrung mit Gestaltung haben, sollten Sie sich nicht selbst an einem Logo versuchen. Nutzen Sie besser zunächst nur einen einfachen Schriftzug mit Ihrem Shopnamen. Das sollte dann aber natürlich immer dieselbe Schrift in derselben Größe und Farbe sein. Ein Logo können Sie sich noch entwickeln lassen, wenn Sie sehen, dass Ihr Shop gut angelaufen ist. Wenn Sie Marketingexperten oder Grafiker fragen, werden Sie natürlich eine andere Einschätzung bekommen, aber nach meiner Erfahrung mit Nutzern und Kunden ist das Logo für die Betreiber immer wichtiger als für die Käufer und die Verkäufe.

Bei vielen Agenturen bekommen Sie die sogenannte *Geschäftsausstattung* als Komplettpaket. Das sind üblicherweise Visitenkarten und Briefpapier, das Logo kostet fast immer extra. Sehen Sie sich Beispiele an, welche die Agentur bisher entwickelt hat, und finden Sie in einem Telefonat heraus, ob die Dienstleister Ihnen zuhören und Sie das Gefühl haben, dass sie individuell auf Ihre Wünsche eingehen. Nehmen Sie nicht den billigsten Anbieter, nur weil er billig ist. Das führt meist dazu, dass Sie kurze Zeit später noch mal einen teureren beauftragen, weil Sie mit dem Ergebnis nicht zufrieden sind.

Marke schützen lassen?

Nur wenn Sie wirklich große Pläne haben, denken Sie darüber nach, Ihr Logo und den Markennamen beim *Deutschen Patent- und Markenamt* schützen zu lassen. Zwar darf ein Konkurrent generell weder Ihren Namen verwenden noch ein Logo, das Ihrem zum Verwechseln ähnlich sieht. Aber dennoch ist es viel leichter, solche Praktiken zu stoppen, wenn Sie sich Logo und Namen schützen lassen. Der Weg dorthin führt eigentlich immer über einen spezialisierten Anwalt, weil dazu einiges an Fachwissen nötig ist. Insgesamt kommen so schnell ein paar Tausend Euro an Kosten zusammen.

13.4 Der eigene Newsletter

E-Mails sind älter als das World Wide Web. Newsletter werden manchmal als altmodisch belächelt – und doch nutzen sie fast alle größeren Unternehmen. Das liegt nicht daran, dass sie hinter der Zeit zurück sind. Es liegt daran, dass Newsletter das Medium ist, mit dem Sie mit dem geringsten Aufwand den höchsten Umsatz generieren. Das sollten Sie sich nicht entgehen lassen, und es ist daher die einzige Marketingmaßnahme, die Sie als Shopbetreiber keinesfalls auslassen sollten. Mit einem Newsletter erinnern Sie Ihre Kunden regelmäßig an Ihren Shop. Diese entscheiden sich freiwillig, regelmäßig Werbung von Ihnen zu bekommen. Diese ist für Sie in Herstellung und Versand sehr kostengünstig.

Aufpassen müssen Sie aber, weil wir alle immer wieder schlechte Erfahrungen machen: Es kommen E-Mails, von denen wir uns nicht erinnern, sie jemals angefordert zu haben. Darin steht Werbe-Geschwafel, und es werden Produkte beworben, die uns nicht interessieren. Solche Newsletter versuchen wir so schnell wie möglich loszuwerden. Die einen drücken sofort auf die Löschtaste, andere ignorieren die Mails einfach, und wieder andere melden sie als Spam. Berücksichtigen Sie daher die goldene Regel des Newsletter-Marketing: *Jede einzelne Mail muss dem Empfänger einen Nutzen bringen*. Dieser Nutzen kann eine hilfreiche Information sein. Es kann ein Rabattcode oder ein Gutschein sein. Eine nützliche Vorlage. Oder auch mal einfach nur Unterhaltung.

13.4.1 Wem darf ich E-Mails schicken?

Es ist verboten, unaufgefordert Werbemails zu verschicken. Das ist aber sowieso nicht sinnvoll, weil Sie damit mehr Benutzer verärgern als gewinnen. Schicken Sie also den Newsletter nur Kunden und Interessenten, die sich dafür registriert haben. Also nicht an die gesamte Kundendatenbank, sondern nur an diejenigen, die auch wirklich Ihren Newsletter bekommen wollen. Mit dem sogenannten *Double Opt-in* sind Sie auch rechtlich auf der sicheren Seite. Das heißt, der Kunde trägt seine Mailadresse in ein Abo-Formular ein. Dann schicken Sie ihm eine E-Mail, deren Empfang er durch Klick auf einen Link bestätigen muss. Erst dann bekommt er auch den Newsletter. Glücklicherweise übernimmt diese Prozedur Shopify für uns.

13.4.2 Den Newsletter einrichten

Sorgen wir nun dafür, dass sich die Benutzer für unseren Newsletter anmelden können:

1. Wechseln Sie zu **Vertriebskanäle • Onlineshop • Themes**.

2. Klicken Sie auf **Anpassen**, dann ganz unten auf **Fußzeile**.

3. Gehen Sie unten in der Seitenleiste auf **Inhalte hinzufügen**, und wählen Sie **Newsletter**.

4. Setzen Sie **Newsletter-Feld** am besten auf Weiß. Denn damit ist das Feld sofort als eines erkennbar, in das man etwas eintragen soll. **Newsletter-Text** setzen Sie auf Schwarz – der Begriff ist seltsam, gemeint ist damit der Platzhaltertext für das Feld (»Deine E-Mail-Adresse«). Der Kontrast sollte möglichst hoch sein, das Element soll ja auffallen.

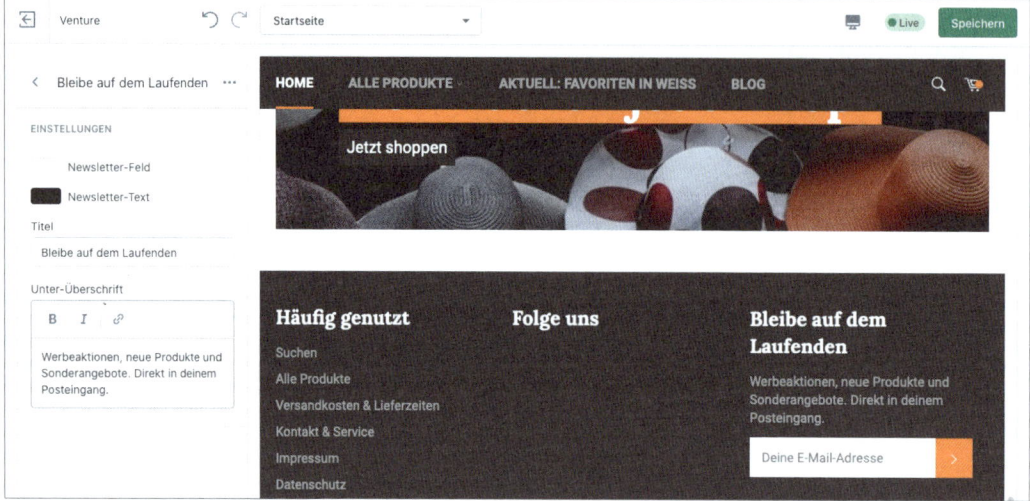

5. Klicken Sie auf **Speichern**.

6. Falls Sie den Newsletter auf Ihrer Seite zum Datenschutz noch nicht erwähnt haben, ergänzen Sie einen Abschnitt dazu. Ohne diesen dürfen Sie nicht einmal Adressen für Ihren Newsletter einsammeln. Mehr zur Datenschutzseite im Kapitel 10, »AGB, Datenschutzhinweis, Impressum – lästig, aber notwendig«.

Jetzt können Kunden in Zukunft Ihre Newsletter abonnieren. Nun ist es an Ihnen, diese interessant (und verkaufsfördernd) zu gestalten. Wozu ich Ihnen noch raten würde, ist das Deaktivieren des *reCaptcha* (siehe Abbildung 13.5). Das ist ein System, das Sie als Betreiber davor schützen soll, massenhaft Anmeldungen von automatisierten Skripts zu bekommen. Bei kleinen und neuen Webshops ist das aber selten ein Problem. Für die Nutzer ist es dagegen ausgesprochen nervig, wenn sie erst ein paar Ampeln in unscharfen Bildern identifizieren müssen, bevor sie sich für Ihren Newsletter anmelden können. Daher gehen Sie in Shopify zu **Vertriebskanäle • Onlineshop • Konfigurationen**. Scrollen Sie ganz nach unten zum Abschnitt **Spamschutz**. Entfernen Sie den Haken vor **Google reCaptcha für Kontaktformulare aktivieren**.

13.4 Der eigene Newsletter

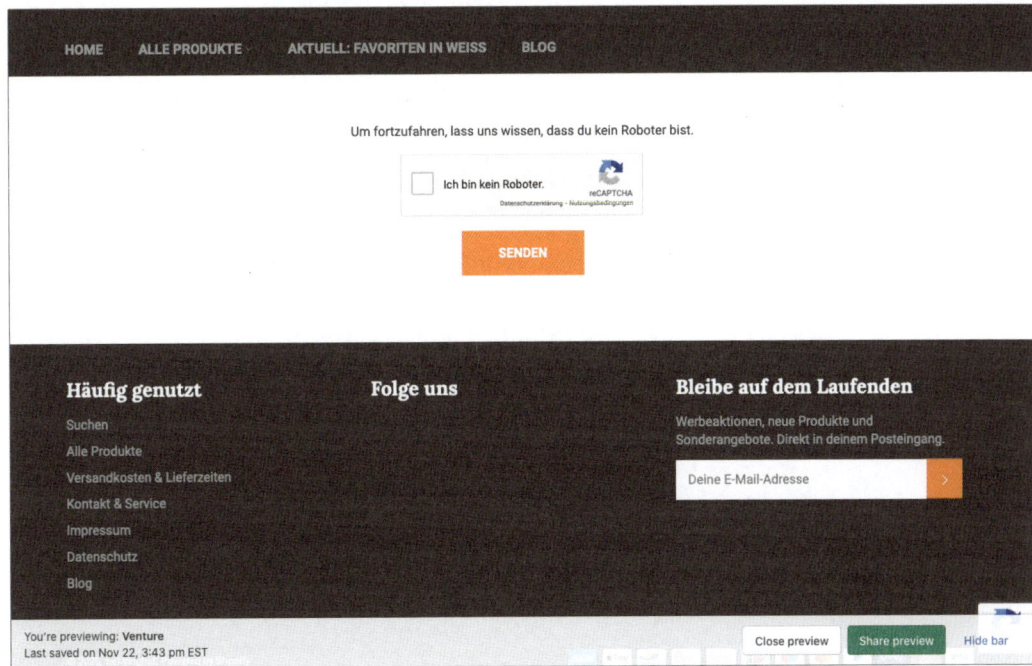

Abbildung 13.5 *Dieses sogenannte reCaptcha sollten Sie Ihren potenziellen Abonnenten ersparen. Sie müssen oft nicht nur ein Kreuzchen machen, sondern in der Folge auch noch skurrile Bildrätsel lösen.*

Achten Sie bei Ihren Mails vor allem auf folgende Punkte:

- Absender: Der Name Ihres Unternehmens muss hier auf jeden Fall auftauchen. Schreibt eine Person direkt, also etwa der Geschäftsführer, dann gehört zusätzlich dieser Name in den Absender. Eine Person als Absender ist immer besser als lediglich der anonyme Firmenname.

- Betreffzeile: Diese muss in den ersten ein, zwei Worten klar machen, worum es geht. Verzichten Sie auf Witze, Wortspiele und den Versuch, neugierig zu machen. Tests zeigen: Erkennen die Empfänger nicht sofort den Wert des Inhalts für sich, löschen sie die Mail sofort.

- Einstieg: Innerhalb der ersten zwei, drei Zeilen des Newsletter-Texts müssen Sie zum Punkt kommen.

- Bilder: Bilder müssen eine Aussage haben. Produktbilder sind super, auch solche von Menschen, die etwas mit diesen Produkten zu tun haben – wie also von Ihnen selbst, von Mitarbeitern, Produzenten etc. Nichtssagende

Schmuckbilder und Modelfotos ohne Produktbezug führen nur dazu, dass Ihre Mail gleich gelöscht wird.

- Inhalte: Denken Sie immer daran: Ihre Newsletter müssen für Ihre Kunden relevant sein. So sehr Sie selbst sich z. B. vielleicht darüber freuen, dass es Ihr Unternehmen jetzt ein Jahr gibt – dem Kunden ist das egal. Bekommt er aber 50 Prozent Rabatt, sieht es anders aus. Aber denken Sie nicht immer nur an Geld. Oft sind Newsletter erfolgreicher, die den Empfängern wertvolle Inhalte, Praxistipps oder Arbeitserleichterungen bringen.
- Handlungsaufforderung: Generell sollte am Ende der Mail immer eine Handlungsaufforderung stehen (englisch *Call to Action*). Oft ist das einfach der Link zu einem Produkt oder ein Rabattcode.

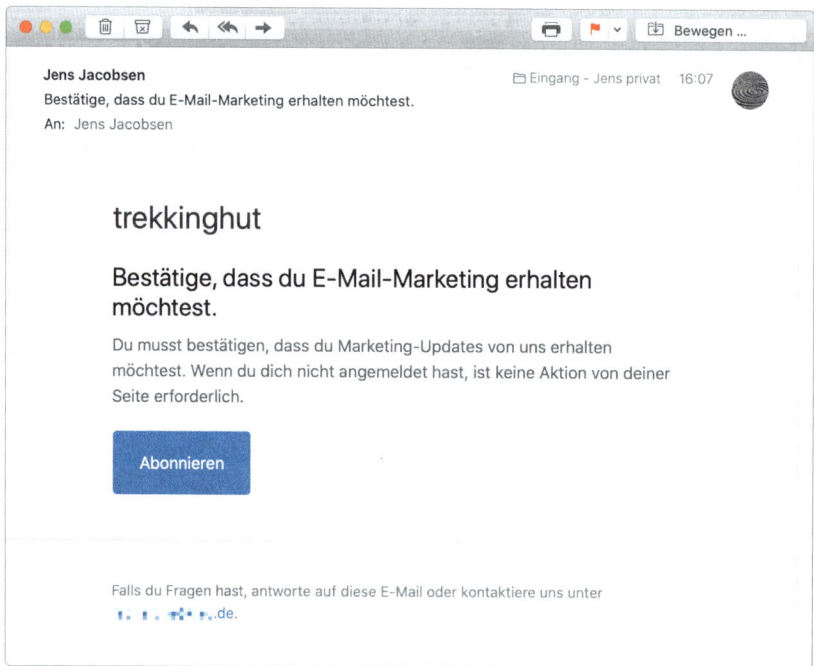

Abbildung 13.6 *So sieht die Opt-in-Mail aus, mit der Interessenten ihr Abo bestätigen müssen.*

13.4.3 Den ersten Newsletter verschicken

Jetzt wissen Sie, wie gute Newsletter aussehen. Also an die Arbeit, verschicken wir den ersten:

1. Gehen Sie auf **Marketing**, und klicken Sie auf **Kampagne erstellen** oben rechts.

2. Wählen Sie **Shopify E-Mail**.

3. Suchen Sie sich eine Vorlage aus. In den meisten Fällen werden Sie nichts Passendes finden – dann gehen Sie einfach auf die mit dem Namen **Leer**.

> **Vorsicht vor den Vorlagen**
> Vorlagen verführen dazu, sie einfach zu verwenden. Und die E-Mail-Vorlagen von Shopify sind praktisch alle reine Verkaufsmails. Aber denken Sie daran: Wenn Sie in Ihrem Newsletter immer nur verkaufen wollen, werden Sie nur die wirklich treuen Kunden als Abonnenten behalten. Echte Kundenbindung schaffen Sie mit Inhalten, die dem Nutzer direkt etwas bringen. Das können Praxistipps sein, wie man Ihrer Produkte besser einsetzt oder sie pflegt. Es kann auch eine Checkliste sein oder eine Vorlage, die Ihre Kunden für Reisen, zur Organisation von privaten oder beruflichen Feiern/Events nutzen können, oder vieles andere Nützliche mehr. Genauso kann ein Newsletter spannende Geschichten von Ihren Produkten oder aus der Branche erzählen. Je persönlicher, desto besser.

4. Fügen Sie einen Text hinzu. Ergänzen Sie am besten auch ein oder mehrere Bilder.

5. Schließen Sie die Mail mit einer Handlungsaufforderung ab. Das kann ein Link zum Shop oder zu einem Produkt sein. Es kann aber auch ein Verweis aufs Blog sein oder die Aufforderung, die Mail in sozialen Medien zu teilen.

> **Wo sind meine Abonnenten?**
> Die Newsletterabonnenten landen alle im Bereich **Kunden**. Wenn jemand den Newsletter abonniert, der mit dieser Mailadresse etwas bestellt hat, wird er automatisch zugeordnet. Ist es jemand, dessen Mailadresse noch nicht im System ist, dann wird ein neuer Kunde mit der Mailadresse als Name angelegt. Oben gibt es einen Reiter **E-Mail-Abonnenten**, mit dem Sie auf einen Blick die Empfängerliste sehen.

Abbildung 13.7 *Witzig, aber nicht anbiedernd: Newsletterwerbung bei Tastillery.com. Und wenn man weiß, dass der freundliche Herr einer der Gründer ist, auch noch höchst persönlich.*

13.5 Social-Media-Marketing

Zum Thema Social-Media-Marketing gibt es viele gute und dicke Bücher. Daher hier nur ein paar Tipps, wie Sie das Thema angehen können, wenn Sie sich zunächst um den Aufbau Ihres Webshops kümmern müssen und keine Zeit haben, hier viel zu tun – und kein Budget, einen Profi damit zu beauftragen. Wenn Sie also schon einen Newsletter haben und noch etwas Zeit, dann machen Sie sich daran, Ihren Shop über Social Media noch bekannter zu machen. Wichtig: Konzentrieren Sie sich lieber auf einen oder zwei Kanäle, und bespielen Sie diese sorgfältig und regelmäßig. Möglichst viele Anbieter abzudecken, führt nur dazu, dass Ihre Mühe verpufft. Denn auch beim Social-Media-Marketing gilt leider: Wer Erfolg haben will, muss Zeit investieren und langfristig am Ball bleiben. Meine Empfehlung ist, 20 bis 30 Minuten pro Tag für Social Media vorzusehen. Haben Sie die Zeit nicht, lassen Sie es lieber. In jedem Fall müssen Sie auswählen. Achten Sie dabei darauf, nicht in die Marketingfalle zu tappen: Nur weil über ein bestimmtes soziales Medium gerade viel zu hören ist, heißt das nicht, dass es viele Nutzer hat. Und schon gar nicht, dass es sich speziell für Sie lohnt, hier aktiv zu werden. Die Berichterstattung über Facebook z. B. ist inzwischen ziemlich eingeschlafen – und doch ist es immer noch unangefochten das größte soziale Medium und für fast alle die beste Möglichkeit, einen Shop bekannt zu machen. Im deutschsprachigen Raum ist die Reihenfolge bei der Auswahl relativ klar – Unternehmen setzen hier mit abnehmender Häufigkeit auf:

1. YouTube
2. Facebook
3. Instagram
4. Snapchat
5. XING
6. LinkedIn

Die letzten beiden Kanäle sind nur relevant für Sie, wenn Sie an Geschäftskunden verkaufen oder wenn Ihr Produkt mehr mit Arbeit zu tun hat als mit Freizeit oder Vergnügen. *Twitter* ist vor allem dann geeignet, wenn Sie sich an Technikfans, Journalisten oder andere News-Freunde richten. Dann gibt es noch die relativ neuen Kanäle *Twitch* und *TikTok*, die aber nur einen Bruchteil der Nutzer der anderen großen Kanäle haben. Kennen Sie Ihre Zielgruppe sehr gut und wissen Sie genau, dass sie solche Nischenanwendungen nutzt, dann können Sie diese als Marketingkanal in Betracht ziehen. Seien Sie sich aber im Klaren darüber, dass Sie sich hier selbst gut in den jeweiligen Kanälen auskennen müssen – und dass Sie eine nur recht kleine Zahl an Nutzern darüber erreichen werden.

Generell ist die Zielgruppe der Schlüssel für Ihre Entscheidung: Als Faustregel gilt: Ist sie über 30, dann ist Facebook der richtige Kanal, ist sie jünger, eher Instagram. Bei Teens und Twens kann Snapchat interessant sein. YouTube dagegen erfreut sich über alle Alters- und Interessengruppen hinweg größter Beliebtheit. Zwei Dinge machen die Nutzung des Videoportals zum Marketing allerdings schwer:

- Viele Nutzer verwenden YouTube nur, um Musik abzuspielen.
- Die meisten spielen auf YouTube nur Videos ab und nutzen die Social-Media-Elemente nicht aktiv.

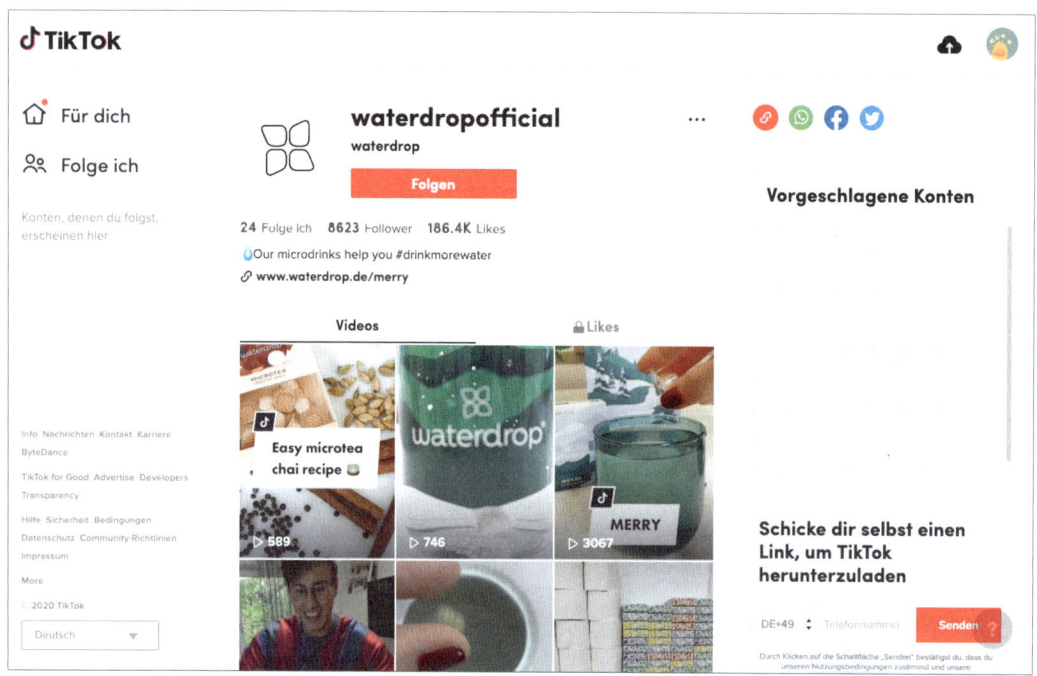

Abbildung 13.8 *Der Kanal von Waterdrop auf TikTok. Wer den Stil von TikTok nicht kennt, wird die Beiträge nicht verstehen.*

Beeinflusst werden aber alle Nutzer durch die Social-Media-Funktionen von YouTube: Die Empfehlungen richten sich danach, was der Nutzer selbst und alle anderen am häufigsten ansehen. Dass trotzdem viele kleinere Unternehmen YouTube ignorieren, liegt daran, dass es noch schwerer ist, gute Videos zu produzieren als gute Fotos oder Textbeiträge. Damit sind wir beim zweiten Knackpunkt nach der Zielgruppe: den Inhalten. Wenn Sie nicht regelmäßig guten Inhalt erstellen können, lassen Sie es sein. »Guter Inhalt« ist natürlich nicht leicht zu definieren. Gut heißt, der Inhalt interessiert die Nutzer und bringt sie im besten Fall dazu, ihn zu liken/teilen. Und was guter Inhalt ist, unterscheidet sich sehr von Plattform zu Plattform. Was auf Xing ignoriert wird oder Kopfschütteln erntet, kann auf TikTok ein Hit sein. Wieder heißt es: Kennen Sie Ihre Zielgruppe und den Kanal.

13.5 Social-Media-Marketing

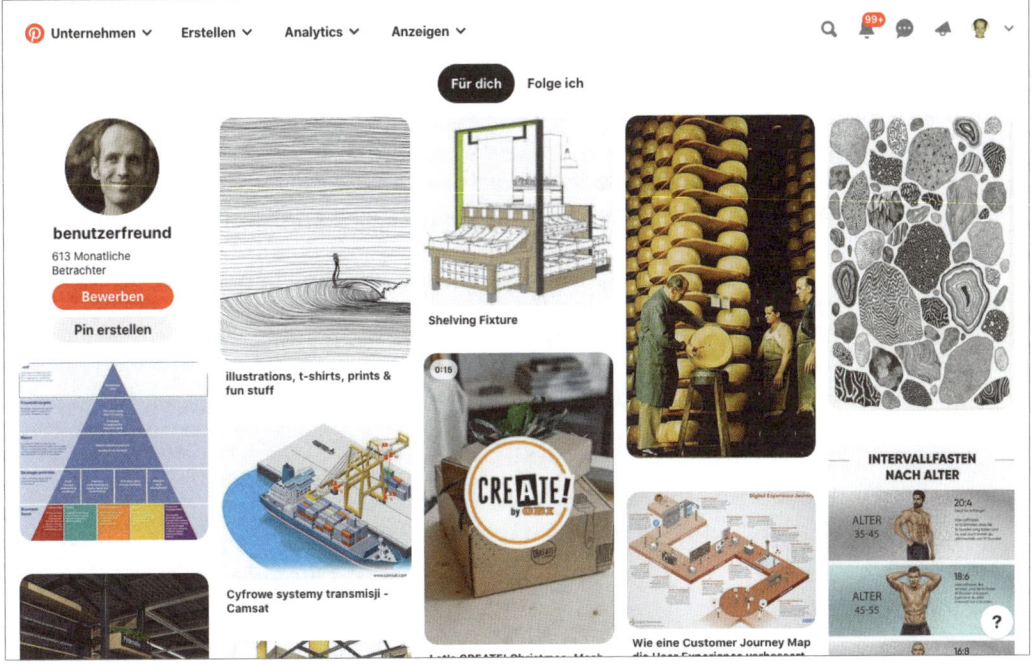

Abbildung 13.9 *Pinterest wird nicht so häufig genutzt, ist aber als Inspirationsquelle für Produkte höchst beliebt. Einen Account brauchen Sie hier aber nicht – überlassen Sie Ihren Kunden das Teilen.*

Das Crash-Programm für Ihren Social-Media-Auftritt sieht also so aus:

1. Gehen Sie auf die Plattform, die Sie als am vielversprechendsten identifiziert haben. Im Idealfall nutzen Sie diese selbst schon. Falls nicht, melden Sie sich an.

2. Folgen Sie einigen der angezeigten Vorschläge/Accounts. So bekommen Sie ein Gefühl dafür, wer hier unterwegs ist und was die Nutzer erwarten.

3. Folgen Sie Ihren Mitbewerbern oder anderen Unternehmen aus Ihrer Branche.

4. Lesen Sie die Kommentare (sofern es welche gibt).

5. Schreiben Sie in Stichpunkten auf, was aus Ihrer Sicht gut funktioniert und was nicht.

6. Überlegen Sie sich, wer Ihnen helfen kann. Für Einzelkämpfer ist es fast unmöglich, sinnvoll Social-Media-Marketing zu betreiben. Das liegt zum einen

am Zeitbudget, aber auch an den Ideen, die im Team immer besser sind – und auch an rein praktischen Dingen wie etwa, dass Sie öfter mal jemanden brauchen, der das Smartphone oder die Kamera hält, wenn Sie eine Aufnahme machen.

7. Planen Sie eine erste kurze Testkampagne, etwa als Begleitung zu einer Veranstaltung oder etwas anderem zeitlich Begrenzten.

8. Erstellen Sie einen Plan, wann Sie was veröffentlichen wollen.

9. Produzieren Sie die Inhalte vor.

10. Bleiben Sie nach der Veröffentlichung dran, und interagieren Sie mit den Nutzern.

11. Werten Sie schließlich aus, was die Aktion gebracht hat. Wie viele Erwähnungen/Follower/Kommentare haben Sie bekommen? Wie wertvoll sind diese? Führen sie zu Umsätzen? Wie groß war Ihr Aufwand?

Wenn Sie danach beschlossen haben, dass dieser Kanal etwas für Sie ist, bleiben Sie dran!

Und was ist mit WhatsApp?

WhatsApp wird häufiger genutzt als Facebook und alle anderen sozialen Medien. Dennoch ist es als Marketingkanal weitgehend unbedeutend. Denn über WhatsApp kommunizieren Menschen mit Freunden und Familie. Für Marketingnachrichten ist hier nicht der Platz. Nur wenn Sie z. B. individuelle Beratung, Terminvereinbarung oder Ähnliches anbieten, ist WhatsApp denkbar. Lassen Sie sich von Marketing-Dienstleistern nichts anderes erzählen.

Ohne Werbung ist es sehr schwierig, auf den Social-Media-Plattformen bekannt zu werden. Kaum ein Kunde kommt auf die Idee, dort nach Ihnen zu suchen. Fast ausschließlich gewinnen Sie Follower/Abonnenten, indem diese interessante Beiträge von Ihnen sehen und sich dann entschließen, Ihnen zu folgen. Einige weitere bekommen Sie, wenn Sie in Ihrem Webshop und Ihren Mails darauf aufmerksam machen. Kräftig nachhelfen können Sie mit ein paar Anzeigen, die gerade am Anfang meist große Wirkung haben. Zur Werbung gleich im übernächsten Abschnitt mehr.

13.6 Links zu Social Media einbauen

Wenn Kunden auf Facebook, Twitter und anderen Plattformen über Sie sprechen, ist das kostenlose Werbung. Daher ist es eine gute Idee, es ihnen so leicht wie möglich zu machen. Ergänzen wir also die Links zu unseren Social-Media-Profilen in unserem Shop:

1. Gehen Sie im Shopify-Admin-Bereich auf **Onlineshop • Themes**, und klicken Sie auf **Anpassen** bei Ihrem Theme.

2. Scrollen Sie in der Seitenleiste links ganz nach unten, und gehen Sie auf **Theme-Einstellungen**, dann **Social Media**.

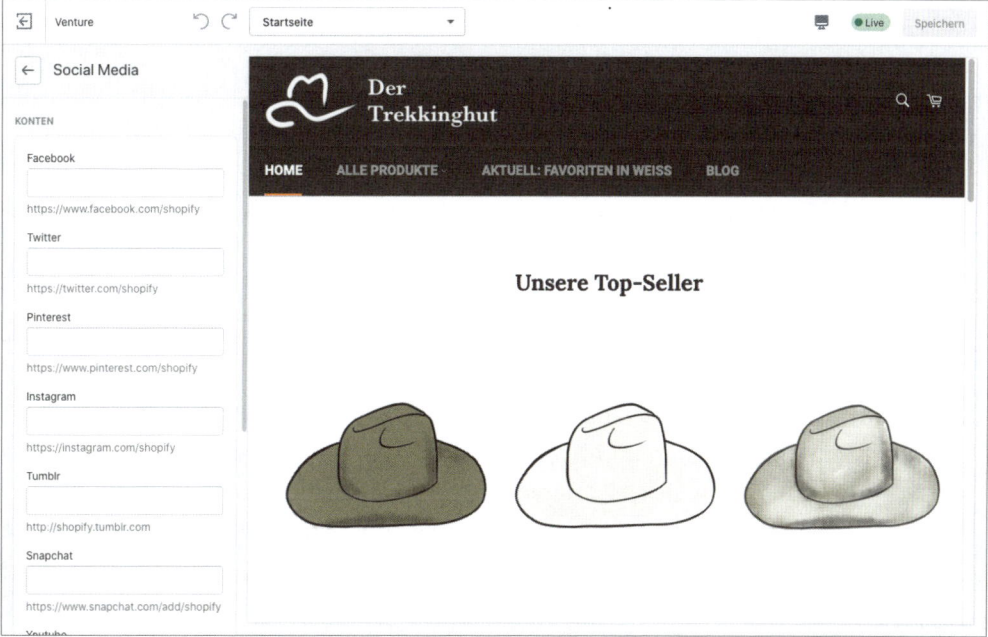

3. Tragen Sie nun die URLs für die Kanäle ein, die Sie nutzen.

4. **Speichern** Sie.

   Damit erscheinen bei unserem gewählten Theme die Icons automatisch in der Fußleiste und verlinken zum jeweiligen Medium.

Das ist der Weg, den Sie Ihren Besuchern zu Ihren Social-Media-Auftritten weisen. Jetzt helfen wir den Nutzern noch, Ihre Inhalte auf deren eigenen Accounts zu teilen:

1. Scrollen Sie in der Seitenleiste links noch mal bei den **Theme-Einstellungen • Social Media** ganz nach unten.

2. Stellen Sie sicher, dass alle Häkchen gesetzt sind.

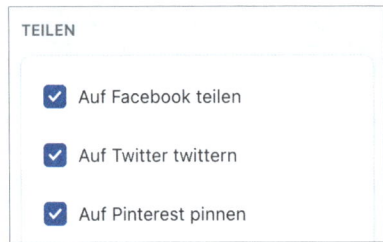

Manche Themes haben diese Funktion nicht oder haben noch mehr Teil-Möglichkeiten im Angebot. Auch wenn sehr viele angeboten werden – beschränken Sie sich auf die drei oder vier, die Ihre Zielgruppe am häufigsten nutzt – sonst wird es zu unübersichtlich. Diese Funktion bewirkt aber generell, dass auf Ihren Produktdetailseiten und Blogbeiträgen die Icons zum Teilen eingeblendet werden:

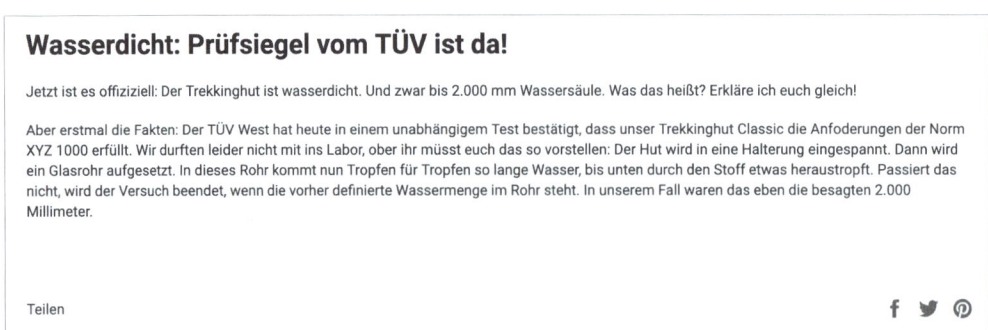

Klickt ein Besucher darauf, kommt er zur Seite des jeweiligen Dienstes. Bequemerweise wird dabei der Link zu Ihrem Shop mit übertragen:

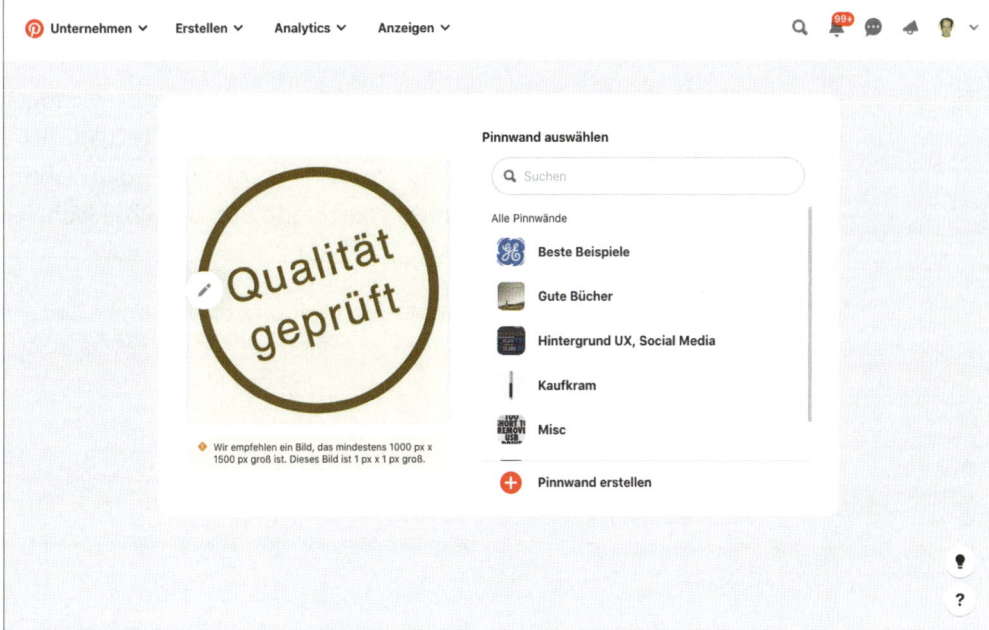

Das heißt, Sie erleichtern dem Besucher das Teilen Ihrer Inhalte. Denn er muss die URL nicht kopieren und kein Bild aussuchen – das ist alles schon voreingestellt. Ist er beim jeweiligen Dienst aktuell angemeldet, muss er nur noch ein, zwei Klicks machen, und schon ist die Seite geteilt.

Nur noch mal zur Sicherheit: Sie selbst brauchen für diese Funktion zum Teilen keine Präsenz im jeweiligen sozialen Medium. Diese Icons dienen hier nur dazu, die Besucher Ihres Shops Ihre Inhalte auf *deren* Accounts teilen zu lassen.

13.6.1 Vorschaubild und Beschreibung anlegen

Teilt ein Besucher eine Produktdetailseite oder einen Blogbeitrag, wird dabei das jeweilige Bild auf dieser Seite in den sozialen Medien angezeigt. Doch was passiert, wenn er die Startseite teilt? Standardmäßig wird dann meist irgendein Bild von Ihrer Startseite verwendet. Das können Sie aber ändern und den sozialen Medien vorschlagen, was sie in so einem Fall als Bild verwenden sollen. Legen wir ein solches Bild an:

1. Gehen Sie auf **Onlineshop • Konfigurationen**, und laden Sie dort eine Datei bei **Social-Sharing-Bild** hoch.

   Das Bild sollte typische Produkte für Ihren Shop zeigen. Das ist wichtiger als schöne Menschen oder tolle Fotografien. Außerdem sollte natürlich der Name des Shops groß auf dem Bild stehen, außerdem Ihr Logo, sofern Sie eines haben. Als Größe werden 1000 Pixel Breite und 628 Pixel Höhe empfohlen.

2. Tragen Sie im Bereich **Titel und Metabeschreibung** einen kurzen Seitentitel sowie eine Kurzbeschreibung ein.

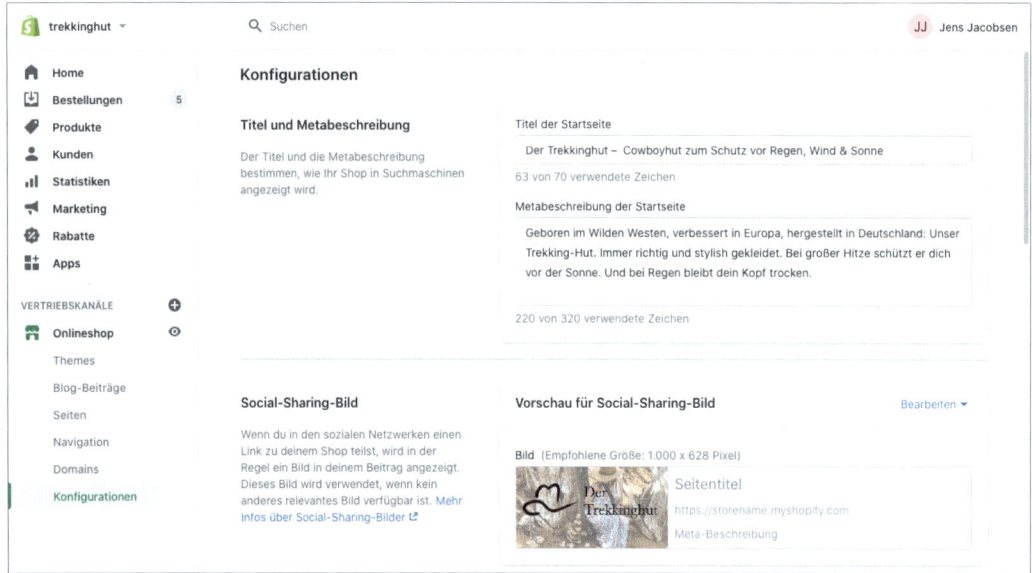

Diese Texte sollten für sich stehen und jemanden, der Sie und Ihren Shop noch überhaupt nicht kennt, motivieren, Sie zu besuchen. Diese Texte werden bei den meisten sozialen Medien zusätzlich zu dem angezeigt, was der jeweilige Nutzer dazu geschrieben hat (siehe Abbildung 13.10).

Abbildung 13.10 *So sehen Beiträge in Social Media aus, wenn Sie ein Standardbild für Ihren Shop und eine Beschreibung anlegen.*

13.7   Werbung bei Google, Facebook, Instagram und Co.

Wer noch nie Werbung im Internet gemacht hat, wird schnell begeistert sein: Es scheint hier möglich, nur genau die Menschen anzusprechen, die auch tatsächlich als Zielgruppe infrage kommen – und das für wenig Geld. Ganz so zielgenau und ganz so billig ist es nicht, wie man am Anfang denkt – aber dennoch lohnt es sich, sich etwas mit dem komplexen Thema zu beschäftigen, um dem eigenen Shop eine gute Starthilfe zu geben. Auch dies ist wieder ein Thema, zu dem es sehr viel zu sagen gäbe – im Folgenden also nur ein paar Ansatzpunkte für den Einstieg.

> **Was ist mit Bannerwerbung?**
> Werbebanner sind die älteste Werbeform im Internet. Sie ähnelt den klassischen Anzeigen in Printmagazinen und Zeitungen. Mit Bild und Text wird für ein Produkt geworben. Banner sind aber leider höchst ineffektiv – denn die Nutzer haben sich angewöhnt, sie zu ignorieren. Sie werden in der Tat vielfach überhaupt nicht mehr wahrgenommen. Und mehr und mehr Menschen arbeiten auch mit Werbeblockern, die diese Anzeigen erst gar nicht anzeigen. Daher sind Banner nur etwas für Unternehmen mit dicken Werbebudgets.

13.7.1 Die Anzeige vom Kunden her denken

Gleich wo Sie Werbung machen – der größte Fehler, der den meisten am Anfang unterläuft, ist, ihre tollen Produkte zu bewerben. Das geht, entspricht aber dem Marktschreier, der sich auf den Platz stellt und laut den Namen seiner Waren ruft. Vielleicht sagt er noch dazu, dass sie gut sind. Oder billig. Im Internet können Sie aber mit viel weniger Aufwand viel erfolgreicher sein. Überlegen Sie sich, was der Kunde denkt, wenn er Ihre Anzeige sieht. Wenn Sie z. B. Werbung in einer Suchmaschine schalten, dann legen Sie den Suchbegriff fest, zu dem Sie Werbung buchen. Also z. B. »Cowboyhut kaufen«. Was genau will der Nutzer, der das eingibt? Welche Fragen hat er? Als Suchbegriff für unseren Trekkinghut-Shop ist »Cowboyhut kaufen« nur mittelmäßig geeignet. Damit sprechen wir Kunden an, die eben genau das wollen: einen Cowboyhut. Den bekommen sie aber an vielen Orten. Das Besondere am Trekkinghut ist aber, dass er wasserdicht ist, also ein Ersatz für Regenbekleidung. Besser wäre also »Regenhut kaufen« oder »Hut wasserdicht« oder noch allgemeiner »Regenschutz wandern«. Wenn wir so denken, denken wir wie unsere potenziellen Kunden. Damit finden wir die richtigen Suchwörter. Vor allem aber finden wir die richtigen Anzeigentexte. Denn mit den Texten greifen wir die Fragen der Suchenden auf. Wir schreiben etwa:

Regenschutz für Trekkingtouren – stylish und wasserfest: mit dem Trekkinghut auf jeder Tour perfekt gekleidet. Ob strahlende Sonne oder strömender Regen.

Mit diesem Text sprechen Sie die Menschen an, die nach Regenschutz beim Trekking suchen. Den Text können Sie aber nicht verwenden, um Menschen anzusprechen, die einen Cowboyhut kaufen wollen. Da schreiben Sie eher:

Cowboyhut mit Doppelnutzen – mit dem Trekkinghut immer cool bleiben. Und auch bei Regen eine gute Figur machen.

Das ist Personalisierung: Es bekommen nicht alle das Gleiche von Ihnen zu hören, sondern jeder bekommt seine individuelle Werbebotschaft. Und das ist erst der Anfang. Denn Sie können auch noch bestimmen, *wer* Ihre Botschaft hört. Das heißt, Sie können festlegen, dass nur Menschen zwischen 20 und 70 die Anzeigen sehen sollen. Und nur solche, die sich für Wandern, Trekking oder Outdoor interessieren. Bei Anzeigen mit Bildern können Sie z. B. sogar verschiedene Varianten für Männer und Frauen entwickeln. Und jeweils die Modelle zeigen, die eher vom jeweiligen Geschlecht gekauft werden.

Abbildung 13.11 *Wer nach »Versandkosten DHL« sucht, wird sich nur selten für eine Sauna interessieren. Erfolgversprechender ist, Werbung auf Begriffe zu buchen, die etwas mit dem zu tun haben, was man tatsächlich verkauft.*

13.7.2 Entscheidend: die Landing Page

Ein großer Fehler, den Sie vermeiden sollten: die Anzeige einfach auf Ihre Startseite verlinken. Das ist einfach für Sie, aber unbequem für den Interessenten. Für jede Anzeige definieren Sie ein Ziel. In der Werbesprache spricht man von der *Landing Page*, also der Seite, auf welcher der Besucher nach einem Klick auf ein Werbeelement landet. Und diese Landing Page hat die Aufgabe, den Interessenten weiter zu überzeugen. Überlegen Sie sich, wo derjenige hin will, der die Anzeige geklickt hat. Wer auf die Anzeige mit dem stylishen Cowboyhut klickt, den interessieren in den meisten Fällen die Details zur Wasserdichtheit weniger. Er will schöne Fotos von den Hüten sehen. Hier bietet sich ein Link zu einer Shopify-Kategorie an, die Sie eigens dafür erstellen. Hier setzen Sie alle

Hüte rein, die besonders cool aussehen. Die Menschen, die auf »Regenschutz für Trekkingtouren« geklickt haben, die schicken Sie auf eine eigens erstellte Seite (Landing Page), auf der Sie erklären, wie gut der Hut für Touren geeignet ist. Und erst dort verlinken Sie auf die Produkte. Je mehr Mühe Sie sich mit dem Texten der Anzeige und der Gestaltung der Landing Page geben, desto erfolgreicher sind Sie.

13.7.3 Google Ads

Für breite Zielgruppen gut geeignet sind *Google Ads*. Das sind die Textanzeigen, die oberhalb und oft auch neben der Trefferliste auf der Google-Seite angezeigt werden. Hier können Sie Ihre Position mit Geld beeinflussen – wer am meisten zahlt, landet oben. Sie zahlen aber nur für Klicks, das heißt, nur dann, wenn jemand tatsächlich auf den Link zu Ihrer Site klickt. Sie können mit einem recht kleinen Budget starten und ein Maximalbudget pro Tag festlegen, damit die Kosten nicht explodieren, weil Sie eine höchst erfolgreiche Anzeige entworfen haben.

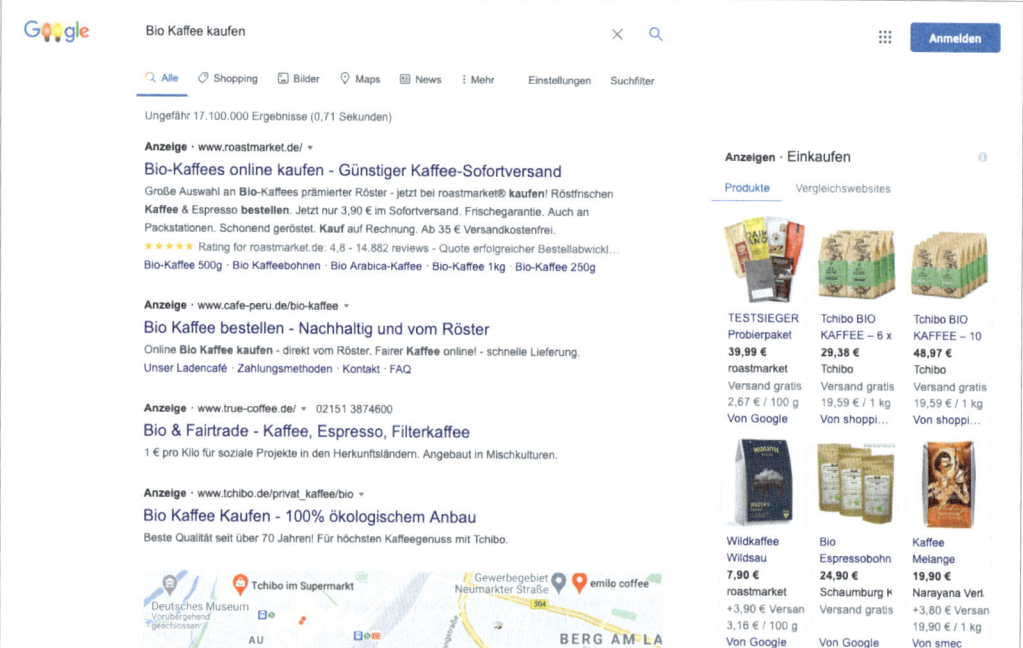

Abbildung 13.12 *Bei bestimmten Suchworten sieht der Nutzer an den ersten Positionen nur Werbung – nur erkennbar an dem kleinen Wort »Anzeige« darüber.*

Schalten können Sie die Anzeigen unter *ads.google.com*. Dort legen Sie zunächst ein Google-Konto an, wenn Sie noch keines haben. Sie haben auch die Möglichkeit, mit den Mitarbeitern live zu chatten, die helfen Ihnen bei den ersten Schritten. Ansonsten können Sie sich von dem Programm durch die nötigen Schritte leiten lassen. Das ist mittlerweile auch nur wenig komplizierter, als einen Shop bei Shopify einzurichten. Ein paar Stunden sollten Sie sich dennoch Zeit nehmen, um sich mit dem System vertraut zu machen. Setzen Sie sich für die erste Kampagne ein Budget – mit 50 € kann man schon etwas bewegen. Bei nicht ganz so umkämpften Suchwörtern reicht das für mehrere Wochen. Wollen Sie dagegen, dass Ihre Anzeige bei sehr populären Suchwörtern (wie in Abbildung 13.12) erscheint, wird es teuer. Hier müssen mit mehreren Euro rechnen, die Sie ein einziger Klick kostet. Damit Ihr Budget nicht zu schnell aufgebraucht ist, begrenzen Sie das Budget in jedem Fall auf ein paar Euro pro Tag.

Auf der Suchmaschine *Bing* können Sie übrigens genauso Werbung schalten, das funktioniert ganz ähnlich wie bei Google. Die Nutzerzahlen hier sind deutlich kleiner – dafür sind es auch die Preise für die Anzeigen.

13.7.4 Anzeigen auf Facebook und Instagram

Da Instagram zu Facebook gehört, können Sie die Anzeigen für beide Plattformen über ein System schalten. Werbung in sozialen Medien hat generell den Vorteil, dass sie in einem persönlichen Umfeld erscheint. Hier kommuniziert man mit seinen Freunden und ist nicht auf der nüchternen Seite einer Suchmaschine, die man ja eigentlich möglichst schnell verlassen will. Hinzu kommt natürlich die attraktive Möglichkeit, dass Ihre Werbung jemandem »gefällt« und er sie damit mit seinen Freunden teilt. In den sozialen Medien können Sie die Zielgruppe außerdem sehr genau eingrenzen – denn diese kennen die Vorlieben und Interessen ihrer Nutzer sehr gut.

Sie haben die Möglichkeit, Shopify über eine App mit Facebook zu verknüpfen. Das müssen Sie aber nicht tun, um Facebook-Anzeigen nutzen zu können – und es gibt auch Gründe, die dagegen sprechen. Denn die Facebook-App bekommt weitreichende Zugriffsrechte auf die Daten Ihrer Kunden. Das heißt, Facebook erfährt, wer bei Ihnen kauft, welche Seiten er besucht und was er in den Warenkorb legt. Ob Sie selbst das wollen, ist die eine Frage, ob Ihre Kunden das wollen die andere. Wenn Sie sich dafür entscheiden, müssen Sie darauf unbedingt in Ihrer Datenschutzerklärung hinweisen (siehe Kapitel 10, »AGB, Datenschutzhinweis, Impressum – lästig, aber notwendig«). Dieser Datenaustausch ist die Voraussetzung für das sogenannte *dynamische Retargeting*. Das bedeutet, dass Sie Kunden, die bei Ihnen ein Produkt in den Warenkorb gelegt haben, dann bei Facebook eine Werbung mit genau diesem Produkt zeigen können. Sie können z. B. auch einen Rabattcode dafür anbieten, um den Anreiz zu erhöhen, den Kauf abzuschließen. Solche Anzeigen können aber auch negativ aufgenommen werden. Einige Kunden fühlen sich verfolgt, wenn sie genau für das Werbung bekommen, was sie in Ihrem Shop angesehen haben.

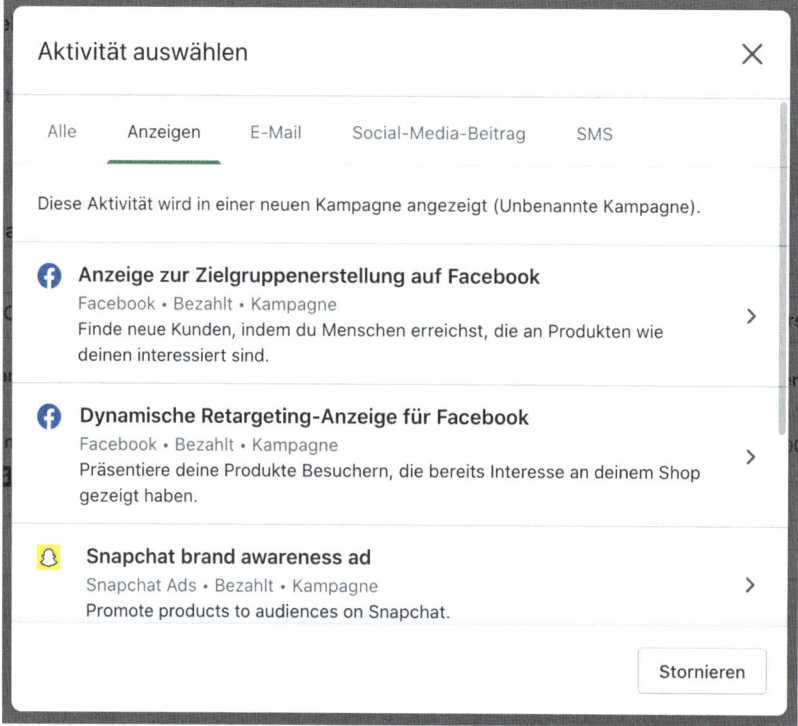

Abbildung 13.13 *Über Shopify können Sie direkt mit dem Aufgeben von Anzeigen bei Facebook starten. Gehen Sie dazu auf »Marketing«, dann auf den Button »Kampagne erstellen«. Voraussetzung ist allerdings, dass Sie die Facebook-App installiert haben.*

Wollen Sie über Facebook einfach nur klassisch Werbung schalten, ohne Ihre Besucher zu verfolgen, dann gehen Sie direkt zu Facebook, wechseln ins **Ad Center** und schalten dort eine Werbung für Ihre Zielgruppe. Die Anzeige verlinken Sie einfach mit einer Landing Page in Ihrem Shop, und das war's schon.

Einige weitere sehr gute Tipps zu Facebook-Werbung gibt es im Shopify-Blog: *www.shopify.de/blog/6-facebook-ads*.

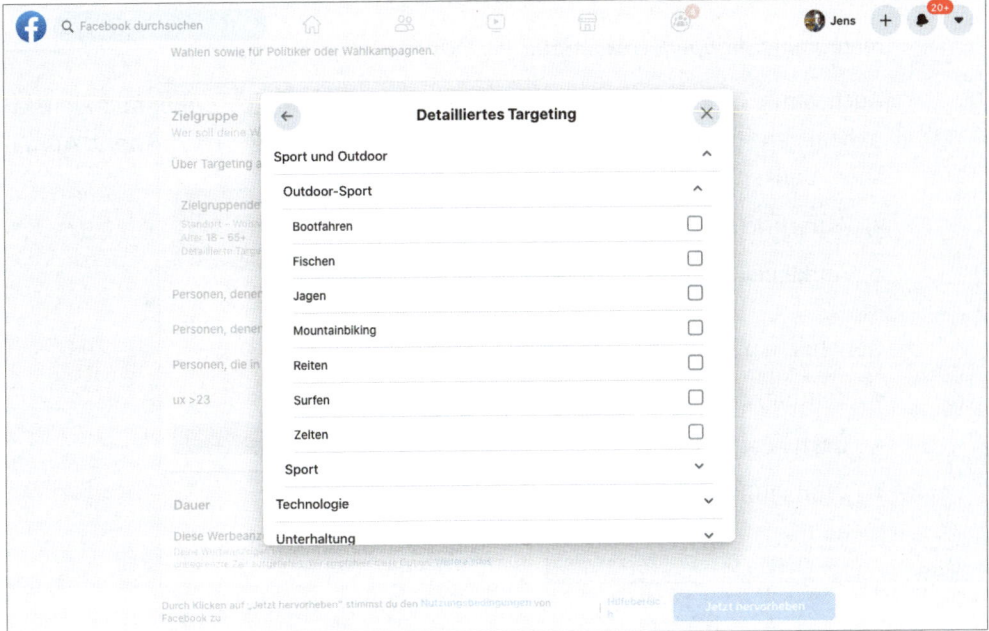

Abbildung 13.14 *In Facebook können Sie detailliert einstellen, welche Interessen die Menschen haben sollen, die Ihre Anzeige sehen.*

13.8 Altmodisch, aber wirkungsvoll: Werbung offline

Vor lauter Begeisterung für die elektronischen Werbeformen sollten Sie die analogen nicht vergessen. Denn diese haben zwei große Vorteile: die räumliche Ausrichtung und die hohe Aufmerksamkeit. Die räumliche Ausrichtung heißt, dass Sie genau steuern können, wer Ihre Werbung sieht, allein dadurch, dass Sie sie eben an ganz bestimmten Stellen platzieren. Die Aufmerksamkeit ist allein deshalb hoch, weil es viel weniger Werbung auf Plakaten, Autos und im Briefkasten gibt. Besonders wenn Sie neben dem Webshop ein Ladengeschäft haben, denken Sie darüber nach. Die URL Ihres Webshops gehört unbedingt auf:

- Tüten und alle Verpackungsmaterialien
- Flyer, Karten
- Plakate

Verkneifen Sie sich eine langwierige Argumentation, *warum* Ihre Kunden den Webshop besuchen sollten. Was ein Webshop ist und wofür man den braucht, weiß heute jeder. Schreiben Sie einfach nur etwas wie:

Jetzt online shoppen: trekkinghut.myshopify.com

Auch wenn Sie nur ein Büro oder Lager haben – dieses bietet ebenfalls ein paar naheliegende und kostengünstige Möglichkeiten, sich weiter bekannt zu machen. Denken Sie an:

- Aufschriften oder Plakate im Schaufenster
- Aufkleber auf Auto/Fahrrad/Lastenrad

Generell haben Sie außerdem diese Optionen:

- Zeitung, Zeitschriften
- Gratis-Postkarten, die in Kneipen verteilt werden
- Wurfsendung
- Radio
- Kino

Diese Werbeformen sind aber aus meiner Sicht nur sinnvoll, wenn Sie auch ein Ladengeschäft haben und dieses voranbringen wollen.

Abbildung 13.15 *Auch eine Möglichkeit. Aber ob Ihre Werbung hier genug auffällt, ist unklar. Mieten Sie besser gleich das ganze Auto, dann haben Sie die ungeteilte Aufmerksamkeit.*

Kapitel 14
Suchmaschinen-Optimierung – entspannt zu noch mehr Kunden

Suchmaschinen sind mächtig. Sie bestimmen, was wir vom Internet sehen. Welche Shops wir überhaupt finden, welche Produkte wir zu Gesicht bekommen. Zwei Irrtümer zu Suchmaschinen sind häufig:

1. Wir können gar nichts tun, um besser gefunden zu werden, nur hoffen.
2. Mit ein paar Tricks kommt man ganz vorn auf die Trefferlisten.

Beide Überzeugungen sind falsch. Wie bei allen anderen Details bei Ihrem Shop gilt: Sie müssen ein paar Vorbereitungen treffen, die Grundregeln kennen, gründlich arbeiten und langfristig dranbleiben. Dann haben Sie auch Erfolg bei Google und Co. Die Maßnahmen, die Sie dafür ergreifen, nennen sich *Suchmaschinen-Optimierung*, englisch *SEO (Search Engine Optimization)*.

Zählt nur Google?

Google ist eindeutig die bedeutendste Suchmaschine. Sie beantwortet um die 90 % der Suchanfragen weltweit. *Bing*, die Suchmaschine von Microsoft, kommt nur auf etwas über 5 %. In Deutschland sind es ein paar Prozentpunkte mehr, je nach Quelle liest man hier von bis zu 9 % Marktanteil. Die anderen Anbieter wie *Ecosia* oder *DuckDuckGo* haben auch in Deutschland nur Anteile von je etwa 1 %. Heißt das, dass wir die anderen Suchmaschinen einfach ignorieren sollten? Ja und nein. Denn einerseits lohnt es sich kaum, seinen Shop speziell für andere Suchmaschinen außer Google zu optimieren. Aber glücklicherweise hilft uns praktisch alles, was wir für Google tun, genauso, um bei Bing, Ecosia und Co besser gefunden zu werden.

14.1 Die gelassene Suchmaschinen-Strategie

Über Suchmaschinen-Optimierung liest man viel Falsches. Meistens liegt es daran, dass die Informationen schnell veralten. Das gilt aber praktisch nur für die Tricks. Denn Tricks sind das, was Google überhaupt nicht will. Google will seinen Nutzern die besten Ergebnisse liefern. Daher ist Google ständig dabei, Schlupflöcher zu schließen und Tricksern das Leben schwer zu machen. Wenn Sie sich auf die trickreiche Art der Suchmaschinenstrategie einlassen wollen, müssen Sie ständig am Ball bleiben und sich über technische Details informieren. Sie kämpfen auf der einen Seite gegen Google. Auf der anderen kämpfen Sie gegen die anderen Trickser – Ihre Mitbewerber. So eine Strategie kostet Zeit, Nerven und Geld. Daher ist meine Empfehlung: Verfolgen Sie die gelassene Suchmaschinenstrategie.

Das heißt, spielen Sie nicht gegen Google, sondern mit Google. Denn Google unterstützt Sie tatkräftig dabei, Ihre Seiten für die Suchmaschinen zu verbessern. Folgen Sie dem, bekommen Sie bessere Platzierungen auf den Trefferlisten, mehr Kunden und weniger Stress. Alles, was Sie dazu brauchen, sind ein bisschen Hintergrundwissen – und etwas Fleiß, weil Sie die Erkenntnisse natürlich wie immer noch in Ihrem Shop umsetzen müssen. Das ist aber deutlich weniger Arbeit als viele andere Aufgaben in Ihrem Shop.

14.1.1 Wie Google tickt

Suchmaschinen werden immer menschlicher. Die Betreiber der Suchmaschinen wollen möglichst viele Nutzer. Und die bekommen sie, wenn sie möglichst gute Suchergebnisse liefern. Eine ideale Suchmaschine spuckt die Ergebnisse aus, die ein Mensch, der sich gut auskennt, auch heraussuchen würde. Früher ließen sich die Suchmaschinen leicht manipulieren. Damals lasen die Suchmaschinen einfach den Text einer Seite ein und zählten, welche Wörter darin wie häufig vorkamen. Eine Seite, auf der dreißig Mal das Wort »Hut« auftaucht, muss ein hoch relevantes Ergebnis für eine Suchanfrage nach »Hut« sein. Das führte dazu, dass Seitenbetreiber in ihren Texten immer wieder die Suchbegriffe brachten, unter denen sie gefunden werden wollten. Bald entdeckte man, dass der Text gar nicht für den Besucher lesbar sein muss – man konnte die Wörter auch in Weiß auf weißem Hintergrund schreiben, und die Suchmaschinen lasen das dennoch ein. So konnten Sie praktisch beliebige Seiten zu beliebigen Themen weit nach vorn in den Trefferlisten bringen. Außerdem gab es die sogenannten *Meta Keywords*, also Schlagwörter. Diese werteten die Suchmaschinen auch aus. Und die trickreichen Seitenbetreiber führten hier massenweise Schlagwörter auf, unter denen sie gern gefunden werden wollten – die aber oft gar nichts mit dem Inhalt der Seiten zu tun hatten. Deshalb ignorieren heute alle Suchmaschinen die Meta Keywords. Shopify lässt Sie keine Meta-Keywords angeben – weil sie nichts bringen und nur überflüssige Arbeit machen.

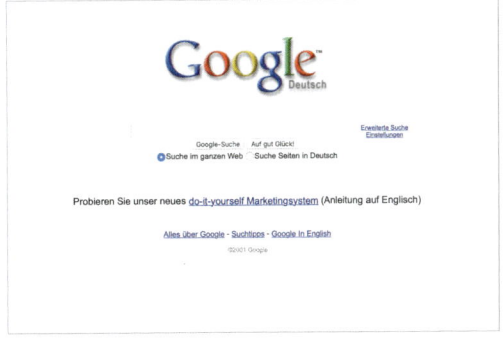

Abbildung 14.1 *So sah die beliebteste Suchmaschine Altavista 2001 aus – Google war dagegen reduziert und einfach, brachte aber vor allem hervorragende Ergebnisse. So hat Google die bisherigen Suchmaschinen verdrängt.*

Mit diesen Tricks ist schon seit Jahren Schluss. Mit dafür verantwortlich ist Google. Dieses Unternehmen war in den späten 1990er-Jahren ein kleiner Neuling auf dem Gebiet der Suchmaschinen. Es lieferte extrem viel bessere Ergebnisse als die Konkurrenz. Der Hauptgrund war: Um die Bedeutung einer Seite zu schätzen, nutzte es Menschen, nicht Maschinen. Google sah sich an, wie viele Menschen Links zu einer Seite gesetzt hatten – nicht, wie oft das Suchwort auf der Seite vorkam. Je mehr Menschen einen Link zu einer bestimmten Seite gesetzt hatten, desto besser musste sie sein. Das ist bis heute das Erfolgsrezept von Google: Es bezieht das Verhalten von Menschen mit ein, um die riesigen Listen von möglichen Treffern so zu sortieren, dass die jeweils besten oben stehen. Heute geht z. B. auch in die Wertung ein, ob die Suchenden länger auf einer Seite bleiben, die sie in der Trefferliste angeklickt haben. Kommen die Suchenden nämlich nach wenigen Sekunden zurück und klicken den nächsten Treffer an, dann kann man davon ausgehen, dass der vorige Treffer nicht gepasst hat. Das heißt im Umkehrschluss: Tricksen Sie, um Benutzer mit einem bestimmten Suchbegriff anzulocken, und verlassen diese dann enttäuscht Ihre Site nach wenigen Sekunden, verschlechtert sich dadurch Ihr *Ranking*, also Ihre Bewertung bei Google.

Kurz – es läuft auf diese zwei entscheidenden Kriterien hinaus, nach denen Ihre Seiten bei den Suchmaschinen bewertet werden:

1. Inhalt und die Qualität Ihrer Seiten
2. Verlinkung Ihrer Seiten

Punkt zwei hängt auch noch eng am ersten: Haben Sie gute Inhalte, bekommen Sie auch viele Links. Das können Sie noch etwas durch Marketing unterstützen, siehe Kapitel 13, »Marketing und Werbung – gut fürs Geschäft«. In die Algorithmen der Suchmaschinen gehen Hunderte von Faktoren ein – aber wenn Sie die gelassene Suchmaschinen-Strategie verfolgen, müssen Sie die Details nicht kennen. Was wir also optimieren, sind unsere Inhalte. Das sind in erster Linie die Texte, aber auch bei den Bildern haben wir ein paar Möglichkeiten, die wir nutzen sollten. Und so gehen Sie am besten vor:

14.1.2 Seiten vom Suchenden her denken

Stellen Sie sich bei jeder einzelnen Seite in Ihrem Shop diese drei Fragen:

1. Warum erstelle ich diese Seite?
2. Was soll der Besucher hier machen?
3. Was soll er Besucher tun, nachdem er am Seitenende angelangt ist?

Diese Fragen lassen sich für Produktdetailseiten leicht beantworten, und die Antworten sind für fast alle Seiten gleich. Doch für die Startseite, für die Kategorieseiten, die Über-uns-Seiten und Blogbeiträge ist das nicht ganz so einfach – aber umso wichtiger. Grundlage für die Antworten sind immer die Besucher, Ihre potenziellen Kunden. Wenn Sie noch keine Personas für sie erstellt haben, holen Sie das nun am besten nach. Details dazu im Kapitel 3, »Ihre Geschäftsidee – Grundlage Ihres Erfolgs«.

14.1.3 Vielversprechende Begriffe wählen – Keywords, Carewords und Schlüsselwörter

Überlegen Sie sich, was die wichtigsten Wörter für die Seite sind, die Sie jeweils verbessern wollen. Also die *Keywords* oder *Schlüsselwörter*. Das sind die Wörter, welche die Suchenden bei Google eingeben. Und es sind auch die Wörter, welche die Besucher Ihrer Seiten auf ihnen lesen wollen. Daher spricht man auch von *Carewords*. *To care* heißt auf Deutsch unter anderem *wichtig nehmen*, es sind also die Wörter, die dem Besucher etwas bedeuten. Zumindest unterbewusst sucht jemand, der den Link auf der Trefferliste zu Ihrer Site anklickt, auf der Seite nach dem Wort, das er bei der Suche angegeben hat. Springt es ihm nicht schnell ins Auge, verlässt er die Seite wieder. Wenn Sie also die Carewords für Ihre Seite sammeln, versetzen Sie sich in die potenziellen Kunden, und verwenden Sie die Begriffe, die auch sie verwenden. Stellen Sie eine Liste mit möglichen Suchanfragen zusammen, wie sie die potenziellen Besucher Ihrer Site bei Google eintippen würden.

Was auch hilft: ein Blick in die Aufzeichnungen Ihrer eigenen Suchfunktion. Sie können nachsehen, was die Besucher Ihres Shopify-Shops suchen. Gehen Sie dazu in der Shopify-Admin-Oberfläche auf **Statistiken • Berichte**. Dort klicken Sie auf **Top Onlineshop-Suchen** im Abschnitt **Verhalten**. Sehen Sie sich außerdem an, welche Begriffe aus Ihrer Branche auf Google und Co. am häufigsten gesucht werden. Sie werden herausfinden, dass es oft nicht die geschliffenen Marketing-Wörter sind: Menschen suchen nach »Hut billig kaufen«, selten nach »Hut kostengünstig kaufen« oder gar nach »Hut hochwertig kaufen«. Die Begriffe sind konkret, Menschen suchen nach einem »Regenhut«, nicht nach einer »Kopfbedeckung mit Regenschutzfunktion«.

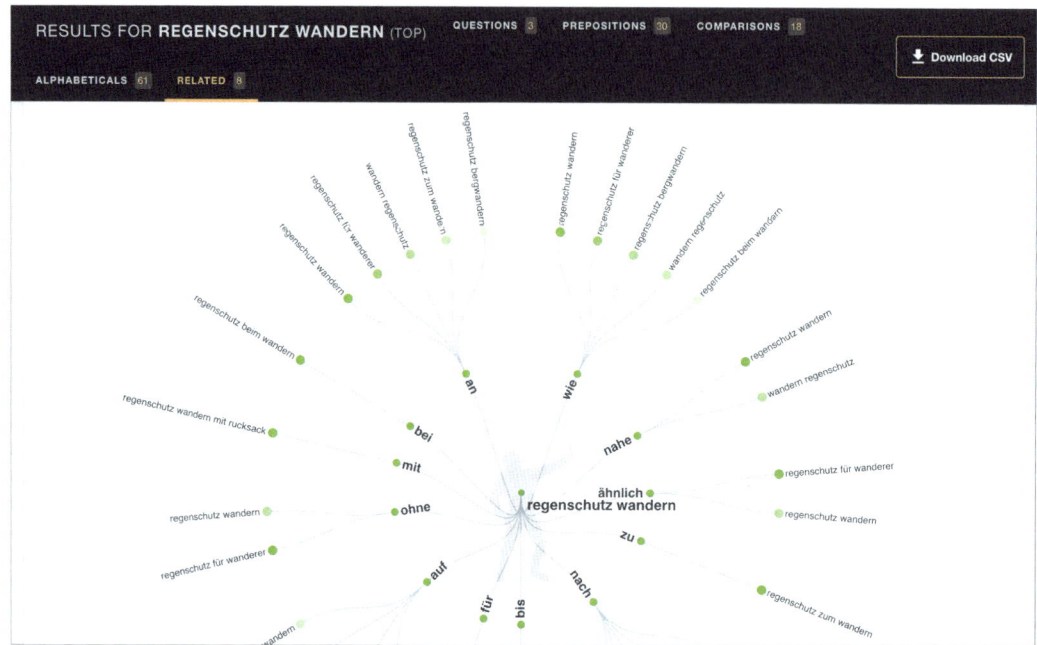

Abbildung 14.2 *Auf answerthepublic.com können Sie beliebige Keywords eingeben und bekommen eine Darstellung, in welchen Kombinationen diese gesucht werden.*

Brauche ich unterschiedliche Wortformen?

In jedem Text tauchen Wörter in verschiedenen Formen auf, also nicht nur Cowboyhut, sondern auch Cowboyhüte, Cowboyhüten, Cowboyhuts usw. Darum müssen Sie sich nicht weiter kümmern. Die Suchmaschinen kennen diese Wortformen fast immer und ordnen sie alle der Grundform zu. Machen Sie sich also keine Mühe, alle möglichen Wortformen in Ihren Texten unterzubringen, sondern schreiben Sie so, wie es grammatikalisch richtig ist.

Die richtigen Suchwörter zu finden, dabei kann Ihnen auch der *Keyword Planner* helfen (*ads.google.com/intl/de_de/home/tools/keyword-planner*). Er ist in erster Linie dafür gedacht, bezahlte Werbung bei Google zu schalten – und trotzdem sehr nützlich, um herauszufinden, wonach Menschen suchen. Er liefert Ihnen neben verwandten Suchbegriffen auch die ungefähre Anzahl der monatlichen Suchanfragen pro Suchbegriff.

14.1 Die gelassene Suchmaschinen-Strategie

Abbildung 14.3 *Einfache und schnelle Recherche von häufig genutzten Suchanfragen: in Google den Anfang eines Suchbegriffs eingeben. Es werden häufig gesuchte Wortkombinationen gezeigt.*

Für jede Seite, die Sie verbessern wollen, legen Sie ein Haupt-Keyword bzw. eine Keyword-Kombination (primäres Keyword) und zwei sekundäre Keywords fest. In unserem Beispiel des Trekkinghut-Shops sind das für die Startseite:

Trekkinghut; Cowboyhut, Regen

Das ist eine Möglichkeit – auch andere Kombinationen sind denkbar. Nur den Cowboyhut würde ich nicht als *primäres* Keyword nehmen, denn für das ist erstens die Konkurrenz sehr hoch. Außerdem ist es zu unspezifisch, und wir würden damit zu viele Suchende anziehen, die letztlich gar nicht an unseren Hüten interessiert sind.

> **Die sagenumwobene Keyword-Dichte**
>
> Die *Keyword-Dichte* (*Keyword Density*) ist die Häufigkeit, mit der ein Keyword auf einer Seite auftaucht. Vielleicht kommt Ihnen solch ein Text bekannt vor:
>
> *Cowboyhüte sind cool. Wenn Sie auf Cowboyhüte stehen, sind Sie hier richtig für den perfekten Cowboyhut. Unser Cowboyhut-Laden in Neustadt führt die besten Cowboyhüte, die Sie jemals getragen haben. Wir kennen uns mit Cowboyhüten aus wie niemand sonst, und für Liebhaber von Cowboyhüten ist klar: Die besten Cowboyhüte finden Sie bei uns. Wir lieben Cowboyhüte – und Sie lieben Cowboyhüte hoffentlich auch.*
>
> Das ist ein Beispiel für *Keyword Stuffing*, also fürs Hineinstopfen von Keywords in eine Seite. Das war früher eine gängige Methode, um Suchmaschinen dazu zu bringen, die Seite für diesen Begriff hoch zu werten. Das funktioniert längst nicht mehr, aber noch immer werten die Suchmaschinen natürlich aus, wie häufig Begriffe im Seitentext auftauchen. Dabei gibt es einen Abschlag, wenn sie zu häufig vorkommen. Und tauchen sie zu selten auf, wird die Seite als weniger relevant für das Thema eingestuft. Dabei bekommen Sie eigentlich nie ein Problem, wenn Sie gute Texte für Menschen schreiben. Suchmaschinenexperten rechnen trotzdem immer noch gern aus, wie hoch die Keyword-Dichte von Seiten ist. Beim Cowboyhut-Beispiel oben ist sie 0,16 (10 von 62 Wörtern). 16 % der Wörter waren also das Keyword »Cowboyhut/-hüte«. Experten empfehlen heute eine Keyword-Dichte um die 3 %. Das entspricht dem, was sich für gut geschriebene Texte sowieso ergibt.

14.1.4 Keywords richtig auf den Seiten platzieren

Kümmern wir uns nun also konkret um unseren Shop. Sie sollten besonders achten auf (in absteigender Reihenfolge):

- Startseite
- Kategorieseiten
- Produktdetailseiten
- Blog-Artikel
- Über-uns-Seite(n)

Die eben recherchierten Keywords bringen Sie jetzt an den entscheidenden Stellen unter:

- im Seitentitel
- in der (Meta-)Beschreibung
- in den Überschriften
- im Seitentext
- in den Bildbeschreibungen (Alt-Tags)
- in den URLs

14.1.5 Startseite anpassen

Und so geht das in der Praxis – beginnen wir mit der Startseite unseres Shops:

1. Öffnen Sie Shopify zu **Vertriebskanäle • Onlineshop • Konfigurationen**.
2. Falls Sie es noch nicht getan haben, ergänzen Sie bei **Titel und Metabeschreibung** diese beiden Texte:

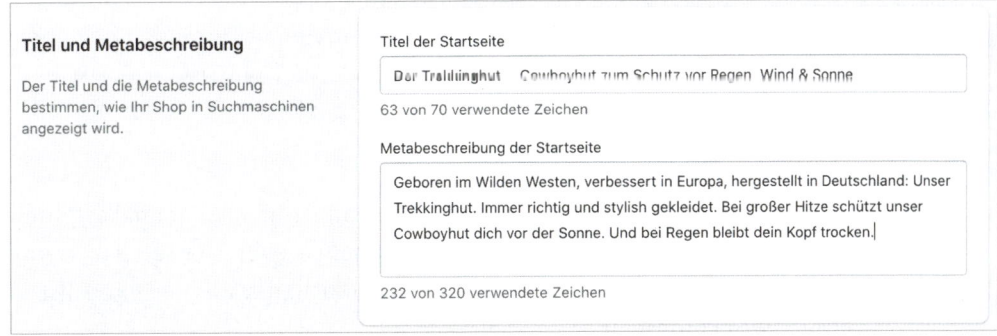

Damit geben Sie den Suchmaschinen vor, was auf Ihrer Startseite steht. Den Titel übernehmen sie, bei der Metabeschreibung können Sie nicht sicher sein. Hier meint Google manchmal, es besser zu wissen, und sucht sich selbst einen Text aus, der auf der Seite steht. Das ist auch ein Schutz gegen Manipulation. Achten Sie also darauf, dass die Metabeschreibung auch tatsächlich zum Inhalt der Seite passt. Sie ist idealerweise um die 150 Zeichen lang, auch wenn 320 Zeichen möglich sind. Die wichtigsten Inhalte sollten ganz am Anfang stehen.

3. **Speichern** Sie.

Doch damit ist es nicht getan. Ein wesentlicher Schlüssel zum Erfolg bei den Suchmaschinen ist ja der Inhalt der Seiten. Machen wir uns also noch mal an diesen:

1. Wechseln Sie zu **Vertriebskanäle • Onlineshop • Themes**.

2. Klicken Sie **Anpassen**.

3. Sehen Sie sich den Text noch mal mit Ihren Keywords im Hinterkopf an. Bei uns waren es für die Startseite »Trekkinghut; Cowboyhut, Regen«. Alle diese Wörter kommen noch nicht besonders häufig vor, der Cowboyhut sogar gar nicht. Höchste Zeit, das zu ändern:

4. Statt »Unsere Top-Seller« schreiben wir »Cowboyhut Top-Seller«.

5. »Gut behütet« ändern wir zu »Gut behütet mit Cowboyhut«.

6. Im Text darunter fügen wir auch noch mal das Wort »Cowboyhut« ein.

Damit haben wir unsere Keywords ausreichend oft platziert, ohne zu übertreiben. Generell ist es wichtiger, die Überschriften damit auszustatten, aber auch im Fließtext sollten die Keywords vorkommen. Nun weiter zu den Kategorieseiten:

14.1.6 Kategorieseiten anpassen

Die Kategorieseiten sind vielleicht noch wichtiger als die Produktdetailseiten, einfach weil sie allgemeiner sind und Suchende eher hier landen, wenn sie noch kein konkretes Produkt im Kopf haben. Machen wir diese Seiten also auch fit für die Suchmaschinen:

1. Gehen Sie zu **Produkte • Kategorien**, und wählen Sie eine aus der Liste aus. Wir nehmen »Favoriten in Weiß«, die wir für unsere Sonderaktion mit weißen Cowboyhüten erstellt haben.

2. Überlegen Sie, ob Ihr Titel ideal für die Besucher Ihres Shops und auch für die Suchmaschinen ist. »Favoriten in Weiß« ist es nicht – denn in einer Trefferliste wird niemand ahnen, was damit gemeint ist. Außerdem wird niemand nach »Favoriten« suchen. Ändern wir den Titel also, z. B. zu: »Cowboyhut-Favoriten in Weiß«. Haben Ihre Recherchen ergeben, dass häufig nach »stylish« gesucht wird, dann wäre denkbar: »Cowboyhut – stylish in Weiß«.

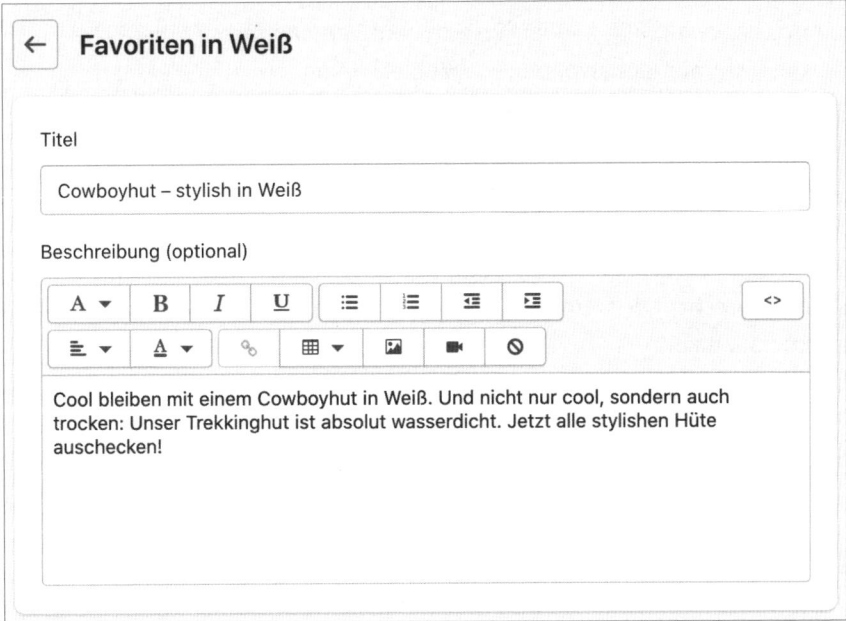

Brauche ich Synonyme?

Kunden suchen nicht alle nach den gleichen Wörtern, wenn sie die gleichen Produkte suchen. Stylish und trendy, elegant und chic, Laptop und Notebook, Handy und Mobiltelefon – Synonyme sind Wörter mit der gleichen Bedeutung. Bei vielen ist die Bedeutung aber nur ähnlich – wie etwa bei Pferd, Ross und Gaul. Oder bei Hut und Kopfbedeckung. Früher wurde oft geraten, Synonyme zu verwenden, um in jedem Fall gefunden zu werden. Dann kamen so merkwürdige Seitenbeschreibungen heraus wie: »Bei uns finden Sie Smartphones, Handys und Mobiltelefone mit Android, iOS von iPhone, Samsung und Huawei.« Das sollten Sie auf keinen Fall nachmachen.

Google erkennt häufige Synonyme inzwischen recht gut. Das heißt, wer nach »Handy« sucht, wird auch Seiten in der Trefferliste finden, auf denen das Wort nicht vorkommt, wenn »Mobiltelefon« oder »Smartphone« darauf vorkommt. Google zählt sogar Synonyme beim Berechnen der Keyword-Dichte mit. Verwenden Sie also auch Synonyme nur sparsam, und tun Sie es nur so, dass sich ein natürlicher Text ergibt. Und verwenden Sie nur Synonyme, die Ihre Kunden tatsächlich auch nutzen würden.

Auch bei Vertippern können Sie sich heute entspannen. Früher war es ratsam, nicht nur »Smartphones« anzubieten, sondern auch »Samartphones« oder »Smrtphones«. Inzwischen korrigieren die Suchmaschinen Vertipper meist, und Sie können es sich sparen, diese auf Ihren Seiten unterzubringen.

Normalerweise ist es sinnvoll, im Shop wie für die Suchmaschinen den gleichen Seitentitel vorzusehen. Denn auch auf Ihren Seiten wollen sich die Kunden schnell zurechtfinden. Und ein aussagekräftiger Titel hilft ihnen dabei. In Ausnahmefällen kann es aber sinnvoll sein, zwei unterschiedliche Titel zu haben. In dem Fall scrollen Sie auf der Kategorie-Seite nach unten zum Abschnitt **Suchmaschinen-Vorschau**. Hier können Sie Seitentitel und Beschreibung für die Suchmaschinen ändern. Denken Sie aber daran: Es bringt nichts, hier Begriffe zu verwenden, die nichts mit dem Inhalt der Seite zu tun haben. Das kann sogar zur Herunterstufung Ihrer Wertung bei den Suchmaschinen führen.

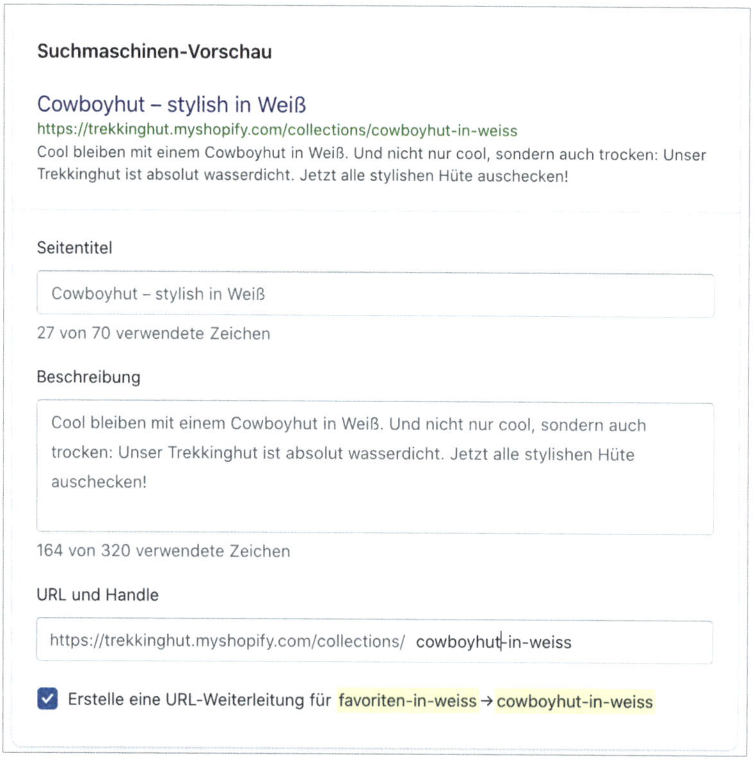

Abbildung 14.4 *Die URL ändern können Sie hier nicht, Shopify erstellt stattdessen eine Weiterleitung. Das heißt, die Seite ist unter beiden Adressen erreichbar.*

In diesem Abschnitt sehen Sie auch die URL, die Webadresse der Kategorie-Seite in Ihrem Shop. Es ist gut, wenn auch hier Ihr Keyword auftaucht – also ändern wir es z. B. zu »cowboyhut-in-weiss«. Setzen Sie alles in Kleinbuchstaben, und verzichten Sie auf Umlaute und Sonderzeichen. Statt Leerzeichen nehmen Sie Bindestriche. Speichern nicht vergessen!

Prüfen Sie dann noch die Beschreibung. Denken Sie wieder daran: Die Keywords sollten möglichst weit vorn im Text auftauchen, idealerweise hat die Beschreibung nur um die 150 Zeichen. Optimieren Sie die anderen Kategorieseiten nach demselben Muster.

Nun noch zu den Über-uns- und Blog-Seiten:

14.1.7 Inhaltsseiten anpassen

Sie wissen jetzt alles, was Sie brauchen, um die Texte Ihrer Seiten zu optimieren. Überlegen Sie sich für die Über-uns-Seite und auch für jeden Ihrer Blogartikel, für welches primäre und für welche sekundären Keywords sie diese optimieren wollen. Dann schreiben Sie Überschriften, Fließtext, Beschreibung und URL entsprechend um. In Zukunft können Sie das auch gezielt angehen. Haben Sie bei Ihrer Recherche Keywords gefunden, die Sie noch nicht abdecken, erstellen Sie dafür einen Blogbeitrag. Nehmen wir an, Sie finden heraus, dass bei Reiterinnen im Teenager-Alter Cowboyhüte wieder schwer angesagt sind. Dann schreiben Sie einen Blogbeitrag übers Reiten. Und eine über die Geschichte des Cowboyhuts, in dem Reiten und Pferde natürlich eine wichtige Rolle spielen.

14.1.8 Bilder anpassen

Ein letzter wichtiger Punkt für die Suchmaschinen-Optimierung sind die Bilder. Google verlässt sich beim Zuordnen der Bilder zu Schlagwörtern auf Text. Die Bilderkennung wird zwar immer besser, ist aber noch nicht perfekt und vor allem rechenintensiv. Daher nutzt Google vor allem drei Dinge, um den Inhalt eines Bildes zu erfassen:

- den Dateinamen der Bilddatei
- den sogenannten Alt-Text
- den Text, der vor und nach dem Bild auf der Seite steht

Achten Sie beim Speichern der Produktbilder also darauf, die Produktbezeichnung im Dateinamen zu verwenden. Eine Bestellnummer oder SKU können Sie zusätzlich nutzen, aber der Name sollte dabei sein. Statt »HAT-CL-WE-S.jpg« nennen Sie die Datei also »trekkinghut-classic-weiss-HAT-CL-WE-S.jpg«. Wenn Sie die Dateinamen nachträglich ändern wollen, nachdem Sie diese schon hochgeladen haben, ist es nicht ganz so einfach. Entweder löschen Sie die Bilder, laden sie neu hoch und weisen sie neu zu. Oder Sie suchen eine App dafür im Shopify-App-Store. Es gibt einige, die Sie kleine Mengen von Bildern kostenlos ändern lassen.

Der sogenannte *Alt-Text* ist eine *alt*ernative Beschreibung des Bildes, das auf einer Seite eingebunden ist. Es wird z. B. angezeigt, wenn das Bild nicht geladen werden kann oder wenn ein sogenannter Screenreader verwendet wird, der Blinden vorliest, was dort steht. Und die Suchmaschinen nutzen den Alt-Text eben auch. Geben Sie sich bei diesem entsprechend Mühe.

1. Gehen Sie auf **Produkte • Alle Produkte**.

2. Klicken Sie auf ein Produkt und dann im Bereich **Medien** auf das, welches Sie ändern wollen.

3. Wählen Sie **ALT-Text hinzufügen**. Ergänzen Sie den Text.

4. Gehen Sie auf den Link **Alt-Text speichern**.

5. Klicken Sie auf das Kreuz oben rechts, um die Vorschau zu schließen.

Alt-Text darf maximal 512 Zeichen lang sein, Sie sollten sich aber auf etwa 150 beschränken. Schreiben Sie nicht mehr als nötig, und packen Sie nicht zwanghaft mehrere Keywords hinein. Der Alt-Text sollte tatsächlich nur den Inhalt des Bildes beschreiben, mehr nicht.

Neben den Produktbildern gibt es natürlich noch weitere in Ihrem Shop. Zum Beispiel die auf der Startseite oder auf den Über-uns-Seiten. Für diese ergänzen Sie Alt-Texte, indem Sie Ihr Theme anpassen und dort auf der jeweiligen Seite das Element auswählen, welches ein Bild enthält. Klicken Sie auf **Bearbeiten** unter dem Foto.

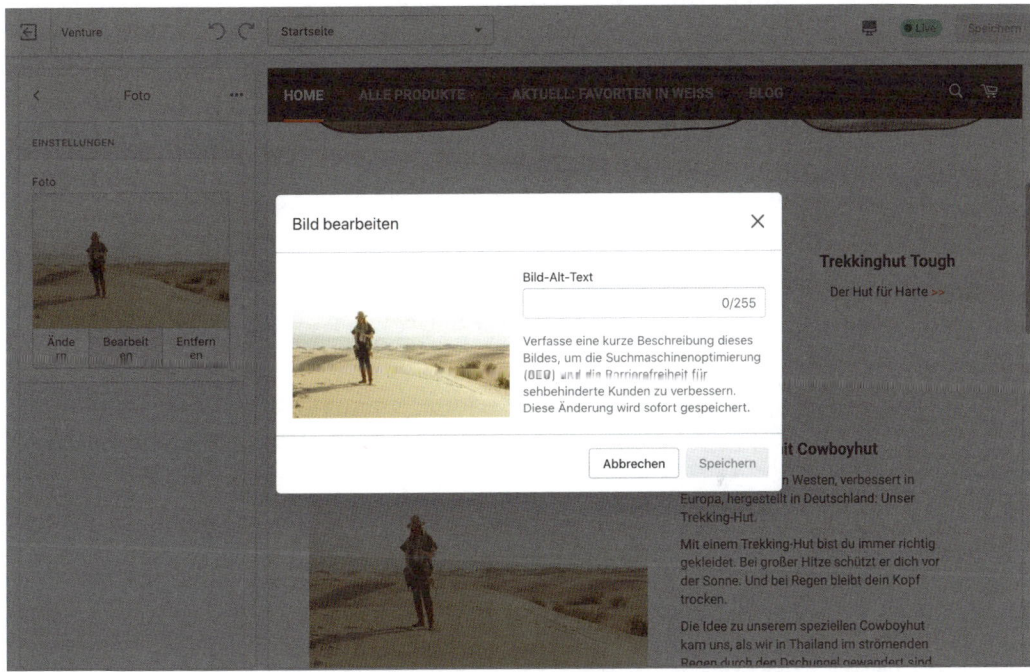

Abbildung 14.5 *Die Bilder Ihres Themes können Sie auch mit Alt-Texten ausstatten.*

Und schließlich denken Sie an die Bilder in Ihrem Blog. Dort kommen Sie über die Seitenleiste an den Alt-Text des Feature-Bilds (siehe Abbildung 14.6). Und wenn Sie neue Bilder einfügen, legen Sie den Alt-Text gleich beim Einstellen mit an (siehe Abbildung 14.7). Haben Sie die Bilder schon im Text eingebunden, dann kommen Sie über einen Doppelklick an den Dialog zum Ändern des Alt-Textes.

Abbildung 14.6 *In der rechten Seitenleiste können Sie über »Aktualisieren« und dann »Bild bearbeiten« den Alt-Text öffnen.*

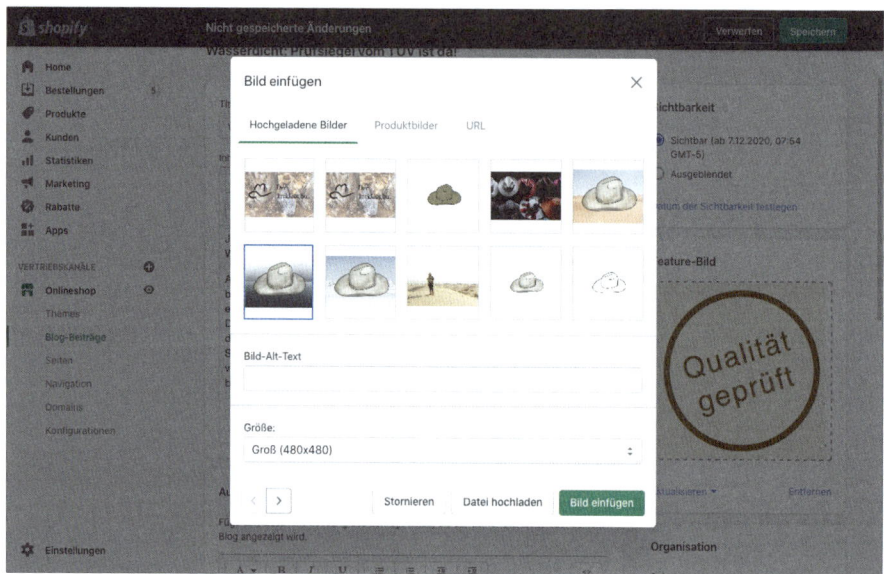

Abbildung 14.7 *Beim Einfügen von Bildern ins Blog geben Sie am besten gleich den Alt-Text mit an.*

14.1.9 Vorsicht vor Verdopplungen

Ein wichtiges Prinzip bei der Suchmaschinen-Optimierung ist: Sie arbeiten immer nur an einzelnen Seiten, nie an Ihrer ganzen Site. Und im Idealfall gibt es für jedes Keyword nur eine einzige Seite. Das gilt natürlich nicht für Ihren Shopnamen, und auch die meisten Produkte tauchen auf vielen Seiten auf. Aber wenn Sie z. B. Blogbeiträge schreiben, achten Sie darauf, dass Sie sich nicht selbst Konkurrenz machen. Schreiben Sie also jeden Beitrag für ein etwas anderes Thema und somit auch für eine etwas andere Keyword-Kombination. Wobei ich persönlich meine, dass Sie sich dabei dennoch nicht einschränken sollten – wenn Sie ein wichtiges Thema mehrfach bringen, dann ist dieses für Ihre Leser vermutlich so interessant, dass Sie das wichtiger nehmen sollten als die perfekte Suchmaschinen-Optimierung.

Worauf Sie aber unbedingt achten müssen, ist sogenannter *Duplicate Content*, also Inhaltsduplikate. Die sollten Sie vermeiden, denn das werten Suchmaschinen negativ. Außerdem kann es Ihre Besucher verwirren, weil sie eventuell mehrere Suchmaschinentreffer für Ihre Site angezeigt bekommen und dann nicht wissen, welchen sie anklicken sollen. Außerdem nehmen Suchmaschinen das eventuell als Zeichen für eine schlecht gepflegte Site – oder als Manipulationsversuch. Kopieren Sie also niemals Texte von Ihrer eigenen Site und platzieren diese auf mehreren Seiten. Schreiben Sie immer einen neuen Text, auch wenn Sie inhaltlich genau das Gleiche sagen wollen. Generell sollten Sie das sowieso vermeiden und die Seiten lieber verlinken, wenn möglich. In dem Zusammenhang werden Sie vielleicht von *kanonischen Tags* (*Canonical Tags*) lesen. Das ist eine Möglichkeit, den Suchmaschinen zu signalisieren, dass eine Seite die Kopie einer anderen ist. Damit weiß die Suchmaschine, welche Version die wichtigere ist und kann die andere ignorieren. Darum müssen Sie sich aber im Normalfall nicht kümmern, da Shopify für die automatisch generierten Seiten diese kanonischen Tags automatisch für Sie anlegt.

> **Noch mehr Suchmaschinen-Optimierung**
> Wenn Sie noch tiefer ins Thema SEO einsteigen wollen, dann sollten Sie sich für die *Google Search Console* registrieren. Hier können Sie z. B. Ihre Sitemap verlinken, um Google das Indexieren Ihres Shops zu erleichtern. Auch sehen Sie hier, womit Google möglicherweise auf Ihrer Site Probleme hat. Das kostet nichts, erfordert aber wie immer etwas Zeit, um sich in die Bedienung einzuarbeiten.

14.2 Linkaufbau – Off-Page-Optimierung

Alles, was wir bisher für die Suchmaschinen-Optimierung unternommen haben, war sogenannte *On-Page-Optimierung*, also die Optimierung auf unseren eigenen Seiten. Aber wir können auch außerhalb unserer Site etwas für unser Ranking bei den Suchmaschinen tun. Dabei spricht man von *Off-Page-Optimierung*. Wie viele andere Seiten auf eine Seite verlinken, ist für Suchmaschinen ein wichtiger Faktor, um die Qualität einer Seite einzuschätzen. Und dabei zählt nicht nur die *Menge* an Sites, die auf unseren Shop verweisen. Es zählt auch die *Qualität* der Sites. Ein Link von der Wikipedia z. B. zählt weitaus mehr als der von einem kleinen Blog, das über Technikspielzeug schreibt. Es ist also lohnend, für Links auf unseren Shop zu werben. Sie sollten dabei aber immer ehrlich bleiben. Links z. B. bei Wikipedia selbst einzustellen bringt nichts, die werden vom Redaktionsteam schnell entfernt. Angebote zum Linktausch oder gar Linkkauf sollten Sie ignorieren. Auch diese Tricks erkennen die Suchmaschinen inzwischen recht zuverlässig. Der einzige Weg zu mehr Links von anderen Sites ist also: Machen Sie sich bekannt, und vor allem sorgen Sie dafür, dass Sie ein lohnendes Linkziel sind. Das geht mit tollen, besonderen Produkten und mit hochwertigen, einzigartigen Inhalten, z. B. im Blog. Ein mühsamer, langer Weg. Diesen erleichtern Sie sich etwas, indem Sie den Tipps aus Kapitel 13, »Marketing und Werbung – gut fürs Geschäft«, folgen.

14.3 Performance – wichtig für SEO und Kunden

Was bringt Besucher dazu, einen Shop zu verlassen, bevor sie ihn betreten haben? Im Web sind das zu langsam ladende Seiten. Die Ladezeit bzw. die Darstellungsgeschwindigkeit – also die so genannte Performance – ist kritisch. Doch wie lang ist zu lang? Entscheidend ist, was die Nutzer von anderen Sites gewohnt sind. Langsamer sollte es nicht sein. Generell kann man sagen, dass die Startseite spätestens nach 2 bis 3 Sekunden geladen sein sollte.

Kleine Psychologie des Wartens

100 Millisekunden (0,1 Sekunde) ist die menschliche Wahrnehmungsschwelle. Alles, was länger dauert, empfinden wir nicht als »sofort«. Problematisch ist das, wenn z. B. ein Link nicht innerhalb dieser Zeit reagiert. Wir denken dann, wir haben daneben getippt und tippen noch mal. Länger als

> 1 Sekunde darf kein Link und kein Button für ein Feedback brauchen, sonst wird das System negativ wahrgenommen. Mehr als 2 Sekunden empfindet der Nutzer als Wartezeit. Sein Arbeitsfluss wird dadurch gebremst. Ab spätestens 3 Sekunden muss man irgendeine Form von Warte-Feedback vorsehen, etwa eine Ladeanzeige. Doch je weniger Vertrauen ein Besucher in Ihren Shop hat (weil er ihn etwa noch nicht kennt), desto weniger Geduld wird er mitbringen.

Häufig wird eine Studie von Amazon zitiert, nach der eine Beschleunigung der Seiten um 100 Millisekunden eine Umsatzsteigerung von 1 % bewirkt hat. Eine andere Studie der *Aberdeen Group* sagt: 1 Sekunde langsamer bedeutet 11 % weniger Seitenaufrufe und 7 % weniger Konversionen. Wie zuverlässig und übertragbar diese Zahlen sind, weiß man nicht. Klar aber ist: je schneller ein Shop, desto besser für die Besucher. Und aus dem Grund berücksichtigt Google auch seit Jahren für seine Seitenbewertung, wie schnell Ihre Seiten laden. Zum Glück sind Sie mit Shopify hier gut aufgestellt. Denn Sie müssen sich nicht um die Server kümmern, nicht um die Auslieferung der Seiten an die Nutzer, wo auch immer sie sitzen auf der Welt. Shopify sorgt sogar dafür, dass die Bilder nur so groß sind, wie sie sein müssen, damit keine unnötigen Daten geladen werden. Ist auf der Seite z. B. nur ein 100 × 100 Pixel großes Vorschaubild, wird nur eine wenige KB große Datei übertragen. Und das, obwohl Sie ein mehrere MB schweres, 4000 × 4000 Pixel großes Originalfoto hochgeladen haben. Und doch gibt es ein paar Dinge, die Sie tun können, um Ihre Seiten zu beschleunigen.

14.3.1 Startseite optimieren

Halten Sie die Startseite schlank.

- Text spielt eine untergeordnete Rolle, aber bei den Bildern sollten Sie sparsam sein. Je weniger, desto besser für die Performance – mehr als 10 sollten es nicht sein.
- Verzichten Sie auf Slider/Karussells (Elemente, die automatisch Bilder wechseln). Es sieht sowieso kaum ein Nutzer etwas anders als das erste Bild (bei den meisten Untersuchungen sind es um die 3 %), praktisch jeder scrollt vor dem Bildwechsel weiter oder ignoriert das Element.
- Setzen Sie nur eine Handvoll ausgewählte Produkte auf die Startseite.

14.3.2 Allgemeine Einstellungen

Je mehr Apps Sie installieren, desto mehr Funktionen hat Ihr Shop. Aber desto mehr Code entsteht auch, was den Shop verlangsamt. Daher überlegen Sie es sich gut, ob Sie wirklich jede App installieren wollen, die interessant erscheint. Manche Apps sind auch ungünstig programmiert und bremsen den Shop deutlich. Testen Sie, die App vorübergehend zu deaktivieren, wenn Sie eine im Verdacht haben. Ungenutzte Apps sollten Sie unbedingt immer entfernen.

Auch gibt es Themes, die schneller ausgeführt werden als andere. Achten Sie bei der Auswahl auch auf diesen Punkt. Die Standard-Themes von Shopify sind immer auf hohe Performance ausgelegt. Und generell sollten Sie alle Funktionen des Themes deaktivieren, die Sie nicht nutzen.

Verwenden Sie Schriftarten, die nicht auf dem Computer des Nutzers vorhanden sind, müssen diese heruntergeladen werden, um Ihren Shop anzuzeigen. Daher bleiben Sie am besten bei den Standard-Schriftarten von Shopify, die auf praktisch jedem Rechner vorhanden sind. Das sind:

- Helvetica
- Lucida Grande
- Trebuchet MS
- Garamond
- Palatino
- Times New Roman
- Courier New
- Monaco

14.3.3 Geschwindigkeitstest

Es gibt viele Websites und Werkzeuge, mit denen Sie die Ladegeschwindigkeit Ihres Shops messen können. Aber eigentlich brauchen Sie nur ein Werkzeug, das von Shopify selbst. Dieses finden Sie unter **Vertriebskanäle • Onlineshop • Themes**. Klicken Sie im Abschnitt **Onlineshop-Geschwindigkeits-Score** auf **Bericht ansehen**. Die Werte beruhen auf *Google Lighthouse*. Das ist eine Anwendung von Google, das Geschwindigkeiten von Seiten misst. Der Vorteil, es über Shopify zu nutzen, ist, dass Ihnen hier Vergleichswerte geliefert werden. Das heißt, Sie können die Ergebnisse viel besser einordnen, weil Sie sehen, ob diese

14.3 Performance – wichtig für SEO und Kunden

normal sind. Dabei wird Ihr Shop mit anderen verglichen, die ungefähr den gleichen Umsatz und eine ähnliche Zahl von Produkten sowie von Bestellungen haben.

Abbildung 14.8 *Im Bericht »Geschwindigkeits-Score« sehen Sie, wie schnell Ihr Shop im Vergleich mit anderen ist. 50 hieße genau Durchschnitt. 60 ist also etwas besser als der Durchschnitt. Der Spitzenwert 100 ist kaum zu erreichen.*

Wenn Sie nun sogar die Performance Ihrer Seiten verbessert haben, dann haben Sie wirklich sehr viel geschafft. Sie haben Ihren Shop jetzt richtig auf Vordermann gebracht und stehen deutlich besser da als die Konkurrenz. Denn die Erfahrung zeigt: Die meisten Webshops sind nur mittelmäßig. Das liegt auch daran, dass es einfach viel Arbeit macht, einen richtig guten Shop zu erstellen. Das brauche ich Ihnen nicht zu erzählen – die haben Sie hinter sich, wenn Sie bis hierher mitgearbeitet haben. Vermutlich wird noch die ein oder andere Aufgabe offen sein, aber das ist normal. Man kann seinen Shop immer wieder verbessern. Wenn Sie dazu noch weitere Anregungen möchten – ich freue mich, wenn Sie auf *www.benutzerfreun.de* vorbeischauen. Ansonsten wünsche ich Ihnen weiter ganz viel Erfolg mit Ihrem Shop!

Stichwortverzeichnis

1&1 24

A

Abandoned checkout 271, 282
Abandonment Rate 181
Abbildung Produkt 40
Abbruchrate 181
Abgebrochene Bestellungen 271, 274, 282
Abgebrochene Warenkörbe 274, 279, 281
Abholung vor Ort 224
Abmahnung 246, 256
   Kosten 247
Abo → Plan
Abonnenten 315
Absender Newsletter 313
Adobe 27
Ads 328
AGB 247, 259
Agentur 32, 65
   aussuchen 310
   beauftragen 23
   Zusammenarbeit 32
AirBnB 73
Akkordeon (Aufklappelement) 131
Alkohol 258
Alleinstellungsmerkmal 72, 299
Altavista 335
Alt-Text 346
Amazon 73, 97, 126
Amazon Marketplace 21, 28
Analytics 253, 283
Anmeldung Newsletter 311
answerthepublic.com 338
Anzahl verfolgen 287
Anzeige konzipieren 326

Anzeigen
   Facebook 329
   Google 328
   Instagram 329
App
   installieren 153
   Shopify erweitern 152
   Shopify, Performance 352
App Store 153
Artikelnummer 293
Aufklappelement (Akkordeon) 131
Auslandsverkäufe, Steuern 200
Auswahl überfordert 76
Automatische Rabatte 271
Auto-Reply 232
Autorität 75
Avocadostore (Webshop) 304

B

Baby Boomers 78
Bankeinzug 183
Banner-App (Datenschutz) 254
Bannerwerbung 326
Barcode 293
Barcodescanner 296
Baymard Institute 99
Beispielshop 35
Belegdrucker 296
benutzerfreun.de (Blog) 99
Berichte 88, 282
Beschreibung Produkt 40
Bestellung manuell erfassen 296
Betreffzeile 313
Bewährtheit, soziale 75
Bewertungen 150
   negative 151

Bilddatei importieren 143
Bilder
   hochladen 143
   Newsletter 313
   Performance 351
   SEO 345
Billbee 298
Bing 329, 333
Black Friday Sales 272
Blog-Beitrag 250, 304
   anlegen 305
   Sichtbarkeit 306
Booking.com 76
Branding 299, 309
Briefpapier 310
Broschüren 131
Bücher 258
Buttons 261

C

Call to Action → Handlungsaufforderung
Canonical Tags 349
Carewords 337
Chat 234
Chatbots 239
Cialdini, Robert 74
Click & Collect 224
Code anpassen 155
Commitment 75
Computerspiele 258
Conversion Tracking 283
Cookie-Banner 254
Cookies 252
CRM 285
CSV-Datei 139
Customer Privacy Banner 254

D

Dateien hochladen 143
Dateien löschen 116
Dateinamen SEO 346
Datenblätter 131
Datenschutz
   Banner-App 254
   Newsletter 311–312
Datenschutzerklärung 249, 253
Datenschutzgrundverordnung → DSGVO
Dauer Umsetzung 31
Death Wish Coffee (Webshop) 73
Debut (Theme) 46
DHL 203
DHL Versand (App) 209
Dienstleister → Agentur
Digitale Produkte 197
Discoverability 176
Domain 60, 91–92
Doppelte Inhalte 349
Double Opt-in 311
DPD 203
DSGVO 251–252, 258, 263
Duale Systeme 256
DuckDuckGo 333
Duplicate Content 349
Dynamischer Checkout-Button 188
Dynamisches Retargeting 330

E

EAN 293
eBay 28
Ecosia 333
Eingetragener Kaufmann 84
Einkaufsverwaltung 285
Einlage 84
E-Mail 231, 315
   an Kundengruppen 267
   Warenkorbwiederherstellung 276

E-Mail-Adresse des Shops 192
E-Mail-Marketing 311
e-recht24 248
Erfolgskontrolle 252
ERP 285
Erwartungen Kunden 71, 96
Experten 75
Express-Checkout (PayPal) 187
E-Zigaretten 258

F

Facebook 317
  Anzeigen 329
FAQ-Seite 237
Farbe ändern 113
Farbkarte 138
Feature-Bild 306
Filme 258
Finanzplan 87
Finanzübersicht 88
Firmengeschichte 303
Firmenname 84
Flyer 331
Footer 172
Formulierungen 302
Fotos 48, 127, 257
  auf Startseite 99
  Produkt 31
  Über-uns-Seite 303
Freiberufler 85
Fulfillment 219
Fußteil 172
Fußzeile anpassen 53

G

Garantiebedingungen 250
GbR 84
GDPR 252

Generation X 78
Generation Y 78
Generation Z 78
Geschäftsausstattung 310
Geschäftsidee 69
Geschenkgutscheine 272
Geschwindigkeit 350
  messen 352
Geschwindigkeits-Score 352
Gesellschaft für Konsumforschung 79
Gesellschaftliche Gruppen 77
Gestaltungsvorlage → Theme
Gewährleistungsrechte 250
Gewerbeschein 85
Gewicht 135
Gewinn nach Produkt 88
globetrotter.de 125, 130
GLS 203
Gmail 232
GmbH 84, 86
Google 333–335
Google Ads 328
Google Lighthouse 352
Google Search Console 349
Grundpreis 40, 133
Grundpreisangabe 250
Gründungskosten 86
GTIN 293

H

Haftung 84
Handle 141
Händlerbund 248, 263
Handlungsaufforderung 314
Häufige Fragen 238
HelpCrunch 237
Herkunftsland/-region 135
Hermes 203
Hilfe (Shopify Support) 36
Home (Begriff) 168

Homepage (Definition) 91
Hoster 25
HS-Code 135
HTML 110, 216
Hubspot 80

I

Icons (Social Media) 322
IHK 88, 248
Image Src 143
Importieren Produktliste 139
Impressum 249, 256
Ina Bonheur (Webshop) 30
Indigraph (Webshop) 120
Informations-Architektur 159
Inhalte, Newsletter 314
Instagram 317
   Anzeigen 329
Internetadresse → Domain
Internetpräsenz (Definition) 91
Inventarliste 289
Inventarscanner 295
Inventarverwaltung 286
Investitionskosten 87

J

Jimdo 24
Journalistisch-redaktionelle
   Angebote 250
Jugendschutz 258
Juristische Fehler 262

K

Kalkulation 83
Kampagne erstellen 315
Kanonische Tags 349

Karten 331
Karussells 351
Kassenschubladen 296
Kategorien
   anlegen 164
   automatisiert 164
   manuell 167
Kategorieseite 162, 342
Kauf testen 61
Käufer 69–70, 77
Käuferschichten 77
Kaufpsychologie 17
Kaufverhalten 17, 19
Keyword 335, 337, 339–340
   Kategorieseite 342
   Startseite 341
Keyword Planner 338
Keyword Stuffing 340
Keyword-Dichte 340
Kinder als Kunden 258
Klarna-Rechnung 186
Kleingewerbe 83
Kleinunternehmer 85
Knappheit 75
Kommentare 307
Kommunikation mit Kunden 230
Konkurrenz 71
Konsistenz 75
Konsumenten → Käufer
Kontakt-E-Mail des Shops 192
Kontaktformular 242
   reCaptcha 312
Kontaktmöglichkeiten für Kunden 231
Kontaktseite 229, 240
Konto anlegen 35
Konversionsrate 283
Kosten pro Artikel 41, 89
Kreditkartengebühren 57
Kreditkartenzahlung 190
   Testmodus 190

Kultur, Umsatzsteuer 196
Kunden → Käufer
Kundenbewertungen 150
Kundendaten pflegen 265
Kundendatenbank 265
  filtern 267
Kundenerwartung 71, 74, 96, 229
  Lieferung 201
Kundenfragen 230
Kundengespräche 80
Kundenkommunikation 230
Kundenverhalten 336, 350
Kurzzeitgedächtnis 171

L

Ladegeschwindigkeit 350
Ladengeschäft 22, 31, 65
Lagerverwaltung 285, 293
Landing Page 327
Lebensmittel, Umsatzsteuer 196
Lieferfristen 208
Lieferprobleme 201
Lieferschein 214, 221
Lieferung, Kundenerwartung 201
Lieferungsdatum 216
Lieferzeiten 250
Lighthouse 352
Linkaufbau 350
LinkedIn 317
Linkkauf 350
Linktausch 350
Liquids für E-Zigaretten 258
LiveAgent 237
Logo 107, 309
Logo schützen lassen 310
Logoentwicklung 309
Lokale Abholung 224
Lokale Zustellung 224
Ltd. 84

LUCID-Registrierung 256
Lupe (Icon) 176

M

Magento 26, 65
mailto 242
Marke 97
Marke schützen lassen 310
Markenbildung → Branding
Markenlogos, rechtlich 257
Marketing 299
Marketing-Automation 281
Marktplatz → Online-Marktplatz
Marmeladen-Experiment 76
Mehrwertsteuer → Umsatzsteuer
Menü 173
  Länge 170
  Meta-Navigation 172
  organisieren 168
Messenger 233
Meta Keywords 335
Metabeschreibung 341
Meta-Navigation 172
Mietshops 24
Millennials 78
Mitarbeiterkonten 57
Mitbewerber → Konkurrenz
Mobile Geräte 116
Muster-Widerrufformular 249

N

Name des Shops 93, 309
Navigation → Menü
Newsletter 310
  Abonnenten 315
  Datenschutz 258, 311–312
  verschicken 314

Newsletter-Feld 311
Nielsen Norman Group 99
Nielsen, Jakob 71
Northface 73
Nutzerforschung 99

O

Off-Page-Optimierung 350
Onlinehandel, Statistiken 19
Online-Marktplatz 28
Onlineshop-Suchen 337
Online-Streitschlichtung 250
On-Page-Optimierung 350
Opoo 298
Opt-in 311
Option → Varianten
Optionen (Produkt) 42
Order Printer (App) 214
Order Printer Templates (App) 217
OS-Plattform 250
Otto (Webshop) 22

P

Packing slip 215
Packzettel 215
Paket packen 219
Paketdienst → Versanddienstleister
Paketverfolgung 224
Paper and Tea (Webshop) 65
Paradox of Choice 76
Passwortschutz Shop 45, 60
Patent- und Markenamt 310
PayPal 183
  einrichten 187
PayPal-Button verstecken 188
PDF-Dateien 131
PDS → Produktdetailseite

Performance 66, 350
  messen 352
Personalisierung 327
Personas 80
Philosophie 302
Pinterest 319
pixabay.com 257
Plakate 331
Plan 55
Plan auswählen 55
Plentymarkets 298
Plug-in 152
POS 296
POS-Abonnement 57
prediger.de (Webshop) 131
Preisangabe 249
Preisangabenverordnung 210
Preisgestaltung 89
Primäres Keyword 339
Privacy Policy 254
Product Reviews (App) 153
Produkt hinzufügen 124, 133
Produktabbildung 40
Produktbeschreibung 40
  Anforderungen 129
Produktbezeichnungen 125
Produktbilder 127
Produktdetailseite 123
Produkte einstellen 38, 132
Produktfotos 31
  Anforderungen 127
  Anzahl 128
  hinzufügen 138
  rechtlich 257
Produktliste importieren 139
Produktnamen 39, 125
Produktoptionen 42
Produktstatus 43
Protected Shops 248, 263
Psychologie 17, 74

Q

Quick Links 54

R

Rabatt 268, 270, 279
    automatisch 271
Rabattcode erstellen 269–270
Rakuten 28
Ranking 336
Real 28
reCaptcha 312
Rechnung (Zahlungsmethode) 183, 186
Rechnungen stellen 214
Recht 245
Rechtsanwalt 261
Rechtsform 84
Rechtstexte 248
    einbauen 250
    formulieren 259
Renner-Penner-Listen 90
Retargeting 253, 330
Rezensionen 150
Rohrlich, Michael 261
Rückruf 231

S

SaaS-Lösung 24
Sage 298
Schlagworte 267, 335
Schlüsselwörter 337
Schriftarten, Performance 352
Schriften ändern 113
Schwartz, Barry 76
Screenreader 346
Scribble 101
Search Console 349
seidentuch-seidenschal.de 71

Seitenskizze 101
Seitentitel 344
Sekundäres Keyword 339
SendCloud 209
Sendungsdetails an Kunden 224
SEO → Suchmaschinen-Optimierung
Service-Seite 240
Shipcloud 209
Shippo 209
Shop vorübergehend schließen 64
Shop-Baukästen 24
Shopify Chat (App) 235
Shopify Payments 59, 183
Shopify Ping (App) 235
Shopify POS (App) 296
Shopify-App 236
Shopify-E-Mail 267, 315
Shopname 93, 309
    ändern 37
    auswählen 37
Shopping Cart Abandonment Rate 181
Shop-System auswählen 23
Sichtbarkeit Blog-Beitrag 306
Sinus-Milieus 77
Sitemap 161
SKU 294
Slider 351
Slideshow 107
Slogan 72
Smartphone, anpassen für 116
Snapchat 317
Social Media, teilen 322
Social-Media-Icons 322
Social-Media-Links 321
Social-Media-Marketing 316
Social-Sharing-Bild 324
Sofort (Zahlungsmethode) 186
Software auswählen 23
Sonderaktionen 272
Sonderzeichen im Domainnamen 93
Soziale Bewährtheit 75
Soziale Medien für Support 234

Speditionsversand 207, 209
Sprachen bearbeiten 178, 195
Startseite 168
   Aufgaben 97
   Fotos 99
   Keywords 341
   notwendige Elemente 98
   Performance 351
Stationärer Handel 22
Statista 79
Statistiken 19, 79, 88, 283
Statistisches Bundesamt 79
Steuer-ID 199
Steuern 85
   bei Auslandsverkäufen 200
Steuernummer 199
Steuersatz einstellen 197
Steuerüberschreibungen 198
Stock Keeping Unit → SKU
Storytelling 301
Strato 24
Streitschlichtung 250
Strichcode 293
Suchergebnisseite 176
Suchfunktion 176
Such-Icon 176
Suchmaschinen 333
   Funktionsweise 334
Suchmaschinen-Optimierung 305, 333, 345
Suchmaschinen-Ranking 336
Suchmaschinen-Strategie 334
Suchmaschinen-Vorschau 344
Suchverhalten 337
Sufio 217
Support 230
Support Shopify 36
Support-Systeme 237
Sympathie 75
Synonyme SEO 343
Systembeteiligung 256

T

Tabak 258
Tablet, anpassen für 116
Tags 267
   filtern 164
   kanonische 349
Tarife verwalten (Versand) 204
Telefon 231, 233
Testkauf durchführen 61
Testmodus 59, 190
Text 47
   Anzeigen 328
   formulieren 259
   Newsletter 313
   Produktbeschreibung 130
   Theme anpassen 195
Text des Theme ändern 177
Texten 302, 306
   Anzeige 326
Theme 43–44
   anpassen 33, 43, 155
   auswählen 33, 66, 103
   Text ändern 177, 195
Third-Party-Cookies 253
TikTok 317
Timeline 265
Tinitex (Webshop) 70
Titel 344
Toms (Webshop) 303
Tracking 252, 283
Transfers 289
Trekkinghut (Beispielshop) 35
Trusted Shops 263
Tüten als Werbung 331
Twitch 317
Twitter 317
Typografie ändern 114

U

Überschrift formulieren 302, 306
Übersetzung 47, 142
  bearbeiten 178
Über-uns-Seite 300
UG (Unternehmergesellschaft) 84
Umlaute im Domainnamen 93
Umsatzsteuer 85, 196, 249
  Ausnahmen 196
  Registrierung 198
Umsetzung, Dauer 31
Unique Selling Proposition → USP
unsplash.com 257
UPC 293
UPS 203
Urheber- und Markenrecht 246
Urheber- und Nutzungsrechte 257
URL 92
  SEO 345
  Shop 37
USP 72, 299
USt-IdNr. 199

V

Varianten 145
  anlegen 145
  einstellen 136
Venture (Theme) 106, 195
Verarbeitungsverzeichnis 252
Verbraucherschlichtung 250
Verbraucherschutzvereine 246
Verbraucherstreitbeilegungsgesetz 250
Vergleichspreis 40, 133
Verhalten 284
Verkauf der Daten 253
Verkaufspsychologie 74, 99
Verpackung 219
  lizenzieren 256

Verpackungsgesetz 256
Verpackungsmaterialien als Werbung 331
Verpackungsregister 256
Versand 204
  automatisieren 208
Versanddienstleister 202
  aussuchen 202
  eintragen 204
Versandkosten 202
  angeben 204, 210
  auf Anfrage 212
Versandkostenfrei 202
Versandprobleme 201
Versandtarif hinzufügen 206
Vertipper, SEO 344
Vertragsstrafeversprechen 246
Vertrauen 75
Vision 302
Visitenkarten 310
Vorschaubild 323
VRRL 263

W

Wareneingang erfassen 289
Warenkorb 181
  abgebrochen 274, 279
Warenkorbwiederherstellung 276
Warenwirtschaftssystem 285
Wartezeit beim Laden 350
Waterdrop (Webshop) 318
WaWi → Warenwirtschaftssystem
Webadresse → Domain
Webauftritt (Definition) 91
Webseite (Definition) 91
Website (Definition) 91
Werbebanner 326
Werbemails 311
Werbemails an Kunden 259
Werbung 299, 325

Werbung offline 331
Werte 302
Wettbewerbsrecht 246
WhatsApp 231, 233, 320
Widerrufsbelehrung 249
Wix 24
WooCommerce 25, 31
WordPress 25
Wortformen 338

X

XING 317

Y

yoursilkshop 71
YouTube 317

Z

Zahlmethode 183
Zahlung, Testmodus 190
Zahlungen einrichten 58
Zahlungs- und Versandhinweise 249
Zalando 22
Zendesk 237
Zentrales Verpackungsregister 256
Zielgruppe 71, 77, 80
Zollinformationen 42
Zustellung → Versand

So wird Ihr Shop zum nutzerfreundlichen Erlebnis

Für Ihren Online-Shop ist Usability, also die Benutzerfreundlichkeit, ein wesentlicher Erfolgsfaktor. Shopify sorgt bereits für eine gute Technik und moderne Gestaltungsmöglichkeiten, dieses Buch zeigt Ihnen aber, woran Sie noch denken sollten. Einsteiger in Usability und User Experience lernen hier die Grundlagen, Methoden sowie Details zu allen wichtigen Elementen der Nutzeroberfläche. Mit diesem Buch haben Sie eine Sammlung an Best Practices an der Hand. Das alles in einheitlichem Stil, mit hohem Qualitätsanspruch.

555 Seiten, gebunden, in Farbe, 39,90 Euro, ISBN 978-3-8362-6953-7
www.rheinwerk-verlag.de/4875

Der einfache Weg zum ersten eigenen Blog

Ein Blog ist eine gute Ergänzung für Ihren Onlineshop. Hier können Sie Ihren Kunden und Kundinnen wertvolle Inhalte präsentieren und die Wirkung Ihrer Marke stärken. Yvonne Kraus hat schon viele erfolgreiche Blogs an den Start gebracht und kennt die vielen Fragen, die angehende Bloggerinnen oder Blogger haben. Dieses Buch zeigt, wie Sie mit WordPress einen eigenen Blog erstellen. Schritt-für-Schritt-Anleitungen und bewährte Tipps aus der Praxis un-terstützen Sie auf dem Weg zu deinem ersten Blog.

350 Seiten, broschiert, in Farbe, 29,90 Euro, ISBN 978-3-8362-8318-2
www.rheinwerk-verlag.de/5291

Texte schreiben, die wirken!

Gute Texte wecken im Leser Interesse, verführen ihn zum Verweilen und Weiterlesen. Sie werten Online-Shops und Websites auf, machen Lust auf Produkte, geben Content die richtige Würze. Gute Texte sind Schatzinseln in einem Meer der Mittelmäßigkeit. Und das Beste: Gutes Texten kann man lernen. Daniela Rorig zeigt, welche Textstrategien im Content-Zeitalter überzeugen und Leser begeistern. Inkl. Checklisten, Übungen und Schreibanleitungen für Headline, Teaser, Landingpage und andere Textsorten.

450 Seiten, gebunden, in Farbe, 39,90 Euro, ISBN 978-3-8362-6836-3
www.rheinwerk-verlag.de/4837

Achtsam und erfolgreich kommunizieren

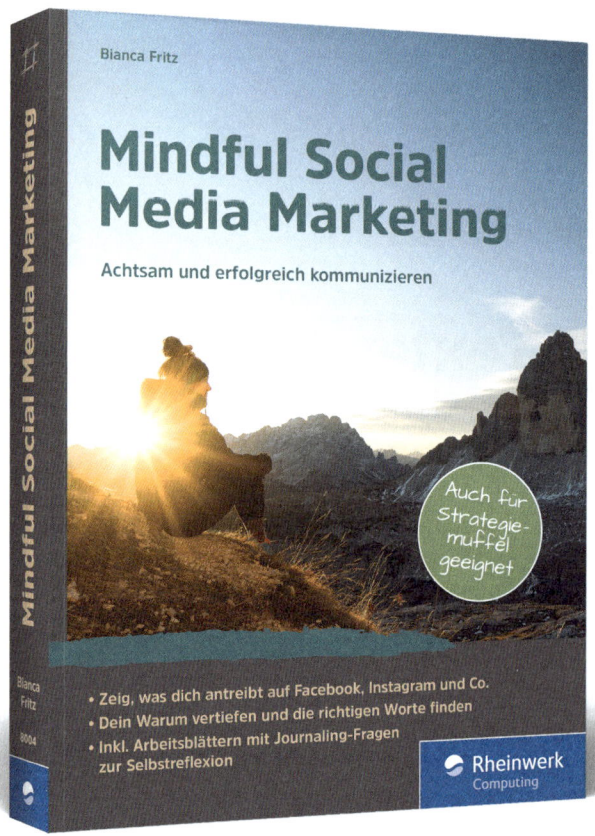

Marketing nach dem Prinzip der Achtsamkeit. Welches Mindset hilft dir auf dem Weg zum Erfolg? Was sind das Warum und der Purpose deines Unternehmens? Und wie sieht der für dich richtige Marketing-Mix aus? Welche Social-Media-Kanäle fühlen sich richtig für dich an: Facebook, Pinterest, Blog oder etwas anderes? Erfahre wie du Inhalte erstellst, die dir langfristig genau den Kunden und die Kundin bringen, die du dir wünschst. Journaling-Fragen helfen bei der Selbstreflexion auf der Suche der individuellen Marketingstrategie im Social Web.

427 Seiten, broschiert, in Farbe, 29,90 Euro, ISBN 978-3-8362-8004-4
www.rheinwerk-verlag.de/5224